문화예술 마케팅
커뮤니케이션 전략

김병희 저

학지사

이 저서는 2015년 정부(교육부)의 재원으로 한국연구재단의 지원을 받아 수행된 연구임(NRF-2015S1A6A4A01014789).

추천사

“관객이 늘어나고 프로그램의 수준이 높아지면서 마케팅 전략과 홍보 전략은 문화예술 기획의 전 과정에서 핵심이 되었다. 해외에서 출판된 공연 마케팅 이론서나 장르가 한정된 마케팅 서적은 ‘지금 여기’의 고민이 반영되지 못한 아쉬움이 있었다. 이런 상황에서 나온 『문화예술 마케팅 커뮤니케이션 전략』은 커뮤니케이션 이론과 변화하는 미디어 환경에 기초하면서도 우리 문화예술의 현장이 생동감 있게 반영된 교과서다. 디지털 미디어 시대의 다양한 매체 전략과 문화예술의 상품 특성에 따른 특별한 전략 등은 예술경영 현장의 실무자와 전공자는 물론 커뮤니케이션 전공자에게 실질적인 조언을 들려줄 것이다.”

– 고희경(홍익대학교 공연예술대학원 교수, 홍익대학교 대학로아트센터장)

“우리는 과연 더 많은 문화예술의 향유를 통해 행복해질 수 있을까? 만약 그렇다면 현대사회에서 어떻게 문화예술작품을 널리 알릴 것인가? 『문화예술 마케팅 커뮤니케이션 전략』은 마케팅과 홍보의 주요 이론의 형식을 빌려 실제 문화예술 경영의 현장에서 바로 적용할 수 있는 매뉴얼을 제시하고 있다. 본문에서는 마케팅의 대상인 관람객의 진화를 먼저 소개하고, 문화예술 마케팅의 범위와 요인 및 개념으로 문화예술 경영 분야의 쟁점을 도출하였다. 그리고 이론을 바탕으로 다양한 실제 사례를 분석하고 구체적인 마케팅과 홍보 방안을 제시하였다. 예술은 인간이 세계와 정서적으로 소통하는 정신 활동이라는 저자의 믿음직한 주장은 관람객과 문화예술의 커뮤니케이션을 통해 문화 민주주의로 나아가는 첫걸음이 될 것이다."

– 김세준(숙명여자대학교 문화관광학부 교수, 한국예술경영학회 제9대 회장)

"감성과 상상력의 시대에 문화예술 마케팅의 중요성은 다양한 분야에서 주목받고 있다. 『문화예술 마케팅 커뮤니케이션 전략』은 제목에서 '마케팅 커뮤니케이션'과 '전략'이라는 관점을 표방하고 있다. 마케팅이 홍보나 세일즈 또는 고객 서비스에 관한 업무로 여전히 한정되고 있는 문화예술의 현장에서, 마케팅을 소비자와 상호 커뮤니케이션하는 활동이자 전략으로 자리매김하는 노력은 문화예술기관이 진정한 마케팅 조직으로 전환되기 위한 선결조건이 될 것이다. 더욱이 급변하는 사회 · 기술 · 시장 환경에 부응할 수 있도록 문화예술 마케팅 전략과 방법을 현실적 맥락에서 탐구한 이 책은 확장성과 영향력 있는 문화예술 마케팅을 고민하는 실무자나 학습자 모두에게 새로운 시각을 제시할 것으로 기대된다."

– 양지연(동덕여자대학교 큐레이터학과 교수, 한국예술경영학회 제10대 회장)

"서울문화재단의 대표를 맡으면서 스스로 이렇게 다짐했다. '시민들에게 문화예술의 향기를 선물하자.' 문화도시의 큐시트에는 순서가 있었다. 예술가에게는 영감이 있어야 하고, 시민들에게는 흥미가 있어야 하며, 그 둘 사이에는 교량이 있어야 한다. 문화전쟁 시대의 보고서이자 지침서라 할 수 있는 『문화예술 마케팅 커뮤니케이션 전략』에 그 구체적인 해답이 상세히 나와 있다. 예술가의 온기가 향유자의 열기로 이어지는 과정을 촘촘히 따라가다 보면 '그래서 대책이 뭐냐'는 무정한 질책에도 웃으며 답할 수 있는 여유 한 발을 장전할 수 있을 것이다."

– 주철환(아주대학교 문화콘텐츠학과 교수, 전 MBC PD, JTBC 대PD)

머리말

문화예술을 더 자주 향유하자

옛날이나 지금이나 문화예술에는 인간의 간절한 바람과 동경이 깃들어 있으며 인류가 무엇을 바라며 살아왔는지 엿볼 수 있는 흔적이 남아 있다. 헝가리의 미학자 게오르크 루카치(Georg Lukács)는 이 점에 주목해 '인류의 기억'이 집적된 결과물이 예술이라고 말했다. 예술은 인간이 세계와 정서적으로 소통하는 정신 작용이기 때문이다.

> 그 순간 나는 미켈란젤로(Michelangelo)에게 반했으며 자연조차도 그 거장만큼의 취향을 갖지 못할 것 같다는 생각이 들었다. 아무래도 나는 그런 거장의 위대한 눈으로 자연을 볼 수 없기 때문이다. …… 시스티나 예배당을 보지 않고서는 한 인간이 무엇을 할 수 있는가를 이해할 수 없다.

독일의 극작가 괴테(Goethe)는 『이탈리아 기행(Italienische Reise)』(1829)에서 미켈란젤로의 걸작 〈아담의 창조(The Creation of Adam)〉를 보고 나서 느낀 감동을 이렇게 묘사했다. 괴테는 작품이 존재하는 현장(시스티나 성당)에 직접 가서 그림을 감상하며 원작의 아우라를 느끼고, 문화예술작품을 소비하고 미켈란젤로의 창의적인 생산 과정을 완결하는 데 참여했다고 할 수 있다.

나는 20대 후반에 처음으로 오페라 공연을 봤는데, 〈라 트라비아타(La Traviata)〉를 감상하면서도 베르디(Verdi)에게 반하지도, 그 작품을 이해하지도 못했다. 나의 '막귀'는 거장의 소리를 비껴갈 뿐이었다. 어린 시절에 문화예술 작품을 감상한 경험이 있었는지 없었는지가 나중에 문화예술의 소비 활동에 참여하느냐의 여부를 결정하는 데 영향을 미친다는 사실을 뒤늦게서야 알았다. 만덕산 소년으로 태어나 오페라 공연을 본 적이 전혀 없었던 내가 베르디 오페라에서 어떤 감동도 느끼지 못했던 것은 어쩌면 당연한 일이었다.

그 후 나는 틈만 나면 문화예술 공연장을 찾아다녔다. 미술관이나 박물관에 찾아가 전시회를 관람하는 횟수도 점점 늘어 갔다. 지금은 전문가 수준까지는 아니더라도 문화예술을 충분히 향유하고 감동할 정도의 수준에는 도달했다고 생각한다. 이처럼 문화예술에 대한 감동은 경험을 반복할수록 깊어지는 듯하다. 그래서 체험 마케팅의 전문가들도 현장에 가서 직접 느껴 보라고 권고한다. 어떤 공연이나 전시회를 구경할 때마다 정말 감동적인 작품인데도 관객이나 관람객이 생각보다 적다는 사실이 늘 안타까웠다. 그런 안타까운 마음이 겹겹이 쌓여 이 책을 쓰게 된 계기를 마련해 주었다.

미술관이나 공연장 같은 문화예술기관에 어떻게 하면 관객이나 관람객이 넘치게 할 수 있을까? 문화예술기관이나 단체에서도 문화예술작품의 가치를 널리 알리기 위해 잠재적인 예술 소비자 집단을 육성해야 한다는 인식이 지난 1990년대부터 국내외를 막론하고 보편화되었다. 대중이 선호하는 문화예술작품을 기획하는 동시에 영리 기관에서 활용하는 마케팅 전략을 적용하는 문화예술기관이나 단체들도 점점 늘어났다. 영리 기관과 비영리 기관의 경쟁이 시작되면서 문화예술 마케팅 커뮤니케이션 활동도 더욱더 중요해진 것이다. 예술가들이 심혈을 기울여 완성한 명작이라도 문화예술 시장에서 유통되지 않는다면 사람들에게 알려지지 못한다. 문화예술작품에 대한 마케팅 커뮤니케이션 활동이 필요한 이유도 그 때문이다.

박물관, 미술관, 공연장 같은 문화예술기관이나 단체의 운영 목표도 최근에는 관객이나 관람객이 넘치게 하는 방안을 찾는 쪽으로 집중되고 있다. 관객이나 관람객이 넘치는 박물관, 미술관, 공연장이야말로 문화예술작품을 향유하려는 열기로 후끈 달아오를 수밖에 없다. 차고 넘칠 정도로 예산이 넉넉하다면 누군들 마케팅 커뮤니케이션 활동을 전개하지 못하겠는가? 주어진 예산으로 어떻게 효율을 극대화할 것인지, 예산이 많지 않은 상황에서 어떻게 마케팅 활동을 전개해야 기대 이상의 성과를 얻을 것인지, 문화예술 마케팅 커뮤니케이션 활동에 관심을 가진 사람이라면 모두들 이런저런 고민에 빠질 수밖에 없다. 안타까움과 문제의식 때문에 집필하기 시작했던『문화예술 마케팅 커뮤니케이션 전략』을 이제 세상에 내보낸다. 전체 4부로 구성된 이 책의 내용은 다음과 같다.

제1부 '문화예술 마케팅 커뮤니케이션 환경'에서는 문화예술 마케팅 환경의 변화, 문화예술 마케팅의 정의와 쟁점, 문화예술 마케팅 믹스의 요인에 대하여 살펴보았다. 제1장 '문화예술 마케팅 환경의 변화'에서는 마케팅 커뮤니케이션 패러다임의 진화 양상을 검토하고, 마케팅과 미디어 그리고 소비자의 변화 추이를 소개했다. 제2장 '문화예술 마케팅의 정의와 쟁점'에서는 문화예술 마케팅의 개념, 문화예술 경영과 마케팅의 쟁점, 문화예술 마케팅의 두 가지 접근법, 문화예술 주입의 마케팅 기대 효과, 문화예술 마케팅 커뮤니케이션의 범위, 문화예술 소비에 영향을 미치는 요인들에 대해 설명했다. 제3장 '문화예술 마케팅 믹스의 요인'에서는 마케팅 믹스 개념의 변천과 마케팅 믹스의 8P 요인(작품, 가격, 장소, 촉진, 사람, 물적 증거, 과정, 생산성과 품질)이 문화예술 경영 활동에서 어떤 기능을 하는지 분석했다.

제2부 '문화예술 마케팅의 여덟 가지 구성요인'에서는 작품의 개념과 특성, 가격의 책정과 운용, 장소의 의미와 유통, 촉진의 특성과 효과, 사람의 가치와 복지, 물적 증거의 요인, 과정의 서비스 만족, 생산성과 품질의 균형에 대하여 다각도로 조망했다. 제4장 '작품(Product)의 개념과 특성'에서는 문화

예술작품의 개념, 특성, 수명주기에 대해 검토했다. 제5장 '가격(Price)의 책정과 운용'에서는 티켓 가격의 적정선과 가격 결정법의 차이를 비교했다. 제6장 '장소(Place)의 의미와 유통'에서는 장소의 인지도, 장소의 세 가지 의미, 장소 마케팅의 유래와 방법에 대해 설명했다. 제7장 '촉진(Promotion)의 특성과 효과'에서는 촉진의 특성과 수단에 대해 알아보고 촉진 활동이 티켓 판매에 어떤 영향을 미치는지 논의했다. 제8장 '사람(People)의 가치와 복지'에서는 사람의 중요성과 전문성, 감정노동과 서비스 교육과 훈련, 문화예술인 복지와 인력 양성의 필요성을 강조했다. 제9장 '물적 증거(Physical evidence)의 요인'에서는 문화예술 마케팅의 물적 증거와 영향력은 물론 서비스 스케이프에 대해 탐구했다. 제10장 '과정(Process)의 서비스 만족'에서는 문화예술의 서비스 전달 과정, 서비스 과정의 구성요인과 조우만족, 문화예술의 서비스 청사진과 그것의 설계방법을 탐색했다. 제11장 '생산성과 품질(Productivity & quality)의 균형'에서는 문화예술에서 생산성과 품질의 관계, 생산성의 실패와 회복, 서비스 품질의 실패와 회복, 서비스 품질의 측정 방법에 대해 안내했다.

제3부 '문화예술 마케팅의 STP 전략'에서는 일반적인 마케팅에서 두루 활용되고 있는 보편적인 이론을 문화예술 마케팅 상황에 적용해 문화예술 시장의 세분화, 문화예술 시장의 표적화, 문화예술작품의 포지셔닝에 대해 살펴봤다. 제12장 '문화예술 시장의 세분화'에서는 문화예술 마케팅 활동에서의 STP 전략, 문화예술 시장의 세분화 개념, 시장 세분화의 전제 조건과 변인, 시장 세분화의 기준, 문화예술 시장 세분화의 의의에 대해 고찰했다. 제13장 '문화예술 시장의 표적화'에서는 시장 표적화, 세분시장의 타당성 평가 기준, 표적시장의 선정 전략에 대해 현실적으로 유용한 맥락에서 검토했다. 제14장 '문화예술작품의 포지셔닝'에서는 포지셔닝의 개념과 유형을 살펴보고, 포지셔닝 전략을 결정하는 방법과 구체적인 실행 방안에 대해 실무에서 바로 적용할 수 있도록 다각도로 검토했다.

제4부 '문화예술 커뮤니케이션의 전개'에서는 문화예술 PR의 개념과 특성, 문화예술 커뮤니케이션 전략, 미디어별 특성과 활용 전략, 브랜드 저널리즘과 MCN의 힘, 언론 관계와 보도자료 작성, 문화예술의 통합적 마케팅 커뮤니케이션에 대해 살펴보았다. 제15장 '문화예술 PR의 개념과 특성'에서는 일반적인 PR의 개념과 문화예술 PR의 개념을 비교하고, 문화예술 PR의 특성을 규명했다. 제16장 '문화예술 커뮤니케이션 전략'에서는 PR 커뮤니케이션의 과정, 문화예술 PR 전략, 문화예술 PR의 5단계 과정을 고찰했다. 제17장 '미디어별 특성과 활용 전략'에서는 디지털 융합 시대의 미디어, 미디어를 보는 네 가지 관점, 디지털 미디어를 활용한 광고와 PR 전략에 대해 살펴봤다. 제18장 '브랜드 저널리즘과 MCN의 힘'에서는 브랜드 저널리즘의 개념과 고려 사항을 살펴보고, 다중채널 네트워크의 활용 전략을 제시했다. 제19장 '언론 관계와 보도자료 작성'에서는 언론 관계와 퍼블리시티는 물론 보도자료 작성법과 작성 형식을 소개했다. 제20장 '문화예술의 통합적 마케팅 커뮤니케이션'에서는 마케팅과 커뮤니케이션의 통합, 통합적 마케팅 커뮤니케이션 관리, 마케팅 PR, 촉진 믹스의 핵심 수단에 대해 두루 고찰했다.

앞으로 문화예술기관이나 단체에서는 문화예술 소비자의 기호를 반영하면서 변화를 시도해야 한다. 문화예술작품이나 서비스는 가치재(價値財, merit goods)의 성격을 지니게 마련이다. 가치재란 시장에서 소비자가 구입하기를 희망하는 양보다 더 많이 제공되어야 바람직하다고 사회적으로 결정되는 재화다. 문화예술작품은 사회 구성원 모두가 향유해야 할 대상이므로 더 널리 제공되어야 하고 특별한 가치를 부여해야 한다. 이 책에서는 최근 들어 갈수록 중요한 학문 영역으로 떠오르고 있는 문화예술 경영에 주목하였다. 특히 비영리 기관에 해당되는 문화예술기관이나 단체를 활성화시킬 수 있는 문화예술 마케팅 커뮤니케이션 전략에 대해 이론적 차원에서 설명하고 실무적으로 유용한 맥락에서 구체적인 방안을 제시하였다.

이 책이 세상에 나올 수 있도록 연구비를 지원해 준 교육부와 한국연구재단에 감사드린다(2015 저술출판지원사업 NRF-2015S1A6A4A01014789). 어려운 출판 여건에도 불구하고 이 책을 기꺼이 출판해 주신 학지사의 김진환 사장님과 최임배 부사장님 그리고 원고를 검토해 더 좋은 책으로 만들어 준 편집부 박지영 대리께도 고맙다는 인사를 전한다. 공연장이나 전시장을 찾을 때마다 나를 설레게 했던 창의적인 예술가들은 이 책을 낳게 한 산파들이다. 공연장, 미술관, 전시장, 박물관에 갈 때마다 늘 뜨거운 열기가 감돌았는데, 뜨거운 그곳에 늘 함께 있어 준 문화예술 감상의 멘토에게 이제와 새삼 말로 표현할 수 없는 고마움을 전하고 싶다.

일찍이 프랑스의 사회학자 피에르 부르디외(Pierre Bourdieu)는 '문화자본'의 개념을 제시하면서 문화자본을 축적한 정도에 따라 문화예술을 향유하는 수준이 달라진다고 했다. 더욱이 그 수준 차이는 사회 계급에 따라서도 나타나지만 같은 사회 계급 내에서도 존재한다고 주장했다. 두 사람의 사회경제적 지위나 권력이 비슷할지라도 문화자본을 축적한 정도에 따라 문화예술을 향유하는 수준도 달라진다는 뜻이었다. 어떤 사람의 문화자본에는 가족으로부터 전수받은 '상속 자본'과 본인이 노력해서 얻은 '획득 자본'이 있다. 나의 문화예술 멘토에 비해 물려받은 상속 자본이 없었던 나로서는 여태껏 획득 자본을 구축하려고 여러 곳을 헤매며 지금 여기까지 왔다고 해도 지나친 말은 아니다.

그런 점에서 이 책은 책상머리에 앉아 쓴 것이 아니다. 발품을 팔아 가며 현장에서 쓰고 또 쓴 것이다. 이 책에서는 문화예술 마케팅 커뮤니케이션에 관련된 제반 개념을 먼저 설명한 다음, 현장의 실제 사례를 제시하면서 그 개념을 뒷받침하는 형식으로 기술했다. 독자들은 이제 문화예술 마케팅 커뮤니케이션의 개념을 쉽게 이해하면서도 현장감까지 체험할 수 있을 것이다. 이 책이 앞으로 문화예술 마케팅 커뮤니케이션 분야의 새로운 연구를 촉발하는 동시에 방향을 찾지 못해 갈팡질팡하는 문화예술기관이나 단체에 마케팅 커뮤니케이션 전략의 통찰력을 제공할 수 있기를 기대한다. 나아가 이 책을 읽은 독자들이 문화예술을 향유할 기회를 더 자주 갖는다면 저자로서도 크나큰 기쁨이겠다.

2020년 3월

김병희

차례

제3부
문화예술 마케팅의 STP 전략

제4부
문화예술 커뮤니케이션의 전개

Marketing Communication Strategies for Culture and Arts

제1부 문화예술 마케팅 커뮤니케이션 환경

제1장

문화예술 마케팅 환경의 변화

1. 마케팅 커뮤니케이션 패러다임의 진화

인류의 역사를 바꾼 산업혁명은 그 자체로 인류 문명의 전환을 가져왔지만 마케팅 커뮤니케이션 역사의 시작을 알리기도 했다. 증기기관이 발명되자 공장의 생산 라인에는 기계화 시스템이 도입되었다. 제1차 산업혁명이 시작되자 기업에서는 불량률을 줄이고 제품의 질을 높이려는 품질 관리에 집중했다. 마케팅 커뮤니케이션 역사에서도 이 시기는 '제품 중심의 마케팅'(마켓 1.0) 시대였다.

인류의 노력은 거기에서 멈추지 않았다. 인류는 전기 에너지를 이용해 제품을 대량으로 생산할 수 있게 되었다. 그에 따라 제2차 산업혁명이 시작되었고 세계 각지의 기업에서는 제품을 대량으로 생산해 보다 저렴한 값에 판매하기 시작했다. 이에 따라 시장에서 제품 간의 경쟁은 더욱 치열하게 전개되었다. 그리하여 제품 간의 경쟁을 통해 시장을 주도하기보다 소비자들이 제품을 선택하며 시장을 주도하는 '소비자 중심의 마케팅'(마켓2.0) 개념이 등장했다.

컴퓨터와 인터넷을 바탕으로 하는 지식정보 혁명의 제3차 산업혁명이 시작되자, 인터넷 커뮤니케이션 기술과 재생 가능한 에너지의 결합이 필요하게 되었다. 사람들은 자신의 가정과 직장이나 공장에서 수평적 권력을 추구하기 시작했다. 글로벌로 연결된 네트워크와 어디서나 가능해진 컴퓨팅 파워가 강력한 네트워크를 형성했다. 이에 따라 마케팅 패러다임도 가치와 이야기를 중시하는 '인간 중심의 마케팅'(마켓3.0)으로 변화했다.

최근에는 정보통신기술(ICT)이 발달해 자동화와 지능화를 추구하는 제4차 산업혁명 시대에 접어들었다. 마케팅 패러다임은 '하이테크와 하이터치의 융·복합 마케팅'(마켓4.0)으로 진화를 거듭하고 있다. 제4차 산업혁명 시대에는 디지털 기술을 바탕으로 초연결 지능(hyper connected intelligence)을 구현할 수 있게 되었다. 인공지능, 블록체인, 창의성은 제4차 산업혁명 시대의 핵심어이자 미래 사회를 열어 갈 용어로 부각되었다. 마케팅 커뮤니케이션 패러다임의 진화 양상은 〈표 1-1〉에서 확인할 수 있다(김유나, 변혜민, 2018, p. 297).

〈표 1-1〉 마케팅 커뮤니케이션 패러다임의 진화

구분	1세대	2세대	3세대	4세대
	아날로그 시대	디지털1.0 시대	디지털2.0 시대	디지털3.0 시대
패러다임	자극-반응 패러다임	교환 패러다임	관계 패러다임	연결 패러다임
핵심 기술	전파방송	인터넷	소셜 네트워킹	모바일, 인공지능
미디어 특성	단일미디어	멀티미디어	크로스미디어	트랜스미디어
네트워크 특성	방송	상호작용	공유, 개방, 참여	초(hyper)연결
커뮤니케이션 특성	일방향 소통	양방향 소통	사회적 소통	개인 맞춤형 소통
마케팅 특성	대량 마케팅	통합 마케팅	관여 마케팅	체험 마케팅

마케팅 패러다임이 변화함에 따라 커뮤니케이션의 패러다임도 진화를 거듭해 왔다. 인터넷을 보편적으로 이용하고 아날로그와 디지털의 경계가 명확해지면서 커뮤니케이션 방식도 확연히 달라졌다. 아날로그 시대에는 4대 매체(텔레비전, 라디오, 신문, 잡지)를 이용해 대중에게 판매 메시지를 일방적으로 전달하는 것이 마케팅 커뮤니케이션의 보편적인 방법이었다. 이후 인터넷이 등장해 디지털1.0 시대가 시작되자 소비자와의 일방향 소통이 아닌 양방향 커뮤니케이션이 가능해졌다(김유나, 변혜민, 2018).

이후 디지털 미디어의 급속한 발전이 계속되어 디지털2.0 시대가 시작되었다. 소셜미디어(SNS)는 사람들의 소통 방식을 통째로 변화시켰다. 공유, 참여, 개방이라는 용어는 디지털2.0 시대의 특성을 대변했다. SNS를 활용해 수많은 정보와 콘텐츠를 실시간으로 공유하고, 누구든지 자기만의 콘텐츠를 생산하거나 유통할 수 있게 되었다. 초고속 통신망 기술과 유무선 네트워크 기술이 발달하자, 대규모 인력이나 기술 시스템을 갖추지 않아도 누구나 손수 만든 콘텐츠를 쉽게 전파할 수 있게 되었다. 손수창작물(UCC: User Created Content)이나 손수생성물(UGC: User Generated Contents)은 이 시기를 대표하는 콘텐츠다.

디지털3.0 시대에는 사물인터넷(IoT), 인공지능(AI), 블록체인 같은 고도화된 디지털 기술을 바탕으로 사물의 지능화를 실현하는 초연결 네트워크(hyper-connected network)의 가치를 추구한다. 디지털과 아날로그의 융합을 넘어 모바일 디바이스에서 모든 것이 연결되는 트랜스 미디어 환경이 조성되자 다중채널 네트워크(MCNs: Multi-Channel Networks)도 활성화되었다. 다중채널 네트워크란 전통 미디어에서의 콘텐츠 제작과는 달리 디지털 시대의 개인 개인 창작자가 작가, 연기자, 프로듀서, 마케팅 기획자 같은 여러 역할을 수행하는 상황에서 개인의 창작 과정을 지원하면서 손수 창작물의 체계화와 상업화를 지향하는 서비스다(고문정, 윤석민, 2016; Gardner & Lehnert, 2016). 이에 따라 문화예술 마케팅 커뮤니케이션 활동에서도 다중채널 네트워크를 넘나들며 문화예술 소비자의 관심을 유도하는 마케팅 커뮤니케이션 전략이 더더욱 중요해졌다.

2. 마케팅과 미디어 및 소비자의 변화

1) 마케팅 환경의 거시적 변화 추이

디지털 융합시대에 접어들면서 마케팅 환경도 급격히 달라졌다. 급변하는 마케팅 환경에서는 상품과 서비스의 격차가 계속 줄어들고 있다. 급속한 경제발전을 거치면서 기본적인 의식주 문제가 해결되고 나자, 우리나라 소비자들은 물질적 풍요보다 정신적 풍요를 갈망하게 되었다. 따라서 소비자 혜택이나 가격에 소구하는 마케팅 커뮤니케이션 전략만으로는 시장에서의 경쟁우위를 차지하기 어렵게 되었다. 일반 상품의 소비자는 물론 문화예술 소비자들은 혜택이나 가격 이상의 심리적 만족감을 추구하게 되었다.

우리나라에서 소비자의 욕구도 시기에 따라 많은 변화를 거듭했다. 1970년대부터 현재까지 마케팅 환경의 거시적 변화 추이는 [그림 1-1]에서 확인할 수 있다(김소영, 2010). 1970~1980년대의 경제적 가치에서 1990년대의 사용가치를 넘어, 2000년대 이후에는 문화적 가치와 상징 가치를 동시에 추구하는 방향으로 소비자의 욕구도 달라져 왔다. 상품의 특성도 다양하게 변화했다. 1970~1980년대의 단순 기능에서 1990년대의 고기능과 고품질을 넘어, 2000년대 이후에는 감성 체험과 감성 기능을 중시하는 방향으로 계속 변모해 왔다. 기술의 추이도 1970~1980년대의 생산 기술에서 1990년대의 첨단기술을 거쳐, 2000년대 이후에는 감성 기술을 중시하는 방향으로 변화를 거듭해 왔다. 최근에는 감성 기술이 더 중요해졌다. 국내 기업들은 기술력과 문화적 가치를 제공할 감성 기술을 확보하기 위해 모든 역량을 집결하고 있다.

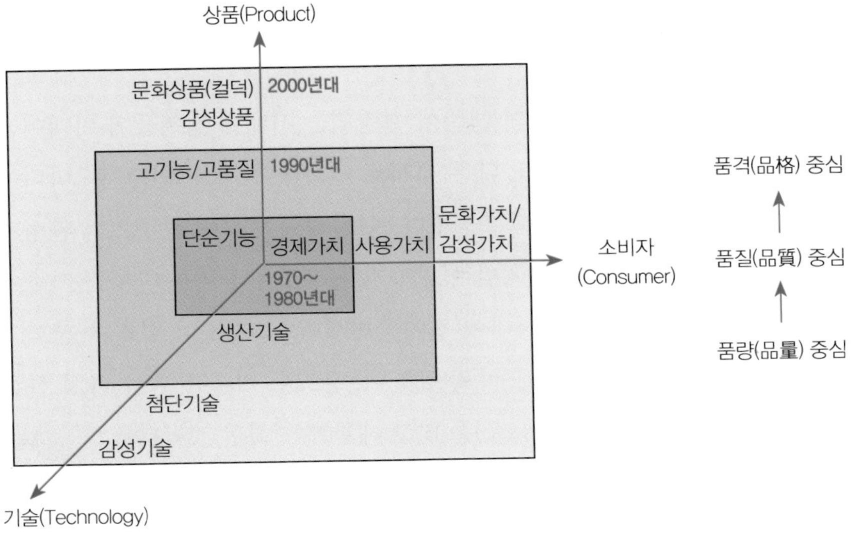

[그림 1-1] 마케팅 환경의 거시적 변화 추이

우리나라에서 전개된 마케팅 패러다임의 변화를 단순화시키면 '품량(品量) 중심 → 품질(品質) 중심 → 품격(品格) 중심'이라는 이동 과정을 거쳐 왔다. 과거의 소비자들이 품질이나 가격 같은 유형적 요인을 중시했다면, 최근의 소비자들은 감성적이고 문화적인 무형적 요인을 보다 중시한다. 따라서 기업의 마케팅 활동에 있어서 문화예술을 접목시키는 문제는 더욱 중요해진 과제라고 할 수 있다. 기업의 마케팅 기획자들은 다른 기업의 브랜드와 자사 브랜드를 차별화시키기 위해 컬덕(Cultduct: Culture+Product)이나 컬비스(Cultvice: Culture+Service)를 개발하기도 했다(김소영, 2010). 이와 같은 여러 가지 변화는 문화예술 마케팅에서도 문화적 가치, 감성 체험, 감성 기술에 주목할 필요가 있다는 근거를 제공하고 있다.

2) 미디어 환경의 변화와 광고 기술

데이터 기술에 의해 미디어의 생존이 결정되는 시대에 접어들어 미디어는 더 이상 하나의 채널이 아닌 또 다른 세계로 진화했다. 2010년 이후, 미디어 분야에서도 기술이라는 말이 급부상했다. 이전에도 미디어 콘텐츠의 완성도를 높이는 데 기술이 적용되었지만 어디까지나 그것은 장비를 다루는 기술에 불과했다. 그렇지만 디지털 시대에 접어들면서 광고 기술이 널리 확산되고 있다. 기술 발전이 인류 문명을 바꿔 왔듯이, 광고도 기술을 만나 마치 한류(韓流)와 같은 기류(技流, tech wave)를 타고 새롭게 진화한 것이다.

광고 기술(Ad tech)이란 광고(advertising)와 기술(technology)의 합성어로 정보기술(IT)을 접목시킨 첨단 광고를 뜻한다. 광고 기술은 단순한 광고를 넘어 온라인과 모바일 이용자가 남긴 방문 기록을 기반으로 최적의 이용자를 실시간으로 겨냥하는 기술도 포함하는 개념이다. 또한 광고 효과를 높이기 위해 광고를 더욱 스마트하게 노출하는 방법이기도 하다.

마케팅과 광고 분야에서 주목받는 기술은 가상현실(VR), 증강현실(AR), 혼합현실(MR) 기술이다. 기술력으로도 주목받았지만 시장의 규모도 급성장했다. 세 가지 기술은 소비자 스스로 직접 겪어 보고 느낄 수 있도록 경험을 제공하는 체험 마케팅(experiential marketing)에 폭넓게 활용된다는 점에서 문화예술 마케팅 커뮤니케이션 분야에서도 널리 활용될 가능성이 높다. 세 가지 현실이 비슷해 보이지만 대상물이 허상이냐 또는 실상이냐에 따라 구분되기 때문에 그리 복잡한 개념은 아니다.

가상현실(VR: Virtual Reality)은 현실이 아닌 100% 가상공간에서 콘텐츠를 소비하는 것으로, 현실 세계와 완벽히 차단되어 디지털 세계에서의 경험을 극대화하는 것이다. 즉, 가상현실은 인체의 오감(시각, 청각, 후각, 미각, 촉각)을 자극하는 기술을 적용해 현실에 실재하지 않는 환경을 제공하거나 실제로 겪어 보기 어려운 상황을 체험하게 하는 기술이다. 영상과 음향이 360도의 전

방위에 걸쳐 구현되기 때문에 실제와 유사한 가상공간이 만들어진다. 따라서 이용자의 감각적 몰입도가 높아지게 되어 이용자들은 외부 장치를 활용해 가상현실 상황과 상호작용을 할 수 있다. 가상현실은 문화예술작품을 알리는 데 있어서도 물리적 시공간을 극복하는 강력한 현존감(presence)을 제공함으로써 문화예술 소비자에게 작품에 대한 긍정적인 경험을 하도록 한다.

문화예술 소비자들은 머리에 쓰고 영상을 즐기는 머리착용영상표시장치(HMD: Head Mounted Display) 같은 기기를 활용해서 현실과 단절된 가상적인 환경을 체험할 수 있다. 나아가 컴퓨터 그래픽으로 구현되는 가상현실은 현실 세계에서 느낄 수 없는 새로운 경험을 하게 하기에 몰입감이 매우 높다는 장점이 있다. 그러나 현실이 아닌 가상공간에서 경험하기 때문에 몰입도가 높지만 현실감은 떨어진다. 가상현실은 지금도 디지털 영상 광고에 두루 활용되고 있지만 앞으로 게임 광고나 3D 광고 영상 영역에서 널리 쓰이게 될 것이다.

이에 비해 증강현실(AR: Augmented Reality)은 우리 눈에 보이는 현실 세계에 가상의 콘텐츠를 겹쳐서 새로운 경험을 할 수 있게 해 준다. 실재 세계에 가상의 대상물(object)을 합성해 제시함으로써 그 대상물이 마치 일상생활에 존재하는 사물처럼 보이도록 구현하는 것이다. 주로 이용자의 스마트폰에서 구현되는 증강현실은 실재하는 세계를 대체하지(replace) 않고 보완하는(supplement) 기술이라, 위치 기반에 따라 개인 맞춤형 마케팅을 실시간으로 실행할 수 있다(최세정, 2017a). 몰입도가 높지만 현실감은 떨어지는 가상현실과는 달리, 현실 세계를 기반으로 하는 증강현실은 더욱 생생하게 디지털 문화예술 경험을 할 수 있고 문화예술작품을 이해하는 데 도움이 되는 정보도 얻을 수 있다는 장점이 있다. 가상현실에 비해 몰입감이 낮지만 HMD 같은 별도 장비를 착용하지 않아도 되기 때문에 편리하다. 애플, 페이스북, 구글 같은 글로벌 IT 기업들이 주목하는 증강현실 시장은 차세대 기술 중에서 가장 급속히 성장했다. 증강현실은 문화예술작품을 알리는 데 있어서도 엄청난 폭발력을 지닌 핵심 기술이 되었다.

혼합현실(MR: Mixed Reality)은 현실 세계와 가상 세계가 혼합된 상태로, 가상현실에서의 몰입감과 증강현실에서의 현실감이라는 장점을 동시에 구현하는 기술이다. 즉, 완전한 가상 세계가 아닌 현실과 가상이 자연스럽게 혼합된 스마트 환경이 이용자에게 제공되기 때문에 문화예술 소비자 스스로가 현실과 가상을 교차로 체험할 수 있다. 다시 말해, 가상현실의 공간과 증강현실의 공간 정보가 결합된 융합 공간 속에서 정보가 새롭게 생성되면 소비자는 실시간으로 혼합되는 정보들과 상호작용을 할 수 있게 된다. 따라서 혼합현실은 공간에서 문화예술작품에 대한 정보의 효용성을 극대화시키는 차세대 정보처리 기술의 핵심 분야다.

혼합현실은 광고와 마케팅 분야를 비롯해 쇼핑, 교육, 게임 같은 여러 분야에 두루 활용되고 있다. 혼합현실은 문화예술 소비자의 일상생활에 경험의 폭을 넓히며 문화예술 마케팅 커뮤니케이션 분야에 두루 적용될 수 있다. 상상하는 장소나 공간을 얼마든지 미리 체험해 볼 수 있으니, 문화예술작품을 관람하는 감동을 혼합현실 기술이 제공하는 셈이다. 우리나라에서도 2017년에 이미 '혼합현실 어드벤처 페스티벌(MRA 2017)'이 열렸다. 앞으로 혼합현실 기술은 문화예술 마케팅 커뮤니케이션 분야에서도 널리 확산될 것이다.

세계 최대의 디지털 마케팅 콘퍼런스인 애드텍(ad:tech)도 주목할 만하다. 2001년에 뉴욕에서 시작된 애드텍은 광고와 기술의 만남을 깊이 탐구하는 글로벌 마케팅 콘퍼런스다. 2016년에 우리나라에서 개최된 부산 애드텍에서 여러 전문가가 제기한 주요 내용은 다음과 같다(CJ E&M MEZZOMEDIA 트렌드전략팀, 2016). 빅데이터의 95%는 최근 3년간 만들어졌는데 그중 80%가 소셜네트워크의 데이터로 채워졌다는 것, 기사의 전달 방식도 모션 그래픽이나 인포 그래픽과 같이 시각화된 저널리즘으로 진화한다는 것, 산업4.0 시대에는 하루에 20억 5천만GB의 데이터가 발생하지만 빅데이터는 거대한 황금이 아니라 망망대해에서 건져 올리는 '사금'이라는 것, 빅데이터는 망망대해의 모래 속에서 사금을 채굴하는 과정처럼 막막하고 힘든 일이지만 데이터를 제대로 정제해 모으기만 하면 금보다 빛나는 다이아몬드 같은 값진 결과를 얻는다는 것, 그 결과를 바탕으로 디지털 소비자의 불규칙한 특성을 규명하면 광고의 해법이 보인다는 것이다. 그렇기 때문에 앞으로 기술과 인간의 조화를 끊임없이 고민하면서 창의성을 발휘하는 문제가 중요하다고 할 수 있다.

앞으로 기술의 영역은 갈수록 확장될 것이다. 가상현실, 증강현실, 혼합현실은 물론 디지털 사이니지나 웨어러블 디바이스 같은 스마트 미디어를 활용한 문화예술 마케팅 커뮤니케이션 활동은 문화예술 소비자에게 보다 폭넓은 경험의 세계를 제공할 것이다. 빅데이터, 인공지능, 사물인터넷 같은 기술은 문화예술 시장을 선정해 최적의 일대일 맞춤형 메시지를 노출하는 데도 도움이 된다.

3) 소비자 행동의 변화와 연결의 힘

소비자 행동은 마케팅 전략을 수립하는 데 결정적인 영향을 미친다. 2020년을 전후해서 소비자 행동은 이전과는 전혀 다른 양상으로 달라졌다. 스마트폰 사용이 보편화된 2010년 이후, 한국 사회는 스마트 시대로 접어들었다. 소비자들의 소비 행동도 변할 수밖에 없었다. 실질적인 가치 소비가 보편화되자 소비자들은 인터넷이나 모바일을 활용하는 똑똑한 소비 행동을 추구했다. 다양성의 가치를 중시한 소비자들은 직접 경험하는 소비 행동에 가치를 두었고, 복잡하지 않은 간편한 소비를 중시했다.

합리적인 소비를 추구하면서도 감성적으로 판단해 구매를 결정하는 합리적 감성 소비를 추구하는 소비자들도 늘어났다. 친구나 연예인이 구매한 상품을 따라서 구매하는 동조 소비 경향도 있었지만, 그와 동시에 자기만의 개성을 찾아서 소비하는 개중(個衆) 소비 경향도 나타났다(김병희, 2016). 2020년 전후의 소비 행동에서 주목할 만한 특성은 연결의 힘을 중시하는 소비자 집단이 증가했다는 것이다. 시간과 장소에 구애받지 않고 모바일 기기를 이용해 물건을 구매하고 정보를 습득하는 스마트 모바일족도 급격히 증가했다. 이것은 한마디로 '연결의 힘(networking power)'이었는데, 연결의 힘은 네 가지 경향을 나타냈다(한국방송광고진흥공사, 2010).

첫째, 오피니언(opinion) 파워다. 의견 선도자들은 신상품에 대한 입소문을 주도하면서 타인의 사고나 행동에 강력한 영향을 미쳤다. 이들은 사람들의 문화예술 소비 행동에도 상당한 영향을 미쳤다. 기업에서 발송한 상품이나 브랜드에 대한 정보를 의견 선도자가 먼저 받아들이면 일반 소비자나 대중은 그들의 의견에 영향을 받기 마련이다. 문화예술작품을 선택하는 데 있어서도 의견 선도자의 의견은 중요하며, 이들의 의견을 문화예술기관이나 단체의 마케팅 커뮤니케이션 활동에 두루 활용할 수 있다.

둘째, 프리미어(premier) 파워다. 우리나라에서 상위 5%에 해당되는 최고의 소비자 계층이 프리미어 집단이다. 이들은 절약하는 소비를 하지 않고 '소비의 가치'와 '만족감'을 중시한다. 기존의 소비 행동과 소비 패턴이 다른 프리미어 집단은 값이 비싸더라도 끌리는 상품이라면 기꺼이 지갑을 연다. 웰빙을 추구하며 고품질의 프리미엄 상품을 선호하는 계층도 늘어났다. 이 밖에도 핵가족이나 1인가구가 늘어나게 되면서 감성적 혜택이 녹아 있는 고기능 상품을 선호하는 현상도 날로 두드러졌다.

셋째, 실버(sliver) 파워다. 젊은이에 비해 노년층은 경제적으로 여유가 있어 구매력이 높다. 한국 경제를 발전시킨 주역으로 살아온 노년층은 탄탄한 경제력을 바탕으로 강력한 소비 주체로 떠올랐다. 노년에도 적극적으로 활동하는 이들은 체계적인 건강 관리를 하면서 일상생활의 행복을 추구한다. 취업난에 시달린 젊은이들은 이들의 소비 수준을 쉽게 따라잡기 어렵게 되었다. 실버 집단의 소비는 앞으로 여가 시장과 문화예술 시장은 물론 실버산업의 성장에 결정적인 영향을 미칠 수밖에 없다.

넷째, 우먼(woman) 파워로, 일하는 엄마들의 힘을 의미한다. 알파맘(alpha

mom)은 남자에게 뒤지지 않는 엘리트 여성을 뜻하는 알파걸(alpha girl)에서 파생한 말인데, 가사 돌봄과 자녀 양육을 하면서도 직장 생활을 병행하는 기혼 여성을 지칭한다. 이들은 집에서 살림만 하는 기혼 여성에 비해 인생의 목표를 명확히 설정하고 일 자체를 중시하며, 패션과 유행에 민감한 편이다. '연결의 힘'을 중시하는 이들은 여러 공동체에서 활동하며 온라인 쇼핑이나 모바일 쇼핑을 즐기는 편이다.

우리나라의 소비 성향에 영향을 미치는 메가트렌드도 인상적이다. 사회적·기술적·환경적·경제적·정치적 측면에서 일어나는 거시적인 추세를 정성적 맥락에서 분석하는 스텝(STEEP) 접근법으로 우리나라의 소비 특성에 영향을 미치는 메가트렌드를 분석한 결과는 흥미롭다. 삼정KPMG경제연구원(2017)에서는 사회(S: Society), 기술(T: Technology), 환경(E: Environment), 경제(E: Economy), 정치(P: Politics)라는 다섯 가지 변인을 나타내는 스텝(STEEP)을 고려해 메가트렌드를 도출했다.

사회적 측면(S)에서는 고령화 및 1인가구의 증가 추세가, 기술적 측면(T)에서는 정보통신기술의 보급 확대와 핀테크의 고도화가 주요 메가트렌드로 나타났다. 환경적 측면(E)에서는 환경 친화와 웰빙 및 힐링과 개성 추구가, 경제적 측면(E)에서는 고용과 소득 불안 및 부의 양극화가, 그리고 정치적 측면(P)에서는 규제 완화와 자유무역주의의 확산이 주요 메가트렌드로 제시되었다. 사회적·기술적·환경적·경제적·정치적 측면에서 일어나는 거시적인 변화에 따라 나타나는 11가지 소비 패턴의 변화는 '소비(CONSUMPTION)'라는 약자로 종합되었다. [그림 1-2]에 제시한 11가지 소비 패턴에서(삼정KPMG 경제연구원, 2017), 우리나라 소비자들의 현재와 미래의 모습을 엿볼 수 있다. 이를 보다 구체적으로 설명하면 다음과 같다.

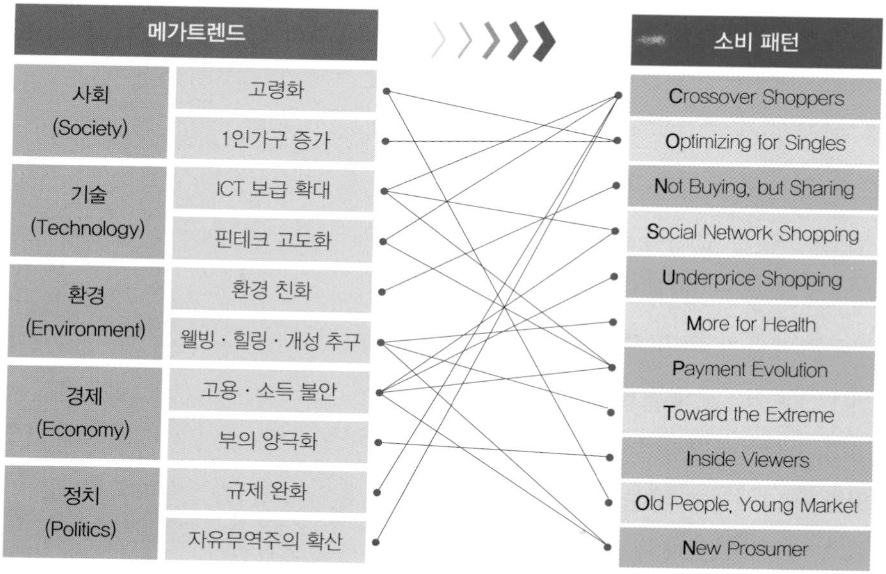

[그림 1-2] 메가트렌드와 소비 패턴의 변화

(1) 크로스오버 구매자

과거의 소비자들은 마음에 드는 물건을 더 싸게 구매하려고 매장 이곳저곳을 돌아다니며 가성비가 높은 상품을 구매하려고 기꺼이 발품을 팔았다. 그렇지만 스마트 시대의 소비자들은 쇼핑을 위해 더 이상 발품을 팔지 않는다. 온라인과 모바일을 비롯해 접근할 수 있는 모든 플랫폼을 동원해서 정보를 수집하고 상품을 구매하는 크로스오버 구매자(Crossover Shoppers)로 진화했다. 크로스오버 구매자의 유형에는 쇼루머(showroomer), 역 쇼루머, 옴니쇼퍼(omni-shoppers)가 있다.

(2) 싱글족 맞춤형

고령화, 저출산, 이혼과 동거의 증가, 결혼 연령의 상승은 1인가구의 확대를 촉진하는 견인차 역할을 했다. 1인가구의 증가는 단순히 가구 구조의 변화만을 의미하지 않고 소비 주체가 싱글족 맞춤형(Optimizing for Singles)의

1인가구로 전환된다는 의미를 갖는데, 이들은 주거 시장을 비롯한 각종 산업 분야에서 변화를 주도한다. 이에 따라 기업에서는 솔로 경제(solo economy)에 주목해 1인가구를 겨냥한 상품을 개발하고 그 시장에 집중했다. 소형 주택 시장의 확산, 소포장 식료품의 증가, 1~2인 대상의 서비스 상품의 증가, 작지만 실속 있는 소형 가전이 유행하는 현상이 대표적이다.

(3) 구매 아닌 공유

스마트 시대의 소비자들은 외형보다 기능을 중시하며 가격 대비 성능을 꼼꼼히 따지는 경향이 많다. 구매 아닌 공유(Not Buying, But Sharing)를 중시하는 공유 경제 모델도 같은 맥락이다. 소비자들은 소유의 충족이라는 만족감보다 같은 품질의 서비스나 상품을 저가에 사용하는 효율적 소비에 더 매력을 느낀다. 공유 경제의 대표적인 모델은 우버(Uber)와 에어비앤비(Airbnb) 플랫폼이다. 우버는 교통수단이 필요한 사람들을 연결시키고, 에어비앤비는 숙박이 필요한 사람들을 현지인들과 연결시킨다. 이와 같은 공유 경제 모델은 앞으로도 계속 확산될 것이다.

(4) 소셜 네트워크 쇼핑

시간이 갈수록 소셜 네트워크를 활용하는 계층은 늘어나고 있다. 30~40대 집단에서의 소셜미디어(SNS) 이용률이 계속 늘고 있다. 소셜미디어의 특성은 다음과 같다(김병희, 한상필, 2011). 첫째, 공유성(sharing)으로 누구나 쉽게 콘텐츠를 제작할 수 있고, 서비스를 제공하는 수단이 다양하기 때문에 자신이 만든 콘텐츠를 자신이 속한 사회 집단에서 공유할 수 있다. 둘째, 상호작용성(interactive)으로 양방향성을 바탕으로 정보나 의견을 교환하고, 이를 통해 콘텐츠의 제작과 수정 활동을 할 수 있다. 셋째, 실시간성(real time)으로 정보 제공자와 소비자를 실시간으로 연결하며, 전통적인 대중매체에 비해 빠른 속도로 확산할 수 있다. 넷째, 집단지성(collective intelligence)으로 관계를 형성하고 정보를 공유하기 위해 소셜미디어 그룹이 조직되어 집단지성으로 발전한다. 개인들이 서로 협력하거나 경쟁적으로 얻은 정보를 커뮤니티에서 지속적으로 축적하고 발전시키며 집단지성을 형성한다. 이런 추세를 반영해 자연스럽게 소셜 네트워크 쇼핑(Social Network Shopping)도 증가했다. 이는 구매력 있는 사람들이 경제 활동을 하면서 소셜미디어 이용자로 편입되었다는 사실을 의미한다.

(5) 실속형 쇼핑

합리적 소비를 추구하는 소비자들은 가성비(가격 대비 성능)가 높은 실속형 상품과 가격 파괴 상품에 주목하는 실속형 쇼핑(Underprice Shopping)을 즐겨 한다. 저렴한 명품 브랜드를 소비하려는 상향 구매나 개성적인 제품을 추구하는 특성도 나타나고 있다. 소비자들이 저가의(cheap) 근사한(chic) 것을 선호하는 '칩시크(cheapchic)' 상품에 주목하면서 기능적 가치와 개성적 가치를 동시에 갖춘 상품이 인기를 끌게 된다.

(6) 건강에 대한 관심

소비자들은 건강에 대한 관심(More for Health)이 높아 건강을 챙기며 삶의 질을 높이려는 웰니스(wellness: wellbeing+happiness)를 추구하며, 소비 성향에 있어서도 건강 위주의 소비를 하게 된다. 예컨대, 서울의 서울한방진흥센터, 전주의 한방문화센터, 산청의 동의보감촌, 대구의 에코힐링한방체험관, 제천의 한방명의촌 등지에서는 한방(韓方)을 활용해 웰니스 문화체험의 기회를 제공한다(조남숙, 2018). 현대의 소비자들은 상품이 인체에 무해한지, 건강관리에 도움이 되는지, 환경 친화적인지를 고민하고 기능성 상품에 관심이 많다.

(7) 결제의 진화

온라인과 모바일 쇼핑이 일상생활에서 보편화되면서 그에 걸맞게 결제의 진화(Payment Evolution) 시스템도 나날이 발전하고 있다. 과거에는 모바일로 상품을 구매해도 모바일 뱅킹을 통해 다시 계좌 이체를 하거나 공인 인증서를 통한 절차를 거쳐야 했다. 그러나 간편 결제 시스템이 발달함에 따라 모바일 결제도 해를 거듭할수록 진화되었다.

(8) 극단 추구

상류층의 소비 행태에 상대적 박탈감을 느껴 온 소비의 하위 계층에서도 특정 상품에 대해 상류층의 소비를 모방하려는 극단 추구(Toward the Extreme) 경향이 나타나고 있다. 고품질 상품의 구매를 우선시하는 극단적인 소비 특성이 확산되는 현상이다. 소비자들은 중요하게 생각되는 특정 프리미엄 상품은 과감하게 구매하면서도 나머지는 가격에 비해 품질이 뛰어난 가성비가 높은 상품으로 대체할 것이다.

(9) 내부 관찰

과거에는 상품의 용기나 포장을 보고 구매하는 소비자들이 많았다. 최근에는 디자인이 투박한 상품이라도 성분과 내용물을 따져 보고 구매하는 '내부 관찰(Inside Viewer)' 소비자들이 늘고 있다. 환경보호 문제나 사회 윤리에 알맞은 인증마크 여부를 따져 보고 나서 구매 의사를 결정하기도 한다. 유통업체들은 이런 흐름에 발맞춰 가격은 저렴해도 실속 있는 자체 브랜드(private brand) 상품을 출시하고 있다.

(10) 고령의 젊은 시장

한국은 2018년에 고령 사회에 진입했다. 2030년에는 초고령 사회에 진입할 예정이다. 이런 추세에 따라 고령의 젊은 시장(Old People, Young Market)

도 늘어나고 있다. 국제연합(UN)에서는 65세 이상의 인구 비율이 14%를 넘으면 고령 사회로, 20% 이상이면 초고령 사회로 분류한다. 우리나라에서 50~60대가 전체 인구의 35%를 점유하지만 이들의 자산 보유액은 전체의 61%다. 고령층의 구매력이 다른 연령대보다 높기 때문에 갈수록 고령 시장이 활성화될 것이다.

(11) 새로운 생비자

유튜브를 비롯한 동영상 공유 사이트가 영향력 있는 플랫폼으로 성장했다. 그에 따라 콘텐츠 생산자와 이용자 사이에도 양면시장(two-sided market)이 형성되어 새로운 가치가 파생되었다. 양면시장이란 서로 다른 둘 이상의 집단이 플랫폼의 매개를 통해 상호작용함으로써 새로운 가치를 창출하는 시장이다. 개인이 취미로 만든 손수창작물(UCC)이나 손수생성물(UGC)이 유튜브에 유통되면서 누구든 창작과 소비를 동시에 하는 새로운 생비자(生費者, New Prosumer: Producer+Consumer)의 자격을 얻게 되었다. 서비스나 상품의 제작에 직간접적으로 참여하는 능동적 소비자 집단인 새로운 생비자의 영역이 확대될 것이다.

마케팅 환경이 급변하고 소비자 행동도 달라지고 있는 디지털 융합 시대에, 문화산업이란 용어는 이제 사회 전반에 걸쳐 보편적인 단어가 되었다. 문화예술 마케팅도 더 이상 낯선 단어가 아니다. 문화예술계의 재정적 어려움을 해소할 경영 활동이라는 인식도 보편화되었다. 공연기획자, 예술행정가, 전시 큐레이터 같은 직업이 2010년 이후 청년들이 주목하는 직종으로 떠올랐다. 이는 문화산업이란 용어가 보편적으로 확산되었기에 가능한 현상이며, 취업 준비생들은 문화예술 관련 산업에 더 많은 관심을 기울이고 있다.

문화예술 마케팅도 계속 그 영역을 넓혀 가고 있다. 다국적 기업의 탄생, 기업 경영 환경의 급격한 변화, 가치관의 다양성과 문화적 배경에 따라 문화예술 마케팅의 적용 양상도 달라지고 있기 때문이다. 현대의 기업들은 기업의 이미지 제고와 브랜드 가치를 환기하는 마케팅 수단의 일환으로 문화예술을 적극적으로 활용하고 있다. 현대적 의미에서 문화예술 마케팅은 기업의 이윤을 사회에 환원한다는 기존의 개념을 넘어서고 있다. 문화예술 마케팅은 문화예술의 감성 코드를 활용한 마케팅 전략, 문화가 체화된 상품 개발, 문화경영 전략을 아우르는 종합적인 기업문화 전략으로까지 발전했다(김우정, 2006).

기업의 경영 패러다임도 1980년대의 '생산의 시대'와 1990~2000년대의 '기술의 시대'를 거쳐, 2010년대에는 기술과 감성이 융합된 '기술과 감성의 시대'로 발전해 왔다. 초일류 기업이 되려면 기술을 통해 소비자의 감성을 공략하는 마케팅 활동을 전개해야 한다는 맥락이었다. 기업에서도 문화예술 마케팅을 감성 마케팅을 전개할 수 있는 핵심 전략으로 채택했다.

우리나라 문화예술 마케팅의 발전 과정은 관점에 따라 다양하게 분류할 수 있다. 중요한 문화예술 정책이 실행된 내용이라는 관점에서도 발전 과정을 분류할 수 있다. 이에 따라 문화예술 마케팅이 우리나라에서 어떻게 변해 왔는지 살펴보면 도입기, 도약기, 성장기로 구분할 수 있다.

첫째, 도입기(1980~1994년)의 주요 변화는 다음과 같다.

- 1983년: '제5차 경제사회발전 5개년계획' 실시
- 1984년: '지방문화 중층 5개년 계획' 수립
- 1988년: '예술의전당'의 개관 및 공연장 경영 인력의 채용
- 1986~1988년: 아시안게임 및 서울올림픽 등 문화행사 집중 개최
- 1990년: 문화부의 신설로 문화정책의 기조가 규제에서 진흥으로 전환
- 1994년: 문화체육부 내 문화산업국 설치. '문화산업' 용어의 등장
- 1990년대: 한국메세나협의회 창립
- 1990년대 중반: 문화예술계에 '문화 마케팅' 용어의 사용 증가

둘째, 도약기(1995~2009년)의 주요 변화는 다음과 같다.

- 1995년: 지방자치제도 실시. 지역문화의 중요성 대두 및 지역축제 급증
- 1997년: 경기문화재단 설립. 예술진흥을 중앙정부에서 지방자치단체로 이관
- 1997년: 한국문화경제학회 설립. 본격적인 문화경영 연구의 활성화
- 2000년: 정부예산 중 문화예산 1% 달성. 투자 활성화
- 2002년: 드라마 중심의 1세대 한류 시작. 〈겨울연가〉의 대성공
- 2005년: 주5일 근무제의 실시로 여가문화의 확대
- 2000년 이후: 국내 기업을 중심으로 '문화경영' 흐름 확산
- 2000년대 후반: K-Pop 중심의 '신한류'가 성장의 새로운 견인차

셋째, 성장기(2010년~현재)의 주요 변화는 다음과 같다.

- 2010년대: 기업들의 문화 마케팅 및 문화경영에 대한 관심 증가와 활성화. 문화산업의 강조와 한류 지원을 확대하는 정부정책. 사회취약 계층을 위한 문화 복지 정책 대두. 문화 바우처(Voucher) 사업과 소외 지역의 문화순회 사업. 문화 마케팅을 독자적 학문으로 체계화하려는 활동
- 2019년 이후: 인공지능(AI)을 활용한 문화 기술 중시. 제4차 산업혁명과 문화예술에 관한 논의 다양화. 주당 52시간 근무제의 법제화를 기점으로 일과 삶의 균형을 추구하는 워라밸(works and life balance)의 가치 확산

이상에서 알 수 있듯이 우리나라에서 문화예술 마케팅은 도입기, 도약기, 성장기를 거치며 발전을 거듭하고 있다. 미국에서도 유사한 과정을 거치며 문화예술 영역이 발전해 왔지만, 우리나라에서는 따라가기 어려울 정도로 앞서가고 있다. 예컨대, 미국 정부는 문화예술의 활력도(vitality)와 강건함

(health)을 나타내는 미국예술지수(National Art Index)를 해마다 발표하고 있다. 이 지수는 78개의 지표에 따라 측정하며, 100점 만점에 점수가 높을수록 문화예술의 활력도와 강건함이 좋다는 것을 의미한다.

미국 정부가 문화예술에 대한 국민들의 향유(享有)를 얼마나 중요하게 생각하는지 엿볼 수 있게 하는 대목이다. 국어사전에서는 향유를 '자기 것으로 소유해 누린다'는 뜻으로 풀이하고 있다. 문화예술 마케팅에서는 예술적 특수성과 경영적 보편성을 동시에 구현하는 것을 목표로 삼는다. 문화예술기관이나 단체의 마케팅 기획자들은 문화예술작품과 소비자들이 만나는 브랜드 접촉점(brand contact point)을 구축하기 위해 문화예술 마케팅 커뮤니케이션에 대해 보다 깊이 있게 이해할 필요가 있다.

제2장

문화예술 마케팅의 정의와 쟁점

1. 문화예술 마케팅이란 무엇인가

세계의 저명한 박물관에 가 보면 진귀한 문화유산이 즐비하다. 우리나라의 국립박물관에도 한민족의 얼이 담긴 찬란한 문화유산이 많다. 진귀한 문화유산을 많이 보유하고 있는 박물관이라고 해서 가장 훌륭한 박물관일까? 적어도 문화예술 마케팅의 맥락에서 보면 그렇지 않다. 진귀한 문화유산이 아무리 많은 곳이라 해도 관람객이나 문화예술 소비자들이 많이 찾아와 감상하면서 진귀한 가치를 인정해 주지 않는다면 훌륭한 박물관이라고 하기는 어렵다. 이런 맥락에서 "가장 훌륭한 박물관은 관람객이 넘치는 박물관"(이보아, 2014)이라는 주장도 설득력을 얻게 된다. 관람객이 넘치는 박물관이야말로 유명한 가수의 공연장처럼 관객의 열기로 후끈 달아오를 수밖에 없다.

박물관이나 미술관을 뜻하는 뮤지엄(museum)은 지금의 뜻과는 달랐다. 처음에는 신(神)에게 바치기 위한 수집품 자체를 의미했다. 기원전 3세기경 프톨레마이오스 1세(Ptolemaios I, BC 367~283)가 고대 이집트의 유물들을 알렉

산드리아 궁전에 수장(收藏)하면서부터, 뮤지엄은 지금과 유사한 기능을 하게 되었다. 16세기 르네상스 시대에 이르기까지 귀족사회에서 수집품을 수납하는 시설에 그쳤던 뮤지엄은 19세기부터 일반인에게 널리 공개되기 시작했다. 그때부터 뮤지엄은 '사회적 공유재'라는 보편적 인식을 확보하게 되었다(서상우, 2005). 예컨대, 영국 런던의 대영박물관(The British Museum)을 비롯한 세계의 저명한 박물관이나 미술관들은 사회적 공유재의 기능을 톡톡히 하고 있다.

최근 들어 박물관, 미술관, 공연장 같은 문화예술기관이나 단체의 운영 목표도 관객이나 관람객이 넘치게 하는 방안을 찾는 쪽으로 집중되고 있다. 문화예술 마케팅에서 구사하는 다양한 전략도 관객이나 관람객이 넘치게 하는 방안을 모색하고 해법을 찾는 과정이나 마찬가지다. 상품과 브랜드의 속성(attributes)이나 혜택(benefit)을 강조하는 것은 기업 마케팅에서 핵심 전략이다. 기업의 마케팅 기획자들이 상품과 브랜드의 속성과 혜택을 어떤 미디어를 활용해 언제 어떻게 알릴 것인지의 문제를 놓고 고심한다면, 문화예술기관이나 단체의 마케팅 기획자들은 문화예술 소비자들의 참여를 유도하기 위해 문화예술작품의 예술적 가치를 강조하려고 고심한다. 기업의 마케팅 기획자들이 어떤 상품과 브랜드의 합리적인 가격을 강조한다면, 문화예술 마케팅 기획자들은 티켓을 구매하는 것이 문화예술 활동에 참여하는 값진 행위라고 하면서 가격의 가치성을 부각시킨다. 이처럼 일반적인 마케팅과 문화예술 마케팅은 그 개념에 있어서 상당한 차이가 있다.

마케팅 환경이 급변하고 소비자 행동도 달라지고 있는 디지털 융합 시대에, 문화산업이란 용어는 이제 사회 전반에 걸쳐 보편적인 단어가 되었다. 문화예술 마케팅도 더 이상 낯선 단어가 아니라 문화예술계의 재정적 어려움을 해소할 경영 활동이라는 인식도 보편화되었다. 공연기획자, 예술행정가, 전시 큐레이터 같은 직업이 2010년 이후 청년들이 주목하는 직종으로 떠올랐다. 이는 문화산업이란 용어가 보편적으로 확산되었기에 가능한 현상이며,

취업 준비생들은 문화예술 관련 산업에 더 많은 관심을 기울이고 있다. 문화예술 마케팅도 계속 그 영역을 넓혀 가고 있다. 현대의 기업들은 기업의 이미지 제고와 브랜드 가치를 환기하는 마케팅 수단의 일환으로 문화예술을 적극적으로 활용하고 있다.

그동안 전문가들은 문화예술 마케팅이나 비영리 단체의 마케팅이란 도대체 무엇인지 다양한 맥락에서 정의해 왔다. 문화예술작품을 알리는 동시에 티켓 구매를 유도하는 모든 마케팅 활동을 일컬어 문화예술 마케팅이라고 하는 정의가 대표적이다. 어떤 문화예술기관이 확보한 관객의 유형을 파악하고 어떤 문화예술 소비자를 확보하기를 원하는지, 목표로 하는 관객과 관람객을 공연이나 전시에 참여시키기 위해 동기 부여를 어떻게 할 것인지 결정하는 모든 활동이 문화예술 마케팅이라는 관점도 있었다(Bernstein, 2014; Hill, O'Sullivan, & O'Sullivan, 2003). 나아가 문화예술 콘텐츠를 널리 알리고 소비하게 하는 방법을 분석하고 전략을 수립하거나(이동철, 박옥련, 김주희, 이현지, 2008), 문화예술작품을 바탕으로 전개하는 마케팅 활동 모두를 문화예술 마케팅의 개념으로 봐야 한다는 주장도 있었다(변경희, 이성근, 2011).

문화예술 마케팅의 개념을 정의하려면 문화예술 마케팅을 문화예술의 제반 요인을 상품화해서 문화예술 소비자의 선택을 촉진하고 효과를 극대화하려는 경영 전략의 일환으로 간주하고, 포괄적인 맥락에서 문화예술 마케팅에 접근해야 한다. 문화예술을 표방하는 모든 영역을 고려하면 문화예술 마케팅의 개념이 오히려 혼란스러워지기 때문에, 문화예술기관이나 단체의 마케팅 활동에만 국한시킬 필요도 있다. 결국 문화예술 마케팅은 다음과 같이 정의할 수 있다.

> 문화예술 마케팅이란 문화예술기관이나 단체에서 문화예술작품의 가치를 제고함으로써 기존 관객의 구매를 유지하는 동시에 새로운 문화예술의 소비를 창출하고 활성화시키는 일련의 마케팅 활동이다(김병희, 2015a).

2. 문화예술 경영과 마케팅의 쟁점

문화예술 경영은 크게 세 가지 유형으로 구분할 수 있다. 문화예술을 위한 경영, 문화예술을 통한 경영 그리고 문화예술적 경영이 그 세 가지다. 이것은 문화예술이 사회와 어떻게 관련되느냐에 따라 각각의 유형을 구별하는 접근법이다(심보선, 강윤주, 전수환, 2010). 세 가지 유형에 대해 보다 자세히 알아보기로 하자.

첫째, 문화예술을 위한 경영(management for culture and arts)은 문화예술기관이나 단체를 운영할 때 경영학 지식을 활용하자는 개념으로, 1960년대부터 도입되었다. 우리나라에서는 1990년대부터 문화예술과 경영학이 만나기 시작했다. 그 시기의 문화예술 경영은 문화예술에 적합한 경영 기법을 탐색하는 수준이었다. 따라서 문화예술을 위한 경영은 사회 구성원의 일상생활에 깊이 접목되지는 못했다. 문화예술을 위한 경영의 사례를 살펴보자.

독일의 콘체르트하우스 도르트문트 콘서트홀(Konzerthaus Dortmund Concert Hall)은 클래식 음악의 확산에 대한 한계를 인식하고, 콘서트홀의 이용률을 높이기 위해 우유와 클래식 음악의 컬래버레이션 캠페인을 전개했다([그림 2-1] 참조). 젖소가 클래식 음악을 들으면 질 좋은 우유를 만든다는 과학계의 가설에 착안해, 도르트문트 콘서트홀은 소비자에게 '음악을 마셔라'라는 메시지를 전달하고자 했다. 클래식 연주자들은 농장을 찾아가 젖소들 앞에서 클래식을 연주했고, 그 젖소들에서 짠 우유의 레이블에 '콘체르트하우스 도르트문트 콘서트 유유'라는 상표와 연주자의 이름을 명시했다. 이렇게 만들어진 우유는 여러 유통망에서 판매되었고, 콘서트홀에서는 우유 체험 행사를 진행했다. 이 캠페인은 호평을 받아 콘서트홀의 신규 가입자가 19%나 증가했고 평균 객석 점유율도 72%로 상승했다(Adclubjaipur, 2011).

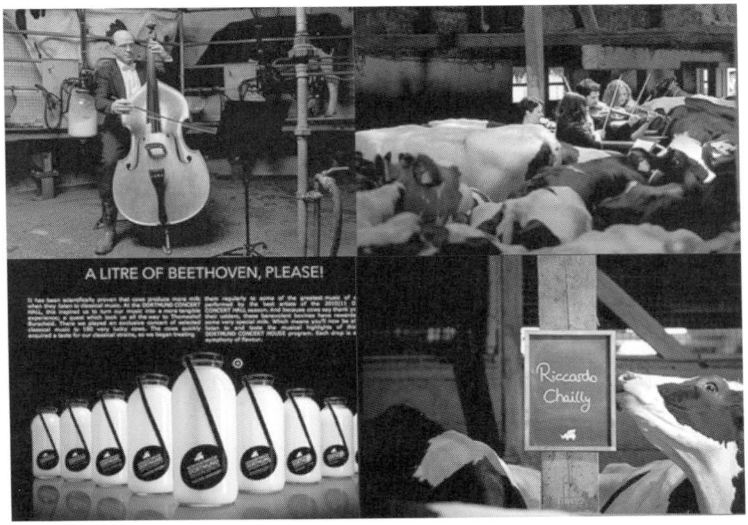

[그림 2-1] 콘체르트하우스 도르트문트 콘서트홀의 우유 캠페인

둘째, 문화예술을 통한 경영(management through culture and arts)은 문화예술의 가치를 기업 경영과 산업 활동에 적극적으로 도입해 성과를 높이자는 개념으로, 1990년대 중반부터 주목을 받았다. 이런 관점은 문화예술기관이나 단체의 경영 관리라는 제한된 범주를 넘어 사회의 제반 영역에 영향을 미쳤다. 이때 문화예술은 혁신에 필요한 자원이라는 인식에 가까웠으며 폭넓은 지지를 받았다.

셋째, 문화예술적 경영(cultural and artistic management)은 문화예술 자체를 지향하는 사회를 만들자는 경영 개념이다. 이때 문화예술은 예술 지향적 예술이나 도구적 예술이 아니라 일상생활과 결합되어 공동체의 관계와 연대의 가치를 창출하는 문화예술을 의미한다. 따라서 문화예술적 경영에서는 문화예술 활동을 지원하고 육성하는 것은 물론 공동체의 문화자본을 형성하려고 노력한다.

문화예술 마케팅은 경영학의 세부 전공인 마케팅에서 분화했다. 일반 마케팅의 발전 과정에서도 숱한 이론과 학설이 나타났듯이, 문화예술 마케팅의 개념이 제안된 이후 이에 대한 다양한 학설과 쟁점이 등장했다. 학계와 실무계에서는 논쟁을 거듭하고 있지만 문화예술 마케팅의 주요 쟁점들은 아직도 보편적인 합의에 도달하지 못했다. 임연철(2007)의 저술에 근거해 문화예술 마케팅의 세 가지 핵심 쟁점에 대해 살펴보기로 하자.

첫째, 마케팅의 지향점에 대한 논란이다. 예술을 지향할 것인지 또는 시장을 지향할 것인지, 무엇을 선택해야 하는지에 관련되는 문제다. 상업적으로 성공하기 위해 작품을 변경하는 행위가 예술가로서 부도덕한 태도라고 생각하는 문화예술인들이 많다. 그들은 문화예술기관이나 단체의 경영 성과를 추구하다 보면 결국 예술성의 타락을 초래할 것이라고 주장한다. 그렇다고 해서 경영 성과를 도외시한 채 예술성만 추구하기도 어려운 법이다. 지난 2000년 이후 우리나라의 국공립 문화예술기관들이 법인화되면서 기관장들은 경영 성과의 평가에 신경을 쓰지 않을 수 없게 되었다.

그럼에도 불구하고 작품만 좋으면 관객은 저절로 모인다는 신념에 따라 적극적인 마케팅 활동이 예술의 순수성을 훼손한다고 비판하는 문화예술기관이나 단체의 대표도 여전히 존재한다. 마케팅 전문가 로버트 켈리(Robert Kelly)는 1991년 8월 캐나다 몬트리올에서 열린 제1회 국제예술경영회의에서 그런 대표들을 가리켜 '공연예술 마케팅의 내부의 적'이라고 지칭했다(임연철, 2007, p. 27). 결국 시장 지향적인 마케팅 활동은 예술의 순수성을 지향하는 견해들과 대립할 수밖에 없다. 예술 중심이냐 또는 시장 중심이냐의 논쟁은 문화예술 마케팅이 기존의 마케팅 개념과 확연히 다르다는 사실을 일깨워준다. 지향하는 곳이 어느 지점이냐에 따라 문화예술 마케팅 활동을 전개하는 방법도 달라지게 마련이다.

둘째, 문화예술 교육의 방향성에 대한 쟁점이다. 문화예술에 대한 후천적인 교육은 어떤 개인이 문화예술을 향유(享有)하는 데 영향을 미치는 것으로 알려져 왔다. 지난 1986년, 프랑스의 사회학자 피에르 부르디외는 문화예술에 대한 사회적 교육과 체험을 종합한 다음 '문화자본'이라는 개념을 제시했

[그림 2-2] 문화예술기관인 예술의전당 전경

다. 돈이나 땅 같은 것이 본래의 자본에 해당되지만, 부자들의 문화적 취향도 상속된다는 취지에서 문화도 자본의 역할을 한다고 주장했다(Bourdieu, 1986). 예컨대, 어릴 때 문화예술 교육을 받은 학생의 경험은 그가 성인이 되었을 때 문화예술의 소비 활동에 영향을 미치게 마련이다. 따라서 어린이와 청소년의 경우 학교 밖에서 문화예술 교육의 기회를 확대하고 일상생활 속에서 문화예술에 대한 접근성을 높이려는 노력이 중요할 수밖에 없다(이호영, 서우석, 2011).

문화자본의 정보 측면에 해당되는 문화 지식을 어떤 사회 구성원들 사이에서 확산시키려면 어릴 때부터 문화예술작품에 친숙해져야 하고, 감상 능력을 높이는 동시에 문화예술작품의 배경과 역사에 대한 지식을 교육시켜야 한다(최샛별, 이명진, 2013; 홍윤미, 이명우, 윤기웅, 2015). 문화예술기관이나 단체에서는 문화예술 소비자들이 문화예술작품에 접근하기를 망설이는 장벽을 제거하고 미래의 고객을 개발하려고 노력해야 한다. 나아가 자녀들에게 문화예술 교육을 왜 해야 하는지를 문화예술 소비자에게 알리고, 그 중요성을 강조하는 마케팅 활동도 적극적으로 전개해야 한다. 사람들이 문화예술 교육에 더 많이 참여하도록 유도하는 방법을 찾는 것도 문화예술 기획자들이 해야 할 일이다.

셋째, 문화예술 마케팅의 복합성 개념에 대한 논란이다. 일반 기업에서는 영리를 추구하는 데 필요한 판매 촉진을 위해 마케팅 활동을 전개하지만, 문화예술기관이나 단체에서는 문화예술작품의 가치를 실현하고 확산하기 위해 마케팅 활동을 전개한다. 문화예술 마케팅의 목적은 고객들이 원하는 작품을 창작해 더 많은 수익을 창출하는 데에 있지 않다. 그보다는 문화예술작품을 통해 예술가의 창작 의도를 더 많은 관객이나 관람객에게 전달하고 그 의미를 공유하는 데에 있다. 이처럼 문화예술 마케팅에서는 일반 마케팅에 비해 더욱 복합적인 가치를 지향한다는 것이 복합성 개념의 핵심이다. 문화예술 마케팅은 일반 마케팅과 비교했을 때 접근 방법도 다르고 고려 사항도 많은 복합적인 성격을 띠게 된다.

일반 기업에서는 경제적 타당성이 있다고 판단될 때 비로소 사업에 착수한다. 그러나 문화예술기관이나 단체에서는 경제적 성공 여부가 불확실해도 문화예술작품의 가치를 믿고 공연이나 전시를 기획할 수 있다. 문화예술 경영의 이런 특성 때문에 문화예술 마케팅을 전개하려면 문화예술기관이나 단체에서 문화예술작품을 감상할 관객층을 자체적으로 찾아내고, 문화예술기관이나 단체 스스로 제한된 규모의 문화예술 시장에서 새로운 시장을 창출해야 한다. 문화예술기관이나 단체가 새로운 수요를 창출해 관객이나 관람객을 지속적으로 관리하는 데 최선을 다해야 한다는 점에서, 문화예술 마케팅은 복합적인 특성을 띨 수밖에 없다.

예술을 지향해야 옳은 것인지 또는 시장을 지향하면 그른 것인지, 문화예술 교육을 누구에게 어떤 프로그램을 적용해 어떻게 실시해야 효과를 기대할 수 있는지, 복합적인 가치를 얼마나 어떻게 고려해야 예술성과 수익성이라는 두 마리 토끼를 동시에 잡게 할 것인지의 세 가지 핵심 쟁점은 문화예술 마케팅 기획자에게 쉽게 해결할 수 없는 고민거리를 안겨 주고 있다.

3. 문화예술 마케팅의 두 가지 접근법

문화예술에 대한 관심은 해를 거듭할수록 폭발적으로 증가해 왔다. 이것은 세계와 정서적으로 소통하고자 하는 문화예술작품에 대해 사람들이 반응한 결과이며, 이에 따라 서비스 마케팅의 특성을 지닌 문화예술 마케팅 분야도 비약적인 발전을 거듭했다(Bernstein, 2014). 문화예술 마케팅 활동은 [그림 2-3]에서 알 수 있듯이 크게 두 가지 방법에 따라 접근할 수 있는데, '문화예술을 위한 마케팅'과 '문화예술을 활용한 마케팅'이 그것이다(김소영, 곽영식, 2003). 이 두 가지를 비교해 보면 우리나라 문화예술 마케팅의 전개 양상이 보다 선명하게 드러난다.

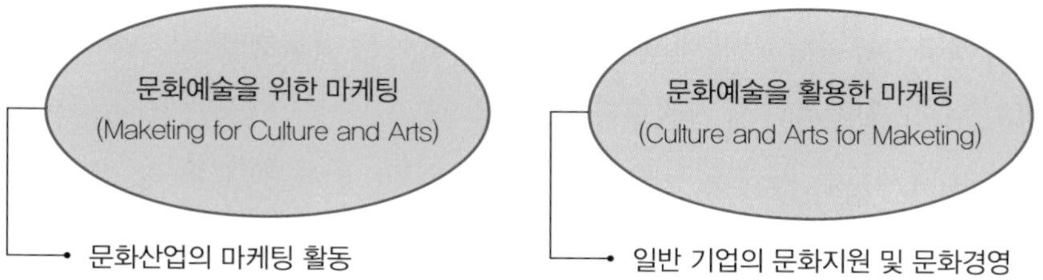

[그림 2-3] **문화예술 마케팅의 두 가지 접근법**

문화예술을 위한 마케팅(marketing for culture and arts)은 문화예술기관이나 단체에서 문화예술작품이나 문화예술 콘텐츠의 예술적 중요성을 인정하고, 사회 구성원들에게 그 가치를 알리고, 문화예술의 소비 활동을 촉진하기 위해 전개하는 일련의 마케팅 활동이다. 예컨대, 2017년 글로리아오페라단은 창단 26주년 기념작 〈마농 레스코〉의 예술의전당 공연을 앞두고 문화예술을 위한 마케팅 활동을 전개했다([그림 2-4] 참조). 이때는 문화예술작품을 널리 알리는 방법을 찾고 티켓 판매를 활성화하는 활동 자체가 마케팅의 목적이 된다. 문화예술기관이나 단체를 비롯해 중앙정부나 지방정부에서 시도

[그림 2-4] 글로리아오페라단의 〈마농 레스코〉 공연 포스터(2017)

하는 문화예술 마케팅 활동이 대체로 이 범주에 해당된다.

문화예술기관이나 단체에서 예전에는 클래식을 비롯한 고급 문화예술작품 위주로 마케팅 전략을 기획했다면, 최근에는 대중적인 문화예술작품에 이르기까지 다채로운 마케팅 활동을 전개하고 있다. 문화예술작품을 향유하는 소비자 계층이 증가했고 문화예술기관이나 단체의 수도 늘어났기 때문이다. 문화예술기관이나 단체에서는 더 좋은 작품을 더 많은 관객이나 관람객과 만날 수 있게 하는 방안들을 모색할 수밖에 없다. 따라서 문화예술을 위한 마케팅 활동은 갈수록 활성화될 수밖에 없다.

문화예술을 위한 마케팅과는 달리, 문화예술을 활용한 마케팅(culture and arts for marketing)은 기업에서 문화예술작품이나 문화예술 콘텐츠를 마케팅 활동의 주요 수단으로 활용하는 경우다. 기업에서는 보통 기업 이미지를 제고하기 위해 자사의 브랜드 촉진 활동에 문화예술작품을 활용하는 경우가 많다. 나아가 직원들의 복지 향상을 위해 다양한 문화예술 활동을 지원하는 문화 혜택 제도를 실행한다. 이처럼 기업의 필요에 따라 문화예술을 브랜드 촉진 활동에 활용하는 사례 모두가 '문화예술을 활용한 마케팅'에 해당된다.

이제 기업 활동에서 문화예술 콘텐츠를 활용하는 것이 보편적인 추세가 되었다. 기업에서 문화예술 공연을 후원하는 경우는 문화예술을 활용한 마케팅의 대표적인 사례다. 기업에서 메세나(mecenat, 기업의 문화예술계 지원을 총칭하는 용어) 활동을 전개하거나 문화예술기관이나 단체를 후원하는 경우도 문화예술을 활용한 마케팅의 사례다. 기업이 문화예술을 활용하는 방식에 따라 [그림 2-5]와 같은 5S의 맥락에서 문화예술 마케팅을 전개할 수 있다. 즉, 문화적 이미지를 상품이나 기업 이미지와 연관시켜 광고 PR과 판촉 활동에 활용하는 문화판촉(Sales), 기업의 메세나 활동이나 스폰서십처럼 이미지 제고를 위해 기업이 문화예술을 지원하는 문화지원(Sponsorship), 기업의 상품이나 서비스에 문화적 이미지를 체화시켜 경쟁사의 상품과 차별화시키는 문화연출(Synthesis), 새롭고 독특한 문화를 상징하는 기업으로 자리매김하는 문화기업(Style), 기업에서 국가의 문화적 매력을 후광 효과로 활용하는 문화후광(Sprit)이 그 다섯 가지다(심상민, 2002; 이수범, 신성혜, 2005).

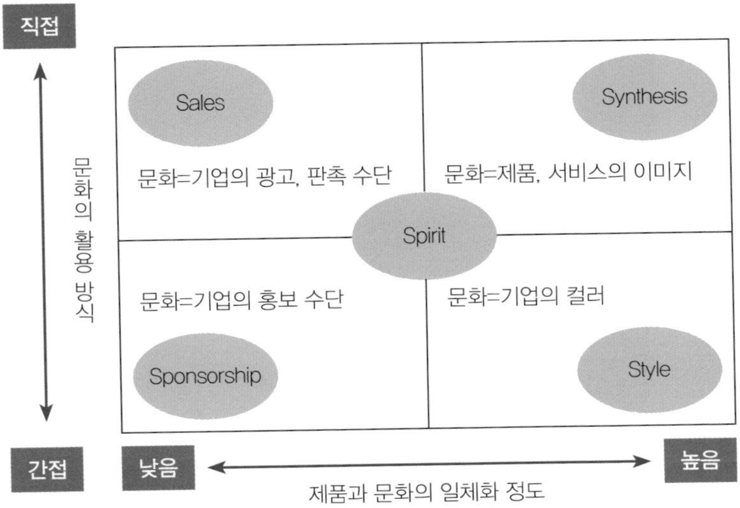

[그림 2-5] 문화예술 마케팅의 다섯 가지 유형

출처: 심상민(2002).

'문화예술을 위한 마케팅'과 '문화예술을 활용한 마케팅' 중 어떤 방법으로 접근하든 문화예술 소비자들(고객)이 기대하는 접점이나 매개체는 문화예술 작품이다. 서비스 마케팅에서 분화된 문화예술 마케팅은 앞으로 계속 발전하며 그 영역을 확장해 나갈 것이다. 이런 상황에서 문화예술기관이나 단체는 문화예술작품의 창작과 보급을 가장 중요한 목적으로 삼아(변경희, 이성근, 2011), 문화예술을 위한 마케팅 활동을 전개해야 한다. 그렇지 않으면 막대한 예산으로 공략하는 기업의 문화예술을 활용한 마케팅 활동 앞에서 대답 없는 메아리가 되기 십상이다.

기업의 문화예술 마케팅 활동 속에 묻히지 않으려면, 문화예술기관이나 단체는 주어진 예산으로 효과를 극대화할 수 있는 차별적인 마케팅 전략을 수립해야 한다. 그리고 결정된 전략을 현실적으로 유용한 맥락에서 적극적으로 실행하는 실천 활동이 중요하다. 문화예술 소비자의 소비 행동에 실질적인 영향을 미치는 마케팅 아이디어가 절실한 이유도 그 때문이다.

4. 문화예술 주입의 마케팅 기대 효과

기업의 경영자나 전략 커뮤니케이션을 담당하는 마케팅 기획자들이 문화예술에 대해 관심을 갖는 것은 바람직하다. 어느 날 갑자기 문화예술 경영을 불쑥 천명하거나 예술작품을 브랜드 마케팅 활동에 활용하라고 주문하는 경영자들도 많다. 이처럼 예술작품을 활용하는 마케팅 활동을 보통 아트 마케팅(art marketing)이라고 하는데 이는 올바른 표현이 아니다. 전문적인 학술용어인 '예술 주입(art infusion)'이나 원어 그대로인 아트 인퓨전이 맞다. 자주 쓰이는 아트 컬래버레이션(art collaboration)은 예술 주입의 변형된 형태다.

예술 주입이란 제품이나 브랜드에 예술적 요인을 추가하는 마케팅 활동을 일컫는 말이다. 마케팅을 공부하기 이전에 화가였던 헨리크 핵트베트(Henrik

[그림 2-6] 〈진주 귀걸이를 한 소녀〉(1665)

[그림 2-7] 영화에서의 스칼렛 요한슨(2004)

Hagtvedt)는 제품의 패키지에 예술작품(art) 이미지를 더하면 비예술작품(non-art) 이미지에 비해 제품의 고급감과 차별성이 높아진다는 사실을 실험 연구를 통해 입증했다(Hagtvedt & Patrick, 2008). 연구자들은 17세기의 네덜란드 화가 요하네스 베르메르(Johannes Vermeer, 1632~1675)의 그림 〈진주 귀걸이를 한 소녀(Girl with a Pearl Earring)〉(1665)의 이미지를 제품에 인쇄했을 경우와 영화 〈진주 귀걸이를 한 소녀〉(2004)에 출연한 여배우 스칼렛 요한슨의 이미지를 인쇄했을 경우를 비교했다([그림 2-6]과 [그림 2-7] 참조).

연구 결과, 이미지의 고급감은 모두 높았지만, 고급감이 제품에 전이되는 정도와 제품 구매 의향은 스칼렛 요한슨의 사진에 비해 베르메르의 그림이 인쇄된 제품이 통계적으로 유의한 수준에서 높게 나타났다. 고급스러운 이미지는 유사했지만 제품과 결합되었을 때의 고급감과 구매 의향은 예술작품 이미지 쪽이 훨씬 높게 나타나 학계에 '예술 주입'의 가치와 가능성을 환기했다. 이 연구로 인해 헨리크 핵트베트는 스타 연구자로 떠올랐다. 문화예술을 광고에 주입시켜 마케팅 활동에서 성공한 사례는 많다.

드롱기(De'Longhi)의 커피머신 광고 '엠마오의 저녁식사' 편(1994)을 보자. 1902년에 가내 수공업으로 시작한 드롱기는 세계적인 명품 가전으로 자리 잡은 이탈리아 브랜드다. 광고에는 바로크 시대에 많이 그려진 성화(聖畫)를 배경으로 첨단 커피머신과 커피 잔 2개가 놓여 있다. 어디서 많이 본 듯한 그림이다. 전체의 1/5 정도의 지면에 제품을 소개하는 카피를 배치했다. 카피

[그림 2-8] 드롱기의 광고 '엠마오의 저녁식사' 편(1994)

[그림 2-9] 카라바조의 유화 〈엠마오의 저녁식사〉 원작(1601)

보다 그림이 눈에 띄는 구도다. 쳐다보는 순간 성화의 이미지를 차용한 광고라는 사실을 알 수 있다([그림 2-8]과 [그림 2-9] 참조). 카라바조(Caravaggio, 1571~1610)의 그림 〈엠마오의 저녁식사(The Supper at Emmaus)〉(1601)의 아우라가 떠오른다. 예술의 이미지가 광고에 주입되는 순간이다.

명화 〈엠마오의 저녁식사〉(캔버스에 유채, 195×139cm)는 영국 런던의 내셔널갤러리에 걸려 있다. 부활하신 예수님이 엠마오의 여인숙에서 제자들과 저녁식사를 하고 있는데, 앞에 있는 분이 예수님이라는 사실을 뒤늦게 깨달은 제자들이 깜짝 놀라는 장면을 사실적으로 묘사한 그림이다. 여느 성화에서와는 달리 수염도 없고 통통하게 그려진 예수님의 얼굴이 흥미롭다. 제자 2명은 앉아 있고 여인숙 주인은 서서 시중을 드는데, 부활하신 것을 믿을 수 없다는 표정이 생생하다. 마치 연극의 한 장면 같다. 빛의 명암이 대조되고 극적인 분위기가 고조되면서 그림 속으로 빠져들게 한다.

초기 바로크 시대를 대표하는 카라바조는 이탈리아의 독실한 가톨릭 집안에서 성장했지만 살인을 하고 도망자 신세가 되어 39세에 짧은 생을 마감한 비운의 화가다. 당대의 거장 미켈란젤로를 능가하겠다며 그의 작품을 폄하했던 광기 어린 인물이었지만 빛과 그림자의 대비를 통해 근대 사실화의 길을 개척했다. 부활을 믿지 못해 예수님의 옆구리에 창에 찔린 상처가 있는지 손을 넣어 보는 〈의심하는 토마(The Incredulity of Saint Thomas)〉(1601~1602)를 그린 화가로도 유명하다.

드롱기는 이전에도 광고를 했지만 브랜드에 명품 이미지를 넣자는 광고회사의 제안을 받아들여, 그동안 광고에 활용되지 않았던 카라바조의 명화들을 광고 메시지로 '주입(infusion)'했다. 마치 환자에게 수액을 넣듯이 브랜드에 문화예술을 주입한 것이다. 카라바조의 명화들은 드롱기의 커피머신, 전기주전자, 토스터, 오븐, 주방가전, 전기오븐, 계절가전, 난방기기, 세라믹 히터의 광고에 두루 주입되었다. 마치 우리나라의 LG가 마티스, 클림트, 고흐, 고갱의 명화를 활용해 "당신의 생활 속에 LG가 많아진다는 것은 생활이 예술이 된다는 것"이라는 브랜드 캠페인을 전개했던 사례와 같다. 예술작품을 브랜드 광고에 주입한 시리즈 캠페인 덕분에 드롱기는 세계적인 명품 가전 브랜드로 확고히 자리 잡았다. 광고하기 전에 비해 브랜드 선호도가 22%나 올라갔고, 판매율도 8.2% 신장되었다(김병희, 2019, pp. 153-159).

우리나라에서도 여러 기업에서 예술 주입을 시도하고 있다. 루벤스(Rubens), 르누아르(Renoir), 다빈치(da Vinci), 보티첼리(Botticelli), 라파엘로(Raffaello), 마그리트(Magritte), 앵그르(Ingres), 클림트(Klimt), 고흐(Gogh), 고갱(Gauguin), 밀레(Millet), 고야(Goya) 등의 그림을 활용해 브랜드 선호도를 높이고 매출액을 높이는 효과를 얻었다. 기업 브랜드에 문화예술을 주입하고자 할 때는 프리미엄 브랜드의 이미지를 얻으려는 목적이 강하다. 경영자들이 문화예술의 주입을 시도하는 것 자체는 바람직한 일이지만 1회성 시도로 끝나는 것은 아쉬운 대목이다. 예술가의 걸작이 하루아침에 완성되지 않듯이 브랜드에 대한 문화예술 주입의 효과도 단기간에 나타나지 않는다.

5. 문화예술 마케팅 커뮤니케이션의 범위

문화예술에 관심이 많은 우리 시대에 어디까지를 마케팅의 범위라고 할 수 있을까? 모든 문화예술 영역을 대상으로 마케팅 활동을 전개하지 못할 이유는 없겠지만 그렇게 되면 경계가 모호해져 버린다. 그래서 문화예술 마케팅의 범위를 정하는 문제가 중요할 수밖에 없다. 관점에 따라 그 범위를 얼마든지 다양하게 정할 수 있겠지만 학계에서는 대체로 세 가지 기준에 따라 분류하고 있다. 즉, 마케팅의 목적에 따라, 마케팅을 전개하는 상황에 따라, 그리고 문화예술 경영의 영역에 따라 문화예술 마케팅 커뮤니케이션의 범위를 설정할 수 있다.

첫째, 마케팅의 목적에 따른 문화예술 마케팅 활동이 있다. 먼저 '문화산업' 마케팅으로, 여러 문화예술 영역에서 특정 분야를 산업으로 육성하기 위해 전개하는 마케팅 활동이 여기에 해당된다. 다음은 '문화예술기관' 마케팅으로, 문화예술작품의 창작과 보급에 기여하고 문화예술기관이나 단체를 발전시키려는 조직의 목적을 달성하려고 마케팅 활동을 전개하는 사례들이다. 마지막은 '문화 스폰서십' 마케팅으로, 자사 브랜드의 경쟁력을 강화하려고 기업에서 문화예술을 마케팅에 활용하는 경우다(변경희, 이성근, 2011).

둘째, 마케팅을 전개하는 상황에 따른 문화예술 마케팅 활동이 있다. 먼저 '문화산업(문화콘텐츠)' 마케팅으로, 영화나 연극 또는 게임 같은 문화산업의 사업성을 높이기 위해 문화예술을 활용하는 경우가 여기에 해당된다. 다음은 '비영리 조직(사회적)' 마케팅으로, 정부나 지방자치단체에서 박물관이나 미술관 혹은 지역축제의 명소를 활성화하기 위해 마케팅 활동을 전개하는 경우다. 또한 '스폰서십' 마케팅으로, 어떤 기업에서 브랜드 이미지를 높이기 위해 문화예술 활동을 지원하는 메세나 프로그램의 일환으로 마케팅 활동을 전개하는 경우다. 마지막은 '문화가치' 마케팅으로, 상품이나 서비스의 차별적 원천을 문화의 가치에서 찾으려고 마케팅 활동을 전개하는 경우다(안길상, 심상민, 이종철, 이영두, 위정현, 2008).

셋째, 문화예술 경영의 영역에 따른 문화예술 마케팅 활동이 있다. 문화예술 마케팅의 대상이 곧 문화예술 경영의 영역이라고 주장하며 문화예술 마케팅의 대상을 세 가지 영역으로 구분하려는 관점이다. 먼저 '문화재 영역' 마케팅으로, 순수 예술과 문화재를 지원하고 관리하기 위해 전개하는 마케팅 활동이다. 다음은 '문화 영역' 마케팅으로, 순수 예술과 문화재 영역 모두를 아우르며 더욱 포괄적으로 수용하면서 마케팅 활동을 전개하는 경우다. 마지막은 '문화산업(창조산업) 영역' 마케팅으로, 과학기술의 발전에 발맞춰 순수예술을 문화산업으로 확장시켜 부가 가치를 창출하기 위해 전개하는 마케팅 활동이다(박정배, 2013, p. 5; 임연철, 박정배, 2013, pp. 4-5).

명칭은 각각 조금씩 다르더라도 문화예술 마케팅의 주체는 문화예술기관이나 단체를 비롯한 중앙 정부와 지방자치단체다. 문화예술 마케팅의 목표는 문화예술작품을 보급해서 문화예술기관이나 단체를 더욱 발전시키는 데 있으며, 마케팅의 대상은 문화예술작품이다. 이런 맥락에서 마케팅의 목적에 따르건, 마케팅을 전개하는 상황에 따르건, 문화예술 경영의 영역에 따르건, 이 세 가지 분류 기준에는 마케팅의 주체와 목표 및 대상에 있어서 공통분모가 있다. 여러 논의를 종합하면 여러 가지 명칭을 '문화예술 마케팅'이라는 하나의 용어로 통일해서 사용해도 무리가 없을 것이다. 문화예술 마케팅이란 간단히 말해서 문화예술기관이나 단체의 마케팅 활동인 셈이다.

정부에서 운영하는 박물관이나 미술관 같은 비영리 기관은 문화예술기관이나 단체의 전형적인 사례에 해당된다. 국립중앙박물관, 예술의전당, 세종문화회관 같은 기관들은 정부나 지방자치단체의 지원금으로 운영되며 문화예술작품을 널리 보급하고 국민들에게 공연과 전시의 기회를 제공하기 위해 존재한다. 경영 측면에서 보면 지원금을 받는다는 장점이 있지만, 지원 주체가 경영에 간섭하거나 통제할 수도 있다. 따라서 기관의 생존이 중요하다는 사실을 자각한 비영리 기관들은 영리 기관들과의 경쟁에서 살아남으려면 마

[그림 2-10] 국립중앙박물관의 야경

케팅 활동을 전개해야 할 만큼 상황이 절박해졌다.

국내외를 막론하고 비영리 문화예술기관이나 단체에서도 문화예술작품의 가치를 널리 알리기 위해 잠재적인 예술 소비자 집단을 육성해야 한다는 인식이 지난 1990년대부터 보편화되었다(Bernstein, 2007; Kotler & Scheff, 1997). 영리 기관과 비영리 기관의 경쟁이 시작되면서 문화예술에 있어서도 마케팅이 중요하다는 인식이 더욱 확산되었다. 대중이 선호하는 문화예술작품을 기획하는 동시에 영리 기관에서 활용하는 마케팅 전략을 적용하는 문화예술기관이나 단체들도 늘어날 것이다. 앞으로 비영리 기관 입장에서는 문화예술 소비자의 기호를 반영하면서 변화를 시도할 수밖에 없다.

6. 문화예술 소비에 영향을 미치는 요인

문화예술 마케팅은 문화예술기관이나 단체에서 문화예술 소비자의 심리를 파악하는 데서부터 출발한다. 문화예술 소비자의 욕구와 필요를 충족시키면 마케팅의 목적을 일차적으로 달성할 수 있기 때문이다. 출발점이 잘못되면 성과를 기대하기도 어렵다. 어떤 공연이나 전시를 보겠다고 문화예술 소비자들이 의사결정을 하는 데는 여러 요인이 영향을 미친다. 문화예술 소비에 영향을 미치는 요인은 크게 개인적 변인(變因)과 환경적 변인으로 구분할 수 있다(정철현, 황소하, 2010). 이를 보다 구체적으로 알아보자.

1) 개인적 변인

나이나 성별 같은 인구통계학적 특성, 문화예술에 대한 경험 여부, 공연이나 관람의 혜택에 대한 인식 같은 것들이 개인적 변인에 해당된다. 문화예술작품의 장르를 불문하고 소득 수준이 낮은 집단보다 높은 집단에서, 일반직

보다 전문직에 종사하는 사람일수록, 교육 수준이 낮은 집단보다 높은 집단에서 문화예술작품에 대한 접촉 빈도가 높다고 알려지고 있다. 이는 인구통계학적 특성에 따라 문화예술의 소비 경험에 차이가 있다는 것을 의미한다.

직업, 학력, 소득 같은 사회경제적 측면의 개인적 변인도 문화예술의 소비에 영향을 미친다. 문화예술작품을 관람한 경험이 과거에 있었는지 없었는지도 나중에 가서 문화예술 소비를 다시 시도하느냐 그렇지 않느냐에 영향을 미친다. 문화예술을 향유하고 싶은 욕구란 과거의 문화적 경험이나 이전에 받았던 문화예술 교육의 영향을 받아 나중에 가서도 문화예술작품을 소비하려는 개인적 성향을 의미한다. 여기에서 문화예술 교육은 미적 감수성의 함양, 창의성의 육성, 정서의 함양을 통해 사회문화적 맥락에서 모든 국민의 문화적 '삶의 질'의 향상과 국가의 문화적 역량 강화를 지향하는 교육을 말한다(한국문화예술교육진흥원, 2009).

어린 시절에 부모님의 손에 이끌려 어떤 문화예술작품을 구경한 경험이 있는 사람은 그런 경험이 없는 사람에 비해 성인이 되어 자기 스스로 그 경험을 계속하려 하는 경향이 있다(Throsby, 2014). 예를 들어, 미국연방예술기금(NEA: National Endowment for the Arts)에서 1982년부터 해마다 발표하고 있는 '공공예술참여도조사(SPPA: Survey of Public Participation in the Arts)' 결과에서도([그림 2-11] 참조), 문화예술에 대한 이전의 경험이 나중에 가서도 문화예술의 향유와 소비에 영향을 미친다고 보고했다(NEA, 2018).

어떤 문화예술작품이 공연이나 관람에 참여했을 때 어떤 혜택을 얻을 수 있는가 하는 기대 수준도 문화예술 소비자의 의사결정 과정에 상당한 영향을 미친다. 즐거움, 여가 선용, 엔터테인먼트, 교육적 동기, 지적 자극, 타인과의 교류 같은 변인들이 예술 소비자에게 어떤 문화예술작품을 선택하도록 하는 데 결정적인 영향을 미치게 된다. 소비자들은 공연이나 전시를 관람하면서 이런 변인들의 수준에 따라 혜택을 느낄 수도 있고 그렇지 않을 수도 있다.

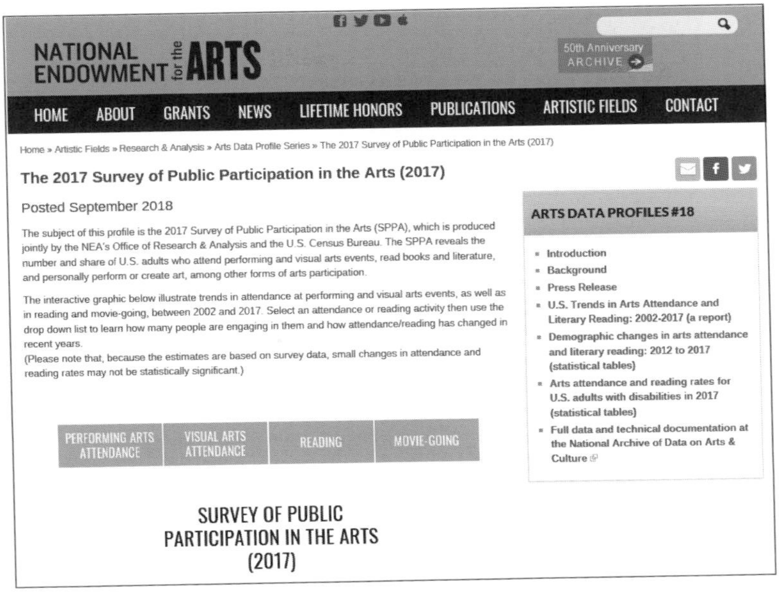

[그림 2-11] 미국연방예술기금(NEA) 홈페이지의 공공예술참여도조사

2) 환경적 변인

가족, 준거집단, 물리적 환경 같은 것들이 환경적 변인에 해당된다. 가족은 가족 구성원에게 문화예술 활동을 경험하게 하는 데 결정적인 영향을 미친다. 문화예술작품의 공연이나 관람 활동에 자주 참여한 가정에서 성장한 어떤 어린이가 성인이 되었을 때 반드시 문화예술 애호가가 되리라는 보장은 없지만, 그렇지 않은 가정에서 성장한 사람에 비해 문화예술 활동에 참여하는 비율이 훨씬 높다. 그렇지만 어릴 때 문화예술작품의 공연이나 관람 활동에 참여한 경험이 없는 사람이 성인이 되어 문화예술 활동에 참여할 가능성은 매우 낮다는 것이 학계의 보편적인 견해다. 다시 말해서, 유년기에 문화예술의 사회화 지수가 높았던 집단이 성인이 되어서도 문화예술작품을 활발하게 소비하기 때문에(Andreasen, 1990), 유년기에 문화예술의 사회화 지수를 높여 줘야 한다는 뜻이다.

물리적 환경도 문화예술 소비자가 의사결정을 하는 데 있어서 중요한 영향을 미친다. 공연장이나 전시장 같은 문화예술 시설과의 물리적 거리나 지리적 접근성에 따라 문화예술 소비자의 참여율도 달라진다. 이런 점에서 문화예술 작품과 소비자들이 만나는 실제 공간인 물리적 환경도 중요할 수밖에 없다.

이 밖에도 문화예술 소비에 영향을 미치는 여러 가지 변인이 있다. 문화예술작품, 가격, 장소, 촉진, 사람, 물적 증거, 과정, 생산성과 품질 같은 문화예술 마케팅 믹스의 요인들도 문화예술 소비자의 의사결정에 영향을 미치게 된다. 그렇기에 마케팅 활동을 전개하기에 앞서 무엇이 문화예술작품의 소비에 영향을 미치는지 꿰뚫어 보는 통찰력이 더더욱 중요해졌다. 이제 문화예술 마케팅 커뮤니케이션 전략의 세계로 본격적으로 들어가 보자.

제3장

문화예술 마케팅 믹스의 요인

1. 마케팅 믹스 개념의 변천

예술가가 심혈을 기울여 완성한 명작이라 할지라도 문화예술 시장에서 유통되지 않는다면 사람들에게 알려지지 못한다. 문화예술작품에 대한 마케팅 활동이 필요한 이유도 그 때문이다. 차고 넘칠 정도로 예산이 넉넉하다면 누군들 마케팅 활동을 하지 못하겠는가? 주어진 예산으로 어떻게 효율을 극대화할 것인지, 예산이 많지 않은 상황에서 어떻게 마케팅 활동을 전개해야 기대 이상의 성과를 얻을 것인지, 문화예술 마케팅에 관심을 가진 사람이라면 누구나 이런 고민에 빠지게 마련이다. 그럴 때면 마케팅 믹스(marketing mix)의 문제를 무엇보다 먼저 생각해야 한다.

마케팅 믹스란 마케팅 목표를 극대화하기 위해 마케팅 기획자가 통제 가능한 마케팅 요인들을 합리적으로 배합해 주어진 예산의 범위 안에서 최적의 결합을 결정하는 마케팅 수단이나 도구들의 집합이다. 쉽게 말해서, 믹스라는 문자 그대로 마케팅 요인들을 어떻게 섞어야 효과를 극대화할 수 있느냐의 문제다. 1953년에 미국마케팅학회가 마케팅 믹스의 개념을 제시한 이후, 1960년대 이후부터는 맥카시(McCarthy)가 제시한 4P(상품: Product, 가격: Price, 유통: Place, 판촉: Promotion) 접근법에 의한 마케팅 믹스 방법이 오랫동안 그 유용성을 인정받으며 널리 활용되어 왔다(McCarthy, 1964; Waterschoot & Bulte, 1992).

1980년대 이후부터는 기업 경영의 현장에서 서비스 산업에 주목하기 시작했다. 이에 따라 서비스 마케팅이 자연스럽게 부각될 수밖에 없었다. 이 과정에서 기존의 4P 접근법으로는 서비스 마케팅을 설명할 수 없는 영역이 많다는 사실이 지적되었다. 붐스(Booms)와 비트너(Bitner)는 기존의 4P 접근법으로는 서비스 산업을 설명할 수 없다고 비판하면서 새롭게 3P(사람: Participants, 물적 증거: Physical evidence, 서비스 과정: Process of service assembly)를 추가했다(박상준, 변지연, 2007; Booms & Bitner, 1981). 결국 7P 접근법이 한동안 학계와 업계의 지지를 얻으면서 서비스 마케팅 연구가 더욱 활발해졌다.

이후 1990년대에 접어들어 마케팅 전략에 있어서 일대 변혁이 일어났다. 기존의 4P 접근법이 소비자와의 상호작용을 고려하지 않은 일방향적인 개념이라는 비판적 견해가 확산되면서, 기업의 마케팅 커뮤니케이션 활동에 있어서 통합적 관점을 중시하게 되었다. 이른바 통합적 마케팅 커뮤니케이션(IMC: Integrated Marketing Communication)의 개념이 시대적 추세로 떠올랐다. 통합적 마케팅 커뮤니케이션에서는 여러 이해관계자를 대상으로 커뮤니케이션의 여러 영역과 모든 브랜드 접촉점에 메시지가 노출될 수 있도록 고려한다(문영숙, 김병희, 2015). 이에 따라 기업의 마케팅 커뮤니케이션 활동은 브랜드 인지도의 제고나 브랜드 태도의 형성에 영향을 미쳐야 한다는 방향에서 소비자의 구체적인 행동 변화에 영향을 미쳐야 한다는 방향으로 변화되었다. 소비자와의 관계성 구축이 통합적 마케팅 커뮤니케이션의 최종적인 목표로 떠올랐다(김병희, 서상열, 2003; Percy, 1997; Schultz, Tannenbaum, &

Lauterborn, 1994).

서비스 산업 분야에서 마케팅 믹스의 7P 접근법이 계속 지지를 받아 오다, 2006년 이후부터는 '생산성과 품질(Productivity and quality)'이라는 또 하나의 P가 추가되었다. 연구자들은 전통적인 4P 접근법과 서비스 마케팅의 3P 접근법이 마케팅 활동의 활성화에 크게 기여했지만, 앞으로는 전체 마케팅 과정에서 생산성과 품질의 관계를 고려해야 한다고 강조했다(Zeithaml, Bitner, & Gremler, 2012). 2010년 이후부터는 통합적 브랜드 커뮤니케이션(IBC: Integrated Brand Communication)의 필요성이 제기되었는데, 기존의 통합적 마케팅 커뮤니케이션(IMC)을 넘어 브랜드 자산을 구축하는 방향으로 마케팅 활동이 집중되어야 한다는 뜻이었다(김병희, 2015a). 이처럼 마케팅 믹스의 개념은 변화와 수정을 거듭하며 발전을 거듭해 왔다. 앞으로도 마케팅의 환경 변화에 따라 새로운 관점이 제시될 것이다.

문화예술 마케팅 활동에서도 전통 마케팅에서 사용하던 4P 접근법에 비해 8P 접근법을 활용할 때 문화예술 마케팅 활동의 제반 요인을 두루두루 포괄할 수 있다. 기존의 4P 접근법에만 의지해 문화예술 마케팅 활동을 전개하면 이런저런 한계점이 쉽게 나타나고 현실의 여건을 두루 포괄하지 못하는 경우도 있다. 문화예술작품을 공연하거나 전시하는 과정에서, 바꿔 말해서 공연이나 전시에 참여하는 고객이 문화예술작품을 소비하는 과정에서 수시로 예상치 않은 문제들이 발생하기 때문이다. 기존의 4P 접근법에만 의지해 문화예술 마케팅 활동을 전개했을 때보다 [그림 3-1]에 제시한 8P 접근법을 선택적으로 활용했을 때(김병희, 2015a) 더 높은 마케팅 효과를 기대할 수 있다.

결국 문화예술 마케팅 믹스란 목표하는 문화예술 시장에서 주어진 마케팅 목표를 달성하기 위해 작품(Product), 가격(Price), 장소(Place), 판촉(Promotion), 사람(People), 물적 증거(Physical evidence), 과정(Process), 생산성과 품질(Productivity & quality)이라는 여덟 가지 요인을 전략적으로 운용하는 방법을 결정하는 전략 과정이라고 할 수 있겠다. 이때 주어진 예산으로 목

[그림 3-1] 문화예술 마케팅 믹스의 8P 요인

표하는 문화예술 시장에서 문화예술 소비자(관객 또는 관람객)의 욕구와 특성을 파악하여 그에 알맞게 마케팅 믹스 전략을 수립해 마케팅 프로그램을 적극적으로 가동하는 실천 행동이 가장 중요하다.

문화예술 마케팅 믹스의 8P 요인을 다음 절에서 보다 구체적으로 알아보기로 하자.

2. 마케팅 믹스의 8P 요인

1) 작품(Product)

"예술은 인간이 세계와 정서적으로 소통하고자 하는 일종의 커뮤니케이션이다."

헝가리의 미학자 게오르크 루카치(Georg Lukács, 1885~1971)는 예술적 세계란 "인간이 자신에게 가장 적합하게 만든 세계"라고 말했다(이주영, 2007, p. 15). 옛날이나 지금이나 예술 속에는 인간의 간절한 바람과 동경이 깃들어 있어 인류가 무엇을 바라며 살아왔는지 엿볼 수 있다. 루카치는 이런 맥락에서 예술을 '인류의 기억'이 집적된 결과물이라고 설명했다. 이때 예술적 세계의 핵심이 작품이며, 작품이 없다면 예술이 성립되지 않고, 예술이 성립되지 않는다면 마케팅 커뮤니케이션 활동도 불필요하다.

작품(상품)이란 예술가들이 생산하는 창작물이지만 동시에 문화예술 소비자들이 기대하는 욕구를 충족시키기 위해 문화예술기관이나 단체에서 제공하는 유무형의 결과물이기도 하다. 마케팅의 맥락에서 문화예술작품은 핵심 상품(작품), 기대 상품, 확장 상품으로 분류할 수 있는데(Bernstein, 2007), 이는 일반적인 기업 마케팅에서 말하는 상품의 개념과는 약간의 차이가 있다. 문화예술작품은 사람들의 '관람 경험'을 통해서만 작품의 품질을 평가할 수 있기 때문이다. 어느 전시장의 어떤 여건에서 작품을 감상하느냐에 따라서도 어떤 작품에 대한 예술 소비자들의 평가가 달라질 수 있다. 따라서 문화예술기관이나 단체에서는 작품의 유무형적 배경을 확인하고 잠재 고객의 기대치를 고려해서 작품을 선정해야 한다. 관람객들은 작품을 감상하며 문화예술을 소비하는 동시에 예술가의 작품 생산 과정도 느끼고 경험할 수 있다.

2) 가격(Price)

가격이란 문화예술작품이나 서비스의 효용 가치를 돈으로 환산한 것이다. 가격은 문화예술의 소비 활동에 막대한 영향을 미친다. 막대한 비용이 투자된 문화예술작품은 소비자가 티켓을 구매해야 제작비의 상당 부분을 보전할 수 있기 때문에 상당히 고가인 경우가 거의 대부분이다. 그래서 소비자들은 가격의 수준에 따라 소비 행동을 결정하는 경우가 많다.

문화예술작품의 티켓 가격은 공연이나 전시의 종류는 물론 서비스 품질에 따라 다를 수밖에 없다. 같은 공연이라도 좌석의 위치, 편안함, 공연 시작 시간에 따라 가격이 달라진다. 기금, 투자자, 후원사, 협찬사의 확보 여부에 따라서도 가격이 결정된다. 따라서 문화예술 마케팅 기획자들은 소비자들이 지출할 수 있는 가격의 적정선을 결정하는 판단력을 갖춰야 한다.

3) 장소(Place)

문화예술 소비자들이 문화예술작품과 만나는 모든 접촉점을 장소(유통 경로)라고 한다. 장소가 얼마나 편리한지에 따라 어떤 문화예술작품의 공연이나 전시에 대한 소비자의 반응도 달라지고 수익의 규모도 달라지게 마련이다. 일반 마케팅에서의 유통과 문화예술 마케팅에서의 유통은 개념적으로 차이가 있다. 공연장이나 전시장은 관객과 관람객에게 문화예술작품에 접근할 수 있도록 하는 공간적 장소지만, 작품의 공급자인 예술가나 문화예술기관과 단체의 입장에서 볼 때는 문화예술 소비자에게 창작물을 선보이는 유통경로다(Bernstein, 2014).

문화예술작품은 관객이나 관람객의 접촉 경험을 통해 작품의 감상이라는 정서적 교류(유통)가 이루어진다. 예컨대, 프랑스 니스에 있는 샤갈미술관(Musée National Marc Chagall)은 니스역에서 택시를 이용해 10분, 걸어가도 30분 거리에 있다([그림 3-2] 참조). 시설, 공간, 접점이 결집된 이 미술관은 마르크 샤갈(Marc Chagall)의 걸작 중에서 종교에 관한 작품만을 전시하는 곳으로 유명하다. 1966년에 샤갈 부부가 프랑스 정부에 작품을 기증한 뒤 그 작품들을 모아 1973년 니스에 개관했다. 450여 점의 미술품 중에서 중앙 홀에 전시된 〈인간의 창조〉나 〈노아의 방주〉를 비롯한 구약성서에 관한 연작 유화 17점이 특히 주목할 만하다. 시설, 공간, 접점의 장점을 잘 살려 낸 이 미술관은 세계 여러 나라에서 찾아온 관람객들로 붐비는 날이 많다.

[그림 3-2] 프랑스 니스 '샤갈미술관' 입구에 선 필자(2018)

4) 촉진(Promotion)

고객이나 문화예술 소비자들에게 문화예술작품과 서비스를 구매하도록 유도하는 마케팅 커뮤니케이션 활동 전반을 촉진이라고 한다. 대표적인 촉진 수단은 인적 판매, 광고, PR(홍보), 판매 촉진, 입소문이라는 다섯 가지다. 그 다섯 가지를 간략히 살펴보면 다음과 같다.

인적 판매(personal selling)란 티켓 판매원이 소비자와 직접 접촉해서 문화예술작품을 감상하도록 권유하는 설득 커뮤니케이션 활동이다. 광고는 문화예술기관이나 단체에서 소비자를 설득하는 데 영향을 미치기 위해 미디어를 활용해 작품의 내용을 전달하는 유료의 커뮤니케이션 활동이다. 광고가 유료라면 PR(홍보)은 무료 커뮤니케이션 활동이다. 문화예술기관이나 단체들은 예산이 부족해 광고를 할 수 없는 경우가 많아 PR 프로그램을 가동해서 촉진 활동을 전개한다. 이때도 공연이나 전시의 핵심 메시지를 간명하게 전달해야 한다. 판매 촉진(sales promotion)은 소비자에게 쿠폰과 프리미엄 할인 같은 인센티브를 제공해 티켓 구입을 권고하는 수단이다. 티켓 구매의 결정에 가장 영향력이 높다는 입소문은 모든 판매 촉진 활동을 합했을 때보다 더 큰 영향을 미치는 경우도 있다.

촉진 전략은 필요에 따라 푸시 전략이나 풀 전략을 선택할 수 있다. 푸시(push) 전략은 문화예술기관이 대행사에게 맡겨 밀어내기 방식으로 티켓 판매를 진행하는 방법이다. 그에 비해 풀(pull) 전략에서는 티켓 판매를 외부에 맡기지 않고 문화예술기관이나 단체에서 촉진 활동을 직접 수행해 티켓을 판매하고 고객을 끌어들이는 방법이다.

문화예술기관이나 단체의 촉진 활동에는 직접우편(DM), 이메일(e-mail), 소셜미디어(SNS), 스폰서십(sponsorship), 컬래버레이션(collaboration) 같은 다양한 수단이 활용되고 있다. 문화예술기관이나 단체는 촉진 활동을 통해 관객의 유입을 시도하므로 기관의 대외적인 이미지 구축에도 기여한다. 문화예술기관이나 단체는 다양한 판매 촉진 활동을 통해 기관의 이름이나 명성을 관리한다. 타인의 의견, 비평가의 평가, 경험, 촉진 활동에 따라 형성되는 기관이나 단체의 명성과 이미지는 소비자들이 작품을 선택하는 데도 영향을 미치게 마련이다.

5) 사람(People)

문화예술기관이나 단체에서 사람은 고객 만족을 추구하는 문화예술 마케팅 믹스의 주요 요인이다. 문화예술작품은 생산과 소비가 동시에 이루어지므로, 소비 과정에서 만나는 공연장 직원의 태도나 직원과 고객의 상호작용 여부에 따라 작품에 대한 소비자의 만족도가 크게 달라진다. 따라서 문화예술 마케팅 커뮤니케이션 활동에서는 문화예술작품을 선택하는 안목도 중요하지만 내부 직원들의 서비스 태도도 작품의 선택 못지않게 중요할 수밖에 없다.

훌륭한 교육 프로그램은 직원들의 능력을 극대화시킨다. 좋은 교육 훈련을 받은 직원들은 고객에게 감동적인 서비스를 제공할 가능성이 높다. 합리적인 인사 관리와 훌륭한 교육 프로그램으로 서비스 품질을 높이면 소비자에 대한 서비스도 저절로 좋아지게 마련이다. 고객들이 문화예술기관이나 단체에서 직원들의 서비스를 어떻게 느끼느냐에 따라 재방문 여부도 달라진다. 따라서 문화예술기관이나 단체에서는 작품의 출연진, 내부의 인적 자원(직원과 경영진), 자원봉사자, 고객들과 접촉하는 직원들에게 더 많은 관심을 기울여야 한다.

6) 물적 증거(Physical evidence)

물적 증거란 문화예술작품과 서비스가 전달되어 문화예술기관과 고객이 상호작용할 수 있는 물리적 업무 환경을 의미한다. 문화예술기관이나 단체의 관점에서 보면 작품의 생산 및 판매가 이루어지는 환경이자 서비스를 전달하는 기관의 유형적 요인들이다. 물적 증거에는 물리적 환경과 기타 유형적 요인들이 있다. 물리적 환경은 건물의 외관, 간판, 안내 표지판, 주차 시설, 주변 여건 같은 외부 환경을 비롯해 실내 장식, 실내 표지판, 인테리어, 조명, 색상, 가구, 시설물, 환기 시설, 온도조절 설비 같은 내부 환경이 있다. 기타 유형적 요인에는 직원의 용모, 유니폼, 프로그램 리플릿, 메모지, 티켓, 영수증 따위가 있다.

7) 과정(Process)

문화예술 마케팅에 있어서 과정이란 문화예술기관이나 단체에서 작품을 공연하고 전시하는 동안 고객의 만족도를 높이기 위해 서비스를 제공하는 일련의 흐름이다. 고객이 어떤 공연을 보려고 하면 정보 탐색, 티켓 예매, 공연장 방문, 티켓 구입, 팸플릿 검토, 공연 관람, 공연 후 귀가 같은 과정을 거치게 된다. 이 과정을 어떻게 관리하느냐에 따라 고객의 만족도가 달라지기 때문에, 기관의 서비스에 감동을 느낄 수 있도록 서비스 과정을 관리해야 한다(Booms & Bitner, 1981). 고객들 사이에서 서비스 품질에 대해 더 좋은 평판을 얻기 위해 기관의 특성이나 여건에 알맞은 서비스 시스템을 개발해서 실무에 활용하는 경우가 많다.

8) 생산성과 품질(Productivity & quality)

생산성과 품질은 서로 뗄 수 없는 불가분의 관계를 가지며 항상 연계되기 마련이다(Zeithaml, Bitner, & Gremler, 2012). 제조업이나 기업에서는 '생산성'이라는 말을 쓰지만 문화예술 분야에서는 생산성과 성과성이라는 용어를 동시에 사용해도 무방할 것이다. 생산성이란 문화예술기관이나 단체의 운영 성과를 높이기 위한 마케팅 믹스 요인이며, 어떤 기관이나 단체의 서비스 품질과 연계된다. 문화예술기관이나 단체는 어떤 작품의 공연이나 전시를 할 때 티켓 구매 전, 구매 도중, 티켓 구매 후의 모든 과정에서 고객의 기대치를 정밀하게 고려해 성과를 높여야 한다. 그렇지만 지나치게 성과를 높이는 데만 치중하다 보면 중요한 요인인 서비스 품질을 놓칠 수도 있다는 점을 잊어서는 안 된다.

Marketing Communication Strategies for Culture and Arts

제2부 문화예술 마케팅의 여덟 가지 구성요인

제4장

작품의 개념과 특성

1. 문화예술작품의 개념

작품이 없다면 문화예술 마케팅 커뮤니케이션 활동을 할 필요가 없다. 작품(Product)은 문화예술 마케팅 믹스에서 가장 중요한 요인이다. 어떤 문화예술작품은 공연 무대나 전시장에 선보이는 것 자체만을 의미하지 않고 관객이나 관람객이 그 작품을 감상하고 경험하는 모든 묶음을 의미한다. 일반 상품을 살 경우에는 매장에서 구매한 직후에 그 상품의 품질을 확인할 수 있다. 그러나 문화예술작품은 티켓을 끊고 공연장이나 전시장에 입장해서 예술작품을 직접 감상하고 경험한 다음에야 비로소 작품의 품질(수준)을 평가할 수 있기 때문이다. 예술 소비자들은 공연장이나 전시장에서 어떤 작품을 구경하며 문화예술작품을 소비하고, 감동을 느끼고 경험하면서 예술가의 생산 과정에도 현장에서 간접적으로 참여하게 된다.

작품을 어떻게 제시할 것인지 결정하는 상품 전략은 문화예술 마케팅 믹스에 있어서 가장 중요한 출발점이다. 상품 전략은 예술 소비자인 관객이나 관람객을 확보하는 문제와 직결된다. 즉, 유형적인 문화예술작품, 서비스, 이벤트, 사람, 장소, 조직, 아이디어 같은 여러 요인을 어떻게 조합할 것인지 결정하는 문제다. 어떤 공연에서 작품의 의미는 문화예술 소비자가 지각하는 혜택에 관련된다. 작품의 요인은 공연 작품에 대한 객관적 정보와 관련성이 높다. 문화예술 소비자들이 보고 싶어 하는 공연은 그들의 욕구를 반영해야 한다. 이때의 공연은 줄거리, 연출가, 출연자, 안무가, 공연장 직원들의 서비스, 공연 작품 기획 단계의 아이디어를 모두 포괄하는 개념이다.

문화예술작품은 공연이나 전시의 핵심 요인이다. 예술가와 관객이 만나면서 예술의 생산과 향유가 발생한다. 그래서 관객이 기대하는 대중성과 작품의 예술성이 조화를 이루는 것이 중요하다. 문화예술기관이나 단체는 작품 고유의 기능 외에도 브랜드 이름이나 애프터서비스 같은 확장 상품을 바탕으로 차별적 우위를 확보할 수 있다. 넓은 의미에서의 문화예술작품에는 공연이나 전시 작품은 물론 문화예술기관이나 단체에서 고객들에게 제공하는 모든 것이 포함된다. 문화예술 마케팅의 차원에서 문화예술작품은 핵심 상품(작품), 기대 상품, 확장 상품이라는 세 가지로 분류하며, 그 내용은 [그림 4-1]과 같다(Bernstein, 2007).

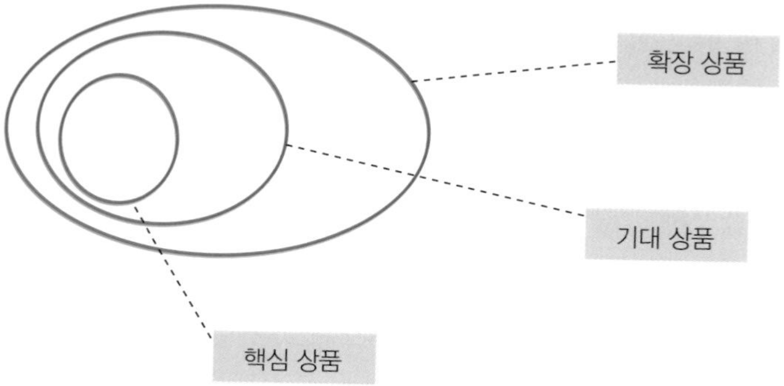

[그림 4-1] 마케팅 차원에서의 문화예술작품 분류

1) 핵심 상품

핵심 상품(core product)이란 예술 소비자를 위해 목표 시장에 제공되는 문화예술기관이나 단체의 작품이다. 국립극장의 핵심 상품은 뮤지컬이나 오페라 공연일 수도 있고, 박물관이나 미술관의 경우에는 전시된 유물이나 특정 시기를 기획한 초대전일 수도 있다. 핵심 상품의 내용이 얼마나 감동적이고 유명한 정도에 따라 흥행 여부가 결정되기 때문에, 문화예술기관이나 단체에서는 핵심 상품을 선정할 때 심혈을 기울일 수밖에 없다.

예컨대, 세계적으로 검증된 문화예술작품의 하나인 〈캣츠(Cats)〉는 핵심 상품에 해당된다. 뮤지컬 〈캣츠〉는 T. S. 엘리엇(T. S. Eliot)의 시 「지혜로운 고양이가 되기 위한 지침서(Old Possum's Book of Practical Cats)」를 바탕으로, 앤드류 로이드 웨버(Andrew Lloyd Webber)가 작곡해 1981년에 영국 런던의 웨스트엔드에서 초연했다. 1982년에 미국 뉴욕의 브로드웨이에 진출했고, 우리나라에서도 수차례 공연되었는데 그때마다 관객들로부터 호평을 받았다. 이 작품은 로렌스올리비에상, 토니상, 최우수 뮤지컬상 같은 수상 실적도 많기 때문에, 핵심 상품으로 선정해도 무리가 없을 것이다.

[그림 4-2] 뮤지컬 〈캣츠〉의 한 장면

사람들이 핵심 상품 〈캣츠〉에 이토록 열광하는 이유는 무엇일까? 무엇보다 작품성이 뛰어나기 때문이다. 〈캣츠〉는 다양한 사연을 가진 고양이를 통해 삶에 대한 깊은 통찰을 전해 주는 작품이다. 말썽쟁이 고양이, 악당 고양이, 부자 고양이 등 다양한 캐릭터를 지닌 고양이 중에서 대표적인 고양이는 럼텀 터거다. 유일하게 두 발로 무대 위를 서서 다니는 섹시한 럼텀 터거는 암고양이들에게 인기 있는 바람둥이다. 이 뮤지컬은 화려한 춤과 음악은 물론 환상적인 무대를 보여 주며 정교한 분장과 세세한 움직임으로 인간 고양이를 탁월하게 표현함으로써 뛰어난 작품성을 인정받았다.

2) 기대 상품

기대 상품(expected product)이란 소비자가 어떤 상품을 구매할 때 기대하고 동의하는 속성이나 특성의 집합이다. 다시 말해서, 어떤 문화예술작품을 감상하려고 티켓을 구매하기 전에 예술 소비자들이 기대하며 느끼는 가치가 기대 상품에 해당된다. 예컨대, 피카소(Picasso)의 특별전 티켓을 사기 전에 소비자들은 피카소라는 화가에 대해 생각할 것이고, 전시회에서 피카소의 어떤 작품들을 구경할 수 있는지 알아볼 것이다. 그리고 공연장의 위치나 티켓 가격이 적절한지도 따져 보게 마련이다.

이렇게 저렇게 따져 본 다음, 소비자들은 어떤 공연이나 전시가 자신의 기대 수준에 맞으면 기꺼이 티켓을 구매하고, 기대치에서 벗어나면 다른 공연이나 전시로 발길을 돌려 버릴 것이다. 공연 작품의 내용, 출연진의 명성, 예술가의 기량, 공연장의 인지도, 공연 단체의 명성, 공연장의 위치, 티켓 가격 같은 여러 요인은 문화예술작품에 대한 고객들의 기대 수준과 기대 가치에 결정적인 영향을 미치게 된다. 따라서 문화예술기관이나 단체에서는 소비자의 기대치에 부응하도록 기대 상품을 구체적으로 기획해서 특별히 관리해야 한다.

선행 연구에서는 관객들이 공연예술작품을 선택할 때 중시하는 속성과 기대하는 혜택에 대한 전문가와 소비자의 인식을 비교했다. 전문가 집단과 소비자 집단은 모두 공연 작품의 내용, 공연장의 위치, 티켓 가격, 스트레스 해소, 삶의 질 향상이 주요 요인이라고 응답했다. 그렇지만 소비자 집단에 비해 전문가 집단에서는 출연진의 명성, 예술가의 기량, 공연장의 인지도, 공연 단체의 명성, 공연장의 위치, 대중매체 홍보, 자아실현 문제가 더 중요한 요인이라고 응답했다(남정미, 유소이, 2015). 전문가 집단과 소비자 집단은 공연예술작품의 선택 속성과 기대 혜택에 대한 인식에 있어서 통계적으로 유의미한 차이가 있었다. 결국 여러 요인이 문화예술작품에 대한 기대 수준과 만족도에 결정적인 영향을 미친다고 할 수 있다.

3) 확장 상품

확장 상품(augmented product)은 문자 그대로 핵심 상품을 확장시킨 개념이다. 문화예술 마케팅 기획자들은 핵심 상품의 기능과 혜택을 구체적으로 부각시켜 문화예술 소비자들의 선택 행동을 촉진해야 한다. 티켓 교환의 특권, 회원 등록 패키지, 뉴스레터, 공연 전후의 강연, 기타 교육 프로그램 같은 다양한 제공물이 확장 상품에 해당된다. 핵심 상품의 부가적 혜택을 부각시키고 확장 상품을 적극적으로 기획함으로써 핵심 상품이 지닌 본래의 가치를 높이는 사례가 많다.

확장 상품을 국립극장의 〈여우락 페스티벌〉 사례에서 확인해 보자([그림 4-3] 참조). '여기 우리 음악이 있다'의 줄임말인 여우락 페스티벌은 세계무대에서 활동하는 한국 예술가들에게 국악의 가치를 알리기 위해 2010년부터 시작되었다. 이 공연에서 국악 예술가들은 전통 국악, 창작 국악, 퓨전 국악, 크로스오버 국악, 일렉 국악, 전위적 창작 국악, 컨템퍼러리 국악, 국악 창작극에 이르기까지 다양한 우리 음악을 소개했다. 이 공연의 기획 의도는 2012년

당시의 국립극장장 안호상의 '초대의 글'에 잘 나타나 있다.

> 국악이라고 하면 전통예술로서 아끼고 보호해야 하는 것이 당연하지만 왠지 시대에 뒤떨어져 있거나 격식을 차려 엄숙하게만 여겨져서 젊은이들에게는 잘 맞지 않는 것으로 생각하기 쉽다. 그러는 동안 우리 음악을 하는 예술가들은 그 무관심 속에 해외무대로 눈길을 돌려 말 그대로 전투적으로 활로를 모색해 세계 속의 우리 음악이라는 존재를 우뚝 세워 우수성을 증명하기에 이르렀다. 국립극장은 여기에 착안해 지난 2010년부터 다소 도발적인 '당신만 몰랐던 세계 속의 우리 음악'이라는 카피를 앞세워 월드 뮤직계에 진출한 우리 음악인들을 초청해 축제의 장을 열었다.

이전에 국악을 관람한 적이 없던 관객들도 공연을 보고 나서 만족도가 높았다. 우리 음악을 들은 외국인들도 국악의 고유한 소리와 장단에 관심이 많았다. 언론사마다 취재 경쟁을 벌여 객석 점유율도 높았다. 첫 공연 때부터 성과가 높았던 데는 확장 상품의 기획력도 영향을 미쳤다. 국립극장은 여덟

[그림 4-3] 〈여우락 페스티벌〉 포스터

가지 공연 모두를 관람할 수 있는 올인 패키지, 한 주에 공연 하나씩 각각 다른 네 가지 주제의 공연을 즐길 수 있는 릴레이 패키지, 네 가지 주제에서 2개의 공연을 선택할 수 있는 테마 패키지 같은 다양한 티켓을 판매했다. 그리고 올인 패키지는 50% 할인과 프로그램 책자와 기념품을 증정했고, 릴레이 패키지는 40% 할인을, 테마 패키지는 30% 할인과 프로그램 책자를 증정했다(노수연, 2015). 국립극장 레스토랑에서부터 남산, 이태원, 한강진역 인근의 식음료 매장에 이르기까지 넓게 제휴를 맺었다. 관람객이 N서울타워 전망대를 할인가에 입장할 수 있는 서비스도 마련했다. 여우락 페스티벌은 확장 상품도 효과를 발휘해 예술성(호평)과 대중성(흥행)이라는 두 마리 토끼를 모두 잡는 데 성공했다.

이처럼 문화예술에서의 상품(작품)은 일반적인 브랜드 마케팅에서 말하는 상품의 개념과는 상당한 차이가 있다. 문화예술작품은 사람들의 '관람 경험'을 통해서만 작품의 품질을 평가할 수 있기 때문이다. 이제 문화예술 마케팅 활동을 전개할 때는 문화예술작품 그 자체인 핵심 상품을 선정하는 문제에만 치중하지 말고, 기대 상품과 확장 상품에 이르기까지 폭넓은 시각에서 접근해야 한다.

2. 문화예술작품의 특성

문화예술 마케팅 활동을 전개할 때 작품의 예술성은 성공의 기본 조건이다. 마케팅 활동을 체계적으로 전개하더라도 작품의 예술성이 뒷받침되지 않는다면 문화예술 소비자의 공감을 얻기 어렵다. 관객이나 관람객들은 문화예술기관이나 단체가 아닌 작품을 보려고 전시장이나 공연장에 가기 때문이다.

종합 상품(total product)의 형태로 소비되는 문화예술작품은 보통의 상품과는 성격이 본질적으로 다르다. 문화예술작품은 관객이나 관람객이 구경하는 과정에서 작품이 소비되고 작품성이 완결된다. 무형성, 비분리성, 이질성, 소멸성이라는 문화예술작품의 네 가지 특성을 공연과 전시의 맥락에서 살펴보자(김소영, 주영혁, 2002, p. 68; Zeithaml, Parasuraman, & Berry, 1985).

1) 무형성

무형성(intangibility)은 관객이나 관람객이 문화예술작품을 실제로 경험하기 전에는 실체를 보거나 만질 수 없고 상상하기도 어렵다는 개념이다. 작품을 공연하거나 전시하기 전까지는 물리적인 형태를 갖추기 어렵고 무대에서 실연(實演)하는 과정에서 작품이 완성된다. 따라서 관객들이 공연장을 찾아 작품을 감상하고 현장에서 경험하기 전까지는 작품의 완성된 형태를 상상하기 어렵다.

문화예술작품의 무형성은 예술 소비자들에게 부담감을 가지게 하는 요인으로 작용한다. 공연이나 전시에 참여하기 전까지는 그 작품의 품질을 알 수 없기 때문이다. 문화예술 마케팅 기획자들은 예술 소비자들이 사전에 느끼는 위험 부담을 줄여 주는 방안을 제시해야 티켓 판매로 연결할 수 있다. 공연이나 전시에 참여한 소비자들이 구경한 다음에 작품성에 불만을 나타낼 때는 만족할 만한 다른 방안을 제시하면서 서비스 복구(service recovery)를 시도해야 한다.

2) 비분리성

비분리성(inseparability)은 작품의 생산과 소비가 따로따로 분리되지 않고 작품을 감상하는 현장에서 동시에 발생한다는 개념이다. 실제 공연과 관객의 관람이 동시에 이루어진다는 사실을 생각해 보면 비분리성의 개념을 쉽게

[그림 4-4] 미켈란젤로의 〈아담의 창조〉(1508~1512)

이해할 수 있다. 관객이나 관람객이 문화예술작품이 존재하는 현장에 가서 직접 감상하거나 관람하면서 감동을 느껴야 문화예술을 제대로 소비하는 것이다. 작품 역시 공연이나 전시 현장에서 소비자를 만나야 예술가의 창의적인 생산 과정이 비로소 완결된다. 이때 관객이나 관람객들은 박수갈채나 환호를 통해 공연이나 전시의 전 과정에 참여하게 된다.

예를 들어, 독일의 극작가 괴테는 미켈란젤로의 〈아담의 창조〉를 보고 나서([그림 4-4] 참조), 그 감동을 다음과 같이 표현했다. "그 순간 나는 미켈란젤로에 반했으며 자연조차도 그 거장만큼의 취향을 갖지 못할 것 같다는 생각이 들었다. 아무래도 나는 그런 거장의 위대한 눈으로 자연을 볼 수 없기 때문이다. …… 시스티나 예배당을 보지 않고서는 한 인간이 무엇을 할 수 있는가를 이해할 수 없다."(괴테의 『이탈리아 기행』: 이주영, 2007, p. 77에서 재인용) 결국 괴테는 작품(그림)이 존재하는 현장(시스티나 성당)에 직접 가서 그림을 감상하고, 원작의 아우라(aura)를 느끼면서 문화예술작품을 소비하고 미켈란젤로의 창의적인 생산 과정을 완결하는 데 참여했다고 할 수 있다.

3) 이질성

이질성(heterogeneity)은 전시 공간은 물론 참여 인력의 개인적 능력이나 인지도에 따라 문화예술작품의 내용이나 질이 달라진다는 개념이다. 같은 작품을 전시하더라도 관람객들은 전시 공간의 구성에 따라 작품을 다른 각도에서 바라볼 수 있다. 같은 작품을 공연하더라도 관객들은 참여하는 배우의 인지도나 능력에 따라 작품의 수준이나 품질을 다르게 느낄 수 있다. 배우나 연주자의 기분이나 숙련도에 따라 작품의 품질이 다르고, 공연장의 규모나 시설에 따라서도 관객들은 작품의 완성도를 다르게 느끼게 마련이다. 이처럼 전시나 공연의 품질이 고르지 않기 때문에 작품의 표준화와 규격화가 어렵다는 뜻으로 이질성을 이해해야 한다.

창작 뮤지컬 〈베르테르〉의 사례를 보자. 괴테의 소설 『젊은 베르테르의 슬픔(The Sorrows of Young Werther)』을 원작으로 만든 이 뮤지컬은 지난 2000년에 초연한 이후 25만 명의 관객을 동원하며, 우리나라의 대표적인 창작 뮤지컬로 자리매김했다. 창작 15주년 기념 공연에서는 엄기준, 조승우, 규현이라는 3명의 베르테르가 각각 주연을 맡았다(2015. 11. 10.~2016. 1. 10.). 뮤지컬을 소개한 홈페이지에서는 "완벽에 가까운 싱크로율, 엄기준!" "베르테르 전설의 귀환, 조승우!" "새로운 베르테르의 탄생, 규현!"이라는 카피로 배우에 따라 작품의 느낌이 다를 수 있음을 알렸다([그림 4-5] 참조).

실제로도 주연배우들은 각각 다른 3명의 베르테르를 연기했다. 오래전 공연에서 베르테르 역을 맡았던 배우 조승우는 순수하고 뜨거운 열정을 지닌 베르테르의 애절한 고뇌를 연기했다. 직전 공연에서 베르테르를 연기했던 엄기준은 베르테르의 깊고도 풍부한 사랑을 강조했다. 처음으로 베르테르 역을 맡게 된 규현은 막 움튼 풋풋한 사랑의 감정으로 가득 찬 베르테르의 설렘과 황홀감을 관객들에게 보여 주었다. 이처럼 공연예술작품은 배우의 개성에 따라 느낌이 달라지기 때문에 품질이 고르지 않고 표준화와 규격화가

[그림 4-5] 엄기준, 조승우, 규현의 〈베르테르〉 포스터(2015)

어려울 수밖에 없다. 이것이 문화예술작품의 이질성이라는 특성이다.

4) 소멸성

소멸성(perishability)이란 공연의 경우 내용이나 생생한 현장감을 보관하거나 저장할 수 없기에, 공연이 끝나면 실제로 공연했던 내용이 사라져 버린다는 개념이다. 그림의 경우는 벽에 걸어 전시하기 때문에 경우가 다르지만, 어떤 전시나 공연에서는 생생한 현장의 내용을 보관하거나 저장할 수 없어 공연이 끝나면 사라져 버리는 경우가 많다. 관객들이 어떤 공연을 수차례 관람했다 하더라도 실제의 공연 내용은 1회로 소멸될 수밖에 없다.

서비스 마케팅에서도 어떤 서비스를 소비자가 계속 가지고 있을 수 없고, 서비스를 재고 형태로 보존할 수 없다는 점을 강조한다. 서비스를 즉시 사용하지 않으면 사라져 버리고, 서비스를 다른 곳으로 수송할 수 없다고 하면서 서비스의 소멸성에 대해 설명한다. 문화예술작품의 소멸성 개념에서 보면 똑같은 출연진이 공연하는 내용이라도 매 회 다른 공연이 이루어지고 있는 셈이나 마찬가지다. 더욱이 공연 시간 외에는 관객들이 공연을 관람할 수 없기 때문에, 공연되지 않는 문화예술작품은 소멸성의 개념이 적용되지 않는다.

문화예술 마케팅 믹스 과정에서는 이상에서 살펴본 무형성, 비분리성, 이질성, 소멸성이라는 문화예술작품의 네 가지 특성이 예술 소비자의 티켓 구매에 영향을 미치게 마련이다. 공연하거나 전시하는 문화예술작품의 내용이나 장르가 문화예술 소비자의 티켓 구매에 본질적인 영향을 미치겠지만 문화예술작품의 네 가지 특성에 따라서도 달라질 수 있다. 따라서 좋은 문화예술작품을 발굴한 다음, 네 가지 특성을 고려하면서 문화예술 마케팅 활동을 적극적으로 전개할 필요가 있다.

3. 문화예술작품의 수명주기

사람도 수명이 있듯이 문화예술작품에도 수명주기가 있다. 상품수명주기(PLC: Product Life Cycle)는 일반적인 상품 마케팅 전략을 수립할 때 고려한다. 모든 상품에는 [그림 4-6]과 같이 도입기, 성장기, 성숙기, 쇠퇴기라는 단계

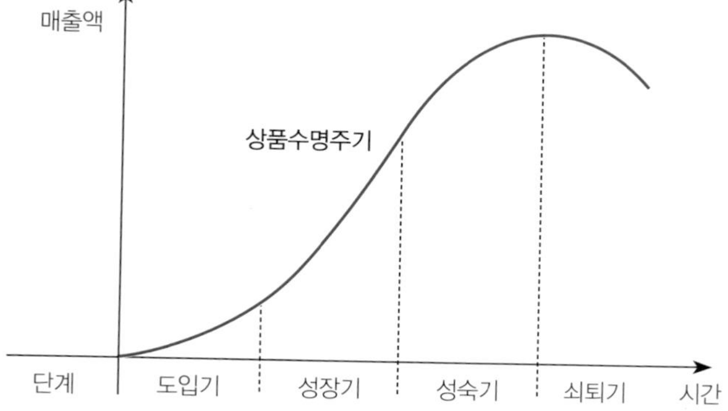

[그림 4-6] 상품수명주기의 일반 모형

별 수명주기가 있다는 것이다. 상품의 단계별 상황을 파악할 수 있다는 점에서, 마케팅 전략을 수립할 때 상품수명주기를 고려하면 효과적이다. 마찬가지로 문화예술작품도 도입기, 성장기, 성숙기, 쇠퇴기를 거치게 된다. 수명주기에 따라 작품의 위상이나 영향력이 변하기 때문에, 문화예술 마케팅 활동에서도 작품의 수명주기를 고려할 필요가 있다.

1) 도입기

도입기(introduction stage)란 새 작품이 시장에 처음 소개되어 문화예술 소비자의 관심을 끌어 그 작품을 보고 싶은 욕구를 자극하는 단계이다. 도입기에는 작품의 인지도가 낮아 잠재 고객이 망설이게 되어 수요가 미미할 수 있다. 이때 잠재 고객들에게 작품의 인지도를 높이려면 판촉 활동을 적극적으로 전개하고, 무료 티켓을 배포해 소비자의 관심을 유도하고, 구전효과를 높이는 방안을 모색해야 한다. 도입기에는 판촉비용이 초기에 집중적으로 지출되고 매출액도 적어 적자가 날 수도 있다.

작품의 도입기에 '컬덕(cult-duct)'을 개발하면 소비자의 관심을 끄는 데 효과적이다. 문화(culture)와 상품(product)의 합성어인 컬덕은 한 마디로 문화융합 상품이다. 기업에서 기능과 가격 및 서비스를 강조하는 마케팅만으로는 자사 상품을 차별화하는 데 한계가 있어 그 대안으로 제시된 것이 컬덕이었다(김민주, 2005). 문화예술 마케팅에서도 작품과 관련된 컬덕을 잘만 개발하면 소비자들의 호평을 얻을 가능성이 높다. 컬덕은 열정적인 고객들을 우선적인 목표 대상으로 삼는다. 열정적인 고객들은 입소문도 잘 내기 때문에 문화예술 마케팅에서도 그들을 상대로 컬덕을 알려야 한다.

미국 애리조나주의 메사예술센터(Mesa Arts Center)에서는 〈메사 뮤지컬 그림자(Mesa Musical Shadows)〉(2016)라는 컬덕을 기획했다([그림 4-7] 참조). 일조량이 많은 곳으로 유명한 애리조나주에서 사람의 그림자가 움직이면 소리

[그림 4-7] 미국 메사예술센터의 〈메사 뮤지컬 그림자〉 컬덕(2016)

내는 장치를 도로 바닥에 깔았다. 포장도로를 놀이 공간으로 바꿔 버린 아이디어가 인상적이다. 포장도로가 사람의 그림자에 반응해 음악을 연주하면 사람들은 신이 나서 다양한 그림자를 계속 만들어 냈다(Daily Tous Les Jours, 2016). 각자가 움직이는 대로 소리가 어우러지며 놀라운 뮤지컬 작품이 완성되는 방식이었다. 길거리는 뮤지컬의 무대였고, 그림자를 만드는 행인은 공감각을 활용한 작곡가였던 셈이다. 사람들의 움직임에 따라 천차만별의 뮤지컬이 탄생하는 재미있는 컬덕이었다.

2) 성장기

성장기(growth stage)에는 문화예술작품이나 문화예술기관이 널리 알려지고 매출액도 완만히 증가한다. 이때는 기존 고객들의 반복 관람을 유도하고 새로운 고객도 유치해야 한다. 이 시기에는 경쟁 기관들끼리 가격 인하 경쟁을 할 수도 있으니, 작품과 기관을 차별화시키는 전략이 무엇보다 중요하다.

성장기에는 작품을 무조건 널리 알리는 데 초점을 맞추기보다 작품을 선택할 만한 고객에게 집중해야 한다. 문화예술기관이나 단체는 우월한 곳이라는 이미지를 장기적으로 구축하기 위해 기관이나 단체의 브랜드 자산을 관리하는 프로그램을 가동해야 한다. 작품의 수준이나 고객 서비스를 대폭 개선함으로써 부가적 혜택을 제공하는 것도 문화예술기관이나 단체의 브랜드 자산을 관리하는 방법이다.

3) 성숙기

어떤 문화예술작품에 대한 티켓 판매율이 더 이상 증가하지 않고 현상 유지에 그칠 정도로 느려지면 성숙기(maturity stage)에 접어들었다고 할 수 있다. 문화예술기관이나 단체에서 공연이나 전시를 너무 많이 기획해 경쟁이 심화될 경우에도 성숙기를 앞당길 수 있다. 가격 인하 경쟁이 과도해지고 판촉비용이 늘어나면 이윤이 감소하고 경쟁자도 많아져 작품을 차별화시키는 데 있어서 제약 요인이 된다. 이때는 잠재 고객들을 실제 관객이 되도록 유도하거나 현재 관람객의 관람 횟수를 늘리는 마케팅 전술을 구사해야 한다. 재마케팅(re-marketing) 전략을 시도해 작품의 수명주기를 지연시키는 방법도 있다.

성숙기에 접어들었다고 판단되면 문화예술기관이나 단체는 새 작품을 기획해야 한다. 물론 성장기에 미리미리 다음 작품을 조금 일찍 기획하는 기관이나 단체도 있다. 어떤 작품을 선정해서 문화예술 소비자와 어떻게 만나게 하느냐에 따라 문화예술 마케팅의 성과도 달라진다. 새 작품을 기획할 때 가장 이상적인 목표는 예술성이 높고 관객들의 기대를 충족시킬 작품을 선정하는 것이다. 어떤 프로그램이 예술성을 추구하는 동시에 관객들의 기호와 잘 맞아떨어졌을 때가 가장 잘 기획된 경우다. 베르디 작곡의 오페라 〈라 트라비아타〉(초연 1853; [그림 4-8] 참조)를 처음 보는 사람들은 이미 5번이나 본 사

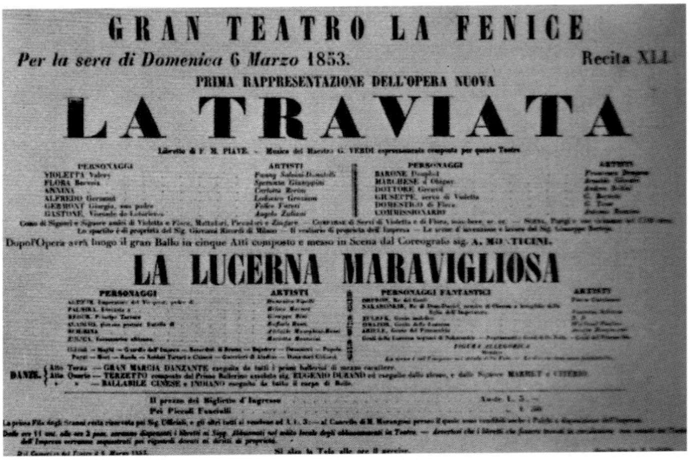

[그림 4-8] 베르디의 오페라 〈라 트라비아타〉 초연 포스터(1853)

람과는 상당히 다른 반응을 나타낼 것이다(Bernstein, 2007, 2014). 어떤 작품에 대해 관객들이 느끼는 감동은 그들의 사전 지식과 선호 여부 또는 순간의 기분에 따라 달라지게 마련이다. 따라서 새 작품을 기획할 때는 사전 조사를 통해 이전의 관람 여부와 관람 횟수를 비롯해 관객들이 새 작품에서 바라는 기대 효과를 면밀히 분석하는 데서부터 출발해야 한다.

4) 쇠퇴기

쇠퇴기(decline stage)는 수요가 지속적으로 감소해 문화예술작품을 현장에서 철수해야 하는 단계다. 오래오래 지속되는 작품도 있지만 문화예술작품도 결국 다양한 환경 변화에 따라 쇠퇴기에 접어들게 마련이다. 문화예술 소비자들의 기호가 변하거나 불황으로 인해 공연장이나 전시장을 찾는 사람들이 줄어들면 곧바로 쇠퇴기에 접어들기도 한다. 쇠퇴기에는 마케팅 전략을 어떤 방향으로 전개해야 할까? 문화예술작품의 공연이나 전시를 중단하거나, 현재 수준의 마케팅 활동을 전개하되 표적시장의 범위를 축소해 유리한 세분시장에만 집중하는 방법이 있다. 갑자기 쇠퇴기에 돌입하는 사태를 막으려면 작품을 기획한 문화예술기관이나 단체 내부의 제반 요인들을 혁신하는 과정도 필요하다.

제5장

가격의 책정과 운용

1. 티켓 가격의 적정선

보통의 상품을 소비할 때와 마찬가지로 예술을 소비할 때도 사람들은 티켓 가격에 민감할 수밖에 없다. 티켓 가격이 얼마냐에 따라 전시나 공연의 티켓 판매도 영향을 받게 마련이다. 티켓 가격(Price)이란 문화예술작품과 서비스에 대한 효용 가치를 돈으로 환산한 것이다. 문화예술 공연이나 전시에는 비싸다고 해서 사람들이 적게 모이거나 싸다고 해서 사람들이 더 많이 모이지 않는 특이한 현상이 존재한다. 그렇다면 티켓 가격을 얼마로 책정하는 것이 좋을까? 아니, 어떤 방법으로 티켓 가격을 정해야 적정한 가격이라고 할 수 있을까?

문화예술기관이나 단체에서 제공하는 문화예술작품과 서비스는 가치재(價値財, merit goods)라는 성격을 지니고 있다. 가치재란 시장에서 소비자가 구입하기를 희망하는 양보다 더 많이 제공되는 것이 바람직하다고 사회적으로 결정되는 재화다. 사회 구성원 모두가 향유해야 할 대상이라는 점에서 문화예술작품은 더 널리 제공되어야 한다는 특별한 가치를 부여받게 된다.

그렇지만 가치재의 시장 가격이 형성되어 있지 않을 때는 일반적인 시장재(market goods)에 비해 그 값어치를 평가하기가 본질적으로 어렵다.

어떤 문화예술작품을 공연하고 전시하려면 막대한 비용이 들어간다. 그 비용을 관객이나 관람객의 티켓 구매를 통해 벌충해야 한다는 시장의 특성상 티켓 가격이 고가에 형성될 수밖에 없는 구조다. 소비자들이 티켓을 사줘야 문화예술기관이나 단체는 투자비의 상당액을 회수할 수 있다. 티켓 가격은 공연이나 전시의 규모에 따라서도 달라지지만, 그에 못지않게 예술 소비자들이 기꺼이 지출할 수 있는 가격대의 수준을 예측하는 것도 중요하다. 결정된 가격 조건에 따라 티켓을 살 수 있는 문화예술 소비자 계층이 달라지기 때문이다.

같은 공연이라도 좌석의 위치나 편안함 또는 공연의 시작 시간에 따라 가격이 달라진다. 기금, 투자자, 후원사, 협찬사를 확보했는지의 여부에 따라서도 가격대가 결정된다. 티켓의 가격이나 할인 혜택은 문화예술 소비자들이 티켓을 구매하겠다는 의사결정을 하는 데도 영향을 미치게 된다. 티켓 가격을 얼마로 책정했느냐에 따라 문화예술작품의 공연이나 전시에 있어서 생산성이나 성과 평가에도 결정적인 영향을 미칠 가능성이 높다. 따라서 티켓 가격을 결정하는 문제는 이래저래 고민거리일 수밖에 없다.

문화예술기관이나 단체에서 티켓 가격을 더 높게 책정하려고 해도 현실적인 여건 때문에 무조건 높게 올릴 수만은 없는 일이다. 제조업 분야에서는 투입한 노동량에 대비해 산출물의 결과를 따져 보는 1인당 생산성이 제1차 산업혁명 이후 수백 배나 증가했다. 그러나 문화예술 분야에서는 1인당 생산성이 특별히 높아지지 않았다. 오페라 공연을 예로 들면 1800년대에 공연할 때나 2019년 현재 공연할 때나 동일한 인력과 시간을 투입해야 한다.

조아키노 로시니(Gioacchino Rossini, 1792~1868)의 걸작 오페라 〈세빌리아의 이발사(Il barbiere di Siviglia)〉(1816)의 경우를 생각해 보자([그림 5-1] 참조). 위대한 희극 오페라의 전형으로 알려진 이 오페라(원제 Almaviva, o sia

ALMAVIVA
O SIA
L' INUTILE PRECAUZIONE
COMMEDIA
DEL SIGNOR BEAUMARCHAIS
Di nuovo interamente versificata, e
ridotta ad uso dell'odierno teatro
Musicale Italiano
DA CESARE STERBINI ROMANO
DA RAPPRESENTARSI
NEL NOBIL TEATRO
DI TORRE ARGENTINA
NEL CARNEVALE DELL' ANNO 1816.
Con Musica del Maestro
GIOACCHINO ROSSINI.
ROMA
Nella Stamperia di Crispino Puccinelli
presso S. Andrea della Valle.
Con licenza de' Superiori.

[그림 5-1] 로시니의 〈세빌리아의 이발사〉의 초연 포스터(1816)

l'inutile precauzione)는 17세기 스페인의 세빌리아(현재의 세비야) 지역을 무대로 이야기가 전개된다. 이 오페라가 완성되려면 세빌리아의 이발사인 피가로, 바르톨로의 도움을 받는 처녀 로지나, 로지나를 보고 첫눈에 반해 버린 알마비바 백작, 로지나의 후견인으로 그녀와 결혼하려는 부유한 의사 바르톨로 그리고 로지나의 음악 교사인 돈 바질리오라는 핵심 인물 5명이 반드시 필요하다.

만약 이 오페라 공연에서 1인당 생산성을 높이기 위해 인건비를 줄이자는 차원에서 여주인공 로지나의 후견인 바르톨로를 공연에서 빼버리거나 '방금 들린 그 음성(Una voce poco fa)' 같은 멜로디를 제외시킬 수 없다. 이 오페라는 또한 1막과 2막의 마지막 장면에서 솔로, 2중창, 3중창을 거쳐 6중창으로까지 확장되는 선율이 다시 합창과 만나 생동감 넘치는 대미를 장식한다(점층법인 '로시니 크레센도'). 이 작품에서는 단원들의 합창이 희극적 효과를 극대화하는 데 결정적인 역할을 하는데, 만약 예산 때문에 합창 단원의 수를 줄

[그림 5-2] 이탈리아 오페라극장에서의 〈세빌리아의 이발사〉 공연 장면(2017)

여 버린다면 오페라의 감동적인 여운은 반감될 것이다.

문화예술 분야에서는 손쉽게 생산성을 높이려고 노동자(출연자)를 함부로 감축시키면 곤란하다. 1인당 생산성을 높이려고 출연자의 수를 줄이면 공연의 내용과 작품의 품질이 떨어진다는 위험을 감수해야 하기 때문이다. 따라서 문화예술 공연에서는 생산성 지체(productivity lag)라는 문제가 계속될 수밖에 없다. 설령 출연자 1인에게 투입되는 비용을 줄인다 하더라도 생산성 지체 문제를 완전히 해소하기는 어렵다. 그래서 티켓 가격을 책정할 때는 늘 고민스럽고 일종의 딜레마에 빠지게 마련이다.

평균 비용이 계속 감소하는 상황에서 문화예술기관이나 단체의 이윤을 극대화하려면, 한계수입과 한계비용이 일치하는 지점(Q_1)에서 적정 수준의 티켓 가격(P_1)을 정해야 바람직하다. 이런 기준에 따라 티켓 가격을 정하면 그에 합당한 정도의 이윤을 얻을 수 있다. [그림 5-3]에서 P_1EHACT_1의 사각형 부분이 합당한 정도의 이윤을 나타낸다(박현, 유경준, 김석영, 곽승준, 2004, p. 33). 만약 공연에 대한 수요 곡선(D)이 평균비용 곡선(ACT)보다 높은 수준에서 형성되는 상황에서 문화예술기관이나 단체에서 어떤 공연에 대한 관람을 최대한 장려하는 정책을 취한다면 생산량을 손익 분기점(Q_2)까지 높일 수

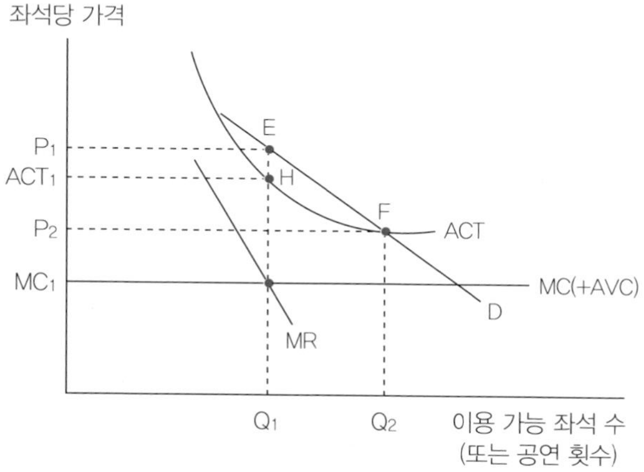

[그림 5-3] **문화예술작품의 티켓 가격 결정**

있다. 이때는 티켓 가격을 적정 수준보다 낮은 가격대(P_2)로 정하면 된다.

만약 어떤 공연에 대한 수요 곡선이 평균비용 곡선을 밑도는 상황이라면 문화예술기관이나 단체는 이윤은 물론 공연에 투자한 실비도 회수하기 어렵게 된다. 정부의 보조금도 없고 민간의 자발적인 기부도 이루어지지 않는 상황이라면 그 작품은 공연하기 어렵다. 이 경우에 정부에서는 문화예술 공연의 가치재적 성격을 고려해 보조금을 지급하는 문제를 고려해야 한다. 그렇게 되면 문화예술기관이나 단체는 정부의 재정 지원을 바탕으로 생산성 지체 문제를 어느 정도는 해소할 수 있다(김병희, 2015a).

문화예술 분야에서 생산성 지체 문제가 계속되는 주요 원인은 비용 병리(cost disease) 현상 때문이다(Baumol & Bowen, 1965). 다른 산업 부문에서 인건비 등 생산비가 증가함에 따라 문화예술 부문에서도 자연스럽게 생산비나 생산성의 격차가 증가하는 추세가 비용 병리 현상에 해당된다. 인공지능과 블록체인으로 인간의 노동을 대체하겠다는 제4차 산업혁명 시대에는 문화예술 분야와 다른 산업 분야 간의 생산성 격차가 갈수록 커질 수밖에 없다. 그리고 비용 병리 현상도 앞으로 더 심화될 것이다. 그렇기 때문에 현 시점에서는 정부에서 국민들의 문화예술 향유권을 보장하기 위해 문화예술 펀드를 조성할 때도 되었다.

2. 티켓 가격의 결정법

문화예술작품의 전시나 공연을 관람할 티켓 가격을 어떻게 결정하느냐에 따라 전시나 공연의 성과는 확연히 달라질 수 있다. 공연의 종류, 서비스 품질, 좌석의 위치, 안락감 여부, 공연 시작 시간 등은 공연이나 전시의 티켓 가격을 결정하는 일반적인 지표다. 투자, 기금, 후원, 협찬, 제휴 여부도 티켓 가격의 결정에 영향을 미친다. 티켓 가격이 경영 성과를 좌우할 수도 있으니, 문화예술기관이나 단체의 경영자들은 이 문제에 특히 신경이 쓰일 수밖에 없다.

문화예술 소비자들이 사는 티켓의 가치는 티켓 자체가 아닌 관람을 통해 느끼는 감동이나 만족감이다. 그래서 티켓 가격을 결정할 때는 문화적 프리미엄을 더해 주며 가격 경쟁력도 고려해야 한다. 티켓 가격의 결정법은 여러 가지가 있다. 여러 기준을 체계적으로 검토한 다음 당면한 현안과 여건에 알맞게 가격을 정해야 한다. 경영학에서 말하는 가격 전략은 셀 수 없을 정도로 많지만, 문화예술작품의 전시나 공연에 알맞게 전략을 선택하는 혜안이 필요하다. 문화예술 마케팅에 보편적으로 적용할 수 있는 가격 결정의 여섯 가지 방법은 다음과 같다(Bernstein, 2007, 이하 축약 인용).

1) 경쟁에 따른 가격 결정

경쟁에 따른 가격 결정법은 어떤 전시나 공연에 소요된 투자 원가나 목표 수익을 고려해 티켓 가격을 독자적으로 결정하지 않고, 경쟁 관계에 있는 전시나 공연의 가격을 비교하고 그에 맞춰 티켓 가격을 결정하는 방법이다. 여기에는 상대적 저가 정책, 상대적 고가 정책, 그리고 경쟁자와 비슷한 가격 정책이 있다. 투자비가 너무 많이 들어간 상황에서는 부득이한 경우가 아니면 굳이 울며 겨자 먹기로 경쟁에 따른 가격 결정법을 따를 필요는 없다. 다른 가격 전략도 얼마든지 찾을 수 있다.

문화예술 소비자들은 티켓을 구매하기에 앞서 전시나 공연의 질, 공연의 규모, 주관사의 이미지, 작품의 명성, 공연 장소를 비교하게 마련이다. 소비자 입장에서 생각해 보면 티켓 가격이란 인식된 가치나 경험의 기대치를 돈으로 교환하는 것과 같다. 따라서 마케팅 기획자는 가격이라는 x축과 가치라는 y축 위에서 합리적인 수요를 창출하도록 가격 결정의 방정식을 풀어 가야 한다. 이때 노인, 장애인, 저소득층을 비롯해 사회적 약자를 위한 할인 혜택도 고려해야 한다(정철현, 황소하, 2010, p. 219).

경쟁에 따른 가격 결정법에서 고려하는 혜택의 하나로 문화 바우처(voucher) 제도를 들 수 있다. 증서, 상품권, 할인권, 쿠폰을 지칭하는 바우처는 어떤 상품이나 서비스를 대체하는 지불 인증권인데, 문화예술에 취약한 계층에게 제공된다. 시간과 요일이나 관람 횟수를 고려해 티켓 가격을 할인

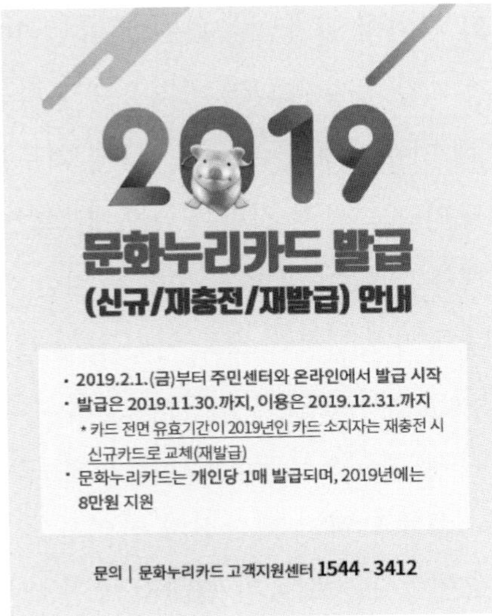

[그림 5-4] '문화누리카드' 발급 안내문(2019)

해 주는 프랑스 파리의 문화 바우처가 대표적이다. 미국극장개발기금의 할인 프로그램, 영국 런던의 '문화개방의 날', 미국 · 영국 · 프랑스의 예술카드, 캐나다 토론토의 박물관 여권은 모두 문화 바우처에 해당된다.

우리나라에서도 2005년에 문화 바우처 시범사업이 시작되어 지금까지 계속되고 있다. 현재는 정부에서 문화 바우처 제도의 일환으로 '문화누리카드' 사업을 실시하고 있다. 문화누리카드란 기초 및 차상위 계층에게 문화예술, 여행, 체육 분야를 향유하게 함으로써 삶의 질을 향상시키고 계층 간 문화 격차를 해소하려는 목적에서 발급하는 카드다. 이 카드는 전국의 주민센터나 온라인(www.mnuri.kr)에서 발급받아 1인당 연간 8만 원까지 지원받을 수 있다.

2) 공연 형태에 따른 가격 결정

공연 형태에 따른 가격 결정법은 각각 다른 공연일 경우에 티켓 가격을 각각 다르게 결정하는 방법이다. 조수미가 출연하는 오페라 공연의 티켓 가격과 신인이 출연하는 공연의 티켓 가격이 같을 수는 없다. 보통 때의 박물관 입장료와 특별 전시회 시기의 입장료는 다르게 마련이다. 같은 공연에서도 정기 회원에게는 일정 기간 똑같은 티켓 가격을 적용할 수 있지만, 1회 관람객의 티켓 가격은 그에 맞추기 어렵다. 이런 문제 때문에 공연 형태에 따라 가격별로 좌석 수를 달리하는 가격 전략이 나오게 되었다. 유명인이 공연할 때는 고가 좌석의 티켓을 더 많이 발행하고, 덜 유명한 예술가의 공연에서는 저가의 좌석 티켓을 더 많이 발행하는 것도 이런 사정 때문이다.

2011년 2월에 국립극장에서 공연된 뮤지컬 〈천국의 눈물〉의 사례를 살펴보자. 이 작품은 〈지킬 앤 하이드(Jekyll & Hyde)〉의 프랭크 와일드혼(Frank Wildhorn)이 작곡하고 브로드웨이 제작진이 참여한 창작 뮤지컬이라는 사실과 가수 김준수가 출연한다는 소식이 전해져 공연 전부터 화제를 모았다. 2010년 12월 16일, 예매가 시작된 지 5분 만에 김준수가 출연하는 6회 공연 전석이 매진됨으로써 아이돌 가수의 티켓 파워가 증명되기도 했다. [그림 5-5]는 총 좌석 중에서 공연별 최고가석을 비교한 그래프다(김슬기, 2010. 12. 27.).

그런데 국립극장의 전체 좌석인 1,563석 중에서 1층 전체인 1,015석의 티켓 가격을 그 공연의 최고가인 13만 원에 똑같이 적용했다는 사실이 세간의 입방아에 올랐다. 같은 층이라도 앞좌석과 뒷좌석의 값은 보통 차이가 나는데, 1층 전석을 최고가로 통일해 객석 전체의 65%를 최고가에 팔았다는 뜻이다. 더욱이 〈천국의 눈물〉의 티켓 예매를 시작할 무렵 국립극장에서는 뮤지컬 〈영웅〉을 공연하고 있었다. 〈영웅〉 공연에서는 1층 앞좌석 308석이 VIP석으로 배정되어 11만 원에 팔렸고, 1층 나머지 좌석과 2층 앞좌석 669석은 R석으로 9만 원에 팔렸다. 당시 LG아트센터에서 공연한 〈빌리 엘리어트(Billy Elliot)〉의 경우 총 1,068석 중 303석이 VIP석이었고, 성남아트센터 오페라하우스에서 공연한 〈아이다(Aida)〉의 경우 1,788석 중 VIP석은 256석에 불과했다(김슬기, 2010. 12. 27.). 1층 전석이 13만 원인 것을 감안하면 〈천국의 눈물〉의 매출액은 회당 1억 5,869만 원으로 〈영웅〉의 매출액 회당 1억 2,357만 원보다 30%가량 높은 결과였다.

당시 언론에서는 다른 대형 공연과 비교해 봐도 〈천국의 눈물〉의 최고가

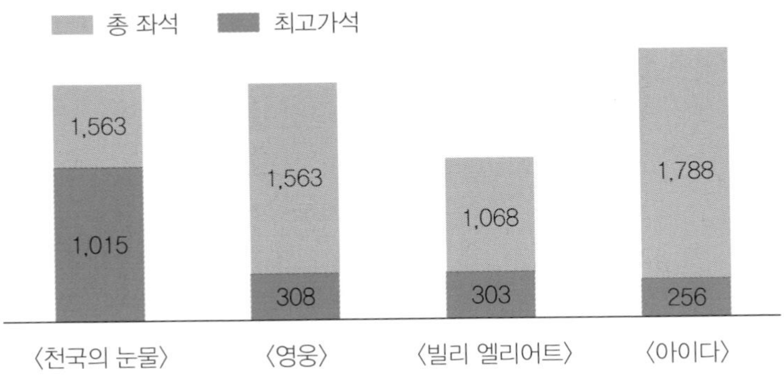

[그림 5-5] 총 좌석 중 공연별 최고가석의 비교(단위: 석)

석 비중이 지나치게 높고, 배우들의 팬덤에 기댄 지나친 상술이며, 심지어 '어떤 뮤지컬의 이상한 티켓 가격'이라고까지 비판했다. 그렇지만 공연 형태에 따른 가격 결정법에서는 각각 다른 공연일 경우에 티켓 가격을 각각 다르게 결정한다. 따라서 다른 공연과 다르게 책정한 〈천국의 눈물〉의 티켓 가격은 전혀 이상하지 않게 받아들이는 게 바람직하다.

3) 장소와 시간 및 특별 공연의 가격 결정

공연 제작에 투입된 원가가 좌석마다 같더라도 공연 장소나 공연 날짜가 다르다면 티켓 가격을 다르게 매겨야 한다. 열성 관객들은 비싼 티켓이라도 주말 공연 티켓을 기꺼이 구입할 수 있다. 공연 홍보물에 주목해 소비자들이 어떤 공연에 매력을 느낀다면 티켓 가격이 비싸더라도 기꺼이 지갑을 열 것이다. 애매한 시간대에 열리는 공연 티켓을 판매할 때도 특별가 정책이 필요하다. 관객이 몰리지 않는 평일 낮 시간대가 대표적이다. 평범한 할인 행사는 그다지 주목을 끌지 못한다. 기간, 요금, 시간대를 명시한 특별 할인제는 문화예술 소비자의 관심을 끈다. 평생 고객을 모집해 문화카드 혜택을 제공하는 방안도 있다.

국립극장의 전속 단체인 국립국악관현악단과 국립무용단의 상설 공연인 정오(正午) 시리즈는 '정오의 음악회'와 '정오의 춤'으로 구성되어 있다. 2009년부터 시작된 〈정오의 음악회〉는 월 1회 오전 11시에 브런치 콘서트 형식으로 진행되는 상설 공연이다([그림 5-6] 참조). 국립극장은 주부들을 겨냥해 클래식이 아닌 우리 국악으로 브런치 공연을 선보였다(현윤경, 2009. 5. 7.). 점심 전후라는 틈새 시간을 파고든 이 공연에서는 공연 시간의 고정관념을 깨며 정오의 국악 콘서트라는 새로운 수요를 창출해 냈다.

국립극장에서는 비교적 한산한 시간을 활용해 다른 공연과의 시간대 경쟁을 줄이며 관객들을 확보하고 공연을 활성화했다. 관객들은 저녁 시간에 비

[그림 5-6] 〈정오의 음악회〉 포스터(2018)

해 낮 시간에 공연을 여유롭게 즐길 수 있었다. 기존에도 있던 '스타와 함께' '정오의 춤' '정오의 소리' 코너에 이어 '세계음악기행'과 '국악관현악명곡전'과 같은 코너를 새롭게 추가했다. 전통춤과 전통음악을 한곳에서 감상하는 시간도 마련해 관객들의 호응을 얻었다.

가격도 비교적 저렴한 수준에서 특별가로 결정했다. 〈정오의 음악회〉의 경우 상반기 패키지 티켓, 하반기 패키지 티켓, 연간 패키지 티켓으로 구성해 음악회에 대한 열성 관객들에게 선택권을 주었다. 국립극장 주변의 장소 요인도 고려했다. 국립극장 인근의 반얀트리 호텔과도 제휴해 음악 공연과 호텔의 점심 메뉴를 묶어 '극장 12시(Theater 12 O'clock)'라는 혜택을 제공하는 것도 놓치지 않았다. 공연장이나 전시회에 가는 사람들은 격식을 갖춰 참석해야 한다고 생각하는 경우가 많았다. 그렇지만 마케팅 기획자들은 브런치 시간에 편안한 분위기에서 적정가에 음악을 즐기도록 고려했다.

이 공연은 여러 가지 측면에서 예술 소비자들의 심리적 부담감을 크게 줄여 주었다. 최근에는 국악을 처음 만나는 관객들도 즐겁게 감상할 수 있는 매력적인 국악 관현악곡을 선정해 대중가수에서부터 소리꾼, 뮤지컬 배우에 이르기까지 다양한 분야와의 컬래버레이션도 시도하고 있다. 이런 공연 기획을 바탕으로 〈정오의 음악회〉는 매 회 거의 만석을 기록하며 국립극장을 대표하는 낮 프로그램으로 자리 잡았고, 장기 공연에 성공한 국악 브런치 콘서트의 대표 사례가 되었다.

4) 좌석 수용 능력을 활용한 가격 결정

이 밖에 좌석의 수용 능력에 따른 가격 결정법도 있다. 공연을 시작하기에 앞서 문화예술 마케팅 기획자는 좌석별로 티켓이 얼마나 팔렸는지 알아보는 좌석 가동률(capacity utilization)을 분석하게 된다. 어떤 좌석의 티켓이 얼마나 팔렸는지 수시로 확인해 보는 것이다. 고객이 처음 예약한 날짜의 좌석 표를 그대로 샀는지 그렇지 않은지 비교해 보면 좌석별 판매율을 알 수 있다. 판매율 자료는 공연 좌석의 배치를 변경하거나 수요와 공급에 맞춰 티켓 가격을 재조정할 때 요긴한 정보로 쓸 수 있다.

예술의전당 오페라극장의 관람석은 [그림 5-7]과 같은 구조로 모두 2,283석이다. 전체 좌석에서 일반 판매석은 1,993석(일반석 1,925석, 휠체어석 20석, OP석 48석)이고, 판매 유보석은 290석(자막 시야 불량석 48석, 시야 제한석 242석)이다. OP석이란 공연에 맞춰 오케스트라의 연주 무대나 객석으로 변용할 수 있는 오케스트라 피트(orchestra pit) 좌석을 뜻한다. 무대와 가까운 OP석에서는 공연을 생생하게 감상할 수도 있지만 좌석의 위치나 무대 구성에 따라 시야를 가리는 장애 요인이 발생할 수 있다. 따라서 문화예술 마케팅 기획자는 티켓의 예매 상황을 파악하고 좌석의 수용 능력을 봐 가며 가격을 조정해 나간다.

경우에 따라서는 좌석 수용 능력을 고려해 자리 위치를 다르게 배치하고 가격에 차등을 두기도 한다. 공연장에서 특별석과 일반석은 가격 차이가 있

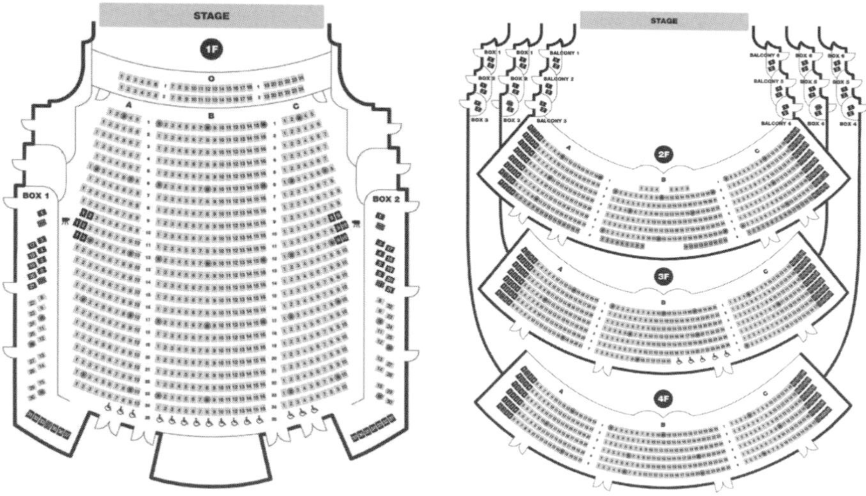

[그림 5-7] **예술의전당 오페라극장의 1, 2, 3, 4층 좌석배치도**

을 수밖에 없다. 무대와 가까운 정도에 따라서도 티켓 가격에 차이가 있게 마련이다. 관객들이 티켓 자체를 소비하지 않고 작품에 대한 감동(예술의 품질)을 소비한다는 특성을 감안하더라도, 문화예술 소비자들에게 가격 요인은 민감하게 작용할 수밖에 없다.

장소와 시간에 따라 특별가를 적용하든, 좌석의 수용 능력에 따라 티켓 가격을 결정하든, 결국은 공연장에 사람들을 모을 수 있는 최적의 가격 결정법을 선택하는 판단력이 중요하다. 신자가 없는 교회에는 구제할 영혼도 없듯이, 관객이 없는 공연장에는 공유할 감동도 없을 것이다.

5) 수입 위주의 가격 결정

티켓 가격 결정법에서 예상되는 수요와 공급을 분석해 값을 매기는 수입 위주의 가격 결정법도 있다. 수요를 예측해 좌석의 일정 비율을 공연일보다 훨씬 일찍 할인가에 판매하거나 공연일 직전 시점에 티켓 판매 추이를 봐 가며 가격을 높이거나 낮춰 수입 목표를 달성하려는 방법이다. 그렇지만 티켓을 많이 팔아 수입을 늘리는 데 지나치게 치중하다 보면 문화예술 소비자에게 경험의 가치를 제공해야 한다는 사실을 망각할 수도 있다. 따라서 수입 위주로 가격을 결정하려 할 때는 더욱 신중하게 판단해야 한다.

문화예술기관이나 단체에서는 수입 목표를 조금이라도 달성하기 위해 팔고 남은 좌석을 공연 직전에 싸게 파는 러시티켓(rush ticket)을 활용하는 경우가 많다. [그림 5-8]은 국립극장 〈캣츠〉의 러시티켓 안내문(2017)이다. 고객들은 저가 티켓으로 문화 생활을 즐길 수 있어서 좋고, 문화예술기관이나 단체는 남는 좌석을 떨이로 판매해 수입 목표를 채울 수 있어서 좋다. 운이 좋으면 80% 이상 싸게 티켓을 살 수도 있다. 우리나라에서는 '당일 할인 티켓'이란 용어가 친숙한데, 1996년에 한국연극협회가 주도해 대학로 티켓박스에서 당일 연극의 티켓 가격을 50% 할인해 준 반액 티켓 제도가 그 시초로 알려져 있다.

그러나 적정 비용을 지불하고 문화예술을 즐기려는 소비자들도 있으니, 러시티켓을 남발하면 문제를 야기할 수 있다. 지난 2016년, 롯데콘서트홀의 빈필하모닉 공연의 티켓 가격은 R석 43만 원, S석 34만 원, A석 25만 원, B석 16만 원, C석 7만 원이었다. 롯데콘서트홀은 개관 직후부터 24세 이하의 청소년에

[그림 5-8] 국립극장의 〈캣츠〉 러시티켓 안내문(2017)

게 러시티켓 혜택을 제공하던 원칙에 따라 좌석 등급에 상관없이 최고가 5만 원 이하의 공연은 1만 5000원에, 최저가 5만 원이 넘는 공연은 3만 원에 러시티켓을 판매했다(장지영, 2016). 이 공연의 러시티켓 구매자는 43만 원 좌석을 3만 원에 사는 행운을 얻었겠지만, 43만 원 전액을 지불한 사람들 입장에서는 금액 차가 너무 커 불만 요인으로 작용했다.

외국에서는 보통 관객이 해당 공연장 매표소에 직접 가서 선착순으로 러시티켓을 구입하는 것을 원칙으로 한다. 이에 비해 우리나라 공연계에서는 인터넷 티켓 예매 사이트에서도 러시티켓이나 할인 이벤트를 많이 찾을 수 있다. 러시티켓을 현장에 가서 사든 인터넷에서 구매하든 상관없다. 중요한 것은 가격차가 너무 커 제 값을 주고 티켓을 산 사람들의 불만을 야기하지 않도록 수위를 조절해야 한다는 것이다.

6) 고객층 세분화에 따른 가격 결정

고객층 세분화에 따른 가격 결정법은 고객층에 따라 티켓 구매 능력이나 지불 의사가 다를 수 있기 때문에 문화예술기관이나 단체에서 티켓 가격을 다양하게 구성할 때 널리 쓰이는 방법이다(Hill, O'Sullivan, & O'Sullivan, 2003). 예를 들어, '비싼 것은 더 비싸게, 싼 것은 더 싸게(higher highs and lower lows)' 팔기, 정기예약 회원에게 할인해 주기, 필요할 경우에는 과감한 저가 전략을 시도하기, 매진된 공연의 입장권을 산 관객이 나타나지 않았을 때 되파는 대기 티켓(standby ticket) 판매하기, 특정일이나 특정 공연의 티켓 구매자에게 대폭 할인해 주는 특별가 판촉 같은 방법이 있다.

LG아트센터의 '러시 아워 콘서트'는 고객층 세분화에 따라 가격을 결정했다. 직장인들이 차가 많이 막히는 러시아워를 피해 짧은 시간 동안 콘서트를 관람하고 여유 있게 귀가하라는 취지에서 기획한 공연이다. 저녁 7시에 공연을 시작해 1시간 동안 공연하는 데 티켓 가격은 전석 2만 원이다. 문화예술

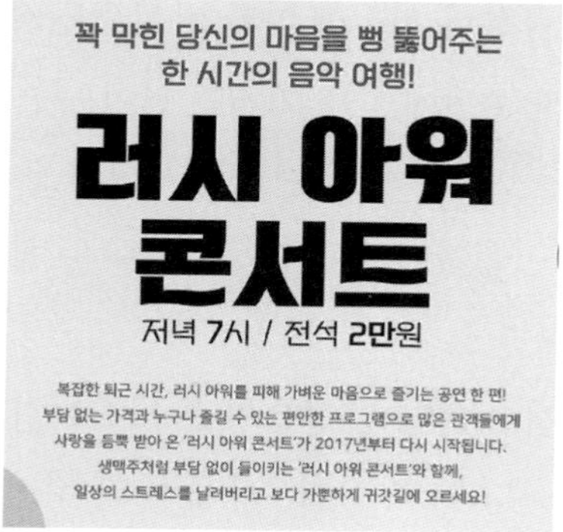

[그림 5-9] LG아트센터의 '러시 아워 콘서트' 안내문(2017)

소비자들은 한 해 공연 프로그램을 미리 확인하고, 원하는 공연을 합리적인 값에 즐길 수 있다. [그림 5-9]는 '러시 아워 콘서트'의 안내문이다. 이후 국립극장, 예술의전당, 세종문화회관에서도 고객층의 세분화에 따른 가격 결정법을 벤치마킹했다. 이처럼 고객층을 세분화해서 티켓을 판매하면 관객 입장에서는 금전적 혜택도 얻게 되고 다양한 예술 장르를 접할 수 있다는 장점도 있다(www.lgart.com, 2018).

이 밖에도 여러 가지 가격 정책을 골고루 적용하는 경우도 있다. 〈표 5-1〉에 제시한 뮤지컬 〈지킬 앤 하이드〉의 월드투어 공연(2017)의 가격 정책에서 알 수 있듯이, 이 공연에서는 좌석의 위치와 편안함에 따라 VIP석, R석, S석, A석, B석으로 구분했다. R석과 S석은 4만 원의 차이가 있지만, 다른 등급에서는 좌석마다 2만 원의 차이를 두었다. 관람객이 많이 몰리는 주말에 비해 관람객이 적은 주중에는 '주중 패키지'로 20% 할인 혜택을 제공했다. 극장 인근 지역에 사는 관객들은 먼 곳에 사는 사람들보다 참여 기회가 많다는 점을 감안해 '극장 지역 할인' 티켓도 도입했다. 경쟁에 따른 가격 결정인 '티켓 소지자 할인'은 이미 공연을 본 사람들도 한 번 더 보고 싶도록 설득하는 데 영향을 미쳤다. '학생 할인'은 고객층 세분화에 따라 학생에게 특별 적용하는 할인 혜택이었다. 뮤지컬을 보기에는 경제적으로 부담스러운 학생들에게는

S석, A석, B석에 30%의 할인율을 적용했다. 이처럼 노력한 결과, 이 공연은 서울 공연에서만 단일 시즌 관객 수 10만 명을 돌파했다.

〈표 5-1〉 〈지킬 앤 하이드〉의 가격 정책

기본가	
VIP석	150,000원
R석	130,000원
S석	90,000원
A석	70,000원
B석	50,000원

할인가		
구분	할인율	대상
주중 패키지	VIP · R석 20%	3. 23.~4. 30. 공연 한정
극장 지역 할인 (용산구 · 강남구 · 서초구)	VIP · R석 20%	3. 15.~4. 9. 공연 한정
문화가 있는 날	30%	매월 마지막 수요일
티켓 소지자 할인	20%	〈지킬 앤 하이드〉의 이전 시즌 유료 티켓 소지자
학생 할인	S · A · B석 30%	초 · 중 · 고 · 대학생 관람
국가유공자 장애인	50%	본인 한정, 1~3급 동반 1인, 4~6급 본인 한정

수입 위주에 따르건, 고객층 세분화에 따르건, 티켓을 사려는 구매 의사결정은 경제적 능력이나 지불 의사가 고객층에 따라 다를 수 있다. 따라서 소비자의 선택 요인을 다각도로 검토한 다음 현실적으로 실효성이 있는 티켓 가격을 결정해야 한다.

제6장

장소의 의미와 유통

1. 장소의 인지도

이제 소비자들이 작품과 만나는 장소에 대해 알아보자. 소비자들이 문화예술작품과 만나는 모든 접촉점을 장소라고 한다. 장소가 얼마나 편리한지에 따라 문화예술작품의 공연이나 전시에 대한 소비자의 반응도 달라지게 마련이다. 문화예술기관이나 단체는 작품 감상의 경험을 통해 소비자에게 작품이 유통되도록 한다. 장소는 작품과 서비스가 고객에게 전달되는 과정이자 유통 경로이므로, 관객들의 티켓 구매에 영향을 미치고 문화예술기관의 수익 규모를 결정하는 데 영향을 미친다(김병희, 2015a).

일반 마케팅에서의 유통 경로와 문화예술 마케팅에서의 장소는 영어로 같은 단어(Place)를 쓴다. 그렇지만 유사해 보이면서도 개념적 차이가 있다. 일반 마케팅에서 말하는 유통 경로는 장소를 거쳐 유통된다는 의미를 갖는다. 이에 비해 문화예술 마케팅에서의 장소란 소비자들이 작품과 만나는 접촉점이다. 장소는 문화예술기관이나 단체의 두 번째 성공 요인으로 지적될 정도로 중요하다.

관객이나 관람객 입장에서는 박물관, 미술관, 공연장 같은 장소가 문화예술작품을 경험하는 공간적 장소이지만, 작품의 공급자인 예술가나 문화예술기관과 단체의 입장에서는 장소가 작품을 소비자에게 제공하는 유통 경로다. 관객이나 관람객의 접촉 경험을 통해 작품의 감상이라는 정서적 교류(유통)가 이루어지기 때문이다. 음향이나 조명 같은 시설이나 장소의 규모도 소비자의 선택에 영향을 미치고 수익 규모를 좌우한다.

문화예술 마케팅을 전개하는 과정에서 장소는 다음과 같은 세 가지 뜻을 갖는다. 첫째, 시설의 의미로, 관객이나 관람객들이 사용하고 느끼는 설비들이다. 둘째, 공간의 의미로, 문화예술기관이나 단체에서 문화예술작품을 제공하는 모든 곳이다. 셋째, 접점의 의미로, 티켓을 판매하는 장소를 비롯해 소비자와 작품이 만날 수 있게 하는 모든 마케팅 수단이다.

문화예술작품 자체도 중요하겠지만 장소의 유명도, 장소의 위치와 거리, 조명과 음향 장비 같은 시설의 우수성, 좌석과 부대시설 같은 시설의 편안함, 편리한 대중교통 여부도 소비자의 티켓 구매에 영향을 미치게 된다. 따라서 시설, 공간, 접점이 결집된 장소는 문화예술기관이나 단체의 마케팅 커뮤니케이션의 성공을 좌우하는 결정적 요인이라고 하겠다.

박물관학 전문가 이보아 교수에 의하면, 저명한 박물관이나 미술관에는 공통적인 특성 세 가지가 있다(이보아, 2014, p. 36). 먼저, 세계적으로 널리 알려진 유명 작품이나 유명 작가의 소장품을 보유하고 있다는 것이다. 다음으로, 소장품의 가치뿐만 아니라 미학적 가치가 탁월한 건축물이 있어 그 장소에 대한 인지도가 높다는 것이다. 사람들이 해외여행을 할 때 꼭 가 봐야 하는 명소로 미국 뉴욕의 구겐하임미술관이나 프랑스 파리의 루브르박물관을 꼽는 데는 모두 그만한 이유가 있다. 마지막으로, 저명한 박물관이나 미술관에서는 각종 부대시설에서 주요 수입원을 창출하고, 호텔 숙박과 쇼핑 등 관람객의 소비를 촉진해 지역 경제의 활성화로 확장한다는 것이다.

[그림 6-1] 뉴욕의 구겐하임미술관 야경

출처: David Heald ©SRGF, NY(2017).

미국 뉴욕의 구겐하임미술관(The Solomon R. Guggenheim Museum)은 저명한 미술관에 필요한 공통적인 특성 세 가지를 모두 갖추고 있다([그림 6-1] 참조). 이곳은 미국 현대 미술의 중심지이자 20세기의 건축 예술을 대표하는 장소로도 유명하다. 건물은 독일계 이민자인 구리 재벌 솔로몬 구겐하임(Solomon Guggenheim)이 의뢰해 건축가 프랭크 로이드 라이트(Frank Lloyd Wright)가 1943년에 설계했고 1959년에 완성했다. 달팽이 모양의 외관과 계단 없는 나선형 구조가 인기를 끌어 개관 직후부터 뉴욕의 명소가 되었다. 이 미술관에는 20세기의 비구상 및 추상계 작품을 위시해 피카소의 초기 작품과 클레(Klee), 샤갈, 프란츠 마르크(Franz Marc)의 작품을 전시하고 있는데, 특히 칸딘스키(Kandinsky) 컬렉션 180점은 세계 최고를 자랑한다(네이버 지식백과, 2019). 이후 1997년에 독일의 베를린과 스페인의 빌바오에 구겐하임미술관 분관을 개장했고, 1998년에는 온라인으로 구겐하임가상박술관(Guggenheim Virtual Museum)을 오픈했다.

미술관이나 박물관 또는 공연장에 가면 볼거리가 많다. 정부에서도 문화예술기관이나 단체에 해마다 막대한 예산을 투입하지만 관객과 관람객의 발길이 뜸한 곳도 있다. 이런저런 장소 요인 때문에 그런 결과가 나타났을 것이다. 이때는 장소와 관람객의 관계를 다시 설정해야 한다. 장소 요인을 강조하며 장소의 인지도를 높이는 마케팅 활동도 필요하다. 시설, 공간, 접점이 결집된 장소의 가치도 높여 가야 하겠지만, 소비자들이 그곳에 와서 느끼게 될 감정의 공유도 놓치지 말아야 한다. 몇 사람이 왔는지도 중요하겠지만, 관객과 관람객이 어떻게 이해하고 무엇을 기억하고 돌아갔는지는 더 중요하기 때문이다.

2. 장소의 세 가지 의미

문화예술 소비자의 입장에서는 미술관, 박물관, 공연장 같은 장소가 문화예술작품에 접근할 수 있는 공간적 의미를 지닌다. 이에 비해 문화예술기관이나 단체의 입장에서는 그런 곳이 문화예술작품을 소비자에게 연결해 주는 유통 경로라는 의미를 갖는다. 관객이나 관람객에게 문화예술작품을 어떤 곳에서 선보였을 때 가장 효과적일까? 작품과 소비자들이 만나는 접점인 장소를 결정할 때도 합리적인 선택의 문제로 귀결된다.

문화예술작품의 수준이나 품질이 소비자의 선택을 완전히 좌지우지한다고 생각할 수 있겠지만 항상 그렇지는 않다. 소비자들은 작품 자체만 놓고 판단하지 않고 공연장과 전시장의 주변 환경에서부터 교통편에 이르기까지 장소에 관련된 여러 요인을 종합하고 나서 티켓을 구매한다(Kolb, 2004). 문화예술 마케팅의 관리 차원이나 티켓을 판매하는 맥락에서 장소는 대체로 공연장으로서의 장소, 대체 공간으로서의 장소, 티켓 배급처로서의 장소라는 세 가지 의미를 띠게 된다(Bernstein, 2007).

1) 공연장으로서의 장소

널리 알려진 박물관이나 미술관 또는 공연장을 생각해 보자. 어떤 특별한 장소는 그 이름만으로도 문화예술 소비자를 끌어 모으는 힘이 있다([그림 6-2]~[그림 6-5] 참조). 문화예술 소비자들은 어떤 작품만을 보고 판단하지 않고, 공연장이나 전시장의 주변 환경과 교통편에 이르는 모든 요인을 종합한 다음 작품을 선택하고 티켓을 구매한다. 국립극장, 국립중앙박물관, 세종문화회관, 예술의전당, 대영박물관, 루브르박물관, 시드니오페라하우스, 시카고미술관, 프라도미술관, 카네기홀 같은 국내외 주요 문화예술기관이나 단체는 공연장으로서의 장소라는 의미가 있다. 유서 깊은 박물관이나 미술관 또는 공연장은 그 이름만으로도 문화예술 소비자에게 신뢰감을 준다.

호주의 시드니오페라하우스는 공연 작품의 내용에 관계없이 건축물의 아름다움 자체만으로도 많은 관객과 여행객을 끌어 모은다([그림 6-2] 참조). 이곳은 오페라, 발레, 전시, 관람, 현대 음악에 이르기까지 모든 예술 공연을 아우르는 문화예술 복합 공간이다. 보는 각도에 따라 오렌지 껍질이나 조가비 형태를 나타내는 오페라하우스에서 흥미로운 체험도 할 수 있다. 관객들은 공연장은 물론 녹음실, 도서관, 전시장도 편리하게 이용할 수 있다. 편리한 교통망도 갖추고 있어 공연장으로서의 장소로 손색이 없다.

[그림 6-2] 호주 시드니오페라하우스

[그림 6-3] 프랑스 루브르박물관

[그림 6-4] 영국 내셔널갤러리

[그림 6-5] 한국 세종문화회관

소비자들은 유서 깊은 장소에서 공연이나 전시를 한다는 사실만으로도 문화예술작품의 질적인 수준을 신뢰하기 때문에, 박물관이나 미술관 또는 공연장의 명성과 이미지는 관객을 매료시키게 마련이다. 아이디어에 따라 소비자들의 인식을 바꿔 박물관이나 미술관 또는 공연장의 영향력을 확장할 수도 있다. 널리 알려지지 않은 학교 강당, 종교 시설, 일반 건물 같은 곳이라도 마케팅 기획자의 아이디어에 따라 문화예술 소비자들의 관심을 불러일으킬 방안은 얼마든지 많다.

2) 대체 공간으로서의 장소

최근 들어 문화예술기관이나 단체에서 '찾아가는' 공연이나 전시를 기획하는 사례들이 증가하고 있다. 이때 필요한 것이 공연이나 전시를 대체할 수 있는 장소다. 문화예술 소비자들이 박물관이나 미술관 또는 공연장으로 찾아오게 하지 않고 문화예술작품이 그들 곁으로 다가간다면, 사람들은 일상생활에서 문화예술작품을 더 친숙하게 만날 수 있다. 우리나라에서도 문화예술기관이나 단체에서 찾아가는 공연이나 전시를 기획하는 사례가 늘고 있다. 공공기관의 비어 있는 공간을 활용해 찾아가는 문화예술 프로그램을 운영한다면 더 많은 사람이 문화예술작품을 쉽게 향유할 수 있다.

[그림 6-6] '찾아가는 미술관' 버스

국립현대미술관이 1990년부터 운영하고 있는 '찾아가는 미술관'은 미술 활동을 전혀 하지 않는 어린이를 대상으로 창작 워크숍 프로그램을 가동한다([그림 6-6] 참조). 전국의 초등학교 학생들을 위해 기획된 이 프로그램은 예술가와 어린이가 소통하며 미술에 대한 공감대를 넓혔다. 이 밖에 '찾아가는 미술관 전시회' '찾아가는 해변음악회' '해변: 열린 미술마당' 같은 프로그램도 대체 공간으로서의 장소를 구현하는 활동이다. 대체 공간으로서의 장소 개념을 적용하면, 예술인과 소비자의 만남을 통해 문화예술의 대중화를 촉진하고, 건전한 여가문화를 조성하는 효과도 기대할 수 있다.

3) 티켓 배급처로서의 장소

티켓 배급처로서의 장소는 온라인과 오프라인 영역을 두루 포괄한다. 소비자들이 티켓을 편리하게 살 수 있는 방법과 남아 있는 티켓을 활용하는 방안을 고민하는 것도 중요하다. 마케팅 기획자는 작품과 장소에 대한 정보를 고객에게 상세히 제공하도록 티켓 판매원을 교육시키고, 티켓 배포 방법을 전략적으로 결정해야 한다. 매표소 직원은 고객의 전화 문의에 응대하거나 고객들과 직접 만나기 때문에 문화예술기관이나 단체의 브랜드 접촉점

[그림 6-7] 이탈리아 피렌체 '우피치미술관' 입구에 선 필자(2016)

(brand contact point)이기도 하다. 매표소 직원의 말투 하나하나에 따라 고객들은 티켓을 구매할 수도 있고 구매하지 않을 수도 있다.

문화예술기관이나 단체는 티켓 발권 대행사와 계약을 체결하고 티켓 판매의 대행을 맡길 수도 있다. 늘 그렇지는 않지만 판매 대행을 맡은 발권 대행사가 소비자들에게 높은 수수료를 부과하거나 고객에 대한 각종 정보를 독점할 가능성도 있다. 따라서 문화예술기관이나 단체의 마케팅 기획자는 발권 대행사를 결정할 때, 몇 군데를 비교해 보고 나서 더욱 신중하게 판단해야 한다.

이탈리아 피렌체의 우피치미술관(Galleria degli Uffizi)은 티켓을 오프라인과 온라인에서도 살 수 있고(www.polomuseale.firenze.it), 발권 대행사를 통해서도 구매할 수 있다(www.b-ticket.com/b-ticket/uffizi/). 이 미술관은 르네상스 시대의 회화가 많아 세계 최고의 르네상스 미술관으로 유명하지만, 티켓 배급처로서의 장소 개념을 구현하고 있다. 오프라인이든 온라인이든 발권 대행사든 어디에서 티켓을 사더라도 수수료가 높지 않고 고객들이 납득할 만한 합리적인 가격에 티켓을 판매한다([그림 6-7] 참조).

1560~1580년 사이에 건축된 우피치미술관은 처음에 코시모 1세 대공의 사무실로 쓰였다. 미술관의 역사는 코시모의 후계자들이 1581년부터 예술

작품을 전시하면서부터 시작되었다. 메디치가의 수장고에 있던 미술품들은 1737년에 피렌체시에 기증되었고, 이후에도 수많은 작품이 기증되어 세계적인 미술관으로 자리 잡았다. 2,500여 점에 이르는 미술품이 45개의 전시관에 선보이고 있다. 이 미술관에 가면 보티첼리의 〈봄(Primavera)〉과 〈비너스의 탄생(The Birth of Venus)〉과 같은 원작을 감상하며 특별한 아우라를 경험할 수 있다.

이상과 같은 장소의 세 가지 의미에서 놓치지 말아야 가장 중요한 사실은 문화예술작품이 소비자들과 만날 수 있는 접점을 제공한다는 것이다. 공연장으로서의 장소든, 대체 공간으로서의 장소든, 티켓 배급처로서의 장소든, 소비자들은 그 장소에서 작품을 감상하며 황홀경을 체험한다. "하느님이 가장 좋아하는 장소는 사람의 가슴"이라는 유대인의 속담처럼, 문화예술 소비자들은 그곳에서 감동의 무늬를 가슴에 새기고 돌아오기 때문에 장소가 제공하는 접점의 의미는 그토록 중요한 법이다.

3. 장소 마케팅의 유래

장소 마케팅(place marketing)은 특정 장소나 도시 공간을 사람들이 상품처럼 선호하도록 장소의 가치를 높여 고객을 유치하는 마케팅 활동이다. 장소를 관리하는 기관이나 단체에서 장소에 알맞게 상품을 개발해 관광객이나 시민들에게 매력적인 곳으로 알리는 것이다. 프랑스 파리의 에펠탑, 미국 뉴욕의 자유의 여신상, 영화로 유명한 영국의 노팅힐 거리, 중국의 옛 정취가 남아 있는 후통(胡同, 베이징의 옛 골목), 인도의 타지마할 같은 관광 명소가 장소 마케팅의 대표적 사례다.

장소 마케팅은 기존 도시의 퇴락한 이미지를 바꾸고 지역 경제를 활성화시킨다. 이때 장소의 정체성과 장소성(placeness)의 가치를 알릴 수 있는 마케팅 기획력이 중요하다(Fretter, 1993; Kotler, Haider, & Rein, 2002). 장소 마케팅 전략이란 장소의 정체성을 기획하고 알리는 방법을 모색하는 과정이다. 즉, 목적지에 쉽게 갈 수 있다는 점을 강조하거나 간단한 약도를 제공하고 대중교통 수단을 이용할 때 시간이 얼마나 걸리는지도 알려 주어야 한다. 주차장, 버스정류장, 기차역, 호텔, 레스토랑, 쇼핑센터 같은 편의시설이 인근에 있는 문화예술기관이나 단체는 도시 외곽에 있는 기관과는 다른 마케팅 전략을 기획해야 하고, 마찬가지로 그 반대의 경우에도 마케팅 전략을 다르게 짜야 한다.

장소 마케팅은 쇠퇴한 공업도시의 이미지를 재구축함으로써 경제를 활성화시킬 수 있다는 대안을 모색하는 과정에서 시작되었다. 스페인의 바스크주 빌바오시에 있는 빌바오구겐하임미술관(Museo Guggenheim Bilbao)도 쇠퇴한 공업도시에 다시 활력을 불어넣은 대표적 사례다([그림 6-8] 참조). 랜드마크 건축물 하나가 그 도시에 엄청난 영향을 미치는 현상을 가리켜 '빌바오 효과(Bilbao effect)'라고 하는데, 이 용어는 빌바오구겐하임미술관을 개관한 이후 침체된 지역 경제가 다시 활력을 되찾은 데서 유래했다.

[그림 6-8] 스페인의 빌바오구겐하임미술관 전경

19세기부터 1970년대 중반까지 스페인의 바스크주 빌바오시는 거대한 철강 도시로 이름을 날렸지만 1980년대부터 실업률이 30%까지 높아져 쇠락하기 시작했다. 바스크주와 빌바오시 기획자들은 도시 마케팅 차원에서 랜드마크 건물을 짓기로 했다. 달팽이 모양으로 유명한 미국 뉴욕의 구겐하임미술관의 사례를 연구해 빌바오 도심을 가로지르는 네르비온 강변에 미술관을 짓기로 결정했다. 바스크주 정부는 1억 달러의 기금을 마련해 구겐하임재단으로부터 미술관 분관을 유치하는 데 성공했다. 프랭크 게리(Frank Gehry)가 설계한 이 미술관은 1993년 착공해서 1997년에 개관했다.

이 미술관은 아래보다 상부가 넓은 나선형의 원통형 흰색 콘크리트로 지어진 6면체 건물과 16층의 정방형 격자 건물로 구성되어 있다. 물고기 모양을 한 곡선의 외관은 마치 물 위에 떠 있는 배처럼 보이는데, 네르비온 강물에 건물 전체가 반사되는 광경이 마치 한 폭의 풍경화 같다. 스테인리스 강철로 연결된 유리 천장에서부터 바닥까지 자연광이 비치고, 아래위 어느 쪽에서 보든 360도로 활짝 펼쳐지는 실내 공간감도 탁월하다.

티타늄 패널로 제작한 건물 자체가 명작이라는 평판을 얻기도 했다. 미술관 하나를 보기 위해 해마다 100만 명 이상이 인구 40만 명에 불과한 빌바오시를 찾는다고 한다. 그에 따라 지역 경제도 다시 활력을 되찾았다는 것은 굳이 부연설명을 할 필요가 없을 것이다. 개관 6년 만에 투자비를 모두 회수한 이 미술관은 연간 약 1,000억 원 이상의 수익을 올리고 있다(이지은, 2018). 미술품 전시 공간을 또 다른 건축예술작품으로 승화시킨 빌바오구겐하임미술관은 장소 마케팅 전략에 성공한 대표적인 사례로 꼽을 수 있다.

장소 마케팅에 성공한 국내 사례로는 서울한방진흥센터를 들 수 있다. 한방(韓方)은 우리나라의 전통 의학을 집약시킨 단어다. 서울특별시 동대문구에 자리 잡은 서울약령시는 한약재의 주산지인 강원도와 교통 연결이 편리해지면서 1960년대부터 한약재를 취급하는 전문시장으로 자리 잡았다. 오랜 역사에도 불구하고 서울약령시는 전형적인 노후 도심이라는 낙후된 이미지가 있었다. 서울시 동대문구청은 장소 마케팅의 일환으로 약령시의 환경을 개선하고 서울한방진흥센터를 건립했다([그림 6-9]와 [그림 6-10] 참조). 한방에 어울리도록 외관을 한옥형으로 짓고 내부 시설도 조형미를 살려 완성한 다음 2017년 10월에 개관했다.

서울한방진흥센터는 흑색 벽돌과 목재 및 기와가 조화롭게 어우러진 지상 3층 규모의 한옥형 외관이 인상적이다. 전통적인 건축 양식에서 마당과 마루를 중시하듯 마당을 채광이 잘 되도록 배치하고, ㄷ자 형태의 마루가 마당을

[그림 6-9] 서울한방진흥센터 야경

[그림 6-10] 서울한방진흥센터 족욕체험장

감싸도록 설계해 안정감을 높였다. 이 센터에는 서울약령시 한의약박물관, 한방이동진료실 겸 한방체험실 보제원, 족욕체험장, 약선음식체험관, 한방카페(별관), 한방뷰티숍, 한방상품홍보관 같은 다양한 시설이 있어 한의약 복합 문화체험 시설이라고 할 수 있다. 특히 족욕체험장에서는 한약재를 푼 따뜻한 물에서 족욕도 할 수 있어 방문객에게 인기가 높다.

센터를 운영하는 과정에서는 지역 상인회와 약령시협회 같은 지역사회의 목소리를 적극적으로 반영했다. 장소 마케팅에 성공하려면 장소에 적합한 문화예술 프로그램을 운영하는 것도 중요하다. 이 센터에서는 문화체험 이벤트를 정기적으로 마련해 시민들이 한방 문화를 즐길 수 있도록 기회를 제공했다. 문화예술을 체험하는 행사의 일환으로 아트콜라보 체험 기획전, 한방 바캉스, 우리 가족 힐링 한방, '한방에 놀자' 같은 다양한 프로그램이 진행되었다.

적극적인 장소 마케팅 활동을 인정받아 이 센터는 '2018 대한민국 국토대전' 역사문화건축 분야에서 대통령상을 수상했다. 조선시대의 구휼기관이었던 보제원(普濟院) 터에 건립된 이 센터는 도심의 퇴락한 이미지를 현대적 이미지로 변화시키고 지역 경제의 활성화에도 기여한 장소 마케팅의 좋은 사례다. 앞으로 한방 체험 프로그램을 확대하고, 한약재를 활용한 한류 음식(K-Food)을 새롭게 개발하는 노력도 필요해 보인다. 이런 내용을 스마트한 홍보 콘텐츠로 제작해 국내외에 알린다면, 서울한방진흥센터와 서울약령시 일대가 세계인의 가슴속에 한방의 메카로 자리매김할 가능성이 높다. 이와 같은 장소 마케팅 활동은 문화예술 마케팅의 8P 요인인 장소의 가치가 얼마나 중요한지 일깨워 주는 실천 행동이다.

4. 장소 마케팅의 방법

장소 마케팅 활동은 문화예술작품을 고객에게 전달하는 일련의 과정이다. 작품의 유통을 촉진하는 마케팅 본래의 기능을 넘어서, 공연이나 전시의 성공 가능성을 높이기 위해 문화예술작품을 지역사회의 관광 축제 상품으로 연계하는 프로그램도 가동해야 한다. 장소 마케팅을 하려면 먼저 장소의 정체성을 정립한 다음, 공연장과 전시장에 쉽게 갈 수 있다는 사실을 강조해야 한다. 약도를 제공하는 것은 기본이고 대중교통을 이용해서 시간이 얼마나 걸리는지도 알려야 한다. 장소 마케팅의 일반적인 방법은 다음과 같은 네 가지가 있다(양현미, 김상규, 류제홍, 송수현, 이재욱, 이중용, 2010).

첫째, 지역을 알리는 홍보물을 활용해 장소 이미지를 강조하는 방법이다. 미국의 아츠 브룩필드(Arts Brookfield)의 사례는 미국 맨해튼 지역의 홍보물을 활용해 장소 마케팅에 성공한 경우다([그림 6-11] 참조). 브룩필드부동산회사(Brookfield Office Properties)에서는 세계금융센터(World Finance Center)를 비롯한 맨해튼 지역에 활력을 불어넣기 위해 올림피아 앤 요크(Olympia and York) 부동산회사에서 1988년부터 운영해 오던 문화예술 프로그램을 1996년에 인수했다. 그 후 지금까지 뉴욕에 있는 브룩필드 건물 25곳에서 '아트 브룩필드'라는 주제의 공연과 전시를 수백 회씩 기획해 일반인에게 무료로 제공했다(문화예술협력네트워크, 2018).

브룩필드부동산회사는 자사의 건물을 문화예술 애호가의 공용 공간으로 제공하기도 했다. 휴스턴, 덴버, 로스앤젤레스, 토론토, 캘거리 같은 다른 도시의 브룩필드 건물에도 문화예술 프로그램을 확대했다. 2001년 9 · 11 테러 이후에는 지역사회의 재건을 위해 마련된 '강에서 강으로 축제(River to River Festival)'에도 적극 참여했다. 해마다 6월에서 7월까지 30일 동안 열리는 이 축제에서는 브룩필드 건물 4곳을 비롯한 28개의 공연장에서 150여 회의 공연

[그림 6-11] '아트 브룩필드' 포스터와 공연 장면

을 선보이고 있다. 이처럼 이 회사는 지역을 알리는 홍보물을 활용하는 장소 마케팅 활동을 적극적으로 전개함으로써 자사의 인지도와 선호도를 높였다.

둘째, '문화의 거리' 같은 문화예술 특구를 지정하는 방법도 있다. 중국 베이징의 다산츠(大山子)798 예술특구, 타이베이의 타오위엔중정예술문화특구(桃園中正藝文特區), 우리나라 경기도 파주시의 헤이리 문화지구 같은 곳에서는 문화예술 특구를 지정하는 방법을 써서 장소 마케팅 활동을 전개했다.

미국 뉴멕시코주의 산타페 캐니언로드 화랑특구는 세계적으로 유명한 사례다. 남부 로키산맥 7,000피트에 있는 이곳은 미국에서 가장 오래된 수도로 알려져 있다. 이곳은 20세기 초반까지 광산촌이었는데 폐광으로 폐허가 되자 예술가들이 모여들기 시작했다. 현재 약 7만여 명이 거주하는 이곳에 300여 개의 화랑과 화상(畫商)이 있다. 이곳의 미술 시장은 미국에서 뉴욕 다음으로 큰 규모인 연간 2억 달러 이상이다. 산타페에는 바탄기념박물관(Bataan Memorial Museum), 현대미술관(Center for Contemporary Arts), 조지아

오키프박물관(Georgia O'Keeffe Museum)을 비롯해 20여 개의 박물관과 미술관이 있어, 해마다 100만 명 이상의 관광객이 찾고 있다.

셋째, 역사적 상징이 담긴 건물과 장소를 보존하는 방법이다. 오스트리아에서는 모차르트(Mozart)의 고향인 잘츠부르크를 음악의 도시로 선정해 관리하고 있다. 영국에서는 극작가 셰익스피어(Shakespeare)의 업적을 기리기 위해 그의 고향 마을인 스트랫퍼드어폰에이번 지역 전체를 박물관으로 지정했다. 그곳은 에이번 강가에 있는 아름다운 소도시다. 셰익스피어의 생가([그림 6-12] 참조), 셰익스피어가 말년을 보낸 대저택 뉴 플레이스, 강변에 있는 왕립 셰익스피어극장을 비롯해 마을 곳곳에 대작가의 흔적이 남아 있다. 셰익스피어의 생가 마당에는 무대를 설치해 지금도 날마다 그의 작품을 공연하고 있다. 역사적 상징이 담긴 건물과 장소를 보존하면 장소 마케팅 활동을 전개하면서 관광 상품으로 연계할 수 있는 장점이 있다.

넷째, 스포츠 행사를 유치하고 활용하는 방법이다. 올림픽이나 월드컵 같은 스포츠 행사에서 문화예술 활동을 전개하는 것인데, 올림픽문화예술축제가 대표적이다. 2018 평창동계올림픽에서는 처음부터 문화예술 올림픽을 지향했다. 조직위원회는 올림픽의 축제 분위기를 조성하고 평창을 알리기 위

[그림 6-12] 연극 공연 중인 셰익스피어 생가에서 필자(2016)

해 올림픽과 패럴림픽 기간에 축제, 교육, 엔터테인먼트 같은 문화예술 프로그램을 준비했다.

문화예술 행사는 공연, 전시, 인문・체험, 교육, 축제, 올림픽 현장 프로그램 같은 여섯 가지 종류로 나눠 진행되었다. 프로그램의 하나인 '평창겨울음악제'에서는 세계적인 음악가 정명화, 정경화 자매가 예술 감독을 맡았다. 피아니스트 손열음, 바이올리니스트 강주미, 국악인 안숙선 명창도 협주 무대에 참여했다. 이 밖에도 '케이팝 월드 페스타' '테마 공연 천년향' '파이어 아트 페스타 2018' '라이트 아트쇼 달빛호수' 같은 창의적인 공연 및 전시 활동이 진행되었다(김고금평, 2018). 스포츠 행사를 유치하고 활용하는 장소 마케팅 활동을 전개함으로써 평창이라는 도시 이름은 보다 널리 알려지게 되었다.

이미지, 매력적인 시설물, 기반시설, 인력은 장소 마케팅에 필요한 네 가지 기본 수단이다(Kotler, Haider & Rein, 2002). 이미지와 매력적인 시설물은 방문객을 늘리는 데 있어서 필요한 수단이다. 문화예술기관이나 단체의 이미지와 매력적인 시설물은 소비자의 방문 의사를 결정하는 데 영향을 미친다. 기반시설은 공간에 대한 소비자의 만족도에 영향을 미친다. 인력은 문화예술 공연이나 전시에 관련된 모든 서비스의 접촉점이다. 이미지, 매력적인 시설물, 기반시설 같은 기본 수단도 중요하지만, 장소 마케팅 전략이 결정적으로 성공하려면 무엇을 어떻게 고려해야 할까? 장소 마케팅 전략의 성공에 영향을 미치는 핵심 요인은 일곱 가지가 있다(Fretter, 1993). 이를 문화예술기관이나 단체에 적용해 설명하면 다음과 같다.

첫째, 문화예술기관이나 단체의 장기적인 비전을 정립해야 한다. 문화예술기관의 궁극적인 지향점을 결정해야 하는데, 이때 모든 이해관계자가 그 비전을 공유하고 지향점을 결정하는 과정에 시민들이 폭넓게 참여하는 것이 중요하다.

둘째, 문화예술기관이나 단체의 장소적 성격을 정확히 인식해야 한다. 장소 마케팅을 통해 기관과 지역이 협조할 수 있는 사항을 파악하는 동시에 실제의 장단점과 고객들이 인식하는 장단점을 분석하고 대책을 마련해야 한다.

셋째, 누가 핵심 고객인지 마케팅의 표적을 구체화시켜야 한다. 장소 마케팅의 목표가 새로운 고객의 발굴인지, 기존 고객의 유지인지, 아니면 관광객의 유치인지, 현실에 적합한 표적 고객을 설정해야 한다.

넷째, 고객의 기대치를 반영해 상품을 정비해야 한다. 표적 고객의 욕구를 파악해 문화예술작품을 선정하고 문화예술기관이나 단체의 기반을 정비해야 한다.

다섯째, 국내외의 경쟁 기관이 어디인지 정확히 파악해야 한다. 여러 가지 경로를 통해 계획하는 시기의 전시와 공연 작품의 현황을 입수하고 경쟁 기관의 정보를 파악해 비교 우위 전략을 수립해야 한다.

여섯째, 차별적이고 독특한 문화예술작품과 서비스 상품을 개발해야 한다. 다른 기관의 작품이나 서비스와 다른 차별적인 작품을 발굴하고 창작하는 동시에 다른 기관과 차별화된 서비스 품질을 강조해야 한다.

일곱째, 문화예술기관이나 단체의 구성원 모두가 하나의 목소리를 내야 한다. 어떤 기관의 조직 구조가 여러 개의 하부 조직으로 구성되어 있더라도 장소 마케팅 전략에서 제시된 하나의 콘셉트나 핵심 메시지를 같은 목소리로 전달해야 한다.

제7장

촉진의 특성과 효과

1. 촉진의 특성

촉진(Promotion)이란 소비자에게 어떤 문화예술작품이나 문화예술기관 브랜드에 대한 호의적인 반응을 얻기 위해 실행하는 마케팅 커뮤니케이션 활동의 하나다. 문화예술 소비자에게 문화예술작품과 서비스를 구매하도록 유도하는 마케팅 커뮤니케이션 활동 모두가 촉진 활동인 셈이다. 촉진 활동은 생산자, 유통자, 소비자라는 거대한 생태계로 존재하는 문화예술 산업계에서 생산자와 소비자 사이에서 문화예술작품의 공연이나 전시를 이어 주는 연결 통로의 기능을 한다.

공연이나 전시에 관련되는 정보를 제공함으로써 어떤 문화예술작품에 대해 호의적인 반응을 유도하고 티켓의 구매를 유도하는 것도 촉진 활동의 목적이다. 나아가 어떤 문화예술작품에 대한 무관심을 관심으로 바꾸고, 부정적 인식을 긍정적 인식으로 바꾸는 데도 촉진 활동이 힘을 발휘한다. 촉진 활동의 결과가 좋으면 문화예술기관이나 단체의 대외적인 이미지도 좋아질 수

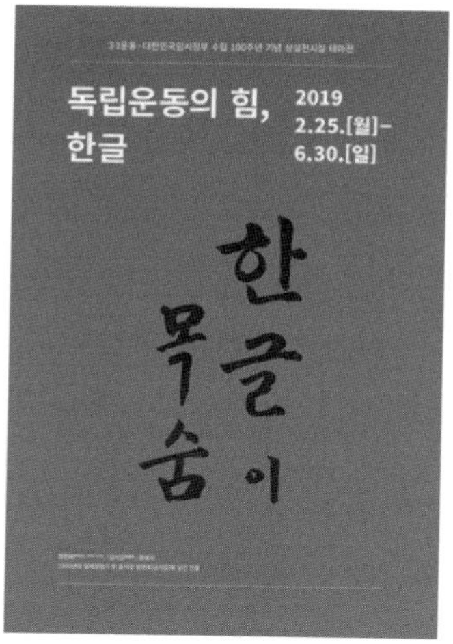

[그림 7-1] 국립한글박물관의 〈독립운동의 힘, 한글〉전 포스터(2019)

밖에 없다. 이때 촉진 수단을 폭넓게 확보하는 것도 중요하지만, 촉진 메시지를 간명하게 결정하고 세련된 디자인 작업을 거쳐 완성하는 창작 솜씨는 더더욱 중요하다.

국립한글박물관에서 3 · 1운동과 대한민국 임시정부 수립 100주년을 기념해서 기획한 〈독립운동의 힘, 한글〉전(2019. 2.~6.)의 포스터를 보자. 가로로 쓴 전시회의 제목 아래에 세로로 내려쓴 '한글이 목숨'이라는 핵심 메시지가 한눈에 들어온다. 한글학자 최현배(崔鉉培, 1894~1970) 선생이 1930년대에 어떤 음식점의 방명록에 남긴 '한글이 목숨'이라는 글의 필체를 그대로 가져다 썼다. 아무리 유려한 서체를 가져와도 일제강점기에 한글이 독립운동을 지탱하는 힘이 되었다는 뜻을 이보다 더 강하게 전달하기는 어려울 것이다. 전시회의 핵심 메시지를 간명하게 결정하고 세련된 솜씨로 완성한 디자인의 힘이 돋보인다.

문화예술작품의 촉진 활동에서는 인적 판매 같은 전통적인 방법을 쓰지만, 생산과 소비가 동시에 일어나는 문화예술작품의 특성을 고려해 소비자들이 작품과 서비스를 경험하기 이전과 실제로 경험하고 있는 현장에서 동시에 촉진 활동을 전개하는 경우가 많다. 문화예술기관이나 단체 또는 문화예술작품의 촉진 활동을 하려면 다양한 미디어나 접촉 수단이 필요하다. 문화예술작품의 촉진 활동에서 중요한 다섯 가지는 인적 판매, 광고, PR(홍보), 판매촉진(SP), 입소문이다.

촉진 활동의 장점은 티켓 판매율을 단기간에 높일 수 있고, 일찍 예약하는 고객에게 인센티브를 제공함으로써 문화예술작품에 대한 인지도를 조기에 높일 수 있다는 것이다. 다른 문화예술기관이나 단체 또는 일반 기업과 마케팅 활동을 공동으로 진행하고, 통합적 마케팅 커뮤니케이션 활동을 전개할 수 있다는 것도 촉진 활동의 장점이다. 또한 다른 문화예술기관이나 단체 또는 일반 기업과의 공동 마케팅 활동도 가능해졌고, 촉진 활동이 통합적 마케팅 커뮤니케이션(IMC)의 주요 수단으로 활용된다는 것도 촉진의 장점이다.

장점에 비해 촉진 활동의 단점도 있다. 대부분의 촉진 활동은 비교적 단기간에 이루어진다. 그리고 촉진 활동은 가격 인하를 지향하는 본질적인 특성이 있다. 따라서 촉진 활동을 너무 자주 하면 문화예술기관이나 단체의 브랜드 자산을 장기적으로 구축하는 데 별 도움이 되지 않는다. 어떤 공연이나 전시의 촉진 활동을 하면서 문화예술 소비자에게 인센티브를 제공하면 충성도를 유지하는 데 도움이 된다. 하지만 거기까지다. 실제의 공연이나 전시 현장에서 문화예술작품이 공감을 유발하지 못한다면 다음 공연이나 전시에서는 소비자들이 다른 공연장이나 전시장으로 발길을 돌리기 때문이다.

2. 촉진의 수단

문화예술 마케팅 활동에 있어서 디지털(스마트) 미디어를 활용한 촉진 활동은 갈수록 중요해지고 있다. 디지털 미디어 환경에서는 영향력이 큰 미디어를 선택하는 것보다 콘텐츠가 주목받을 수 있는 미디어를 선택하는 것이 촉진 활동의 성과를 더 높일 수 있다. 문화예술기관이나 단체 또는 문화예술 작품의 촉진 활동에 있어서 다양한 미디어나 수단이 활용된다. 그중에서 촉진 활동에 활용되는 다섯 가지 주요 수단인 인적 판매, 광고, PR(홍보), 판매 촉진(SP), 입소문에 대해 보다 구체적으로 알아보면 다음과 같다.

1) 인적 판매

모든 세일즈의 기본은 사람이 사람을 직접 만나 판매를 권유하는 것이다. 촉진 활동의 하나인 인적 판매(personal selling)는 티켓 판매자가 문화예술 소비자와 직접 대면하며 공연이나 전시의 티켓을 사도록 권유하는 설득 커뮤니케이션 활동이다. 판매자가 직접 문화예술작품에 대한 정보를 제공하고 소비자를 설득한다는 점에서 인적 판매의 효과는 생각보다 높다. 그런데도 문화예술기관이나 단체의 마케팅 기획자들은 인적 판매를 경시하는 경향이 있는데 이는 잘못된 판단이다.

인적 판매의 핵심적인 특징은 티켓 판매자가 잠재 고객을 만나 직접 설득한다는 것이다. 티켓 판매자는 소비자에게 문화예술작품의 내용을 설명하고 사후 서비스도 제공한다. 작품과 서비스의 차별적 우월성을 소비자에게 설명하기도 한다. 인적 판매를 통해 문화예술기관이나 단체는 수익을 창출하고 소비자는 만족감을 얻을 수 있다. 마케팅 기획자들은 인적 판매를 실행하는 과정에서 소비자들이 바라는 내용을 신속히 파악해 그들의 욕구에 알맞게 프로그램을 수정할 수도 있다.

소비자와 판매자가 직접 접촉하는 인적 판매는 광고나 PR 활동과는 달리 소비자의 반응을 보며 조정할 수 있어, 티켓 구매자의 욕구만 파악하면 맞춤형 판촉 활동도 전개할 수 있다. 미국 오리건주 유진에 있는 헐트공연예술센터(Hult Center for the Performing Arts)에서는 티켓 판매자가 잠재 고객들에게 작품의 줄거리를 소개하고, 공연 배우의 복장을 고객들이 입어 보고 표를 사

[그림 7-2] 헐트공연예술센터의 매표소 장면(2018)

도록 배려했다([그림 7-2] 참조). 당연히 이것은 좋은 반응을 얻은 인적 판매의 진화된 전략이었다. 인적 판매 활동을 전개하다 소비자의 반응이 신통치 않을 때는 소비자의 기대에 알맞게 인적 판매 전략을 수정해야 한다. 이처럼 인적 판매에서는 소비자의 기대나 상황에 알맞게 티켓 판매자의 소통 방법을 조율해야 한다.

인적 판매의 최종적인 목표는 티켓을 판매하는 과정에서나 또는 판매 후에 부가 서비스를 제공하는 과정에서나 소비자의 욕구를 구체적으로 파악해 고객의 만족도를 높여 마케팅 효과를 극대화하는 데 있다. 따라서 문화예술기관이나 단체에서는 모든 소비자 집단을 대상으로 하지 않고 충성도가 높은 특정 집단에 집중해서 인적 판매 전략을 세우기도 한다. 인간적인 유대 관계가 형성되면 고객과의 관계도 저절로 구축된다는 점에서 인적 판매는 가장 설득력 있고 효과적인 고객 관리 수단이다(이유재, 2005).

문화예술기관이나 단체에서 인적 판매 활동을 전개하면 결국 양방향 커뮤니케이션을 전개하는 효과를 기대할 수 있다. 인적 판매 자체가 소비자와의 접촉점을 구체적으로 만드는 활동이기 때문이다. 고객의 선호를 고려해 맞춤형 정보를 제공하고 피드백을 바로 할 수 있다는 점에서, 인적 판매 활동을 잘 하면 문화예술기관이나 단체의 평판을 우호적으로 관리하는 데도 많은 도움이 된다.

2) 광고

지난 1963년 미국마케팅학회는 광고의 개념이 "명시된 광고주가 유료로 아이디어와 제품 및 서비스를 비대인적으로 제시하고 촉진하는 일체의 형태(Advertising is any paid of nonpersonal presentation and promotion of ideas, goods, services by an identified sponsor)"라고 정의했다(AMA, 1963). 이 정의는 오랫동안 마케팅 관점에서의 광고의 개념을 대표해 왔다. 여기에서 '비대인적(非對人的, non personal)'이란 의미는 전달하고자 하는 상품 메시지가 텔레비전, 라디오, 신문, 잡지 같은 대중매체를 통해 일 대 다수로 전달된다는 뜻이다. 다시 말해서, 광고 메시지가 인적 판매나 입소문처럼 일 대 일로 개인적으로 전달되지 않는다는 의미다.

광고에 대한 1963년의 전통적인 정의는 스마트 미디어 환경과 맞지 않고, 광고 기능의 변화와 달라진 소비자 행동을 충분히 설명하지 못한다는 비판론도 제기되었다. 즉, 광고주가 명시된 광고가 대부분이지만 현대 광고에서는 광고주가 명시되지 않은 광고 형태도 있다. 대중매체를 활용해 비대인적으로 전달되는 광고도 많지만 각자의 스마트폰에 개인적으로 전달되는 광고 형태도 있다. 비용을 지불하는 유료 광고가 대부분이지만 공익광고 같은 무료 광고도 있다는 것이다. 또한 소비자 선택에 영향을 미쳐야 한다는 광고의 최종 목적도 중요하지만 소비자들이 정보를 탐색하는 과정에서 세세한 단계별로 영향을 미친다는 의미도 반영되어야 한다. 제품이나 서비스의 내용을 알리는 메시지가 광고에 나타나야 하지만 제품이나 서비스 내용을 알리지 않고 소비자와의 관계를 지속적으로 구축하려는 광고도 증가했다는 뜻이다.

광고에 대한 전통적인 정의의 한계를 보완하고 스마트 미디어 시대에 적합한 광고의 새로운 정의가 제시되어 광고학계의 포괄적인 동의를 얻은 바 있었다. 즉, "광고란 광고 주체가 수용자를 설득하는 데 영향을 미치기 위해 미디어를 활용해 아이디어와 상품 및 서비스 내용을 전달하는 단계별 커뮤니케이션 활동"이라는 정의가 그것이다(김병희, 2013).

기업에서는 보통 상품과 브랜드를 팔기 위해 막대한 광고비를 투입할 수 있지만, 재정이 넉넉하지 않은 문화예술기관이나 단체 같은 비영리 기관에서는 막대한 비용이 지출되는 광고 활동을 전개하기 어렵다는 현실적인 문제도 있다(임연철, 박정배, 2013, p. 54). 그래서 문화예술기관이나 단체에서는 비용이 드는 광고를 하기보다 PR 활동에 집중하는 경우가 많다. 그렇지만 유료의 광고는 무료의 PR과는 다른 고유한 기능이 있다. 따라서 문화예술기관이나 단체에서는 예산이 있다면 광고 활동 자체를 겁내기보다 주어진 예산 내에서 광고를 할 때 기대 이상의 효과를 얻을 수 있다.

예를 들어, [그림 7-3]에 제시한 오페라호주의 텔레비전 광고 '투란도트' 편(2016)을 보자. 흑백 화면에 오페라호주를 자막으로 알리는 첫 장면으로 광고가 시작된다. 오페라하우스 전경이 멀찍이 보이고 굉장한 규모의 야외 수변 무대가 한눈에 들어오는 순간, 푸치니(Puccini) 작곡의 원작에서처럼 다단조의 강렬한 서주(序奏)가 울려 퍼진다. 남주인공 칼라프에 이어 여주인공 투란도트 공주가 등장하고 장엄한 무대가 펼쳐진다. 류와 티무르의 슬픈 사연과 함께 칼라프가 다시 공주에게 사랑을 고백한다. 마지막 장면에서 공주의 모습을 부각시키며 〈투란도트(Turandot)〉를 단 하룻밤만 공연한다는 내용을 알리며 광고가 끝난다.

1956년에 창립된 호주오페라단(Australian Opera Company)은 1996년에 오페라호주(Opera Australia)로 이름을 바꿔 현재에 이르고 있다. 오페라호주는 시드니항의 '한다오페라(Handa Opera)'를 호주를 대표하는 오페라 공연으로 키워 냈다. 오페라호주는 오페라하우스와 하버브리지는 물론 고층 건물을 배경 삼아 오페라 무대를 시드니항 위에 떠 있게 설계했다. 수백 개의 숨겨진 스피커를 통해 음악 소리가 청중에게 울려 퍼지도록 사운드 셸(shell)을 갖추고 '한다오페라' 시리즈 공연을 이어갔다. 2012년의 〈라 트라비아타〉를 시작으로, 2013년의 〈카르멘(Carmen)〉, 2014년의 〈나비부인(Madam Butterfly)〉,

[그림 7-3] 오페라호주의 텔레비전 광고 '투란도트' 편(2016)

2015년의 〈아이다〉, 2016년의 〈투란도트〉, 2017년의 〈카르멘〉, 2018년의 〈라 보엠(La Bohème)〉에 이르기까지 오페라 예술의 정수를 보여 주었다. 그때마다 작품을 알리는 광고를 해서 공연장은 만석이 되었다(김병희, 2019, pp. 160-167). 이처럼 예산이 충분할 때는 광고를 해서 높은 효과를 기대할 수 있다.

국립현대미술관은 2018년 12월 27일의 청주관 개관을 앞두고 지역의 케

[그림 7-4] 국립현대미술관 청주관 개관 예고 광고(2018)

이블TV에 [그림 7-4]와 같은 예고 광고를 했다. 국립현대미술관 청주관은 1986년의 경기 과천, 1998년의 서울 덕수궁, 2013년의 서울 소격동에 이은 국립현대미술관의 네 번째 관인데, 수도권 밖의 지방에서는 처음으로 문을 열었다. 오랫동안 담배 만드는 연초제조창으로 쓰였던 곳을 미술관으로 바꾼 탓에 한국판 테이트모던(영국 런던 소재)이라고도 했다(오윤주, 2018). 이 미술관은 국내 최초로 유리창을 통해 작품을 관람하고 수장고에 직접 들어가 작품을 구경할 수 있는 '보이는 수장고'를 운영했다. 이 미술관은 국립현대미술관의 소장품, 미술 은행 작품, 정부의 미술품을 비롯해 앞으로 11,000여 점의 작품을 보유할 계획이라고 한다. 개관을 앞두고 집행한 광고는 문화예술 소비자들의 관심과 기대감을 환기하는 데 확실한 영향을 미쳤다.

스마트 미디어 시대에 광고의 환경이 급변함에 따라 광고의 범위도 달라졌다. 기존에는 텔레비전, 라디오, 신문, 잡지라는 4대 매체 위주로 광고의 범위를 분류했지만 스마트 미디어 시대에는 광고의 새로운 영역도 다수 등장했다. 이런 현상을 반영하여 텔레비전, 라디오, 신문, 잡지, 온라인, 옥외, 판매 촉진, 협찬이라는 8개 영역을 광고의 새로운 범위로 구분할 수 있다. 이 8개 영역별로 세부적인 광고 내용을 제시하면 〈표 7-1〉과 같다. 텔레비전에는 TV 매체(지상파TV, 지상파 데이터 TV, IPTV, 디지털위성, DMB)와 케이블TV 매체(종합편성채널 등)가 있으며, 라디오, 신문, 잡지 영역이 있다. 온라인에는 유무선 인터넷(노출형, 검색형, 모바일, SNS, 기타)이 있으며, OOH(Out of Home) 매체(옥외, 디지털 사이니지, 옥외 프로모션, 일반 사인물), 판매 촉진(DM, POP, 전시, 이벤트, 교통, 기타), 협찬(PPL, 스폰서 등) 영역이 광고의 포괄적인 범위에 해당된다(김병희, 2013).

〈표 7-1〉 **광고의 새로운 범위**

분류기준	중분류	소분류
텔레비전	디지털(스마트)TV	지상파 디지털 방송
		지상파 데이터 방송
		IPTV
		디지털위성
		DMB
	케이블TV	종편TV
		케이블PP
		케이블SO(큐톤광고)
		홈쇼핑SO
라디오	라디오	라디오
신문	신문	신문
잡지	잡지	잡지
온라인	유무선 인터넷	디스플레이
		키워드
		모바일
		바이럴
		홈페이지
		SNS
		기타
OOH	OOH	옥외
		디지털 사이니지
		옥외 프로모션
		일반 사인물

<table>
<tr><td rowspan="6">판매 촉진</td><td rowspan="6">판매 촉진(SP)</td><td>DM</td></tr>
<tr><td>POP</td></tr>
<tr><td>전시</td></tr>
<tr><td>이벤트</td></tr>
<tr><td>교통</td></tr>
<tr><td>기타</td></tr>
<tr><td rowspan="3">협찬</td><td rowspan="3">협찬</td><td>PPL</td></tr>
<tr><td>스폰서</td></tr>
<tr><td>기타</td></tr>
</table>

문화예술기관이나 단체에서 유료의 광고 활동을 전개하면 메시지 내용은 물론 그 메시지가 미디어에 노출되는 과정을 완전히 통제할 수 있다. 따라서 각 문화예술기관이나 단체에서는 주어진 예산을 바탕으로 효과를 극대화할 수 있는 미디어 믹스 전략을 수립해 효율성을 극대화해야 한다.

문화예술작품의 촉진 활동에서 광고의 영향력은 아무리 강조해도 지나치지 않다. 다만 광고 예산이 충분할 때 그렇다는 뜻이다. "오도(誤導)하는 이미지를 제시하는 것이 광고의 유일한 목적이므로 안내 광고 이외의 모든 영업 광고를 없애야 한다."라고 주장했던 역사가 아놀드 토인비(Arnold Toynbee)의 견해는 오늘의 현실에 비춰 보면 틀렸다. 프랑스의 광고학자 로베르트 퀘렌(Robert Querren)은 "우리가 숨 쉬는 공기는 산소, 질소, 수소 그리고 광고로 이루어졌다."라고 했을 정도로 광고를 중시했고, 미국의 문화사학자 자크스 바점(Jacques Barzum)은 광고를 "20세기에 탄생한 종교"라고 치켜세웠다. 문화예술기관이나 단체에서 광고 활동을 전개하면 메시지 내용은 물론 메시지가 미디어에 노출되는 과정을 완전히 통제할 수 있다. 따라서 문화예술기관이나 단체에서는 주어진 예산으로 효과를 극대화할 수 있도록 미디어 믹스 전략을 효율적으로 구사해야 한다.

3) PR

문화예술작품을 알리는 데 있어서 PR은 광고 이상으로 중요한 촉진 수단이다. 유료의 촉진 수단을 광고로, 무료의 촉진 수단은 PR로 구분하지만, 스마트 미디어 시대에는 완전 무료로 홍보 활동을 하기는 어렵다. 많은 예산이 필요한 광고에 비해 홍보는 소액의 예산만으로도 촉진 활동에 도움이 된다. 홍보와 PR은 전통적인 마케팅 촉진 프로그램의 하나였다. 현재 문화예술기관이나 단체에서는 홍보와 PR을 혼용하고 있지만, 학술적 차원에서는 개념이 약간 다르다. 일반적으로는 PR에 비해 홍보라는 용어가 보편적으로 쓰이고 있다.

'널리 알린다'는 뜻의 홍보(弘報)는 알리는 데 치중하는 것으로, PR(Public Relations)의 원래 의미인 '공중과의 관계 맺기'에 비해 매우 축소된 의미를 지닌다. 관계를 맺으려면 먼저 널리 알려야 하지만 PR은 관계를 맺기 위해 널리 알리는 것 이상의 활동이다. 공중 관계를 관리하는 PR은 홍보에 비해 활동 목표의 범위가 넓다. PR 활동의 수단에는 퍼블리시티, 출판물, 지역사회 연계 프로그램, 기금 모금, 행사 후원, 공공 봉사활동 같은 여러 가지 방안이 있다. 따라서 문화예술기관이나 단체의 PR 활동에서는 문화예술 소비자를 비롯해 여러 사람과의 공중 관계성을 관리하는 활동이 중요하다.

세종시문화재단은 '2018 세종 생활문화예술 페스티벌'을 개최하면서 PR 활동을 전개했다([그림 7-5] 참조). 이 페스티벌은 생활문화예술 활동의 지원 사업에 선정된 12개 단체(공연예술 10곳, 시각예술 2곳)가 교류하고 소통하는 장으로, 생활문화예술의 즐거움을 시민들과 함께 나누기 위해 기획되었다. 세종호수공원의 수상무대에서 진행된 이 공연에는 선정된 공연예술단체가 참여했다. 세종시문화재단은 세종 시민이 일상에서 문화예술을 향유하고 직접 참여할 수 있도록 해마다 생활문화예술 활동 지원 사업을 공모한다. 세종호수예술축제 기간에 진행되는 공연에는 시민 누구나 무료로 관람하고 참여할 수 있다.

[그림 7-5] '세종 생활문화예술 페스티벌' 포스터(2018)

사회문화적 환경은 물론 미디어 환경 변화에 따라 PR 활동의 범위와 수단은 물론 효과에 있어서도 크게 달라지게 마련이다. 사람들이 소셜미디어(SNS)를 보편적으로 활용하는 스마트 미디어 시대에는 PR의 정의에 조직과 공중 간의 소통을 넘어 양자가 공유하고 참여하고 평가하는 모든 행동이 포함되어야 한다. 미국PR협회(PRSA: Public Relations Society of America)는 PR을 "조직과 공중 사이에 서로 유익한 관계를 구축하는 전략적 커뮤니케이션 과정(Public Relations is a strategic communication process that builds mutually beneficial relationships between organizations and their publics)"이라고 정의했다(PRSA, 2012). 그렇지만 현대 PR에 대해 하나의 정의를 내리는 것보다 PR의 정의에서 자주 나타나는 다음과 같은 다섯 가지 용어에 대해 알아보는 것이 더 의미가 있다(한정호, 2014).

첫째는 조직(organization)이란 용어로, 현대 PR에서는 개인을 알리는 활동보다 조직과 공중과의 관계성을 관리하는 PR 활동에 더 관심이 많다. 기업,

병원, 학교, 비영리 단체, 정부 같은 조직에서는 체계적인 시스템을 갖추고 PR 목표를 달성하기 위해 지속적이고 반복적으로 노력한다. PR의 여러 정의에는 어떤 조직이 주요 공중과의 관계를 구축해 체계적으로 관리하는 활동을 포함하고 있다.

둘째는 공중(公衆, public)이란 용어로, 군중이나 대중과 구별되는 개념이다. 군중이란 어떤 장소에서 물리적으로 함께하며 집단적인 무리를 이루고 있는 다수의 사람이다. 대중은 다양하게 혼재되어 있는 사람들의 무리다. 이에 비해 공중은 사회적 쟁점에 대해 어떤 주장이나 의견을 나타내며 여론을 형성하는 사람들이다. 따라서 PR 활동의 대상은 여론을 형성하는 공중이 될 수밖에 없다.

셋째는 이해(understanding)라는 용어로, 어떤 조직의 업무나 정책을 공중에게 올바르게 인식시키는 정도다. 공중이 오해하지 않도록 하려면 조직에 대한 정보, 배경, 취지, 비전을 제대로 전달해야 한다. 조직의 업무나 정책을 오해하는 경우에는 오해를 불식시키는 활동을 전개해 이해도를 높여 나가야 한다. PR 활동에서의 이해는 조직의 전반적인 문제에 대한 공중의 이해를 의미한다.

넷째는 호의(good will)라는 용어로, 단순한 선호와는 달리 조직에 대한 공중의 신뢰를 바탕으로 형성된 호감을 의미한다. PR의 궁극적인 목적은 장기적 차원에서 공중의 호의를 형성하는 데 있다. 어떤 조직이나 단체에 대해 호의를 가진 공중은 그 조직의 업무나 정책에 대해 긍정적인 태도를 나타낸다. 설령 그 조직이나 단체가 잘못해서 위기에 봉착했을 때도 쉽게 부정적 태도로 돌아서지 않는다.

다섯째는 관리(management)라는 용어로, PR에서의 관리란 조직이나 단체의 모든 영역에 걸쳐 있는 경영 차원의 관리를 의미한다. PR에 대한 정의를 보면 관리라는 용어가 자주 등장한다. 이는 조직이나 단체의 경영 활동을 위해 지속적인 PR 활동이 필요하다는 사실을 환기하고 있다. PR 활동은 조직이나 단체의 경영 전략은 물론 최고경영자의 의사결정에도 영향을 미치는 촉진 요소로 작용한다.

앞에서 언급한 다섯 가지 용어를 모두 망라해 PR을 다음과 같이 정의할 수 있다. PR이란 "조직체가 다양한 공중, 특히 중요한 이해관계자를 대상으로 공중의 이익과 호혜, 쌍방 커뮤니케이션을 바탕으로 그들로부터 이해와 신뢰, 호의, 좋은 이미지를 얻어 궁극적으로 공중 관계성을 잘 유지하려는 의도적이고도 계획된 관리적 노력"(한정호, 2014)이라는 것이다.

세종문화회관의 '온쉼표'는 2007년부터 세종문화회관에서 진행해 온 사회공헌 프로젝트인 '천 원의 행복'을 발전시킨 것이다([그림 7-6] 참조). 클래식, 국악, 재즈, 무용 등 다양한 예술 장르를 매달 1~2회씩 공연하는데, 시민에게 더 가까이 다가가기 위해 천 원에 공연을 볼 수 있도록 공연장의 문턱을 낮춘 서울시민 문화충전 프로젝트다. '온쉼표'의 슬로건은 '천 원으로 만끽하는 예술을 통한 온전한 쉼'이다. 세종문화회관은 '천원의 행복' 10주년을 맞이해 '온쉼표'를 새로 시작하면서 PR 활동을 전개했다. 세종문화회관의 수준 높은 공연을 단돈 천 원에 즐길 수 있다는 핵심 메시지를 PR 활동에서 특히 강조했다.

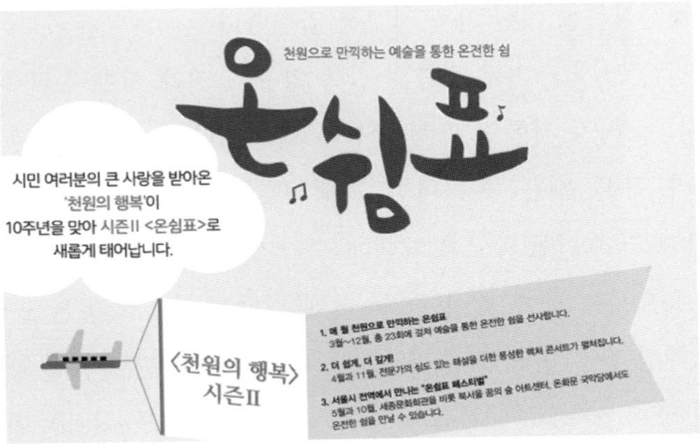

[그림 7-6] 세종문화회관의 '온쉼표' 홍보물(2016)

PR의 가치는 갈수록 중요해지고 있다. 여러 분야에서 PR 활동을 강조하지만 문화예술기관과 직접 관련되는 것은 마케팅 PR과 비영리 기관의 PR이다. 이때 PR의 주요 기능은 소비자들에게 문화예술작품에 대한 호의적인 태도를 형성하고 그 태도를 유지하거나 호의적인 방향으로 변화시키는 데 있다. 문화예술작품에 대한 마케팅 전략에서 PR 활동을 고려하는 것은 작품의 뉴스 가치를 높이는 데 크게 기여한다. 나아가 PR 활동은 문화예술작품에 대한 흥미를 유발함으로써 소비자의 티켓 구매 의사결정에 강력한 영향을 미친다.

4) 판매 촉진

문화예술기관이나 단체에서 평일 공연의 티켓은 주말에 비해 싸게 판매한다. 정기 회원이 공연에 몇 번 이상 참여하면 1회 무료의 혜택도 제공한다. 이런 판매 촉진(sales promotion) 활동은 판매원, 유통업자, 배급업자, 최종 소비자에게 부가적 가치나 인센티브를 제공하고 즉각적인 판매를 자극하게 된다. 소비자에게 할인 쿠폰이나 특가 제공 같은 인센티브를 제공해 문화예술작품의 티켓 구매를 권고하는 활동도 모두 판매 촉진 활동이다. 소비자들은 인터넷, 소셜미디어, 모바일 애플리케이션, 이모티콘 같은 다양한 미디어를 통해 문화예술작품에 대한 판촉 정보를 입수한다.

판매 촉진은 크게 소비자 지향적 판촉 활동과 거래 지향적 판촉 활동으로 나누어진다. 소비자 지향적 판촉 활동은 제품이나 서비스의 최종 이용자를 목표로 하며, 쿠폰, 샘플, 프리미엄, 리베이트, 경연, 경품 등을 제공하는 경우다. 이런 촉진 수단들은 소비자에게 즉각적인 구매를 촉진하므로 단기적인 판매를 유도하는 데 도움이 된다. 거래 지향적 판촉 활동은 도매업자, 유통업자, 소매상 같은 마케팅 중개업자를 대상으로 촉진 활동을 전개하는 경우다. 촉진 공제(promotional allowances), 가격 혜택(price deal), 판매 콘테스트(sales contest), 무역 전시회(trade show) 등이 거래 지향적 판촉 활동에 해당된다.

기업에서는 보통 촉진 예산의 60~70%를 판매 촉진 비용으로 쓴다. 최근에 여러 기업에서는 광고에서 판매 촉진으로 촉진 전략을 바꾸는 경우도 늘어나고 있다. 기업에서 판매 촉진을 더욱 중시하게 된 배경은 소비자들의 브랜드 충성도가 갈수록 약화되고, 소비자들이 판매 촉진으로 인한 거래에 더욱 민감하게 반응하기 때문이다.

문화예술기관이나 단체에 판매 촉진의 개념을 적용해 보면 티켓 판매를 위한 이메일 판촉, 할인 쿠폰 제공, 특별가 제공 같은 판촉 전술이 있을 수 있다. 예를 들어, 어떤 문화예술기관이나 단체에서는 평일 공연은 주말보다 저렴한 가격에 티켓을 판매하거나, 정기 회원으로 등록한 고객에게는 일정 횟수 이상 공연이나 전시에 참여하면 1회는 무료로 볼 수 있는 특전을 제공할 수 있다. 이 밖에도 회원들에게 마일리지 제도를 적용해 혜택을 제공할 수 있다. 소비자의 데이터베이스(DB)를 바탕으로 하는 고객의 마일리지 정보는 판매 촉진 활동을 전개할 수 있는 중요한 자산이다.

촉진 활동은 일찍 예약하는 고객에게 인센티브를 제공해 문화예술작품에 대한 인지도를 조기에 높일 수 있다는 장점이 있다. [그림 7-7]은 전시회 〈모네, 빛을 그리다 II〉를 알리는 판매 촉진 안내 메시지다. 이전에도 인상주의 컨버전스 전시회를 열어 30만 명의 관객을 동원한 기록을 세웠다. 본다빈치뮤지엄(어린이회관 기획전시실)에서 열린 〈모네, 빛을 그리다 II〉 전시회의 티켓 정가는 15,000원이었지만 미리 구매하면 60% 할인된 6,000원에 입장권을 구매할 수 있도록 했다. 이 전시회의 주관사에서는 얼리버드 티켓을 오픈함으로써 단기간에 티켓 판매율을 높였고, 2차 전시회 성공의 여세를 몰아 3차 앵콜 공연까지 연장했다.

판매 촉진 활동은 어디까지나 단기적 효과를 모색하기 위해 실시해야 한다. 장기적인 차원에서는 판매 촉진 활동이 그다지 효과적이지 않다는 사실을 망각하면 곤란하다. 판촉 행사를 너무 자주 하면 소비자들은 문화예술기

[그림 7-7] 〈모네, 빛을 그리다 II〉 판촉 메시지(2017)

관이나 단체의 이미지를 평가절하하는 경향이 있다. 보통의 상품에서도 중고가의 상품을 싸게 파는 판촉 행사를 너무 자주 하면 고객의 이탈 현상이 발생한다. 소비자들은 그 상품의 가치가 낮아지고 있다고 생각할 수밖에 없다. 따라서 문화예술 마케팅의 기획자들은 고객에게 제공하는 판매 촉진의 혜택을 바꾸거나 판매 촉진의 빈도를 조절해야 한다.

문화예술을 활용한 마케팅(culture and arts for marketing)의 차원에서 기업 브랜드와 문화예술작품을 연계한 컬래버레이션 촉진 활동을 전개해도 기대 이상의 효과를 볼 수 있다. 마거릿 미첼(Margaret Mitchell)의 원작 소설을 바탕으로 제작한 프랑스의 뮤지컬 〈바람과 함께 사라지다〉는 프랑스에서 9개월 만에 90만 관객을 동원하며 흥행에 성공했다. 원작 소설 탄생 80주년과 영화 탄생 77주년이었던 2015년, 아시아에서는 최초로 우리나라의 예술의전당 오페라극장에서 이 뮤지컬을 공연했다(2015. 1. 9.~2. 15.). 여주인공인 스칼렛 오하라 역에 뮤지컬 배우 바다와 소녀시대의 서현이, 남주인공인 레트 버틀러 역에 김법래와 주진모가 출연한다는 소식만으로도 주목받았던 작품이다.

인터넷 서점 YES24에서는 소설 〈바람과 함께 사라지다〉를 구매한 고객 10명을 추첨해 뮤지컬 〈바람과 함께 사라지다〉의 티켓을 제공하겠다는 컬래버레이션 판촉 활동을 전개했다([그림 7-8] 참조). 한스킨화장품에서도 "바이오피트 립루즈 어반레드와 어울리는 '바람과 함께 사라지다'의 여주인공은?" 이라는 문제를 내고 정답을 맞혀 보라는 판촉 활동을 진행했다([그림 7-9] 참조). 한스킨화장품은 5명을 추첨해서 16만 원 상당의 뮤지컬 티켓을 1인당

[그림 7-8] 〈바람과 함께 사라지다〉와 YES24의 콜라보 판촉 메시지(2015)

[그림 7-9] 〈바람과 함께 사라지다〉와 한스킨화장품의 콜라보 판촉 메시지(2015)

2매씩 증정했다. 이 판매 촉진 활동에서는 뮤지컬과 화장품을 동시에 알리며 문화예술 마케팅 기획자들에게 컬래버레이션의 가치를 확인시켜 주었다.

문화예술작품의 판매 촉진 활동에서는 다양한 판촉 기법을 구사할 수 있다. 쿠폰에는 기존 고객의 재방문을 유도하기 위해 발송되는 쿠폰과 신규 고객을 유치하기 위해 무료로 배포하는 쿠폰이 있다. 콘테스트나 응모권 추첨을 해서 경품을 제공하기도 한다. 문화예술작품의 일부를 견본품에 담아 고객이 사전에 직접 경험하도록 하는 샘플링 기법도 있다. '하나 더(1+1)' 행사 같은 가격 할인 전술이나 핵심 고객에게 보상하는 단골 고객의 충성도 유지 전술도 있다.

"상품이 팔리고 안 팔리고의 문제는 절반이 상품에 달려 있고, 나머지 반은 판매자에게 달려 있다." 미국에서 판매의 신으로 칭송받는 엘머 레터맨(Elmer Letterman)이 했던 말이다. 티켓이 팔리고 안 팔리고의 문제는 절반이 문화예술작품에 달려 있고, 나머지 반은 마케팅 기획자의 판매 촉진 기획력에 달려 있지 않을까?

5) 입소문

문화예술의 촉진 활동에 있어서 입소문(word-of-mouth)의 영향력도 대단하다. "발 없는 말이 천리 간다."라는 말은 그저 속담으로만 존재하지 않는다. 티켓 구매의 의사결정에 영향을 미치는 여러 요인 중에서 입소문은 가장 영향력이 높다. 때로는 판촉 활동 전체를 더한 것보다 입소문이 더 큰 영향을 미칠 때도 있다. 고객들은 입소문을 통해 어떤 문화예술작품에 대한 세간의 평판을 주도할 수 있다.

문화예술 마케팅에서 입소문의 영향력이 크고 사람들의 커뮤니티 활동이 활발하기 때문에 소셜미디어를 활용한 입소문 전략도 중요하다(임학순, 2011). 소셜미디어와 이메일을 활용한 입소문 메시지는 문화예술작품의 특

[그림 7-10] 푸치니의 오페라 〈나비부인〉의 초연 포스터(1904)

성과 혜택을 성공적으로 전파한다. 따라서 공유 기능으로 파급력이 큰 SNS나 커뮤니티의 활동이 활발하기 때문에 디지털을 활용하는 전략이 더욱 중요해졌다. 나아가 문화예술기관이나 단체에서는 고객 네트워크를 구축해서 연결하는 동시에 여러 소집단 간의 연결고리가 되어 줄 오피니언 리더들을 촘촘히 관리할 필요가 있다. 공연이나 전시를 앞두고 오피니언 리더에게 무료 티켓을 제공해 그들의 입소문을 기대하는 것도 좋은 방법이다.

1904년, 푸치니(1858~1924)의 오페라 〈나비부인〉이 라 스칼라 극장에서 초연했을 때 관객들의 반응은 썰렁했다([그림 7-10] 참조). 〈마농 레스코(Manon Lescaut)〉〈라 보엠〉〈토스카(Tosca)〉를 연이어 성공시킨 푸치니가 야심차게 내놓은 후속 작품이었지만 완벽한 실패로 끝났다. 초연 당시에는 2막 1장과 2장 사이에 구분이 없어 관객들이 너무 긴 2막을 지루해했기 때문이었다. 지루한 공연이라는 소문이 공연 전부터 입에서 입으로 꼬리를 물고 전해져 초연은 실패할 수밖에 없었다. 입소문의 위력이었다.

이 밖에도 무슨 말을 전하려는지 알 수 없던 홍보 메시지도 공연의 실패에 영향을 미쳤다. 아돌포 호헨스타인(Adolfo Hohenstein)이 디자인했던 홍보 포스터에는 그림만 있고 공연을 설명하는 핵심 카피가 빠져 있었다. 초연이 실패한 후, 푸치니는 주변의 권고를 받아들여 2막의 길이도 줄이고 둘로 나눴으며, 포스터에도 공연 내용을 알리는 카피를 넣었다. 그 후 같은 해에 브레시아에서 〈나비부인〉을 재초연해 관객들의 박수갈채를 받았다. 이런 소문도 입에서 입으로 꼬리에 꼬리를 물고 전해진 결과 지금의 〈나비부인〉에 이르게 되었다.

국악 실내악단으로 유명한 '이병욱과 어울림'은 30주년 기념 공연 〈어울가〉를 준비하면서 입소문 촉진 전략을 적절하게 구사했다([그림 7-11] 참조). 지난 1986년에 결성된 '이병욱과 어울림'은 우리 전통 음악에 서구의 음악 양식을 접목시켜 퓨전음악과 월드뮤직의 새로운 지평을 열어 왔다. 인터파크에서도 공연 티켓을 판매했지만 볼 만한 공연이라는 입소문이 고객 네트워크인 '어울사랑'(이병욱과 어울림을 사랑하는 사람들의 모임)을 중심으로 꼬리에 꼬리를 물고 이어져 티켓 판매에 결정적인 영향을 미쳤다. 국립중앙박물관 극장 '용'에서 진행된 공연(2016. 11. 20.)에서는 〈가시버시사랑〉 〈이 땅이 좋아라〉

[그림 7-11] 이병욱과 어울림 30주년 기념 공연 〈어울가〉 포스터(2016)

〈땅속에서 뜨는 별〉〈달항아리의 노래〉〈검정고무신〉과 같은 어울림의 대표 창작곡들이 선보였다. 공연은 성황리에 끝났다. 입소문 촉진 전략이 공연의 성공에 영향을 미쳤음은 두말할 나위가 없다.

그럼에도 불구하고 여러 문화예술기관이나 단체에서는 상품이나 티켓 구매가 입소문을 통한 사회적 과정의 일부라는 사실을 무시하고 광고나 PR 같은 미디어를 이용한 판촉 활동에만 집중하는 경우가 많아 안타깝다(Bruyn & Lilien, 2008). 입소문 마케팅 전략에서는 대중 매체의 평판에 신경을 쓰기보다 고객의 평판이 입에서 입으로 전해지는 효과를 기대하기 때문에 고객 스스로 주체가 되어 문화예술작품에 대한 평판을 주도한다는 장점이 있다.

"마케팅 기획자나 광고인이 소비자를 설득하는 것이 아니다. 소비자를 설득하는 것은 소비자 자신이다." 광고학자 리사 포티니-캠벨(Lisa Fortini-Campbell)의 말이다. 문화예술 소비자를 설득하는 주체 역시 광고나 PR 같은 전통적인 마케팅 수단이 아니라 소비자 자신일 수 있다. 소비자들은 자신이 경험하고 느낀 감정을 자발적으로 주변에 확산하기 때문이다.

제8장

사람의 가치와 복지

1. 사람의 중요성과 전문성

모든 서비스 분야에서 사람이 중요하듯, 문화예술 마케팅 커뮤니케이션에서도 사람(People, Personnel)의 역할과 태도가 중요하다. 문화예술작품을 서비스하는 과정에서 구체적으로 관여하는 이들을 통틀어 '사람'이라고 한다. 서비스 마케팅 차원에서 보면 서비스를 제공하는 직원이 최초의 내부 고객인 셈이다. 문화예술 마케팅을 담당하는 실무 직원도 내부 고객이니, 그들이 성과를 낼 수 있도록 도와주어야 한다.

내부 고객인 직원이 중요한 이유도 그들의 행동 하나하나에 따라 서비스 품질이 달라지기 때문이다(Vargo & Lusch, 2004). 넓은 의미에서의 사람은 문화예술 서비스 과정에 참여해 구체적인 역할을 맡은 문화예술기관이나 단체의 직원은 물론 공연이나 전시에 참여하는 문화예술 소비자까지도 포함하는 개념이다. 따라서 문화예술기관이나 단체들은 현재 고객, 잠재 고객, 내부의 인적 자원, 자원봉사자, 내부 직원들에 대해 관심을 기울여야 한다.

전시회와 공연 활동에서는 문화예술작품 자체가 관람의 만족도를 결정짓는 핵심 요소다. 그럼에도 불구하고 문화예술작품에 대해 설명하고 안내하는 큐레이터(사람)의 의욕이나 업무 만족도가 낮다면 작품 전반에 대해 느끼는 고객들의 만족도도 낮아지게 마련이다. 따라서 내부 직원들이 좋은 성과를 낼 수 있도록 동기를 부여하는 실행 프로그램을 준비해야 한다. 문화예술기관이나 단체의 마케팅 활동 과정에서 주요 스태프와 직원들의 친절함, 작가와 출연진의 유명도, 호감도와 같은 사람 요인이 티켓 구매에 결정적인 영향을 미친다는 점에서(정철현, 황소하, 2010), 사람의 중요성은 아무리 강조해도 지나치지 않다.

내부 직원들은 문화예술작품에 대한 전문 지식을 숙지해 고객들에게 쉽게 전달하는 방법을 익혀야 한다. 정보 전달 방법에 있어서 내부 직원들의 숙련도에 따라 고객들이 체감하는 감정의 온도가 달라지기 때문이다. 작품에 대한 정보를 쉽게 전달하는 내부 직원들의 숙련도는 아무리 강조해도 지나치지 않다.

문화예술기관이나 단체를 이끌어 가는 경영진이라면 공연이나 전시에 참여하는 소비자의 만족도가 어떤지, 소속된 직원들의 업무 만족도나 고객에

[그림 8-1] 하우스매니저 안전교육 장면(2018)

대한 서비스 품질이 어떤지를 수시로 점검할 필요가 있다. 문화예술기관이나 단체가 발전하려면 우수한 인재를 선발해 그들이 능력을 발휘할 수 있도록 적절한 부서에 배치해야 한다. 업무 성과에 따라 합당한 보상을 제공하고 내부 구성원이 업무에 대한 자부심을 느끼도록 배려해야 한다.

문화예술기관이나 단체의 내부 직원인 사람의 사례로 공연장을 종합 관리하는 하우스매니저(house manager)를 들 수 있다. 공연장에 가면 입구에서부터 좌석에 앉기까지 안내해 주는 공연 안내원을 포함해 공연장 곳곳에 위치한 직원들에게 업무 지시를 내리고 공연이 원활하게 진행되도록 관리하는 공연 관리의 책임자가 하우스매니저다. 고객 서비스를 위해 생겨난 전문직인 하우스매니저는 무대를 제외한 공연 공간과 서비스에 대해 책임지게 된다. 그들은 관객들이 안전하고 편안하게 관람하도록 공연장을 관리하며 진행 과정을 책임지는 지휘자이지만 관객의 눈에는 잘 띄지 않는다.

공연장 홍보, 시설물 관리, 안전 점검, 고객 서비스, 공연 진행 등이 하우스매니저의 주요 업무다. 공연을 순조롭게 진행하기 위해 그들은 공연 일정, 공연 성격, 공연 내용, 홍보 메시지, 특이 사항, 출연자의 성향, 티켓 구매 고객의 특성을 미리미리 파악하고 공연 도중에 사고가 나지 않도록 안전하게 관리해야 한다(차종혁, 2014). 그들은 수시로 안전 교육도 받는다.

박물관의 학예사나 미술관의 큐레이터도 여러 전시를 기획한다. 기획전의 내용을 관람객에게 소개하고 직접 관람객을 만나기도 한다. 이런 사례에서 문화예술 마케팅의 8P 요인 중에서 사람에 관련되는 요인이 얼마나 중요한지 확인할 수 있다.

문화예술기관이나 단체의 서비스는 직원과 고객 사이의 대화와 상호작용을 거쳐 제공되고 완성된다. 서비스를 제공하는 사람은 그만큼 전문성이 있어야 하고 고객들에게 감동적인 서비스를 제공하겠다는 마음 자세가 필요하다. 문화예술기관이나 단체의 경영진 역시 지나치게 경영 효율성을 강조하며 직원들에게 맹목적으로 고객 서비스를 강조하기만 하면 곤란하다. 문화예술기관이나 단체의 경영 효율성이 온전히 실현되려면 문화예술 서비스의 전문 인력이 제대로 활동할 수 있는 여건을 먼저 갖춰야 하기 때문이다(박신의, 2009). 그래서 공공성의 가치를 훼손하지 않으면서 경영의 효율성을 추구하는 문화예술기관이나 단체의 균형 감각이 중요하다.

2. 감정노동과 서비스 교육 훈련

1) 감정노동과 정서적 안정

이제 우리나라에서도 널리 알려진 말이라 '감정노동'이란 용어가 낯설지는 않다. 감정노동(emotional labor)이란 어떤 일을 하면서 자신의 감정을 자신의 업무에 맞춰 변형시켜 이를 소비자들에게 상품으로 판매하는 행위나 그런 행위가 필요한 직종에서 일하는 노동을 뜻한다. 실제로 느끼는 감정과 다른 감정을 나타내며 고객을 대해야 할 때 자신이 감정노동을 하고 있다는 생각이 증폭된다고 한다.

판매, 유통, 요식, 관광, 간호 분야에서의 노동과 마찬가지로, 문화예술기관이나 단체에 소속된 직원들의 서비스 행위도 사람을 상대해야 한다는 점에서 감정노동이 많다. 문화예술기관이나 단체의 직원들은 양질의 서비스를 제공하기 위해 고객의 감정과 기분까지 고려한다(Hsieh, 2014). 육체노동 이상의 정신노동인 셈이다. 직원들은 자신의 감정과 무관하게 자신이 속한 기관이나 조직에서 바람직하다고 여기는 감정을 연출하는 경우가 많다.

소비자들과 만나야 하는 직원들은 항상 감정노동에 노출되어 있다. '사람' 요인에서 차지하는 감정노동의 비율은 다른 요인보다 중요하다. 경영진이 제공하는 감정노동자에 대한 배려와 복지는 한정적이다. 감정노동자의 스트레스 요인 1순위를 분석한 [그림 8-2]에서 알 수 있듯이(허재경, 2015), 감정

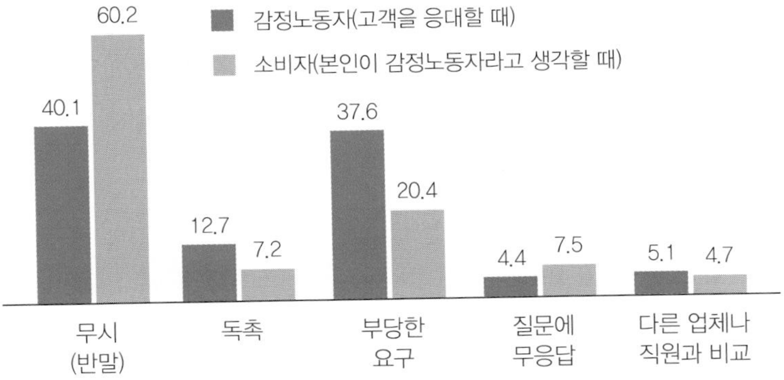

[그림 8-2] 감정노동자의 스트레스 1순위(단위: %)

노동자의 스트레스 요인 중에서 무시(반말), 부당한 요구, 독촉, 다른 업체나 직원과의 비교 순으로 직원들의 스트레스에 영향을 미치고 있었다. 내부 직원들이 교육을 받는다고 해도 그것만으로 감정노동 문제를 해결하기는 어렵다. 따라서 직원들에게 고객 관리에 대한 전문성 교육은 물론 직원을 위한 심리치료 교육을 병행해야 한다.

소비자의 지나친 서비스 제공 요구와 도를 넘은 폭언으로 야기된 감정노동자의 심각한 직무 스트레스가 사회적인 쟁점으로 부각되기도 했다. 나아가 감정노동에 관련된 법률이 강화되고 있다. 이런 상황에서 감정노동자의 문제는 인권 보호 문제와 깊이 관련된다. 특히 대다수의 감정노동자가 여성이란 점에서 성희롱과 폭언 등의 문제로부터 그들을 보호하는 정책을 시급히 마련해야 한다(허재경, 2015).

또한 직원의 피로도가 심해지면 정서적 안정감을 해칠 수 있다. 다음에 제시하는 〈사례 1〉은 1년에 3일만 쉬는 국립중앙박물관에서 일하는 직원의 피로도가 극심하다는 사실을 보도한 언론 기사다. 이 사례는 열악한 근무 여건에 따라 직원들이 제공하는 서비스의 품질이 낮아질 수 있다는 우려를 낳고 있다. 직원의 피로도가 증가하면 스트레스를 많이 받게 되고, 이런 상황이 계속 반복되면 궁극적으로 서비스 품질이 떨어지게 된다. 무휴관제 자체는 문화예술을 향유할 기회를 언제든지 제공한다는 점에서 소비자에게는 좋은 제도지만, 직원들은 지속된 노동으로 지치게 된다. 이렇게 되면 결국 서비스 품질의 저하라는 악순환이 반복될 수밖에 없다. 〈사례 1〉을 살펴보기로 하자.

〈사례 1〉 국회 문화체육관광위원회 소속 바른미래당 김수민 의원이 문화체육관광부에서 제출받은 자료에 따르면 문체부는 현재 국립중앙박물관(경주 · 광주 · 전주박물관 포함), 국립민속박물관, 대한민국역사박물관, 국립한글박물관, 국립현대미술관(서울관) 등 8개 관에서는 무휴관제를 운영하고 있어 현장 직원들의 피로도가 극심한 것으로 나타났다. 무휴관제는 1년 365일 중 1월 1일, 음력 설 당일, 추석 당일 등 사흘만 제외하고, 연중무휴로 시설을 개방하는 제도를 말한다. 2016년 10월부터 3개 관에서 시범 운영하다 2017년 8개 관으로 확대되었다. 문체부는 무휴관제 시행 후 직원 85명을 정규직으로 전환하고, 인건비 상승에 따른 예산 22억 5천 900만 원을 새로 확보한 것으로 알려졌다. 무휴관제가 도입되면서 관람객 수가 늘었다. 기존 휴관일에 박물관과 미술관을 추가로 찾은 관람객 수가 2017년 한 해에만 89만 명에 달한 것으로 집계되었다. 그러나 일주일 내내 공간을 개방함에 따라 전시품 관리나 시설 유지 · 보수 작업에 드는 시간이 부족해졌고, 부득이하게 야간작업이 늘면서 현장 근무자들의 피로도가 증가하는 문제가 발생하고 있다(이창형, 2018. 10. 29.).

직원들의 정서적 안정이나 사생활을 침해하는 경우도 있다. 〈사례 2〉는 직원의 카카오톡 프로필에 개입해 문제가 된 국립중앙박물관 간부의 행태를 보도한 언론 기사다. 이 사례는 소셜미디어 공간에서 자유로워야 할 개인이 표현의 자유를 침해당했다는 지적에서 자유로울 수 없다. 소셜미디어 공간에서 스트레스를 해소하고 행복을 느끼는 사람들도 많기 때문에, 문화예술기관의 간부가 직원에게 사적 공간인 카카오톡 프로필까지 고치라고 한다면 직원의 정서적 안정이나 사생활을 간섭하는 것이다. 직원이 근무 환경에서 스트레스를 받고 불편함을 느낀다면 감정이 상해 고객에 대한 서비스가 나빠질 가능성이 높다. 〈사례 2〉를 살펴보기로 하자.

〈사례 2〉 국립중앙박물관에서 한 간부가 직원들에게 이메일을 보내 온라인 메신저 프로필 사진에 특별전을 알리는 이미지를 올려 달라고 요청해 논란이 일었다. 18일 문화재계에 따르면 국립중앙박물관 노동조합은 지난 17일 발표한 성명에서 '박물관이 새로 시작되는 전시 홍보를 위해 전 직원에게 사적 공간인 카카오톡 프로필까지 고치라고 한다'며 '엘도라도전과 조선지도전에 전 직원을 동원하고 있다'고 밝혔다. 노조는 '거의 전 국민이 사용하는 카카오톡에 개인정보를 노출해야 할 정도로 기획전 마케팅이 중요한가'라고 묻고는 '관람객 수 증대와 조직을 위한다는 명분으로 공무원 자존감과 사생활까지 침해받아도 되는가'라고 비판했다(박상현, 2018. 7. 18.).

자신의 근무 환경에 만족하는 문화예술기관이나 단체의 직원들은 보다 섬세한 서비스로 고객을 만족시키려고 노력할 것이다. 자신의 기분이 좋으면 그 기분을 고스란히 고객에게 전달하게 마련이다. 고객들도 직원의 감정 상태를 민감하게 느끼고 느낀 감정에 따라 서비스 품질을 평가할 수밖에 없다. 감정과 서비스의 상관관계가 매우 높기 때문이다. 한편, 문화예술기관이나 단체의 직원들은 고객의 감정 상태를 파악하려고 노력해야 한다. 좋은 기분을 느끼는 고객은 기관이나 단체의 서비스에 능동적으로 참여하고, 직원이 제공하는 서비스 품질에 대한 평가도 호의적이며, 자신이 받았던 서비스에 대한 기억이나 정보를 더 오래오래 기억하는 경향이 있다.

2) 서비스 교육 훈련

나아가 직원들에 대한 서비스 교육 훈련도 중요하다. 적절한 교육 훈련을 통해 고객에 대한 긍정적인 태도를 개발할 필요가 있다. 서비스 접점에서 고객들과 만나는 직원은 문화예술기관이나 단체 그 자체이자 그 기관이나 단체를 대표한다. 마치 은행장이 은행을 대표하지 않고 창구 직원이 은행의 서비스를 대표하듯이 말이다. 문화예술기관이나 단체의 서비스가 고객으로부터 좋은 평가를 받으려면 서비스 전문성의 개념을 이해하는 우수한 인재를 선발해 최고의 교육 훈련을 실시해야 한다. 직원들도 전문적인 교육 훈련을 받으면 업무 만족도가 높아진다. 나아가 직원들의 사기나 서비스 능력도 향상된다. 그렇게 되면 결국 직원들의 업무 효율성이 높아져 고객 만족이 높아질 것이고 문화예술기관이나 단체가 좋은 평판을 얻을 수 있다.

문화예술기관이나 단체의 경영자 입장에서도 직원의 교육 훈련을 통해 인적 자원을 보다 효율적으로 활용할 수 있다. 또한 직원들의 이직률을 줄이는 동시에 서비스 업무를 표준화시켜 불필요한 비용의 낭비를 줄일 수 있다. 필요할 경우에는 직원들에게 문화예술 직무 역량을 강화하는 교육 프로그램을 이수하게 하는 위탁교육을 실시해도 좋다. 정부에서 추진하는 국가 인적자원 개발 프로그램도 있다. 직업 능력 개발이 쉽지 않은 문화예술 분야의 현장 종사자들을 대상으로 직무교육을 실시하는 것도 하나의 방법이다. 그렇게 하면 문화예술 인력의 전문성을 강화함으로써 문화예술기관이나 단체의 경영 활성화에 기여할 것이다.

직원은 내부 고객이다. 문화예술기관이나 단체의 경영자는 고객과의 접촉 과정에서 생기는 직원들의 스트레스를 해소할 방안을 마련해야 한다. 나아가 직원들의 감정과 행동에 영향을 미치는 물리적인 업무 환경도 개선해야 한다. 직원들이 문화예술 서비스를 감정노동이라고 느끼지 않도록 긍정적인 사례들을 제시하며 지원 체제를 구축하는 것도 중요하다. 직원들이 필요에 따라 휴식을 취할 수 있도록 시간적 여유도 배려해야 한다. 그렇지만 내부 직원에 대한 배려를 지나치게 강조하다 보면 복지 혜택 자체를 직원들이 최종 목적으로 착각할 수 있는데, 본말이 전도되지 않도록 사람의 감정 요인을 섬세하게 설계해야 한다. 문화예술 마케팅 믹스에서 사람 요인의 궁극적인 목적은 어디까지나 직원의 만족이 아닌 고객의 만족에 있기 때문이다.

[그림 8-3] 극장 용의 하우스어셔 모집 공고(2016)

문화예술 마케팅의 서비스 교육 훈련에서는 하우스매니저와 하우스어셔를 대상으로 관객을 만족시키는 공연장 서비스를 교육하는 경우가 많다. 이는 문화예술작품의 소비 과정에서 직원과 고객의 상호작용을 가르치는 프로그램이다. 하우스매니저(house manager)가 공연장의 운영과 관리를 총괄하는 책임자라면, 하우스어셔(house usher)는 공연장에서 관객의 입장과 퇴장을 안내하고 질서 유지 업무를 담당하는 직원이다. 방문 고객에게 직접 서비스를 제공하는 하우스어셔의 중요성은 몇 번을 강조해도 지나치지 않다.

서비스 접점에서 하우스매니저와 하우스어셔의 전문성은 고객의 향후 방문 의사에 결정적인 영향을 미친다. 이것이 감동적인 서비스 훈련이 문화예술 마케팅에 있어서 반드시 필요한 이유다. 문화예술기관이나 단체에서는 하우스매니저와 하우스어셔의 감정을 특별히 배려해야 하지만, 직원들 역시 자신의 감정을 조절하는 훈련을 해야 한다. 이때 비로소 사람과 사람이 직접 만나는 면대면 관계에서 감동적인 상호작용 서비스가 빛을 발휘하기 때문이다.

3) 내부 구성원 PR

문화예술기관이나 단체의 구성원들은 직원이지만 단순한 피고용자로 존재하지 않는다. 그들은 문화예술 마케팅 믹스의 8P 요인인 '사람(People)'에 해당되며(김병희, 2015a), 안에서는 문화예술작품에 관련되는 일을 수행하지만 밖에 나가서는 기관이나 단체의 PR 활동을 실천하는 주역이다. 조직에 대해 긍정적으로 생각하는 구성원들은 직업 만족도가 높고 조직의 발전에도 기여하게 마련이다.

현대 PR의 관점에서 보면, 문화예술기관이나 단체의 구성원들은 단순한 직원으로 존재하지 않고 내부의 공중(公衆)이라는 성격을 갖는다. 그들은 주변 사람들에게 문화예술기관이나 단체에 대한 인상과 느낌을 처음으로 알리는 정보의 원천인 셈이다. 따라서 내부 구성원들은 문화예술 소비자에게 영향을 미치는 PR 요원이라 명명해도 크게 잘못된 표현은 아니다. 직원들을 PR 요원으로 만들자는 주장도 설득력을 얻고 있는 추세다.

구성원 PR의 핵심 목표는 직원들이 기관이나 단체에 대해 바람직한 태도를 가질 수 있도록 구성원 PR 프로그램을 개발해 조직 전체의 목표를 달성하는 데 있다(강승구, 한정호, 김병희, 오창우, 2015). 직원들은 조직체를 구성하는 인적 자원의 핵심이자 생산 활동의 주체다. 기업의 조직과 마찬가지로 문화예술기관이나 단체에서도 조직 구성이 갈수록 복잡해지고 있어 구성원을 하나로 결집하기가 점점 어려워지고 있다.

따라서 문화예술기관이나 단체에서는 경영자와 구성원 사이에 양방향 개방형의 실행 프로그램을 준비해야 한다. 실행 프로그램에 따라 구성원 PR의 목적은 크게 네 가지로 나눌 수 있다. 구성원 PR은 문화예술기관이나 단체의 구성원이 조직 내에서 자신의 역할을 제대로 이해하고 수행하도록 도와줘야 하고, 조직 활동에 대한 내규나 원칙 같은 경영 정책과 관련하여 명확한 정보를 제공해야 한다. 나아가 구성원 PR은 구성원의 복지와 안전에 대한 정보를 제공해야 하며, 조직 내에서 구성원들의 업적을 치하하고 독려하는 데 기여해야 한다는 것이다(이유나, 2014b).

현대 PR의 주요 이론인 우수이론(excellence theory)에서는 구성원 PR의 중요성을 특히 강조한다. 제임스 그루닉(James Grunig) 교수를 비롯한 여러 연구자는 우수한 PR 활동을 수행하는 조직에서는 조직 내부의 구성원들과 쌍방의 균형적인 소통을 하면서 신뢰 관계를 형성한다고 했다(이유나, 2014a; Grunig, Grunig, & Dozier, 2002). 즉, 균형적인 구성원 PR 활동이 직원들의 직업 만족도, 신뢰감, 충성도를 유발함으로써 조직의 효과성에 기여한다는 뜻이다.

우수이론은 PR 커뮤니케이션을 조직의 효율이라는 거시적 관점에서 이론화시킨 것이다. 이 이론에서는 PR이 조직의 효율에 기여할 수 있는 해법을 제시했다. 조직을 효과적으로 운영하는 데 기여하는 PR 프로그램의 특성(프로그램 차원), PR 부서의 구조적 특성(부서 차원), 조직을 둘러싼 환경의 특성(조직 차원)을 14가지 요인으로 설명한다. 우수한 PR 활동을 실행하면 PR 프로그램이 커뮤니케이션 목표를 달성하고, 규제와 압력 및 소송으로 인한 비용을 절감시키고, 구성원들의 직업 만족도를 증진시킨다는 것이 우수이론에서 기대하는 효과다(이유나, 2014a; Grunig, Grunig, & Dozier, 2002).

우수이론을 문화예술 분야의 구성원 PR에 적용해 보면, 문화예술기관이나 단체의 조직 구조가 문화예술 소비자와 양방향 소통을 할 수 있도록 짜여 있을 때 문화예술 소비자와 더 좋은 관계를 유지할 가능성이 높다. 어떤 문화예술기관이 장기적 관점에서 성공하려면 주요 문화예술 소비자와 상호의존(interdependence) 관계를 유지해야 하는데, 그렇게 하려면 PR 전문가(공중 관계 전문가)가 기관이나 조직의 핵심 의사결정 집단(dominant coalition)에 포함되어야 한다. 또한 내부의 공중 관계를 우호적으로 유지하려면 조직 구성원과 소통할 수 있는 커뮤니케이션 시스템을 갖춰 구성원이 참여할 수 있도록 유도하는 내부 문화를 조성해야 한다.

우수한 구성원 PR이 가능하려면 다섯 가지 조건을 충족시켜야 한다. 즉, 모든 구성원이 경영자라는 생각을 가지고 자기 역할을 맡아야 하고, 항상 전략적으로 판단해야 하며, 균형 감각을 가지고 상호 이해의 폭을 넓혀야 하고,

서로 간의 다양성을 존중해야 하며, 윤리적인 활동을 해야 한다는 것이다. 우수이론에서는 어떤 문화예술기관이나 단체가 우수한 PR 커뮤니케이션 활동을 전개함으로써 문화예술 소비자와의 우호적 관계를 지속하다 보면 결국 그 기관이나 단체에 경제적으로 기여하게 된다는 관계 경영의 중요성을 일깨워 주고 있다.

문화예술기관이나 단체의 어떤 경영자들은 구성원 PR을 조직의 경영관리 목표를 받아들이도록 직원을 설득하는 수단으로 간주하는 경우가 있다. 이렇게 생각하는 경영자들은 대단히 잘못된 인식을 하고 있는 셈이다. “사보 내용이란 최고경영자 등 5명만 만족시키면 된다.”라고 빈정대는 어떤 사보 편집자의 자괴감은 구성원의 소통 부재를 탄식하는 암울한 현실을 반영하는 일면이다. 구성원 간 PR 활동에 있어서 일방적인 소통은 약이 아닌 독이 될 뿐이다. 경영자와 구성원 간에 양방향 소통을 지향하는 ‘개방 조직형’의 구성원 PR 프로그램이 필요한 이유다(신호창, 2013).

문화예술기관이나 단체의 경영자가 직원들의 고민과 속내를 이해해야 하듯이, 구성원들도 경영자의 경영 철학과 나름대로의 고충에 대해 이해할 필요가 있다. 공적 책무를 수행한다는 자부심을 가진 구성원들은 대체로 더 진취적인 조직에서 일하고 싶어 한다. 그들이 최고경영자에 대해 느끼는 감정이나 인식은 자연스럽게 자신들의 직무 만족도에도 영향을 미칠 수밖에 없다.

여러 문화예술기관이나 단체의 대표들은 직원 만족도를 높여야 한다고 강조하면서도 정작 만족도를 어떻게 높여야 할지 모르는 경우가 많다. 문화예술기관이나 단체의 내부 구성원들을 존중하며 적극적인 사내 PR 활동을 전개했을 때 직원 만족도가 올라갈 수 있다. 문화예술기관이나 단체의 구성원들이 경영자에게 기대하는 것은 다음과 같다.

즉, 경영자가 각자의 업무에 미칠 변화를 사전에 미리 알려 주고, 경영자의 직무 활동을 직원들이 어떻게 인식하는지 구성원의 태도를 인지하며, 개방적이고 정직하게 직원들을 대하고, 고객들을 위해 헌신적으로 봉사할 것이란 기대감 같은 것이다. 또한 경영자로서 문제 해결 능력을 갖추고, 사회적 책임을 다하는 기관을 만들며, 경쟁력 있는 문화예술 서비스를 제공하고, 양적 성장보다 질적 성장에 역점을 두는 경영 방침을 직원들은 기대할 것이다. 라티모어(Lattimore)를 비롯한 여러 학자는 다음과 같은 내용을 달성했을 때 내부 소통이 성공적으로 이루어진 순간이라고 평가할 수 있다고 했다(Lattimore, Baskin, Heiman, & Toth, 2013: 이유나, 2014b에서 재인용). 이를 문화예술기관이나 단체에 알맞게 표현을 바꾸어 제시하면 다음과 같다.

- 경영자가 문화예술기관이나 단체의 구성원들에게 조직의 목적, 목표, 계획에 대한 정보를 지속적으로 알려 주었는가?
- 문화예술기관이나 단체의 구성원들이 중요하다고 생각하는 주제, 조직의 활동, 문제, 업적에 대해 충분한 정보를 제공했는가?
- 문화예술기관이나 단체의 구성원들에게 각자의 경험, 감정, 창의성에 따라 경영진에게 정보를 알려 주거나 피드백을 해 달라고 독려했는가?
- 문화예술기관이나 단체에서 조직의 스캔들 같은 부정적이고 조심스러운 문제를 숨기기보다 구성원들에게 솔직하게 인정했는가?
- 업무와 관련하여 상사와 부하 직원 사이에 솔직한 양방향 소통을 하도록 항상 배려했는가?
- 문화예술기관이나 단체에서 발생한 일이나 의사결정을 구성원들이 언론 보도를 통해 알기 전에 경영진이 먼저 구성원에게 알려 주었는가?
- 문화예술기관이나 단체에서 혁신과 창의성을 발휘할 수 있는 조직 문화를 만들었는가?
- 상사는 부하 직원의 발전을 위해 문화예술기관이나 단체 내의 위치를 강조하며 지속적으로 피드백을 해 주었는가?

경영자들은 이런 문제에 대해 항상 진지하게 고민해야 내부 구성원 PR

에 성공할 수 있다. 문화예술기관이나 단체에서는 내부의 소통 수준을 높이겠다며 임금 인상을 시도하거나 새로운 소통 미디어를 도입하는 경우도 있다. 그렇지만 그것만으로는 한계가 있다. 내부의 소통 수준을 높이는 방법은 10가지가 있다(신호창, 2013). 즉, 통합적인 사내 커뮤니케이션, 혁신적인 인적 자원 관리, 리더십 소통의 실행, 변화 관리 소통의 실행, 내부 마케팅의 활성화, 조직 문화 활성화, 열린 소통, 소통 능력의 배양, 사내 소통 채널의 다양화, 상향식 소통의 실행 등이다.

이 밖에도 공중 관계에 능통한 PR 전문가가 문화예술기관이나 단체의 중요한 의사결정을 하는 자리에 반드시 참여하도록 고려해야 한다. 설령 PR 전문가가 임원이 아니더라도 중요한 의사결정을 하는 임원회의에 그들이 반드시 참여하도록 해야 한다. 결정 사항을 전해 듣는 것과 현장에서 직접 경청하는 것은 느낌의 차이가 엄청나기 때문이다. PR 전문가는 임원들이 내린 의사결정을 외부에 알리는 역할만 하는 사람이 아니라 의사결정의 초기 단계부터 개입해야 하는 소통 전략 전문가이기 때문이다. PR 전문가를 의사결정의 초기 단계부터 참여시키는 문화예술기관이나 단체가 우수한 조직이다.

3. 문화예술인 복지와 인력 양성

우리나라「예술인 복지법」은 예술인의 직업적 지위와 권리를 법으로 보호하고, 예술인의 복지 지원을 통해 예술인의 창작활동 증진과 예술 발전에 이바지하는 것을 목적으로 2011년에 제정되었다. 이 법의 제2조에서는 예술 활동을 업(業)으로 하여 국가를 문화적 · 사회적 · 경제적 · 정치적으로 풍요롭게 만드는 데 공헌하는 자로서,「문화예술진흥법」 제2조 제1항 제1호에 따른 문화예술 분야에서 대통령령으로 정하는 바에 따라 창작, 실연(實演), 기술지원 같은 활동을 증명할 수 있는 사람을 예술인으로 규정했다.

외국의 여러 나라에서는 필요에 따라 문화예술기관이나 단체에 한시적으로 고용되는 비정규직 직원들에게 사회보험이나 실업급여를 제공해 왔다. 그에 비해 우리나라에서는 문화예술인의 복지에 대한 사회적 관심이 매우 늦게 시작되었다. 외국에서 문화예술에 관련된 복지 프로그램이 일찍부터 가동된 데에 비하면 2011년에 법이 제정된 우리나라는 너무 늦은 편이었다.

프랑스에서는 공연예술 관련 분야의 단기 계약직 종사자들에게 계약이 없을 때 임금을 보전해 주는 방안을 일찍부터 모색했다. 실업급여 보험제도의 일종인 '공연예술 앵테르미탕(Intermittent du spectacle)'을 지난 1936년부터 시행했다. 앵테르미탕은 예술인의 특수성과 직업 능력을 다각도로 분석해 문화예술인에 대한 복지와 사회 안전망을 실현한 대표적인 문화 정책이다(강익희, 2011).

독일에서는 복지의 사각지대에 있는 예술인들을 사회적으로 보호하기 위해 「예술인사회보험법(KSV: Kunstlersozialversicherung)」을 1981년에 제정했다. 문화예술 분야에 종사하는 문화예술인의 불안정한 경제 여건과 열악한 실태가 1975년에 독일연방의회에 보고되자, 문화예술인을 위한 사회보험 논의를 시작했다. 그 결실이 「예술인사회보험법」이었고, 1983년에는 '예술인사회금고(Kunstlersozialkasse)'를 설치해 경제적 어려움을 겪는 비정규직 예술인들을 지원했다(김태완 외, 2016).

자유주의적 시장 원리에 따라 예술인 복지 정책을 시행하는 미국에서는 정부가 최소한으로 개입한다는 정책 기조를 예술인 복지 제도에도 적용한다. 문화부가 없는 미국에서는 독립행정기관인 미국연방예술기금(NEA)에서 문화예술 정책 전반을 총괄한다. 미국연방예술기금은 예술인 개개인에게 보조금을 지원하지 않고 전국의 문화예술기관이나 단체를 선발해서 예산을 분배한다. 문화예술인들은 자신의 이해관계를 대변하는 길드(guild)나 노동조합에 가입해 복지 혜택을 받을 수 있다. 따라서 문화예술인이 복지 혜택을 받으려면 길드나 노동조합에 반드시 가입해야 한다.

[그림 8-4] 한국예술인복지재단 및 미국문화예술위원회 로고

우리나라에서는 '한국예술인복지재단'을 중심으로 문화예술인에 대한 복지 제도가 운영되고 있다. 우리나라의 「예술인 복지법」은 2011년 10월 28일에 국회 본회의를 통과하고, 같은 해 11월 17일에 법이 제정되었다. 이 법이 시행되자 문화예술인들이 안정적으로 예술 활동에 전념할 수 있는 환경을 조성하기 위해 2012년 11월 19일에 한국예술인복지재단을 설립했다. 한국예술인복지재단에서 복지 혜택을 받으려면 먼저 '예술활동증명서'를 작성해야 한다. 예술활동증명서를 작성하는 절차는 직업적인 문화예술인이라는 사실을 확인하는 절차다.

문화예술인에 대한 복지 문제와 더불어 인력 양성 프로그램을 마련하는 노력도 중요하다. 영국의 문화 코디네이터(cultural coordinator), 미국의 미국문화예술위원회(AFA: Americans for the Arts)에서 실시하는 인턴십 프로그램, 캐나다 온타리오주 예술가협회의 콤파스(COMPASS) 같은 인력 양성 프로그램이 대표적이다. 이 프로그램들은 지역사회의 학교나 시민단체와 연계해 취약 계층을 비롯한 시민들에게 혜택을 제공하는 코디네이터를 양성한다. 나아가 문화예술기관이나 단체의 조직 역량을 높이기 위해 문화예술 전문가 집단을 육성하기도 한다.

우리나라의 문화예술기관이나 단체는 정부에서 운영하는 문화 복지 인력 양성 프로그램에 직원들을 파견해 교육 훈련을 위탁할 수 있다. 문화체육관광부는 2007년부터 '문화예술 기획경영 전문인력 양성사업'을 추진해 왔다.

이 사업은 문화예술 인력의 전문성을 높이기 위해 문화예술기관이나 단체가 문화복지 사업을 활성화하는 데 기여하자는 취지에서 시작되었다. 전문인력 양성사업은 문화예술 프로그램을 기획하고 경영하는 동시에 예비 인력들의 전문성을 향상시키는 교육 프로그램이다. 이런 인력 양성 프로그램들은 현장에서의 전문성을 높이는 데에 그치지 않고 문화예술기관이나 단체를 안정화시키고 문화예술계 전반을 발전시키는 데도 기여한다(주효진, 정준호, 명성준, 2014).

전국 규모의 인력 양성과는 별도로 지방의 문화예술교육지원센터에서도 자체적으로 인력을 양성하기도 한다. 지역 문화의 자치 행정이 강조되는 상황에서 문화 분권을 위해 지역문화 전문인력을 양성하는 프로그램도 마련해야 한다. 지역의 현안과 쟁점에 대한 문제 해결 능력이 뛰어난 기획자들을 발굴하고 육성하는 정책도 중요하다.

문화예술 인력의 역량을 강화하기 위해 개설한 인재 개발 및 직장 재교육 프로그램도 있다. 예컨대, 세종문화회관의 문화예술 매개자 양성 과정의 하나인 '실행공동체(CoP: Community of Practice)' 프로그램의 사례가 대표적이

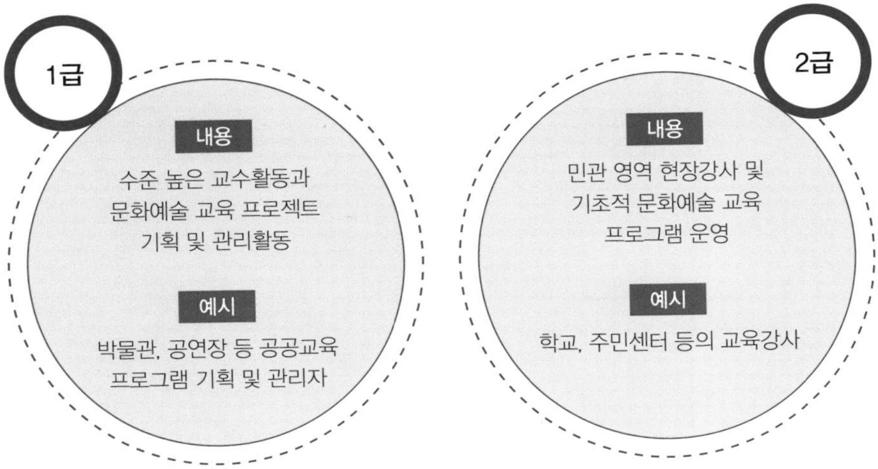

[그림 8-5] 문화예술교육사의 등급 구분

다. 실행공동체는 공통의 관심사에 대한 열정으로 뭉친 비공식적인 조직이다. 이 프로그램에서는 문화예술 활동의 현장에서 발생하는 실무 지식을 체계적으로 발굴하고 자발적으로 학습하도록 한다. 이 프로그램을 통해 직원들의 전문성을 재교육할 수 있다.

이 밖에도 문화예술기관이나 단체의 경영자들은 직원들에게 '문화예술교육사' 자격증을 따라고 권고할 수도 있다. 2012년 2월에 개정된 「문화예술교육 지원법」 제27조에서는 기존의 '문화예술교육전문인력'이라는 명칭을 '문화예술교육사'로 변경했다(문화예술교육사, 2019). 문화예술 교육 관련 경력을 갖춘 사람이 문화예술 과정을 이수하고 자격 검정시험에 합격하면 이 자격증을 받을 수 있다. 이와 같은 교육 프로그램을 거치는 과정에서 내부 구성원들의 전문성이 향상된다.

제9장

물적 증거의 요인

1. 문화예술 마케팅의 물적 증거

문화예술 마케팅 커뮤니케이션에 있어서 물적 증거(Physical evidence)란 겉으로 보이는 모든 것과 어떤 공연이나 전시를 하는 데 필요한 물리적인 설비가 모두 해당된다. 다시 말해서, 문화예술기관이나 단체의 환경과 시설은 물론 서비스를 제공하는 데 필요한 모든 것이 물적 증거다. 소비자들은 눈으로 보고 느끼는 가시적 증거에 따라 문화예술 서비스를 평가하고 만족감을 나타낸다. 문화예술기관이나 단체의 환경과 시설이 고객 만족도와 상관관계가 높기 때문에, 물적 증거는 마케팅 믹스의 핵심 요인이다. 물적 증거에는 물리적 환경과 기타 유형적 요인이 있다.

물적 증거의 첫 번째 구성요인인 물리적 환경(physical environment)은 관객이나 관람객이 참여하는 공연장이나 전시장 같은 공간적 환경이다. 관객이나 관람객의 수는 공연장의 좌석 수나 전시회를 관람할 수 있는 공간의 규모에 따라 결정되기 때문이다(Zeithaml, Bitner, & Gremler, 2012). 물리적 환경은 크게 외부 환경과 내부 환경으로 나눠진다.

외부 환경은 공연이나 전시 시설의 외형, 간판, 안내 표지판, 주차장, 주변 여건 등이다. 고객을 새로 확보하려고 할 때 외부 환경은 소비자의 눈길을 끄는 첫 번째 요인이 될 수밖에 없다. 나아가 외부 환경 못지않게 내부 환경도 중요하다. 공연장이나 전시장의 내부 장식, 내부 표지판, 벽의 색상, 가구, 조명, 로비, 내부 시설물, 안내 창구, 공기의 질, 향기, 실내온도와 같은 여러 가지가 내부 환경에 해당된다.

대영박물관 및 바티칸박물관과 함께 세계 3대 박물관으로 꼽히는 프랑스의 루브르박물관(Musée du Louvre)이 명소로 지정된 데에는 물적 증거인 [그림 9-1]과 같은 외부 환경이 큰 영향을 미쳤다. 루브르박물관의 정문에는 유리 피라미드가 설치되어 있다. 중국계 미국인 건축가 이오 밍 페이(Ieoh Ming Pei, 貝聿銘)가 1989년에 설계한 유리 피라미드는 건축 당시에 엄청난 반발에 부딪혔지만 지금은 루브르의 상징으로 당당히 자리하고 있다. 루브르박물관의 상징인 유리 피라미드는 박물관의 외형을 한층 더 아름답게 꾸며 주고 있다(네이버 지식백과, 2019).

유리 피라미드의 아래쪽으로 내려가면 지하의 나폴레옹홀로 이어지고, 거

[그림 9-1] 루브르박물관의 유리 피라미드

기에 안내 센터, 매표소, 서점, 물품 보관소, 뮤지엄숍 같은 물적 증거들이 있다. 안내 센터에는 각국의 언어로 번역된 팸플릿이 있다([그림 9-2] 참조). 주요 작품의 위치를 설명한 팸플릿 역시 박물관을 관람하는 데 도움이 되는 물적 증거다. 가장 훌륭한 박물관은 관람객이 넘치는 박물관이다. 루브르박물관이 세계 3대 박물관으로 지정되고 프랑스의 관광 명소로 꼽혀 사람이 넘치는 데는 유리 피라미드를 비롯한 아름다운 외관과 관광객들을 배려한 팸플릿 같은 물적 증거들도 제 몫을 다하기 때문이다.

물적 증거의 두 번째 구성요인은 기타 유형적 요인(other tangibles)으로, 물리적 환경을 제외한 나머지 소소한 것들이다. 사소한 차이가 소비자의 의사결정에 영향을 미치므로 소소한 것들이라고 해서 가볍게 지나치면 곤란하다. 예를 들어, 직원 유니폼, 광고 팸플릿, 로고 메모지, 입장 티켓 디자인, 영수증, 명함, 문구, 홈페이지 웹 사이트, 사이버 공간 같은 기타 유형적 요인을 소홀히 관리하면 안 된다. 기타 유형적 요인이 문화예술기관이나 단체에 대한 평판에도 영향을 미치고 내부 구성원의 업무 만족도에도 영향을 미치기 때문이다(정철현, 황소하, 2010, p. 219).

[그림 9-2] 루브르박물관 안내 센터(2016)

미국 메트로폴리탄미술관 뮤지엄숍의 레이블은 기타 유형적 요인이다. 이 미술관의 문화상품에는 아무리 작은 것이라도 포장에 그 문화상품의 모티브를 제공한 원본 문화예술작품에 대해 상세히 설명한 레이블이 붙어 있다. 물적 증거 전략은 온라인에도 똑같이 적용해 온라인 뮤지엄숍에서 문화상품을 클릭하면 해당 상품의 모티브가 된 소장품에 대한 설명이 적혀 있다. 뮤지엄숍에서 구입한 문화상품과 다른 문화상품과의 차별성을 부각시키기에 충분한 전략이다.

국내에서도 성남아트센터의 사례를 보면 물리적 환경과 기타 유형적 요인을 모두 고려한 물적 증거가 차고 넘친다. 성남아트센터는 경기도 성남시 분당구 야탑동에 위치한 복합 문화예술 공간이다. 2005년 4월에 개관한 이후 지역 정서를 고려해 지역밀착형 문화 공간을 지향해 왔다. 물리적 환경인 주요 시설에는 1,804석의 오페라하우스, 994석의 콘서트홀, 앙상블시어터 같은 공연예술 공간과 미술관, 미디어홀, 큐브미술관 같은 시각예술 공간을 비롯해 다양한 교육 시설로 구성되어 있다([그림 9-3] 참조).

성남아트센터에서는 공연과 시각예술 공간 외에도 '책 테마파크'와 '아이

[그림 9-3] 성남아트센터의 전경과 공연장의 모습

플라자(I-plaza)'라는 종합 서비스 공간을 갖춰 방문객들이 편리하게 이용할 수 있도록 했다. 그 밖에도 춤의 광장, 음악 분수, 빛의 계단 같은 볼거리 및 휴식 공간을 마련했다. 성남아트센터는 수준 높은 물적 증거를 제공함으로써 성남 시민에게 문화예술을 향유할 수 있는 기회를 확대했다.

결국 물적 증거는 문화예술기관이나 단체의 이미지와 평판에 장기적인 영향을 미친다고 하겠다. 문화예술기관이나 단체의 환경과 시설은 물론 서비스에 관련되는 모든 유형적 요인은 문화예술작품의 특성을 고려해 적절하게 설계되고 배치되어야 한다. 그렇게 해야만 어떤 공연이나 전시회가 문화예술 소비자들에게 더 많은 호응을 얻게 된다.

2. 물적 증거가 미치는 영향

어떤 공연이나 전시를 보러 갈 때, 고객들은 공연장과 전시관의 외형이나 주변 여건을 따질 수밖에 없다. 공연장이나 전시관의 주차장이 협소하다거나 대중교통이 연결되지 않는다면 아예 관람을 포기하는 경우도 많다. 공연장과 전시관의 내부 시설물이나 조명 같은 것도 결코 소홀히 취급해서는 안 된다. 전시관에 조명 하나가 어떻게 설치되어 있느냐에 따라 전시 작품의 느낌은 달라지게 마련이다. 내부 시설에 반드시 갖춰야 할 필수 요인이 빠져 있다면 고객들은 실망할 것이다. 이처럼 물적 증거들은 문화예술기관이나 단체의 대외적인 이미지나 평판에 영향을 미칠 수밖에 없다.

물적 증거는 문화예술의 소비에 결정적인 영향을 미친다. [그림 9-4]에 제시한 자극-유기체-반응(S-O-R) 모델은 물적 증거의 효과를 설명하기에 충분하다. 이 모델은 문화예술의 소비 행동을 비롯해 소비자 행동 연구에서 널리 적용되어 왔다. 앨버트 메러비언(Albert Mehrabian)과 제임스 러셀(James Russell)은 자극-유기체-반응 모델을 제시하면서 유기체의 감정 반응과 감

[그림 9-4] 자극-유기체-반응 모델

정 상태에 주목했다(Mehrabian & Russell, 1974). 감정 상태에서는 주변의 환경에 따라서 사람들이 갖게 되는 의식적 · 무의식적인 느낌이 중요하다.

메러비언과 러셀은 환경 자극과 반응 행동 사이의 중간 과정을 유기체의 감정 반응(emotional states)으로 개념화했다. 환경 자극(물적 증거)에 영향을 받은 유기체(감정 반응)는 다시 어떤 대상에 대한 반응 행동(접근 또는 회피)을 하게 된다는 것이 이 모델의 요체다. 감정 반응에는 즐거움과 환기라는 두 가지가 있다. 즐거움(pleasure)은 어떤 사람이 환경에 대해 얼마나 좋아하고 싫어하는가 하는 직접적인 반응이다. 환기(arousal)는 어떤 개인이 얼마나 자극을 느꼈는지를 나타내는 반응이다. 감정 반응에 관한 여러 연구에서는 자극-유기체-반응 모델에 따라 감정이 행동을 유발하는 과정을 설명하고 있다.

서울특별시 역삼역 근처에 있는 LG아트센터는 교통 여건이 편리해서 누구나 쉽게 접근할 수 있다. 물리적 환경 측면에서 주변 여건도 뛰어나다. 규모면에서도 모두 3개 층에 1,103석의 좌석을 갖췄고, 모든 예술 장르를 공연할 수 있는 첨단 시설과 음향 설비도 뛰어나다. 뿐만 아니라 주차장, 물품 보관소, 식음료 바, 장애인용 리프트, 리허설 룸, 전용 휴게 공간, 분장실, 메이크업 같은 편의시설도 뛰어나 관객과 공연자에게 호평을 받고 있다. 외부 환경이나 내부 환경 같은 모든 측면에서 소비자와 공연자를 동시에 만족시킨 LG아트센터는 물적 증거로 의미 있는 사례다.

한국서비스품질지수(KS-SQI: Korean Standard-Service Quality Index)는 한국표준협회와 서울대학교 경영연구소가 2000년에 공동으로 개발한 서비스 품질 평가 모델이다. 해마다 각 분야별 서비스 최우수 기업과 기관을 선정해 왔는데, LG아트센터는 한국서비스품질지수 평가의 '공연장 부문'에서 2007년부터 오랫동안 최우수상을 받았다. 공연장 부문은 예술의전당, 세종문화회관, 국립극장, LG아트센터의 4개 공연장을 대상으로 조사하는데, 조사 대상 중 유일하게 사기업에서 운영하는 LG아트센터가 연속으로 최우수상을 수상한 것이다. LG아트센터는 예술가와 관객 모두가 만족하는 건강한 공연 문화를 만들기 위해 초대권 없는 공연장을 지향해 왔다. 뛰어난 시설과 장비를 바탕으로 세계적 수준의 기획 공연을 해마다 시도해 온 LG아트센터는 신뢰할 수 있는 공연장으로 발돋움했다(이동인, 2017).

[그림 9-5] LG아트센터 외부

[그림 9-6] LG아트센터 내부

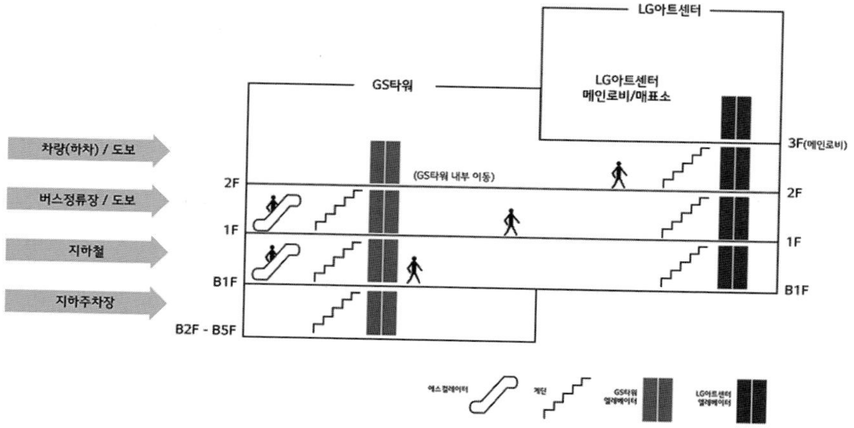

[그림 9-7] 고객의 편의를 고려한 LG아트센터의 설계도

한국서비스품질지수의 평가 기준은 본원적 서비스, 예상 외 부가 서비스, 신뢰성, 친절성, 적극 지원성, 접근 용이성, 물리적 환경의 총 일곱 가지 차원이다(한국표준협회, 2017). 이 지수에서 LG아트센터가 높은 평가를 받은 데는 세계적 수준의 기획공연인 콤파스(CoMPAS: Contemporary Music & Performing Arts Season)의 개최, 기획공연 시즌제의 도입, 패키지 제도의 도입, 러시 아워 콘서트의 기획 같은 프로그램의 기획력을 인정받았기 때문이다([그림 9-5]~[그림 9-7] 참조). 이 밖에도 물리적 환경과 기타 유형적 요인 같은 물적 증거도 뛰어나 높은 점수를 받았다. 고객의 편의를 고려한 물리적 환경을 바탕으로 공연장 운영 시스템(theater management system)을 능수능란하게 가동한 것도 호평을 받은 요인으로 작용했다.

이 밖에도 뜻밖의 요인 때문에 미술관이나 박물관이 호평을 얻는 경우도 있다. 쇼핑하러 박물관에 가는 소비자들도 있는 법이다. 국립중앙박물관은 전시회의 주제에 맞춰서 다양한 굿즈(goods)를 준비하고 홍보했다. 박물관에 전시된 유물과 회화를 모티브로 활용해 세련되면서도 실용성까지 갖춘 기념품을 개발했다. 다양한 품목을 감각적으로 디자인한 결과, 보통 상품과 비교했을 때 가격 경쟁력도 확보했다. 대부분의 박물관에서는 박물관의 외형을 본뜬 조형물을 활용해 균일한 기념품을 생산했지만 가격 경쟁력이 없어 판매를 중단한 경우도 많았다. 그렇지만 국립중앙박물관에서는 다른 곳에는 없는 기념품을 생산함으로써 물적 증거로서의 특별한 매력을 부여했다. '우리는 쇼핑하러 박물관에 간다'라는 제목으로 국립중앙박물관의 굿즈를 소개한 보도 내용을 보자.

> 국립중앙박물관 굿즈는 이미 온라인상에서 존재감을 과시하는 굿즈계 강자다. 박물관에 전시된 유물과 회화 등을 모티브로 세련되면서도 실용성까지 갖춘 게 특징이다. 이전에는 문구 사무용품에 그대로 사진을 얹는 형태였지만 훨씬 다양화된 품목에 감각적인 디자인을 입혔다. 심미성에 실용성까지 더해져서일까. 굿즈를 사기 위해 박물관을 찾는다는 사람도 많다.
>
> 국립중앙박물관 문화상품점에서 만난 60대 주부 김 모 씨는 보석함을 둘러보고 있었다. 그는 'SNS 게시물을 보다 국립 굿즈를 알게 되었는데 그중에서도 보석함이 유독 눈에 들어와 직접 확인하고 구매하러 왔다'고 말했다. 김 씨는 '일반 매장에서 판매되는 보석함과 비교했을 때 외관상 전혀 뒤처지지 않음에도 가격은 훨씬 저렴하다'며 '다른 굿즈들도 함께 살펴볼 예정'이라고 덧붙였다.
>
> 가성비 측면도 놓칠 수 없다. 문화재단 기획자는 '가격 책정에 다양한 요인이 반영되지만 공공기관이 만드는 제품이기 때문에 마진을 최소화하는 방향으로 하고 있다'며 '선물로 주고받기에도 부담 없는 가격대가 되도록 신경 쓴다'고 설명했다. 두 손 가득 국립 굿즈를 들고 다니는 외국인 방문객의 모습도 꽤 흥미로웠다. 한 프랑스인은 '한국 고유의 문화를 기념품에 아름답게 녹여낸 것 같다'며 '엽서 말고도 종류가 굉장히 많아 구경하는 재미가 쏠쏠하다'고 말했다(위클리공감, 2018. 4. 20.).

[그림 9-8] 국립중앙박물관의 굿즈

소비자들이 구매 의사결정을 할 때는 시각, 후각, 청각, 미각, 촉각을 활용한다. 문화예술기관이나 단체를 이용하는 고객들 역시 물적 증거에 따라서 생리적인 반응을 나타낸다. 물적 증거는 문화예술작품에 대한 경험이 전혀 없거나 경험이 적은 고객에게 어떤 문화예술기관이나 단체를 선택하게 하는 데 더 큰 영향을 미치는 것으로 알려져 있다. 공연장이나 전시 공간의 색상, 조명, 음향, 실내 공기, 온도, 배치, 가구 스타일, 향기 같은 물적 증거는 고객의 감정 반응에 영향을 미치게 된다. 직원들의 서비스에 대해 고객들이 긍정적으로 반응하게 하려면 물적 증거를 효과적으로 활용해야 한다.

나아가 문화예술기관이나 단체의 물적 증거는 기관에서 근무하는 직원들의 성과와 직업 만족도를 높이는 데도 영향을 미친다. 물적 증거가 뛰어나면 고객이나 직원들의 사회화에도 영향을 미치게 된다. 물적 증거나 환경을 개선함으로써 문화예술기관이나 단체는 경쟁 기관과의 차별화에도 성공할 수 있다. 나아가 차별화를 통해 문화예술 시장을 세분화할 수도 있다(이유재, 라선아, 2003). 물적 증거는 고객들이 티켓을 구매할 것인지 또는 구매하지 않을 것인지의 의사결정을 하는 데 있어서도 중요한 판단 근거가 된다. 백 번 듣는 것이 한 번 보는 것보다 못하다는 백문불여일견(百聞不如一見)은 문화예술기관이나 단체의 물적 증거에 꼭 맞는 격언이라 하겠다.

3. 문화예술의 서비스 스케이프

문화예술 마케팅에 있어서 물적 증거를 다른 맥락에서 표현하는 서비스 스케이프(servicescapes)라는 용어를 쓰는 빈도가 늘고 있다. 서비스 스케이프는 서비스 마케팅에서의 서비스(service)와 특정 공간을 의미하는 접미사 스케이프(scape)라는 단어를 조합해서 만든 합성어다. 다시 말해서, 사회적 요인과 영향을 배제한 인공적으로 만들어진 물리적 시설만을 서비스 스케이프라고 지칭한다.

무형성, 이질성, 비분리성, 소멸성이라는 문화예술작품의 특성과 공연장이나 전시 공간의 물적 증거를 어떻게 효율적으로 운영하느냐에 따라 문화예술 마케팅 커뮤니케이션의 효과가 달라진다. 이 때문에 서비스 스케이프의 개념이 중요해진다. 서비스 마케팅 전문가인 미국 애리조나주립대학교의 비트너 교수(Bitner, 1992)가 서비스 스케이프란 용어를 제안한 이후, 이 용어는 서비스 마케팅 분야에서 널리 쓰이고 있다.

비트너는 사회적 요인과 영향을 배제한 인공적으로 만들어진 물리적 환경이나 시설을 따로 구분해 '서비스 스케이프'라고 명명했다. 그는 서비스 접점에서 마주치는 환경은 인간에 의해 만들어진 물리적 환경이라고 주장했다. 공간 배치, 기능성, 심미적 매력에 관련된 물리적 요인들에 따라 서비스 스케이프가 결정된다(Wakefield & Blodgett, 1996). 문화예술기관이나 단체의 외부 속성(예: 간판, 주차장, 건물 등)과 내부 속성(예: 디자인, 레이아웃, 조명 등)은 고객들이 느끼는 서비스 품질에 결정적인 영향을 미친다. 결국, 문화예술작품을 공연하고 전시하는 과정에서 고객의 기대에 부응하기 위해 진정성 있는 서비스를 제공하고 이를 관리하는 모든 과정이 서비스 스케이프에 해당된다.

서비스 스케이프는 서비스 시설(편의성, 적합성, 디자인성)과 사회적 환경(사람 요인, 정보성)이라는 두 가지 요인으로 구성된다(Bitner, 1992). 이 밖에도 미적 시설, 분위기, 조명, 서비스 상품, 레이아웃, 사회적 요인, 쾌적성, 심미성, 접근성, 매력성 같은 여러 요인이 조합되어 서비스 스케이프가 만들어진다. 여기에서의 핵심 요인은 공간 배치, 기능성 그리고 심미적 매력이다.

공간 배치와 기능성은 의자, 복도, 통로, 서비스 라인, 휴게실, 출입구 같은 물리적 공간을 어떻게 설계하고 배치해 고객이 편리하게 이용하게 하느냐에

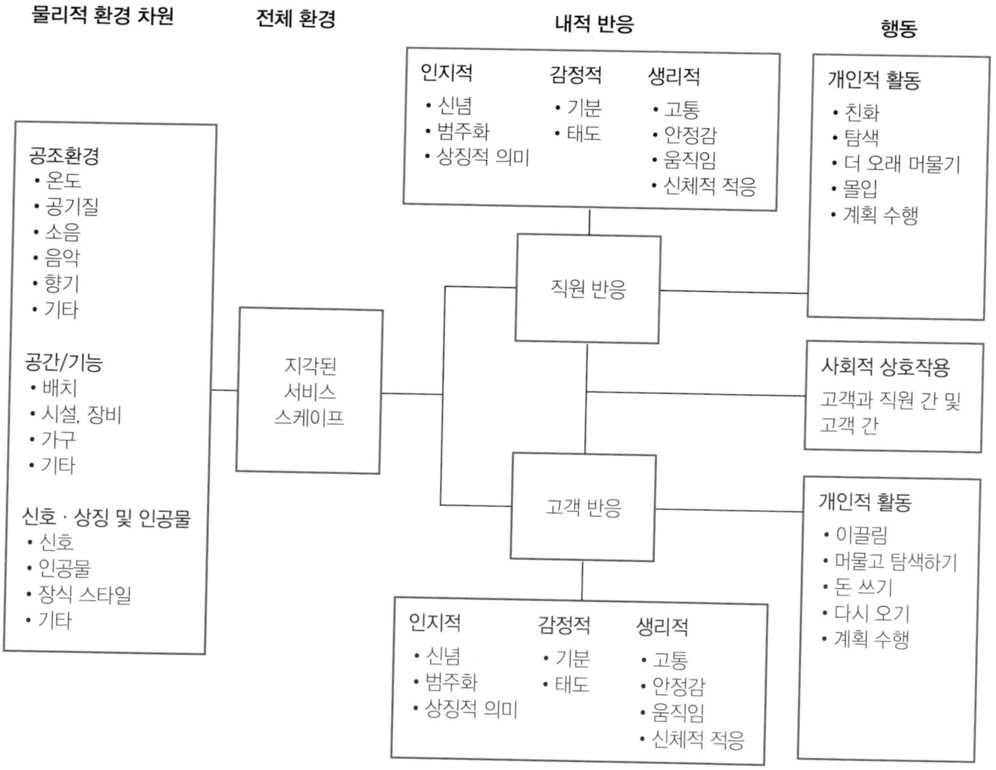

[그림 9-9] 서비스 스케이프의 개념도

출처: Bitner (1992).

관련되는 문제다. 공연장이나 전시장에서 관객이나 관람객의 눈에 띄거나 실제로 이용하는 공간만이 공간의 전부가 아니다. 그런 공간보다 훨씬 크고 복잡한 공간이 공연장이나 전시장에 숨겨져 있는 법이다(이승엽, 2001, p. 57). 심미적 매력은 외부 환경, 건축 디자인, 시설 유지, 청결 정도, 사인 표시 같은 요인을 고객이 감동하도록 얼마나 인상적으로 관리하고 유지하느냐에 관련된다. 이 밖에도 고객들이 심미적 차원에서 서비스 품질을 느낄 수 있는 기타 물리적 요인도 서비스 스케이프에 해당된다. 물적 증거와 소비자의 반응과 행동에 따른 서비스 스케이프의 개념도는 [그림 9-9]와 같다.

문화예술기관은 물적 증거나 환경을 개선함으로써 경쟁 기관과의 차별화를 시도할 수 있고, 그런 과정을 거쳐 문화예술 시장을 마케팅 목표에 알맞게 세분화할 수 있다. 서비스 스케이프의 사례로 청각장애인이나 외국인이 공연을 즐길 수 있도록 배려한 컬쳐커넥트의 공연자막 서비스를 들 수 있다. [그림 9-10]에서 평창동계올림픽 프로그램으로 진행된 평창문화올림픽의 공연자막 서비스를 확인할 수 있다. 누구나 즐기는 공연을 만들겠다는 취

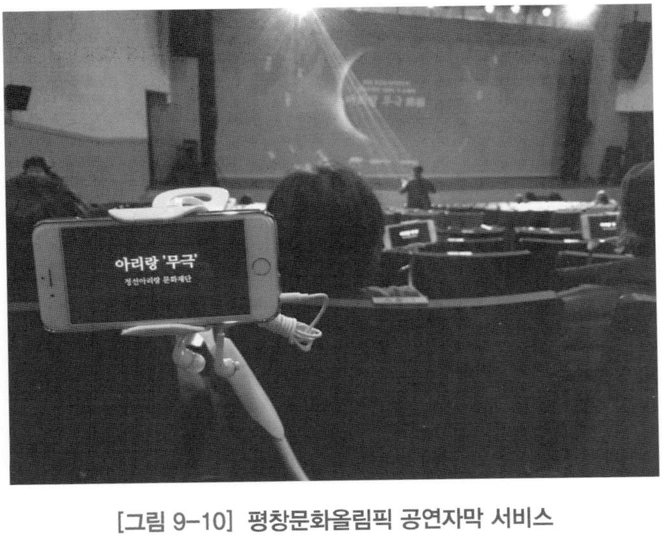

[그림 9-10] 평창문화올림픽 공연자막 서비스

출처: 컬쳐커넥트(2018).

지로 설립된 소셜 벤처기업 컬쳐커넥트는 공연 시작과 동시에 좌석 거치대에 설치된 스마트폰에 실시간으로 자막을 제공하는 기술을 개발했다. 모든 장벽을 허물겠다는 '배리어 프리(barrier free)'의 취지를 살려 청각장애인이나 외국인이 자막을 보며 공연을 즐기도록 함으로써 서비스 스케이프를 만족스럽게 구현했다(MYER, 2018. 11. 27.).

한국관광공사는 '대학로 공연관광 페스티벌(웰컴 대학로, 2017)'의 일환으로 대학로에서 공연되는 수많은 뮤지컬 가운데 〈김종욱 찾기〉〈당신만이〉〈사랑은 비를 타고〉〈여신님이 보고 계셔〉〈틱틱붐〉의 5개 공연에 영어, 중국어 간체, 일본어 자막이 탑재된 스마트패드에 자막 서비스를 제공했다. 외국인 관객들은 바로 앞좌석에 장착된 스마트패드로 영어, 중국어 간체, 일본어 자막을 보며 배우들의 대사를 곧바로 알아들었다. 현장에서 요청하면 직원이 지정석 바로 앞좌석 뒤쪽에 스마트패드를 설치해 주고, 원하는 언어를 클릭하면 공연 시작에 맞춰 자막이 나타나게 했다([그림 9-11] 참조). 더욱이 스마트패드에는 보호막을 씌워 옆 좌석과 뒷좌석 관객의 시야를 방해하지 않도록 배려했다. 한국관광공사는 자막 서비스를 제공하는 뮤지컬을 점차 확대해 서비스 스케이프의 영역을 더욱 확장시킬 예정이다(김지혜, 2017).

[그림 9-11] 외국인 관객을 위한 스마트패드 자막 서비스

출처: 도모서비스(2017).

공연장에서의 스마트패드 자막 서비스는 외국인과 장애인 고객도 공연을 쉽게 관람할 수 있도록 하는 편의시설이다. 공연장의 서비스 스케이프는 고객 만족에 영향을 미치며, 나아가 다음 공연의 티켓 구매 의사결정에도 영향을 미친다. 문화예술기관이나 단체에서는 보다 감동적인 서비스 스케이프를 구현하기 위해 물리적 장소로서의 공간을 체계적으로 관리해야 하며, 직원과 다른 고객들과의 관계 형성 여건도 섬세하게 고려해야 한다. 문화예술 소비자의 소비 행동은 실내 환경이나 물적 증거에만 의존하지 않고 자신의 실용적 목적과 사회적 가치에 따라 이루어지는 경우가 많기 때문이다.

서비스 스케이프를 보다 감동적으로 구현하기 위해 포장, 촉진제, 사회화 도구, 차별화 도구라는 네 가지 전략을 주로 활용한다. 각 전략에 대해 보다 구체적으로 알아보자.

첫째, 포장(package)은 서비스를 감싸는 내부 요소를 문화예술기관이나 단체의 외적인 형상으로 이미지화시켜 외부에 전달하는 기능을 한다. 고객들은 패키지의 품질에 따라 첫인상을 갖게 되며 기대 수준도 그에 맞춘다. 패키지가 좋으면 문화예술기관이나 단체에 대한 좋은 이미지를 형성할 수 있다.

둘째, 촉진제(facilitator)는 문화예술기관이나 단체의 서비스 환경에서 고객들의 행동을 도와주는 기능을 한다. 공연자막 서비스나 스마트패드 자막 서비스 같은 설계가 잘 된 시설은 고객들에게 유익한 서비스 경험을 제공하고 내부 구성원에게는 자신이 좋은 서비스를 제공하고 있다는 만족감을 느끼게 한다.

셋째, 사회화 도구(socializer)는 문화예술의 가치를 사회적으로 공유하는 데 기여하는 것이다. 직원과 고객에게 문화예술작품의 긍정적인 기대 효과를 설명함으로써 사회화를 촉진할 수 있다. 예를 들어, 미술관에 단체 방문을 한 학생들에게 현장에서 그림 그리기 수업을 하면 문화예술의 사회화 가능성이 높아진다.

넷째, 차별화 도구(differentiator)는 어떤 문화예술기관이나 단체가 경쟁자와 구별 짓는 모든 수단이다. 차별화 도구를 활용해 문화예술기관이나 단체에서 목표로 하는 문화예술 시장을 세분화할 수도 있다. 물리적 시설을 차별화하는 경우도 있지만 문화예술작품의 공연이나 전시의 품질을 차별화할 수도 있다.

서비스 스케이프는 고객의 티켓 구매를 촉진하는 데 기여하고, 문화예술기관이나 단체에 대한 충성도를 높이는 데 긍정적인 영향을 미친다. 관객이나 관람객의 문화예술기관이나 단체에 대한 충성도가 높아지면 문화예술기관이나 단체의 마케팅 비용을 줄일 수 있고 긍정적인 구전 효과도 기대할 수 있다. 고객 서비스에 실패했을 경우에도 서비스 스케이프가 좋았을 경우에는 실패를 만회할 가능성이 높기 때문에 마케팅 비용도 절감할 수 있다.

앞으로 문화예술기관이나 단체의 서비스 스케이프가 갈수록 중요해질 수밖에 없다. 그럼에도 불구하고 서비스 스케이프라는 용어도 모르는 문화예술 마케팅 기획자도 있는 듯하다. 여러 문화예술기관이나 단체에서는 서비스 스케이프의 관리 전략을 조속히 수립해야 한다. 그리고 현실적으로 유용한 맥락에서 서비스 스케이프 전략을 차근차근 실행해 나가야 한다.

제10장

과정의 서비스 만족

1. 문화예술의 서비스 전달 과정

문화예술 마케팅에 있어서 과정(Process)이란 서비스 전달 과정(Process of service assembly)을 축약한 표현이다. 서비스 마케팅에서는 과정을 서비스를 전달하는 데에 관련되는 모든 과정으로 보며, '서비스 설계 과정'이라는 전문적인 표현을 쓰기도 한다. 문화예술기관이나 단체에서 제공하는 서비스는 일련의 과정이자 흐름(flow)의 형태로 전달된다. 그렇기 때문에 서비스 과정을 어떻게 관리하느냐에 따라 문화예술기관이나 단체에 대한 선호도와 만족도가 달라진다. 서비스 과정을 기획할 때는 공연장, 공연 일정, 인적 자원, 재정 확보 같은 공연 기획에서부터 관객 관리, 시설 관리, 객석 관리, 정보 제공, PR 활동 같은 마케팅 커뮤니케이션 기획에 이르기까지 제공하는 모든 서비스가 감동적으로 흐르도록 기획해야 한다(Booms & Bitner, 1981).

서비스 전달 과정은 공연장이나 전시장을 나중에 다시 방문하게 하는 데 결정적인 영향을 미치기 때문에 서비스 품질을 결정하는 핵심 요인의 하나다. 주차장, 티켓 예약, 기념품 가게, 식사 시설, 휴게 시설, 탁아 시설, 부대시설을 얼마나 쉽게 이용할 수 있는지가 중요할 수밖에 없다. 고객의 편의를 위한 셔틀버스 운행, 공연과 전시에 대한 정보 제공, 지속적인 회원 관리, 작품에 대한 안내와 해설, 출연진과 관객 간의 대화 시간도 중요한 서비스 과정의 하나다. 고객들은 자신이 직접 경험한 모든 서비스 과정에서 느낀 감정을 반영해 문화예술기관이나 단체에 대한 종합적인 인식을 하게 마련이다.

삼성의 리움미술관은 관람객의 편의를 제공하는 차원에서 물품보관소(cloak room)와 개인별 물품보관함(locker)을 별도로 마련해 관람객들이 아주 가벼운 차림으로 미술관을 관람하도록 배려했다. 휴식이 필요한 관람객을 위해 소파, 아기 침대, 수유 쿠션이 비치된 수유실을 로비에 마련했다([그림 10-1] 참조). 나아가 유모차나 휠체어를 무료로 이용하려는 관람객은 매표소에서 신청해 안내를 받을 수도 있다.

각종 공연을 보러 갈 때 아이를 맡길 데가 없는 경우가 많다. 이 문제를 해결하기 위해 서울 예술의전당에서는 롯데백화점의 후원을 받아 36개월 이상부터 취학 전까지의 어린이들이 사용할 수 있는 키즈 라운지를 설치했다([그림 10-2] 참조). 오페라하우스 2층에 있는 '롯데백화점 키즈라운지'는 54평의

[그림 10-1] 리움미술관의 수유실

출처: 리움미술관 홈페이지.

[그림 10-2] 예술의전당의 키즈라운지

출처: 예술의전당 홈페이지.

넓은 규모에 테마존, 독서존, 시청각존, 병원놀이존으로 공간을 구분했다. 전문 보육 교사들이 유치원처럼 아이와 함께 놀아 주거나 동화책을 읽어 주기도 한다. 예술의전당에서는 또한 각 층마다 주차요금 정산기를 설치해 주차비를 쉽게 정산할 수 있도록 고객 편의를 고려했다. 서비스 플라자에서는 유실물 관리, 티켓 예매, 단체 예매, 고객 상담, 멤버십 가입을 안내하고 있다.

공연이나 전시회의 음성 서비스와 티켓 디자인도 서비스 과정의 일환이다. 어떤 공연이나 전시회에서 일정액을 지불하고 음성 안내를 받으며 전시를 관람할 수 있다. 전문적인 교육을 받고 미술관이나 박물관에서 관람객에게 전시 작품에 대해 설명해 주는 도슨트(docent)로부터 시간대별로 풍부한 설명을 들으며 작품을 관람할 수도 있다. 큐레이터의 설명을 들으며 전시회를 볼 수도 있지만, 스마트폰을 이용해 이어폰을 꽂고 혼자서 여유롭게 관람할 수도 있다. 이는 마음에 드는 작품을 오랫동안 보고 싶은 경우가 있는데 큐레이터의 설명을 들으며 따라다니다 보면 오래 관람하기 힘든 점을 보완해 주는 방법이다.

전시회에 관련된 사진이나 그림을 넣은 티켓 디자인도 과정의 하나다. 이런 티켓들은 전시회 구경을 마친 다음에도 끝이 아니라 문화예술작품을 집에 가지고 가는 듯한 만족감을 준다. 전시회의 여운을 좀 더 오랫동안 즐기도록 하는 것이다. 자신이 본 공연이나 전시회의 티켓을 차곡차곡 모아 두면 나중에 자기만의 문화예술 경험에 대한 전시회를 열 수도 있다. 이런 맥락에서 전시회와 관련된 사진이나 그림을 넣은 티켓 디자인은 관람이 끝난 다음 고객들의 만족감을 높일 수 있다는 과정의 사례가 된다.

문화예술기관이나 단체의 서비스 전달 과정은 서비스 상품 자체인 동시에 서비스를 전달하는 유통의 성격을 지닌다. 고객들은 서비스 전달 과정의 각 단계별로 서비스를 제공하는 기관이나 직원들의 능력을 민감하게 느끼고 기억한다는 사실에 유의할 필요가 있다. 문화예술기관이나 단체에서 그 과정을 어떻게 관리하느냐에 따라 고객의 만족도가 달라진다.

문화예술기관이나 단체의 서비스 과정은 고객 만족도에 영향을 미친다. 따라서 마케팅 믹스 전략을 수립할 때는 반드시 고객들이 기대하는 욕구를 고려해서 서비스 과정 자체가 감동을 유발하도록 전개해야 한다. 문화예술기관이나 단체의 서비스 과정은 서비스 운영 체계와 서비스 경로를 어떻게 연계시키느냐에 따라 성과가 달라진다. 그렇기 때문에 어떻게 해야 고객 감동을 유발할 것인지 심사숙고해서 과정을 관리할 필요가 있다. 문화예술기관이나 단체의 서비스 과정이 좋은 인상을 남긴다면 재방문율은 저절로 높아질 것이다.

문화예술 서비스 과정의 최종 목표는 문화예술기관이나 단체에 대한 좋은 인상을 남겨 재방문율을 높이는 데에 있다. 서비스 과정은 내부 구성원과 고객 간에 서비스 접촉 빈도가 높은 고접촉 서비스에 해당된다. 따라서 서비스 과정에서는 고객을 서비스 운영 체계의 한 부분으로 고려하는 통합적 관점을 가지고 서비스의 운영 체계를 기획해야 한다.

2. 서비스 과정의 구성요인과 조우만족

서비스 과정은 문자 그대로 고객에게 전달되는 모든 서비스를 관리하는 과정이다. 문화예술의 서비스 과정을 문화예술 소비자의 입장에서 생각해 보자. 소비자들은 어떤 문화예술작품을 보고 싶은 마음이 든 순간부터 실제로 공연이나 전시를 구경한 다음에 집에 돌아오기까지 문화예술기관이나 단체의 여러 서비스를 경험하게 된다. 정보 탐색, 티켓 예매, 셔틀버스 이용, 식당 이용, 공연장 방문, 팸플릿 구입, 공연 관람, 화장실 이용, 공연 후 귀가 같은 일련의 과정에서 문화예술 소비자들은 여러 서비스를 만나게 되는 것이다(김민주, 2005).

또한 문화예술기관이나 단체의 입장에서 서비스 과정을 기획한다고 생각해 보자. 공연장의 상태, 공연 일정, 인적 자원, 재정의 확보 같은 공연 기획에서부터 시작해서 고객 관리, 내부 구성원 관리, 시설 관리, 재무 관리, 객석 관리, 정보 제공, 작품의 PR 활동 같은 마케팅 기획에 이르기까지 여러 서비스 과정이 있다. 이때 준비한 서비스가 문화예술 소비자에게 자연스럽고 감동적으로 다가가도록 모든 과정을 섬세하게 기획하는 서비스 전문성이 중요하다.

문화예술기관이나 단체에서 서비스를 제공하는 과정에서는 그 밖에도 여러 서비스의 접점을 섬세하게 관리해야 한다. 주차장 시설, 기념품 판매, 식사 시설, 휴게 시설, 탁아 시설, 부대시설의 편리함, 고객 편의를 위한 셔틀버스 운행, 티켓 예약의 편리성, 공연 및 전시에 관한 정보 제공, 지속적인 회원제 고객 관리, 작품에 대한 안내와 해설, 고객과의 대화 시간 마련 등이 있다(정철현, 황소하, 2010, p. 219).

예를 들어, 스페인 마드리드에 있는 프라도미술관(Museo Nacional del Prado)은 주차장 시설과 기념품 판매는 물론 고객과의 대화 시간을 마련하는 데에 이르기까지 서비스를 제공하는 과정에서 서비스 접점을 섬세하게 관리하는 것으로 정평이 나있다. 7,800여 점의 미술품 중에서 약 1,300여 점을 전시하는 프라도미술관이 세계 3대 미술관의 하나로 자리매김한 데는 벨라스케스(Diego Velázquez, 1599~1660)의 대표작 〈시녀들(Las Meninas)〉(1656)을 비롯한 12~19세기의 유럽 회화 컬렉션 때문만은 아니다. 문화예술 서비스를 제공하는 과정도 프라도미술관의 평판을 형성하는 데 엄청난 영향을 미쳤다.

[그림 10-3] 프라도미술관 입구에서 필자(2015)

[그림 10-4] 프라도미술관 기념품 판매점(2015)

서비스 과정에서 만나는 고객들은 문화예술작품의 내용이나 수준에 따라 일차적인 평가를 하겠지만, 자신이 경험한 서비스 과정에 대한 느낌을 총체적으로 반영해 공연과 전시는 물론 문화예술기관이나 단체의 만족도에 대한 최종적인 평가를 하게 된다. 그렇다면 문화예술기관이나 단체의 서비스 과정은 몇 가지 요인으로 구성되는 것일까?

문화예술 서비스를 전달하는 과정은 서비스 품질의 성과를 관리하는 데 필요한 핵심 요인이다. 그렇지만 문화예술 서비스는 경험재(經驗財)라는 특성이 있기 때문에 고객과 만나는 서비스 접점에서 유동적이고 양면적일 때가 많다. 서비스를 전달하는 과정에서 서비스의 구성요인은 구조적인 필수요소(essential components)와 유동적인 표현요소(expressive components)가 각각 동시에 작동하게 마련이다.

특히 표현요소는 고객들이 구체적인 서비스를 받는 동안에 직원과의 상호작용에 따라 고객 스스로가 느끼는 유동적인 경험이다. 문화예술 마케팅에서는 어떤 서비스를 우연히 만나거나 마주쳤다는 뜻에서 조우(遭遇)라는 단어를 써서 서비스 전달 과정을 설명한다. 즉, 표현요소에 따른 서비스 전달 과정의 모든 결과를 서비스의 '조우만족(encounter satisfaction)'이라고 한다. 표현요소는 서비스 조우 경험의 유동적 성과로 평가되는 영역이다. 서비스 과정에서 조우만족에 영향을 미치는 요인은 여섯 가지가 있는 것으로 알려지고 있다(민병준, 2009; Wong, 2004).

먼저, 과정의 시간(process time)이다. 고객들이 서비스를 받기 전부터 서비스를 받는 동안까지 얼마만큼의 시간을 썼는지가 문화예술 소비자의 조우만족에 영향을 미친다. 직원의 용모(employee appearance)에도 신경 써야 한다. 직원들의 유니폼과 위생 상태를 비롯해 고객이 직원들과 접촉할 때 느끼는 인상도 조우만족에 영향을 미친다. 직원의 용모는 처음 방문한 낯선 고객과의 벽을 허무는 데 있어서도 중요한 역할을 한다.

고객의 참여(customer participation)도 무시할 수 없다. 고객과 직원 간의 상

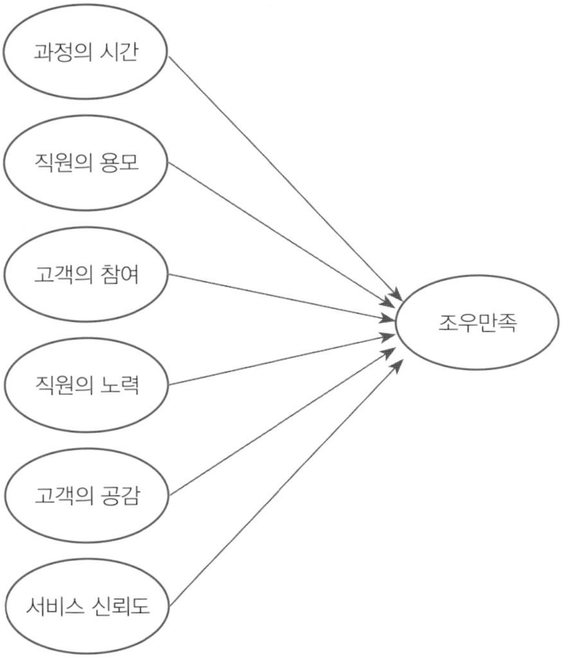

[그림 10-5] 서비스 과정의 조우만족 모델

출처: 민병준(2009), p. 122.

호작용을 비롯해서 서비스를 제공하는 과정에서 고객 스스로가 참여하는 보람을 느꼈다면 문화예술 소비자의 조우만족도는 저절로 높아질 것이다. 이미 회원 등록을 한 고객들이 다른 고객을 소개하면 포인트를 누적시켜 주거나 가격할인 혜택을 제공하는 것도 고객의 참여를 유도하는 방안이다. 고객의 공감(empathy)도 중요하다. 서비스를 받는 고객이 직원과 접촉해서 이해하고 반응하는 태도인 공감의 정도는 문화예술 소비자의 조우만족에 결정적인 영향을 미친다.

직원의 노력(employee effort)도 중요하다. 서비스를 받는 고객들과 접촉한 직원 개개인의 기술과 지식 및 전문성은 조우만족에 영향을 미칠 수밖에 없다. 직원의 노력에 해당되는 서비스 마인드는 고객 만족을 위한 출발점이기도 하다. 마지막으로, 서비스 신뢰도(reliability)다. 모든 서비스 과정에서 정확하고 일관된 서비스를 제공함으로써 고객의 신뢰를 얻는다면 문화예술 소비자의 조우만족도가 향상될 것이다.

서비스 조우만족에 영향을 미치는 서비스 전달 과정 요소를 분석한 연구에서는 서비스 조우만족에 대한 고객의 지각에 있어서 구조적인 필수요소에 비해 유동적인 표현요소가 상대적으로 더 큰 영향을 미친다고 보고했다. 조우만족에 영향을 미치는 여섯 가지 요인 중에서는 '직원의 노력'이 가장 큰 영향을 미쳤고, 그다음으로 '고객의 공감' '서비스 신뢰도' '직원의 용모' 순으로 영향을 미치는 것으로 나타났다. '과정의 시간'과 '고객의 참여'는 상대적으로 영향력이 낮게 나타났다(민병준, 2009).

이 연구에서는 서비스 전달 과정에서 서비스의 성과와 고객 만족도를 높이는 데 있어서 직원의 역할이 얼마나 중요한지를 실증적으로 보여 주었다. 서비스 전달 과정의 표현요소 중에서 직원의 노력, 고객의 공감, 직원의 용모 같은 문화예술기관이나 단체의 내부 구성원에 관련되는 요소들이 서비스 조우만족을 결정하는 핵심 요소임이 분명해졌다. 서비스 과정에서 여섯 가지 요인을 어떻게 관리하느냐에 따라 고객들이 느끼는 조우만족도가 달라지기 때문에, 문화예술기관이나 단체의 마케팅 기획자는 직원들의 고객 지향성을 높일 수 있도록 서비스 과정을 관리하는 매뉴얼을 개발해야 한다.

문화예술기관이나 단체는 서비스 과정의 흐름이 원활하게 이루어지도록 직원을 교육하는 동시에, 체계적인 업무 분석을 바탕으로 서비스의 모든 생산 과정과 소비 과정을 적절히 통제할 필요가 있다. 서비스의 흐름은 고객 만족과 직결되며 이것이 곧 문화예술기관이나 단체의 서비스 품질 평가에 영향을 미치기 때문이다. 서비스 과정이 직원과 고객 사이의 상호작용을 통해 완성되기 때문에, 내부 구성원인 직원들은 기본적으로 서비스 전문성을 갖춰야 한다.

문화예술기관이나 단체에서는 서비스 과정을 미리 분석해 서비스 품질을 검토하고 실수할 가능성이나 문제점을 사전에 개선함으로써 고객 만족도를 높여야 한다. 그러나 생산성 향상을 위해 서비스의 생산 과정과 소비 과정을 지나치게 통제하는 것은 바람직하지 않다. 어떤 문화예술기관이나 단체에서는 생산성을 높이려는 목적이 지나치게 과도해서 서비스를 전달하는 단계를 줄이고 과정도 단순화시켜 또 다른 고객 불만을 초래하는 실수를 범하고 있다.

문화예술기관이나 단체에서 서비스 과정이나 절차를 지나치게 단순화하거나 과도하게 생략해 버리면 고객 입장에서는 그 기관이나 단체의 서비스 과정에서 결정적인 문제가 있다고 느낄 수 있다. 그렇게 되면 어떤 문화예술 서비스를 뜻밖에 만나거나 마주쳤을 때 느끼는 조우만족의 놀라움도 기대하기 어렵다. 따라서 문화예술기관이나 단체에서는 고객의 참여 수준, 의사소통의 범위, 문제 해결 방법, 기관의 현실적인 여건을 비롯한 제반 요인들을 다각도로 분석한 다음, 조우만족에 영향을 미치는 서비스 전달 과정의 요소들을 어떻게 운용할 것인지 세심하게 결정해야 한다.

3. 문화예술의 서비스 청사진

집을 설계할 때 청사진이 필요하듯, 문화예술 서비스를 제공하는 과정도 하나의 그림으로 표현해 두면 고객 서비스에서 놓치는 부분 없이 섬세하게 관리할 수 있다. 역할이나 관점이 각각 다른 사람들이 청사진을 공유한다면 문화예술기관이나 단체의 서비스를 한눈에 이해하고 직원 각자가 맡은 역할을 제대로 수행하게 된다. 서비스 청사진(service blueprint)이란 서비스를 객관적으로 관리하기 위해 서비스의 체계를 명확히 설명한 그림과 지도이자 서비스 관리 지침이다.

뉴욕씨티은행의 마케팅 부사장이었던 쇼스택(Shostack, 1984)이 「도달하는 서비스의 설계(Designing Services That Deliver)」라는 기념비적인 논문을 발표하면서 서비스 청사진의 개념을 처음으로 제시했다. 쇼스택은 서비스에 실패하는 사례가 많다고 지적하며, 어떤 천재가 좋은 서비스를 제공할 수도 있겠지만 설계할 필요가 있다고 주장했다. 그는 감동적인 서비스를 제공하기 위한 시각화의 도구가 서비스 청사진이라고 했다. 킹먼-브런디지(Kingman-Brundage, 1988, 1991)는 이 개념을 서비스 전달 체계를 분석하고 설계하는 기법으로 발전시켰다. 킹먼-브런디지는 쇼스택이 제시했던 단계(steps)를 넘어서 과업(tasks) 위주로 서비스 청사진을 설계해야 한다고 주장함으로써 서비스 청사진의 개념을 확장시켰다.

결국 서비스 청사진은 고객이 서비스의 감동을 느끼도록 문화예술기관이나 단체에서 준비한 서비스 제공의 단계를 나누는 방법이자 내부 직원에게는 과업(업무)을 수행하는 가이드라인이 된다. [그림 10-6]은 서비스 청사진의 구조 모형이다. 서비스 청사진을 작성하면 서비스를 제공하는 과정, 고객의 행동에 대응하는 직원의 행동, 고객과 만나는 접점의 관리, 나아가 모든 서비스의 실행 과정을 한눈에 파악할 수 있다. 문화예술기관이나 단체에서 서비스 과정을 새로 설계할 때도 서비스 청사진은 길을 알려 주는 내비게이션 같

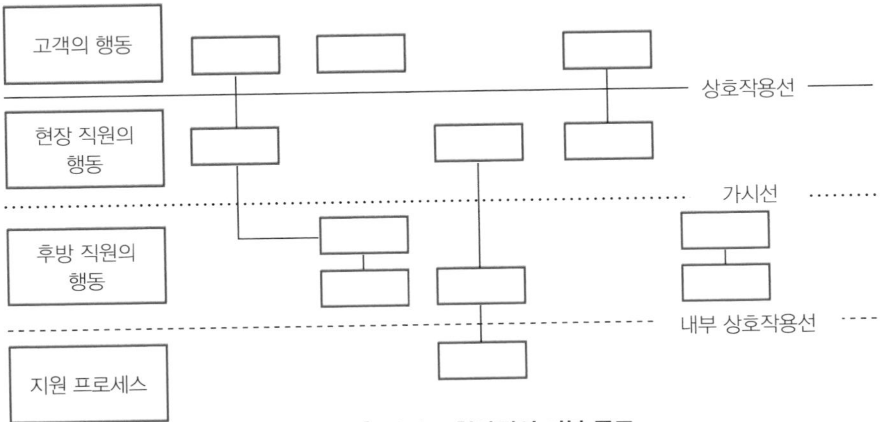

[그림 10-6] 서비스 청사진의 기본 구조

은 역할을 한다.

서비스 청사진을 통해 서비스가 시작되는 순간부터 마지막 순간에 이르기까지 투입된 인원이나 예산 같은 모든 영역을 두루 살펴볼 수 있다. 서비스 체계의 구조와 과정을 한눈에 보여 주는 서비스 청사진은 서비스의 주요 단계를 연결하는 데 그치지 않고 각 체계 사이를 잇는 연결고리 역할도 한다. 문화예술기관이나 단체의 마케팅 기획자는 서비스 청사진을 미리 작성함으로써 서비스의 기대 효과를 사전에 추정할 수도 있다. 만약 서비스 과정에서 실수할 가능성이 엿보인다면 미흡한 대목을 보완함으로써 서비스의 실패를 사전에 방지할 수 있다.

보통 서비스 청사진을 활용해 서비스 과정의 단계와 과업을 분류한다. 고객들은 서비스 청사진을 통해 경험할 서비스의 특성을 알 수 있고, 직원들은 서비스 청사진을 보며 맡겨진 일을 하게 된다. 서비스 청사진을 설계하는 중요한 목적의 하나는 실패할 가능성이 있는 서비스의 예상 지점을 미리 파악해 현실적으로 적용할 수 있는 개선 방안을 마련하는 것이다. 실패할 가능성이 있는 서비스의 사례로 어떤 공연이나 전시회에 입장하기 위해 기다려야 하는 고객의 대기 시간 문제를 생각해 보자.

공연이나 전시회에서 입장하기 전까지는 기다려야 하는 대기 시간이 필요하다. 대기 시간이란 서비스를 바라는 때부터 서비스가 시작되기 직전까지 걸리는 모든 시간이다. 고객들의 기다림은 서비스를 제공받기 전이나, 서비스를 제공받는 도중이나, 심지어 서비스를 제공받은 다음에도 있을 수 있다(이유재, 라선아, 2003). 대기 시간을 단축하면 고객 만족도는 높아진다. 서비스 청사진에서 대기 시간의 실패 지점을 사전에 감지해 개선하면 서비스 실패에서 서비스 성공으로 바뀌게 된다.

예를 들어, 대기 시간에 흥미로운 볼거리를 제공하거나 시간을 단축시키는 것도 하나의 방안이다. 고객들이 무료하게 보내는 시간에 다른 곳에 주목하도록 하는 아이디어도 있을 수 있다. 자동화 시스템을 도입해 대기 시간을 줄일 수도 있다. 혼자만이 아닌 모든 사람이 똑같이 기다린다는 대기 시간의 공평성을 고객 스스로가 느끼게 하는 것도 한 방법이다. 이 밖에도 대기 시간에 따른 확실한 보상 체계를 마련해 두는 것도 좋다.

서비스 청사진에는 서비스 제공 과정을 고객에게 보이게 하는 가시화 영역(front stage)과 고객에게 보이지 않게 하는 비가시화 영역(back stage)이 있다. 즉, 가시화 영역과 비가시화 영역은 물론 그에 따른 선의 관계에 따라 서비스 청사진의 구조가 갖춰진다고 하겠다. 서비스 청사진의 행동 영역에는 고객의 행동, 현장 직원의 행동, 후방 직원의 행동, 지원 프로세스의 네 가지 요인이 있다.

첫째, 고객의 행동(customer action)은 서비스 청사진에서 가로선으로 표시된다. 고객이 어떻게 행동하고 기대하는 서비스가 무엇인지 서비스 과정에서의 선호와 회피, 상호작용, 기타 활동 같은 고객의 행동 양상이 해당된다. 서비스 청사진에는 고객이 행동하는 모든 과정을 순서대로 표시하며, 고객의 행동 양상이 바뀌면 청사진을 다시 설계해야 한다.

둘째, 현장 직원의 행동(onstage, visible contact employee actions)은 서비스를 제공하기 위해 고객과 직접 접촉하며 상호작용하는 직원의 행동을 의미한다. 고객의 행동과 현장 직원의 행동은 상호작용선에 의해 구분된다. 고객의 눈에 직접 보이는 현장 직원의 행동은 두루두루 연결되며, 문화예술 서비스를 제공하는 모든 과정이 이 영역에 해당된다.

셋째, 후방 직원의 행동(backstage, invisible contact employee actions)은 서비스를 제공해도 고객이 직접 볼 수 없고 상호작용할 수 없는 내부 직원의 행동이다. 후방 직원의 행동은 현장 직원을 지원하며 현장과 후방 직원의 행동은 가시선에 따라 분리된다. 고객에게 보이는 행동은 가시선 위에 표시하고, 고객에게 보이지 않는 모든 행동은 가시선 밑에 표시한다.

넷째, 지원 프로세스(support process)는 현장 직원과 후방 직원들이 서비스를 제대로 제공하도록 도와주는 체계다. 후방 직원의 행동과 지원 프로세스

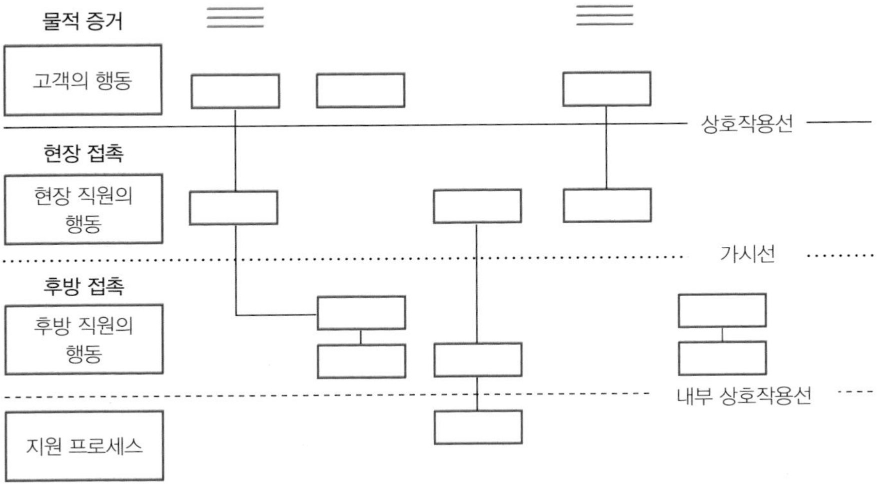

[그림 10-7] 현장(onstage)과 후방(backstage)의 구분

는 아래쪽에 있는 내부 상호작용선으로 분리된다. 이 선에 따라 후방 직원의 서비스와 직원을 지원하는 서비스 내용을 별도로 준비할 필요가 있다. 이때도 내부에서 이루어지는 상호작용이 중요하다.

서비스 청사진에서 고객의 행동, 현장 직원의 행동, 후방 직원의 행동과 관련되는 선은 세 가지가 있다. 즉, 상호작용선, 가시선, 내부 상호작용선이 그것이다. 이 세 가지 선에 따라 서비스 과정에서 고객과 내부 직원의 실질적인 행동반경이 구별된다([그림 10-7] 참조).

첫째, 상호작용선(line of interaction)은 고객과 직원 간에 직접적인 상호관계가 이루어지는 선이다. 고객의 행동과 직원의 행동을 나누는 외적인 선이 상호작용선이다. 선의 위쪽은 물적 증거와 고객의 활용 영역이다. 고객의 동선과 직원의 동선이 만나는 접점들이 모두 모인 곳이 문화예술 소비자에게 서비스가 실제로 제공되는 지점이다.

둘째, 가시선(line of visibility)은 고객의 눈에 보이는 영역과 보이지 않는 영역을 나누는 경계선이다. 고객의 관점에서는 가시선 위에 있는 것은 모두 다 보이는 것들이고, 가시선 밑에 있는 서비스는 보이지 않는다. 문화예술기관이나 단체의 마케팅 기획자는 서비스를 제공받는 고객에게 보여 주면 좋을 것과 보여 주지 말아야 할 것을 결정해야 한다.

셋째, 내부 상호작용선(line of internal interaction)은 후방 직원의 업무와 서비스의 지원 과정을 구별하는 경계선이다. 후방 직원이 구사하는 서비스 내용이 어떤 지점에서 감동을 유발하는지도 내부 상호작용선을 어떻게 운용하느냐에 따라 결정된다. 이 선은 내부의 지원 과정을 어떻게 개발하고 어떻게 운용할 것인지를 결정할 때도 중요하다.

이상에서 설명한 네 가지 행동 요인과 세 가지 선이 체계적으로 관리되고 유기적인 관련성을 맺을 때 문화예술 소비자의 고객 만족도는 배가될 수 있다. 서비스 청사진을 통해 서비스를 개선할 수도 있고 혁신적인 기법을 도입할 수도 있다. 서비스를 제공하는 과정에서 서비스의 병목 현상이 어떤 대목에서 발생하는지도 포착할 수 있다. 계획 없이 대충대충 하다가는 큰 봉변을 당한다는 "주먹구구에 박 터진다."라는 속담은 문화예술 서비스 과정에서도 딱 맞는 말이다. 서비스 청사진을 잘 설계하면 박 터질 일은 절대 일어나지 않는다.

4. 서비스 청사진의 설계방법

서비스 청사진을 설계할 때는 고객의 동선을 기준으로 내부 직원의 서비스 활동을 유기적으로 연결하는 것이 중요하다. 현장과 후방에서 서비스하는 직원 2명의 직무가 각각 다르더라도 그들의 역할은 고객의 동선에 알맞게 유기적으로 연결되어야 한다. 결국 직원 두 사람이 고객의 동선에 연결되어 고객의 참여를 얼마나 효과적으로 유도할 수 있는지가 서비스 전달 과정을 설계하는 핵심 관건이 된다.

서비스 청사진의 사례를 서울의 청담동 K현대미술관에서 열린 〈나의 어린 왕자에게(Dear My Little Prince)〉전(2018. 10. 5.~2019. 3. 31.)에서 확인할 수 있다. 생텍쥐페리(Saint-Exupery)의『어린 왕자(The Little Prince)』(1943)는 180여 개 언어로 번역된 세계적인 스테디셀러 동화다. K현대미술관에서는『어린 왕자』의 내용을 미술적으로 재해석한 미디어아트전을 개최했다. 국내외 작가 20여 명이 참여한 이 전시회에는 회화, 영상 설치물, 비디오게임 같은 다채로운 예술 양식이 선보였다. 고객들이 색다른 문화예술 경험을 할 수 있는 기회가 마련된 것이다.

이 전시회의 부제는 현대미술(Visual)을 통해 동화 저편의 풍경(Scape)을 우리네 현실(Geo)로 가져온다는 뜻에서 'Geo+Visual+Scape'로 정했다. 동화『어린 왕자』가 현대에도 살아 숨 쉬게 하자는 취지에서였다. 참여 작가들은 동화의 핵심 주제인 '틀에 갇히지 않는 상상력'과 '길들여진다는 것'에 대해 미디어아트로 자유롭게 표현했다. 관람객들은『어린 왕자』속의 다음과 같은 명언을 따라가며, 미디어아트 동화 속으로 빠져들었다고 할 수 있다.

> "만일 네가 오후 4시에 온다면 나는 3시부터 행복해질 거야."
>
> "양 한 마리만 그려 줘요."
>
> "정말 중요한 건 눈에 보이지 않아."
>
> "사랑한다는 말은 아껴야 해."
>
> "세상에서 가장 어려운 일은 사람이 사람의 마음을 얻는 일이란다."
>
> "별들이 아름다운 건 보이지 않는 한 송이 꽃 때문이야."
>
> "사막이 아름다운 건 어딘가에 우물을 감추고 있기 때문이야."
>
> "네 장미꽃을 그렇게 소중하게 만든 것은 그 꽃을 위해 네가 소비한 시간이란다."
>
> "누구나 처음에는 어린이였지만 그걸 기억하는 어른은 없어."

행동 영역과 선의 명료한 관계는 이 전시회의 서비스 청사진에 잘 나타나 있다. 고객의 행동 영역은 '어른들의 삶'에 익숙해져 있던 고객들이 여러 전시장을 둘러보다가 어린 왕자와 만나면서부터 자신이 잃어버린 것들을 되돌아

[그림 10-8] 〈나의 어린 왕자에게〉전 포스터(2018)

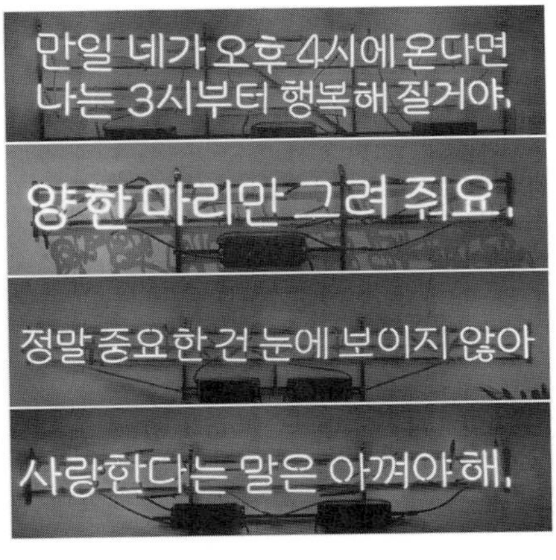

[그림 10-9] 미디어아트로 표현된 『어린 왕자』 속의 명언

보며 삶의 본질을 느끼도록 구성했다. 전시장을 둘러보다 "양 한 마리만 그려 줘요."라는 어린 왕자의 말이 나오는 지점에서는 관람객이 직접 양을 그려 보고, 체험 존에서는 고객이 조종사 역할을 체험하도록 고려했다. 비디오 게임,

볼트와 너트를 활용한 입체 작품, 모션 페인팅을 관람하는 과정에서 고객들이 지난 시간을 되돌아보며 어린 시절을 떠올리도록 배려했다.

이 밖에도 현장 직원의 행동, 후방 직원의 행동, 지원 프로세스 영역의 서비스 청사진을 체계적으로 구성했다. 구획 미장센이 돋보이는 4층 전시실, 네온 미장센, 비디오와 설치 작업실, 어린 왕자가 살았던 행성 B612에는 상호작용선과 가시선을 고려했다. 안전선으로 정해진 일정한 크기의 구획 안에 선의 요소들을 섬세하게 배치한 것이다.

씹다 버린 껌을 모아 샹들리에로 구성한 작품 〈꿈꾸는 풍선껌〉과 일몰을 44번이나 봤다는 어린 왕자의 말에서 착안해 3D 프린터로 출력한 설치물 위로 일출과 일몰을 인위적으로 연출해 "가장 중요한 것은 눈에 보이지 않아." 라는 메시지를 보여 주는 공간에도 상호작용선을 고려했다. 이 밖에도 고객들이 전시 작품을 감상할 때 조금이라도 불편감을 덜어 주려고 서비스 청사진을 설계하면서 후방 직원의 업무와 서비스의 지원 프로세스를 구별하는 내부 상호작용선도 반영했다.

[그림 10-10] 씹다 버린 껌으로 만든 〈꿈꾸는 풍선껌〉

출처: 구지은(2018).

이 전시회는 원작 동화를 시각적이고 감각적으로 재해석했다. 전시회에서는 가장 현대적인 미디어 아트를 통해 동화 속 어린 왕자에게 온기를 불어넣어 관람객 앞에 소환했다(성은주, 2018). 문화예술 소비자들은 어린 왕자를 통해 지나온 세월을 되돌아보며, 자신이 얼마나 소중한 것들을 잃어버렸는지 새삼 깨달았으리라. 이 전시회의 서비스 청사진은 고객들의 기억을 소환하는 데 알게 모르게 영향을 미쳤을 것이다.

그렇다면 서비스 청사진은 어떻게 설계할 것인가? 서비스 청사진을 설계할 때는 실패 가능성을 사전에 예상함으로써 실패를 미연에 방지하고 서비스 품질을 높이도록 고려해야 한다. 서비스 청사진을 설계할 때는 서비스 과정을 분석하는 작업이 먼저 이루어져야 한다. 그런 다음에 고객의 행동, 현장 직원의 행동, 후방 직원의 행동, 지원 프로세스 같은 네 가지 요인의 행동 영역을 고려해야 한다. 그리고 상호작용선, 가시선, 내부 상호작용선을 설정해 고객과 내부 직원의 실제 행동반경을 서비스 청사진에 표시해야 한다. 서비스 청사진을 설계하는 일반적인 과정은 다음과 같다.

첫째, 전체 서비스 과정을 분석하고 세부적으로 나눠 서비스를 제공하는 데 필요한 세부 단위를 설정해야 한다. 세세하게 구분된 세부 단위는 서비스 청사진을 설계할 때 필요한 기본 단위로 활용할 수 있다.

둘째, 이전 단계에서 세세하게 구분된 서비스의 세부 단위를 서비스 청사진의 영역에 알맞게 구체화시키는 작업을 해야 한다. 이때 서비스의 각 과정을 고객 지향적인 관점에서 도식화하는 전문성이 필요하다.

셋째, 문화예술 서비스가 제공되는 현장에서 고객과 직접 접촉하는 직원의 과업과 후방에서 서비스를 지원하는 직원의 행동을 구별해야 한다. 각자가 맡을 업무 내용을 구체적으로 도식화했을 때 효과가 높다.

넷째, 현장 직원과 후방 직원이 서비스를 제대로 제공하도록 내부에서 도와주는 지원 프로세스를 도식화해야 한다. 더 좋은 서비스를 제공하려면 무엇을 준비하고 보완해야 하는지도 구체적으로 명시해야 한다.

다섯째, 고객의 행동에 알맞게 서비스를 추가하고 각 과정을 서비스의 흐름에 따라 연결함으로써 서비스 청사진을 완성시킨다. 이때 네 가지 요인의 행동 영역과 세 가지 선의 연결 관계를 세심하게 점검해야 한다.

이상의 과정을 거쳐 서비스 청사진을 완성하면 몇 가지 효과를 기대할 수 있다. 문화예술기관이나 단체의 직원들에게 자신이 맡은 업무 과정을 구체적으로 이해하게 함으로써 고객들에게 고품질의 서비스를 제공할 수 있다. 또한 서비스의 실패 지점을 직원들이 예측하도록 함으로써 상호작용선, 가시선, 내부 상호작용선을 다시 설정할 수도 있다. 나아가 서비스 과정에 투입되는 비용과 예상되는 수익을 파악할 수도 있다. 결국 서비스 청사진은 문화예술 마케팅 비용을 추정할 기초 자료를 마련하는 데 필요한 구체적인 정보를 제공할 것이다.

제11장

생산성과 품질의 균형

1. 문화예술에서 생산성과 품질의 관계

문화예술 마케팅에서 생산성과 품질은 불가분의 관계다. 생산성과 품질은 항상 연계되기 때문이다. 제조업을 비롯한 일반 기업에서는 '생산성'이라는 용어가 보편화되었지만, 문화예술 분야에서는 생산성과 성과성이라는 용어를 혼용해도 별문제가 없다. 생산성이란 문화예술기관이나 단체의 운영 성과를 높이기 위한 마케팅 믹스 요인의 하나로, 제공하는 서비스 품질과 연계된다.

문화예술기관이나 단체는 어떤 작품의 공연이나 전시를 기획할 때 티켓 구매 전, 티켓 구매 중, 티켓 구매 후의 모든 과정에서 성과를 높이려고 한다. 그렇지만 성과를 높이는 데만 치중하다 보면 서비스 품질의 중요성을 놓치게 되고, 그리하여 결국 고객들에게 실망감만 안겨 줄 가능성도 있다.

보통 생산성(Productivity)은 재화와 용역 등의 산출물을 생산하는 데 사용된 자본이나 노동 같은 투입물의 관계로 설명할 수 있다. 그것은 투입물을 변환시켜 산출물을 얼마나 창출했는지를 나타내는 지표다. 문화예술 마케팅에서는 서비스 생산성이란 말을 쓴다. 서비스 생산성은 문화예술기관이나 단체에서 고객의 기대를 충족시키고 고품질의 서비스를 제공하기 위해 자체적인 투입 요인을 활용하는 능력이다. 그렇지만 문화예술 분야에서는 제조업에 비해 생산성을 높이기 어렵고 정확히 측정하기도 쉽지 않다. 서비스 생산성은 '산출수량+산출품질'을 '투입수량+투입품질'로 나누는 공식으로 설명할 수 있다.

$$\text{서비스 생산성} = \frac{\text{산출수량+산출품질}}{\text{투입수량+투입품질}}$$

서비스 산업에서 생산성과 품질(productivity-quality)은 불가분의 관계를 가지며 항상 연계되기 마련이다(Zeithaml, Bitner, & Gremler, 2012). 유사해 보이지만 두 개념 사이에는 많은 차이가 있다. 생산성은 효율을 추구하는 데 비해 품질은 고객 만족을 더 중시한다. 생산성은 가치를 추가하는 데 목표를 두지만 품질은 가치의 강화를 더욱 중시한다(Kontoghiorghes, 2003). 문화예술계에서는 오랫동안 생산성을 높이기 위해 노력하는 것 자체가 문화예술의 특성을 거스르는 행위라고 인식하는 경우도 많았다.

사실 문화예술계에서는 제조업 분야에서 주장하는 생산성 향상 문제가 쉽지 않은 측면도 있다. 문화예술 산업에서는 생산성에 치중한 나머지 서비스 품질을 도외시하면 안 되는 까닭이 있기 때문이다. 제조업 분야에는 52분간 일하고 17분간 쉬어야 생산성이 극대화된다는 '52-17의 법칙'이 적용되고 있다. 이 법칙을 문화예술 분야에 적용할 수 있을까? 생산성이 높다고 해서 문화예술 산업의 경쟁력이 올라가는 것이 아니라 생산성과 품질을 동시에 추구할 때 산업의 경쟁력을 모색할 수 있기 때문이다. 생산성의 차원에서 문화예술 산업은 다음과 같은 특성이 있다(Throsby, 1994).

첫째, 문화예술 산업은 공연 횟수와 전시 횟수 또는 입장객의 수로 측정하는 생산량이 증가하면 저절로 평균적인 생산비도 감소하는 자연 독점적 특성이 있다. 어떤 공연이나 전시의 횟수가 증가하면 그 공연이나 전시에 필요한 고정비의 비중은 감소하게 마련이다. 고정비의 비중이 감소하면 고객 한 사람에게 제공할 수 있는 문화예술작품에 대한 서비스의 생산 비용도 자연스럽게 감소하게 된다. 이런 경향이 문화예술 산업의 자연 독점적 특성을 의미한다.

둘째, 문화예술 산업 분야에서는 기술 발전이 더디기 때문에 다른 산업에 비해 생산성이 지체되는 특성이 있다. 정보기술(IT) 산업에서는 시간의 흐를수록 기술 발전이 가속화되어 생산비를 절감하기 때문에 생산성이 향상되게 마련이다. 그렇지만 문화예술 산업 분야에서는 기술 발전이 거의 없거나 느리기 때문에 생산성 지체(productivity lag) 현상도 발생한다. 생산성만이 아닌 생산성과 품질을 동시에 추구해야 하는 문화예술 산업의 특성도 생산성 지체에 영향을 미친다(김병희, 2015a).

푸치니의 오페라 〈투란도트〉를 예로 들어 생산성과 품질의 관계를 살펴보자. 이 오페라는 1926년에 초연한 이후 여러 나라에서 다양한 버전으로 공연되었다([그림 11-1] 참조). 푸치니가 미완성작으로 남기고 사망하자, 그의 제

[그림 11-1] 〈투란도트〉 공연의 한 장면

자 프랑코 알파노(Franco Alfano)가 마지막 부분을 완성시킨 것으로도 유명한 작품이다.

잘 알려진 것처럼 〈투란도트〉의 무대는 중국의 북경이다. 투란도트 공주와 결혼하려는 남자는 세 가지 수수께끼를 풀어야 하고 실패할 경우에는 참수된다. 그동안 여러 남자가 죽어 나갔다. 칼라프는 투란도트 공주를 보고 첫눈에 반해 버린다. 주변 사람들이 만류하는데도 그는 수수께끼에 도전한다. 희망, 피, 투란도트라는 정답 3개를 차례로 맞힌 그는 '공주는 잠 못 이루고'를 부르며 승리를 확신한다. 핑, 퐁, 팡은 공주가 잔혹하다며 중국에서 탈출하라고 권유하지만 그는 권유를 무시한다. 결국 공주가 패배를 인정하자 그는 사랑이 승리의 비결이었다고 고백한다. 투란도트 공주는 부왕에게 칼라프는 '사랑'이라고 말하고 두 사람이 입맞춤하는 장면으로 막이 내린다.

오페라 〈투란도트〉를 공연하려면 투란도트 공주, 알툼(황제), 티무르(타타르의 퇴위한 왕), 칼라프(티무르의 아들), 류(노예 소녀), 핑(중국의 고관), 퐁(주방 대신), 팡(서무 대신), 중국 관리 등 최소한 9명의 등장인물이 반드시 필요하다. 수익성이 낮은 문화예술 공연에서 생산성을 높이려고 일반 기업에서처럼 출연자(근로자)를 해고하기란 쉽지 않다. 출연료를 아끼려고 출연자 수를 줄이면 공연 품질이 떨어지기 때문이다.

이 오페라를 공연하면서 가장 유명한 '공주는 잠 못 이루고(Nessun dorma)' 부분만 저명한 테너에게 맡기고, 나머지는 무명에게 맡기면 어떻게 될까? 공연의 비용을 절약하기 위해 '나의 말을 들어 주오(Signore, ascolta, 소프라노)' '울지 마라, 류(Non piangere, Liu, 테너)' '옛날 이 황궁에서(In quest regina, 소프라노)' '처음 흘려 보는 눈물(Del primo pianto, 소프라노)' 같은 대목을 무명 성악가가 부르거나 녹음한 것을 재생해 들려준다면 오페라의 느낌이나 감동이 전혀 달라질 것이다. 예산을 아껴 생산성을 높이기 위해 필요한 출연자 수를 줄인다면 작품의 품질이 현저히 떨어진다는 위험을 감수해야 한다.

문화예술 공연에서의 생산성 향상 문제는 문화예술작품의 품질을 떨어뜨

리지 않는 선에서 고려해야 한다. 스웨덴의 댄스 그룹 아바(ABBA)의 히트곡 22곡을 엮은 뮤지컬 〈맘마미아!(Mamma Mia!)〉의 경우를 살펴보자. 1972년부터 1982년까지 활동했던 세계적인 팝그룹 아바는 유럽과 북미는 물론 호주의 음악 차트를 휩쓸 정도로 인기를 누렸다. 아바의 오리지널 음악을 작곡했던 앤더슨(Andersson)과 울바에우스(Ulvaeus)는 영국의 캐서린 존슨(Catherine Johnson)이 대본을 처음 쓸 때부터 함께 작업에 참여했다.

1999년 4월 6일, 런던의 프린스에드워드극장에서 초연한 이후 〈맘마미아!〉는 20여 년 이상 공연했다. 뮤지컬 역사상 가장 빨리 확산된 이 작품은 전 세계 50개의 프로덕션에서 16개의 언어로 공연되었다. 우리나라에서는 지난 2004년 1월 17일 초연할 당시에 뮤지컬에 대한 지원이 거의 없어 이 오페라의 배우를 섭외하는 데 많은 어려움이 있었다. 배우들을 많이 섭외하지 못한 국내 최초의 공연에서는 영국에서의 공연과 달리 서비스 품질에서 상당한 차이가 있을 수밖에 없었다.

그렇지만 그 후 우리나라에서 세운 기록은 놀라웠다. 지난 2004년부터

[그림 11-2] 〈맘마미아!〉 캐스팅 배우(2019)

출처: 신시컴퍼니.

2016년까지 12년간 서울을 포함한 33개 지역에서 1,622회를 공연했고 195만 여 관객을 동원했다. 2019년의 공연에서 〈맘마미아!〉는 200만 관객을 돌파했다(LG아트센터, 2019. 7. 16.~9. 14.). 초연 때와는 달리 2019년의 공연에는 원년 멤버인 최정원, 신영숙, 김영주, 남경주, 이현우, 오세준, 호산이 출연했다. 그리고 홍지민과 성기윤은 새 캐릭터를 선보이고, 루나, 이수빈, 김정민, 박준면, 오기쁨 같은 신인들도 새로 등장했다([그림 11-2] 참조).

지난 2004년의 초연 장면을 돌이켜 봤을 때 〈맘마미아!〉는 장족의 발전을 한 셈이다. 생산성 지체 현상에도 불구하고, 공연 기획자들은 생산성과 품질을 동시에 추구해야 한다는 소중한 가치를 놓치지 않았다. 생산성이 전부는 아니다. 이 말은 문화예술 마케팅 활동에서 생산성을 높이기 위한 노력이 중요하지 않다는 것이 아니라 작품의 품질을 생각하면서 정도껏 생산성을 추구해야 한다는 것을 뜻한다.

2. 문화예술에서 생산성의 실패와 회복

문화예술작품은 '가치재(價値財, merit goods)'라는 성격을 지닌다. 가치재란 구입하기를 희망하는 물량보다 시장에 더 많이 제공되는 것이 바람직하다고 사회적으로 결정되는 재화다. 이 때문에 문화예술작품은 특별한 그 무엇이라는 어떤 태생적인 가치를 지니게 된다(박현, 유경준, 김석영, 곽승준, 2004). 어떤 문화예술작품의 가격이 시장에 형성되지 않았다면 보통의 시장재(market goods)에 비해 적정한 가격을 가늠하기 어려울 수밖에 없다.

문화예술기관이나 단체에서는 제조업에 비해 생산성을 높이기도 어렵지만, 생산성을 관리하는 데 실패할 경우에 회복하기는 더더욱 어렵다. 문화예술작품의 공연이나 전시에 있어서 생산성의 실패에 영향을 미치는 요인은 여러 가지가 있다. 공연장의 사정을 정확히 파악하지 못해 생산성의 관리에

[그림 11-3] 〈라이온 킹〉의 공연 포스터(2006)

실패하는 경우도 많다. 뮤지컬 〈라이온 킹(The Lion King)〉을 국내 초연했던 2006년의 공연은 처음 기대와는 달리 처참한 실패로 끝났다. 전석 매진으로 대히트를 기록하고 있는 지금과는 사뭇 다른 결과였다.

2006년, 세계적인 뮤지컬 〈라이온 킹〉의 국내 공연을 앞두고 공연 기획자들은 긴장 속에서 공연을 준비했다([그림 11-3] 참조). 일본 최고의 뮤지컬 제작사인 극단시키(劇団四季)는 대작 뮤지컬 〈라이온 킹〉의 한국 진출을 선언했다. 극단시키의 연매출 규모는 당시 우리나라 뮤지컬 시장의 2배에 가까웠다. 걸음마 수준이던 국내 뮤지컬 제작업체들은 극단시키를 경외의 대상으로 바라볼 수밖에 없었다.

당시 전문가들은 극단시키의 〈라이온 킹〉이 〈오페라의 유령〉을 제치고 역대 매출 기록을 갈아치울 것이라고 예측했다. 그렇지만 〈라이온 킹〉은 40여 억 원의 적자를 남기고 쓸쓸히 퇴장했다. 최고의 제작사에서 만든 최고의 작품이 국내 시장에서 철저히 외면당한 것이다. 한국 최초의 뮤지컬 전용관인 '샤롯데씨어터'에서 공연했고, 가장 비싼 티켓도 보통 10만 원이 넘는 다른 뮤지컬의 티켓 가격보다 저렴한 9만 원으로 책정했는데도 결과는 처참했다.

1997년에 브로드웨이 뮤지컬로 만들어진 〈라이온 킹〉은 지금까지 전 세계에서 꾸준히 공연되고 있다. 어린 시절에 '하쿠나마타타~'를 흥얼거리며 보던 만화 영화가 뉴욕 브로드웨이 무대에서 뮤지컬로 태어난 것이다. 아프리카의 대자연 속에 있는 듯한 무대 연출, 눈부시게 화려한 소품, 멋진 음악에 이르기까지 관객들은 심바와 스카 삼촌과 함께 아프리카 밀림의 동화 속으로 떠나는 모험을 기대했으리라. 그러나 이 공연은 4개월 만에 막을 내려야만 했다. 그렇다면 당시에 〈라이온 킹〉이 실패한 까닭은 무엇이었을까?

첫째, 한국인들이 선호하는 출연 배우의 스타성을 고려하지 않았기 때문이다. 극단시키는 극단에 소속된 한국인 배우들을 출연시켰다. 그들은 실력이 뛰어났을지 몰라도 국내에서는 무명이었다. 그들은 유명세보다 작품의 질로 승부하려 했지만, 우리나라의 관객들은 배우의 스타성을 중시한다는 사실을 고려하지 않았다. 조승우나 남경주가 출연하는 공연은 작품에 관계없이 전석 매진을 기록하는 사례를 보라.

둘째, 한국의 소비자들이 선호하는 할인 혜택을 고려하지 않았기 때문이다. 우리나라의 뮤지컬 소비자들은 할인을 받을 때 더욱 기뻐한다. 티켓 가격이 워낙 비싸다 보니 할인 여부에 민감할 수밖에 없다. 극단시키는 처음부터 티켓 가격을 싸게 책정하며 추가 할인을 전혀 고려하지 않았다. 그렇지만 깎는 문화에 익숙한 우리나라 소비자의 입장에서 보면 할인 혜택이라는 소소한 기쁨을 누릴 기회를 잃은 것이나 다름없었다.

셋째, 생산성을 높여 주는 공연 일정을 체계적으로 수립하지 않았기 때문이다. 이 뮤지컬은 10월 말에 시작해서 11개월 동안 공연할 예정으로 기획되었다. 공연 초반에는 관심을 끌 수 있었겠지만, 송년회가 많은 12월이나 가족의 달인 5월 그리고 방학 기간이나 휴가철에는 소비자의 관심이 다른 곳으로 쏠릴 수밖에 없다. 그런 시기에도 관심을 끌 만한 추가 서비스를 준비하지 않았기에 생산성이 낮아질 수밖에 없었다.

뮤지컬 〈라이온 킹〉은 인터내셔널 투어도 진행했다. 지난 2006년의 공연 때와는 달리, 2019년 인터내셔널 투어에서는 전석 매진을 기록했다([그림

[그림 11-4] 인터내셔널투어 〈라이온 킹〉 공연 장면(2019)

11-4] 참조). 일찍이 보몰과 보웬(Baumol & Bowen, 1966)은 『공연예술: 예술과 경제적 딜레마(Performing Arts: The Economic Dilemma)』라는 저서에서 공연예술 사업은 생산성이 낮아 영리를 추구하기 어렵기에 정부에서 보조금을 지원해서 육성해야 한다고 주장했다. 문화예술의 생산성 실패 문제를 앞서서 내다본 주장이지만, 정부의 재정 지원은 한계가 있을 수밖에 없다. 그렇다면 문화예술의 생산성을 어떻게 회복할 것인가?

첫째, 무엇을 하느냐에 앞서 '무엇을 하지 않을까'를 결정해야 한다. 몽골제국의 초대 재상이자 칭기즈칸(Chingiz Khan)의 책사였던 야율초재(耶律楚材, 1190~1244)의 조언은 지금 시점에서도 가치가 있다. 유비(劉備)에게 제갈량(諸葛亮)이라는 책사가 있었다면 칭기즈칸에게는 야율초재가 있어 대업을 이루었다고 하겠는데, 야율초재는 이런 명언을 남겼다. "한 가지 이익을 얻는 것이 한 가지 손해를 제거함만 못하고, 한 가지 일을 시도하는 것이 한 가지 일을 줄이는 것만 못하다(與一利不若除一害, 生一事不若滅一事)."

문화예술 마케팅 활동에서도 생산성을 높이려고 자꾸 새 일을 만들어 내기보다 관습적으로 해 오던 불필요한 부분을 찾아내 제거할 필요가 있다. 미켈란젤로가 '다비드상'을 완성하던 날, 사람들이 어떤 방법을 썼기에 모두가 포기한 대리석으로 그토록 훌륭한 조각을 할 수 있었냐고 묻자 미켈란젤로는 다음과 같이 고백했다고 한다. "나는 돌 속에 갇혀 있는 다비드만 보고 불필요한 부분을 제거했을 뿐입니다." 불필요한 부분을 제거할 줄 아는 사람이 생산성도 제대로 높일 수 있지 않을까?

둘째, 서비스 품질을 위해 생산성을 얼마나 양보할 것인지 결정해야 한다. 문화예술기관이나 단체의 경쟁력은 생산성만 지향한다고 해서 강화되지는 않는다. 오히려 생산성과 서비스 품질을 동시에 추구할 때 기관이나 단체의 경쟁력이 향상된다. 인간의 상상력이 구현된 문화예술은 자본이라는 척도만으로 평가할 수 없는 가치가 있다. 때로는 수요와 공급의 원칙이 적용되지 않는 것이 문화예술계의 풍토이기도 하다. 생산성을 추구하더라도 서비스 품질을 놓치면 안 되는 이유도 그 때문이다.

문화예술의 생산성을 높이려면 출연 배우의 가성비나 스타성을 따져 봐야 한다. 티켓의 할인 혜택도 고려해 소비자들이 소소한 기쁨을 누릴 기회를 제공해야 한다. 비어 있는 날이 없도록 공연 일정도 촘촘히 짜야 한다. 모두 필요한 검토 사항이지만 무엇보다 중요한 것은 서비스 품질을 보장하는 것이다. 문화예술기관이나 단체에서는 생산성을 높이려고 노력하되 작품의 감동을 저해하지 않는 수준에서 생산성을 높이는 방안을 찾아야 한다. 생산성과 품질 사이의 균형 감각을 유지하는 것이 정답이다.

3. 문화예술에서 서비스 품질의 실패와 회복

문화예술 서비스가 제공되는 동안에 발생하는 직원들의 실수나 서비스의 오류는 고객의 감동을 떨어트린다. 문화예술작품을 소비하는 과정에서 서비스를 경험한 고객이 좋지 않은 감정을 가진다면 서비스 품질을 제공하는 데 실패한 것이다. 인내할 수 있는 범위를 넘어서는 순간에도 고객들은 불만족스러운 감정을 느낀다. 서비스가 제공되는 접점에서 고객이 불만족을 느낀다면 서비스의 실패로 연결되는 셈이다.

문화예술에 있어서 서비스 품질의 실패란 고객의 기대치와 제공된 서비스의 품질 간에 차이가 있어 고객들이 정서적으로 불만족스럽게 느끼는 상태를 의미한다. 제공하는 서비스의 품질이 고객의 기대치에 미치지 못했을 때 서비스 품질의 실패가 발생한다. 문화예술작품이 지닌 네 가지 특성인 무형성, 비분리성, 이질성, 소멸성 때문에 서비스를 제공하는 과정에서 서비스의 실패가 나타나기도 한다.

일찍이 키비니(Keaveney)는 고객의 이탈이나 교체에 가장 결정적인 영향을 미치는 요인은 서비스 실패라고 강조했다. 특히 서비스의 핵심 가치를 제공하는 데 실패할 경우에 고객의 이탈률이 높다고 했다. 키비니는 핵심 가치의 실패(직원의 업무 실수, 서비스 파멸 등), 불친절한 고객 응대(무관심, 전문성 부족 등), 가격(가격 산정의 불공정성, 가격 인상 등), 이용 불편(서비스 제공 위치, 대기 시간 등), 불만 처리 미흡(부정적 반응, 무반응 등), 경쟁사의 유인(경쟁사의 우월한 서비스 등), 비윤리적 행위(속임수, 이해관계 대립 등), 불가피한 상황 순으로 고객의 이탈에 영향을 미친다고 보고했다(Keaveney, 1995).

사상 초유의 공연 리콜 사태를 일으킨 뮤지컬 〈미션(The Mission)〉(2011)은 서비스 품질을 제공하는 데 실패한 사례다. [그림 11-5]에 제시한 이 뮤지컬은 롤랑 조페(Roland Joffe) 감독의 영화를 바탕으로 창작되었다. 두루 알다시피, 영화 〈미션〉은 식민지 영토의 경계 문제로 스페인과 포르투갈이 갈등하던 1758년의 이순시온을 배경으로 가브리엘 신부님의 비폭력 정신과 비참한 최후를 사실적으로 묘사해 호평을 받았다.

〈미션〉은 우리나라의 상상뮤지컬컴퍼니가 기획해 이탈리아 제작사에 제작비를 제공해서 완성한 창작 뮤지컬이었다. 이탈리아 배우들이 대거 참여했고 영어로 공연했다. 세계적으로 공인된 영화를 바탕으로 엔니오 모리코네(Ennio Morricone)의 음악까지 뒷받침되었기에 성공할 것만 같았다. 기획

[그림 11-5] **뮤지컬 〈미션〉의 공연 포스터(2011)**

사에서는 공연을 앞두고 7m 폭포가 장관이라거나 무려 1,000억 원에 이르는 세계적인 공연 시장을 개척했다며 PR 활동에도 열을 올렸다.

2011년 2월 2일, 뮤지컬 〈미션〉은 세종문화회관에서의 첫 공연부터 예정 시각을 30분이나 넘겨 공연을 시작했다. 거금을 들여 공연장을 찾은 관객들은 오케스트라가 아닌 MR(Music Recorded, 반주 음악을 뜻하며 우리나라에서만 쓰이는 콩글리시)을 써서 뮤지컬을 공연하는 데에 경악했다. 티켓 최고가가 무려 20만 원이었지만 라이브 연주조차도 하지 않았다. 배우의 연기력, 조명, 소품, 세트, 연출도 조악했다. 물이 두 가닥으로 갈라져 떨어지는 7m 폭포도 무척 왜소해 보였다. 전투 장면에서는 배우들이 우왕좌왕해서 긴장감을 느낄 수 없었다.

인터넷 예매 사이트와 홈페이지에 불만이 폭주하자 제작사는 게시판을 모두 폐쇄하고 처음 8회의 관람객에게 뮤지컬 사상 초유의 리콜을 해 주었다. 이 공연에 대해 〈남자의 자격〉을 통해 '넬라 판타지아(Nella Fantasia)'가 선풍적인 인기를 끌자 돈을 벌려고 급조한 뮤지컬이라는 호된 비판도 이어졌다. 야심차게 기획했던 〈미션〉은 관객도, 제작사도, 우리 공연계도 어느 누구 하나 행복하게 만들지 못한 공연으로 끝나고 말았다(박병성, 2011).

세계 최고의 공연 시장을 겨냥한 뮤지컬이었지만 극본, 음악, 무대를 비롯해 무엇 하나 국내 수준에도 미치지 못했다. 제작비가 무려 120억 원에 달했지만 결과는 참담했다. 부실한 기획력, 과도한 가격 책정 그리고 허위광고가 공연 실패의 결정타였다. 당시의 〈지킬 앤 하이드〉나 〈모차르트!(Mozart!)〉 같은 공연에 비해 3만 원에서 8만 원가량 비쌌지만 서비스 품질이 높았더라면 고객 불만도 없었을 것이다. 기대와는 달리 저질의 서비스를 받았다고 느낀 고객들은 리콜을 요청했다. 서비스 품질의 참담한 실패였다. 심지어 기획사에서는 공연 리뷰의 게시판까지 폐지하는 악수를 두었다. 공연기획사의 대표는 각종 공연의 투자금 130억 원을 횡령해 구속되었고, 결국 〈미션〉은 고객들에게 높은 서비스 품질을 제공해야 한다는 미션을 지키지 못했다.

서비스 실패도 막아야 하겠지만 실패한 다음에 회복 프로그램을 가동할 방안을 모색하는 노력은 더 중요하다. 서비스 품질의 관리를 아무리 잘한다고 해도 언제나 고객의 불만이 발생하기 마련이다. 고객 맞춤형 서비스 프로그램을 준비했다 해도 개개인의 취향에 완벽히 맞추기란 사실상 불가능하다. 이때 불만을 어떻게 관리하느냐에 따라 고객 만족도가 달라진다. 그래서 고객의 불만을 효과적으로 관리할 서비스 회복 전략이 중요한 법이다.

서비스 품질을 효과적으로 전달하는 데 실패하더라도 최초 단계에서 실망할 필요는 없다. 서비스가 끝날 때까지 끝난 게 아니기 때문이다. 여러 연구에서는 처음부터 만족한 고객보다 처음에는 불만을 느끼던 고객이 사후 처리 과정에서 만족할 경우에 전체적인 만족도가 더 올라가는 경향이 있다는 사실을 지적해 왔다. 이것이 그 유명한 '서비스 회복의 역설(service recovery paradox)' 이론이다(Magnini, Ford, Markowski, & Honeycutt, 2007).

서비스 회복의 역설 과정을 보여 주는 [그림 11-6]에서 알 수 있듯이, 서비스 실패를 겪지 않은 고객들은 충성도(loyalty)가 완만하게 상승하지만, 서비스 실패를 경험해 본 고객들은 서비스 회복 프로그램이 좋았을 경우에 처음

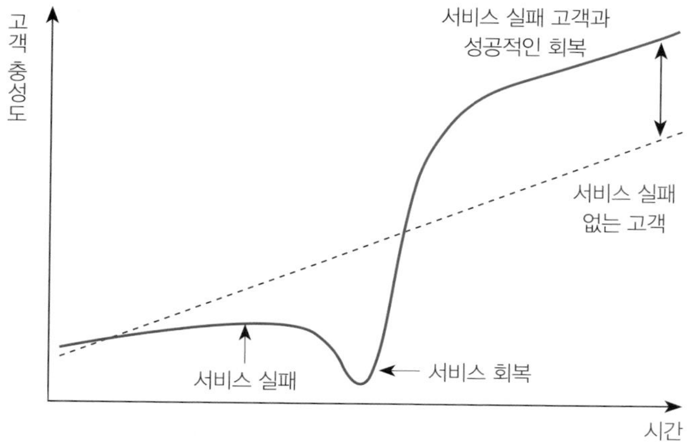

[그림 11-6] '서비스 회복의 역설' 과정

에 낮았던 충성도가 급상승하는 경향이 있다. 서비스에 실패했을 경우 나중에라도 서비스 회복 전략을 제대로만 구사한다면 실패를 딛고 더 큰 성공을 기대할 수 있다는 뜻이다. 그렇다면 고객의 불만을 해소하는 동시에 고객의 충성도를 높이는 서비스 회복 전략을 어떻게 구사해야 할까?

첫째, 고객의 불만 요인을 사전에 파악해야 한다. 문화예술작품에 대한 서비스를 제공하기에 앞서 어떤 문제점이 예상되면 고객들이 직접 불만을 제기할 때까지 기다려서는 곤란하다. 적극적으로 불만 요인을 발굴해서 대응 전략을 마련해야 한다. 스페인 속담에 이런 말이 있다. "모든 사람을 만족시킬 수 있는 비가 오지는 않는다. 비가 와서 기뻐하는 사람이 있는가 하면, 비 때문에 일 못한다고 슬퍼하는 이도 있다. 만인을 만족시키는 시책은 없다." 이와 마찬가지로 서비스를 제공하기에 앞서 능동적으로 고객들의 불만을 파악하고 적극적으로 대응하는 열의가 중요한 법이다.

둘째, 초기에 감성에 호소하며 신속히 대응해야 한다. 서비스 품질을 회복하려면 초기 단계의 대응이 매우 중요하다. 고객이 불만을 표출했다는 것은 이미 참을 만큼 참았다는 뜻이다. 따라서 불만을 표출하는 고객에게 호의를 나타내며 신속히 반응해야 한다. 이때 서비스 품질이 미흡할 수밖에 없었던 이유를 지나치게 논리적으로 설명할 필요는 없다. 고객들이 순간적으로 부정적인 느낌을 가질 수 있기 때문이다. 고객의 감정 상태를 봐 가며 사과와 공감의 메시지를 적절히 섞어 감성적으로 접근해야 한다. 감성적인 접근은 생각보다 엄청난 설득력을 발휘하기 때문이다.

셋째, 고객의 불만 요인을 공정하게 처리해야 한다. 서비스 회복 프로그램을 성공적으로 수행했다 하더라도 공정하지 못했다는 느낌을 주면 고객의 불만은 다시 증폭될 수밖에 없다. 고객들이 중시하는 것은 과정의 공정성, 결과의 공정성, 대응의 공정성이다. 서비스 회복 과정에서 공정성을 유지하려면 모두에게 평등한 기준을 마련해서 모두에게 똑같이 적용하는 원칙이 중요하다. 서비스 회복을 담당하는 직원들은 고객들을 속이려 하면 절대 안 된다. 불만을 나타내는 고객의 목소리를 진지하게 경청하고 그에 알맞게 서비스 품질을 회복시킬 프로그램을 가동해야 한다.

서비스 품질을 제공하는 데 실패하더라도 어떻게든 회복하려는 열의를 가져야 한다. 그리고 실천 전략을 구체적으로 마련하는 냉철한 현실 인식도 중요하다. 실패한 뮤지컬 〈미션〉은 우리 문화예술계에 실로 값진 교훈을 남겨 주었다. 지금 문화예술 소비자들의 눈높이는 날이 갈수록 높아지고 있다. 이런 시점에 문화예술 마케팅 기획자는 생산성을 향상하는 동시에 서비스 품질을 저하시키지 않는 선에서 당면한 과제를 해결해야 하는 고차 방정식 문제를 풀어야 한다. 결코 쉽지 않은 해결 과제가 문화예술 마케팅 기획자 앞에 놓여 있는 셈이다. 앞에서 설명한 서비스 회복 전략 세 가지를 충실히 구사해서 출구를 찾아야 한다.

4. 문화예술에서 서비스 품질의 측정

문화예술기관이나 단체에서는 제조업에 비해 생산성을 높이기도 어렵지만 생산성을 정확히 측정하기도 쉽지 않다. 서비스 품질에 대한 소비자의 평가는 어떤 서비스 행위에 대한 '소비자의 기대치'와 실제로 서비스를 받아 본 '소비자의 인식'을 비교하는 것이다. 연구자들은 이런 인식을 바탕으로 어떤 서비스에 대한 소비자의 판단 기준과 기대 수준을 측정하려고 노력해 왔다. 그렇지만 서비스 품질은 상품의 품질과는 달리 측정하기 쉽지 않다.

문화예술 서비스와 관련되는 주요 서비스 품질에는 다음과 같은 것들이 있다. 서비스 마케팅 연구자들은 그동안 소비자의 관점에서 서비스 품질을 이해하고 그 내용을 과학적으로 측정하기 위해 다양한 시도를 해 왔다. 여러 연구 성과를 종합하면 문화예술의 서비스 품질은 적시성, 완성도, 정중함, 일관성, 접근성, 정확성, 반응성을 바탕으로 측정한다.

시간(time)은 서비스를 받기 위해 고객이 기다리는 시간이 어느 정도냐의 문제다. 적시성(timeliness)은 약속한 서비스가 제때에 이루어지는지를 알아보는 것이다. 완성도(completeness)는 제공하는 서비스가 고객의 입장에서 볼 때 얼마나 완벽히 이루어지는가를 의미한다. 정중함(courtesy)은 직원들이 고객을 대하는 자세와 태도다. 일관성(consistency)은 상황에 따라 달라지지 않고 매번 똑같은 서비스가 제공되는지의 여부다. 접근성(accessibility)은 고객들이 서비스가 필요할 경우 얼마나 쉽게 서비스를 받을 수 있는지의 여부다. 정확성(accuracy)은 고객이 원하는 서비스를 얼마나 제대로 제공했는지의 여부다. 반응성(responsiveness)은 고객이 서비스를 요구할 경우 신속히 서비스를 제공했는지를 의미한다(Kontoghiorghes, 2003).

여러 가지 측정 요인 중에서 서비스 품질(SERVQUAL) 측정 척도가 가장 널리 활용되고 있다. 이 척도는 여러 분야에서 서비스 품질을 측정할 때 두루 사용되고 있는데, 문화예술 분야의 서비스 품질을 측정할 때도 적용할 수 있다. 이 척도에서는 [그림 11-7]과 같이 유형성, 신뢰성, 반응성, 공감성, 확신성의 다섯 가지 요인으로 서비스 품질을 구분한다. 여기에서 서비스 품질이란 요인별로 나타난 고객의 기대치와 지각된 서비스 간의 차이를 의미한다

[그림 11-7] 서비스 품질(SERVQUAL)의 다섯 가지 요인

(Parasuraman, Berry, & Zeithaml, 1991; Parasuraman, Zeithaml, & Berry, 1988). 서비스 품질의 다섯 가지 요인에 대해 보다 구체적으로 알아보자. 설문 항목은 '전혀 동의하지 않는다'(1점)~'매우 동의한다'(7점)라는 7점 리커트(Likert) 척도에 고객들이 표시하도록 하면 된다.

유형성(Tangibility)은 서비스의 물리적 표현이자 어떤 서비스를 평가할 수 있는 외형적인 단서다. 시설, 장비, 직원의 외모 같은 물리적 요인이 모두 유형성에 해당된다. 즉, "최신의 장비를 갖추고 있다." "시설이 시각적으로 돋보인다." "직원은 옷차림과 용모가 단정하다." "제공하는 서비스가 공연에 어울린다."와 같은 설문 항목을 고객에게 제시해 어떤 문화예술기관이나 단체에서 제공하는 서비스 품질의 유형성을 측정한다.

신뢰성(Reliability)은 약속한 서비스를 정확하게 제공해 믿을 만한지 알아보는 기준이다. 예를 들어, 프로그램의 PR 메시지 내용과 실제의 공연 내용이 같은지 또는 다른지에 따라 서비스 품질의 신뢰성에는 차이가 있게 마련이다. 즉, "서비스 약속을 잘 지킨다." "고객의 문제 해결에 진심으로 관심을 갖는다." "처음의 계획대로 공연하고 전시한다." "약속한 대로 서비스를 제공한다." "정확한 기록을 유지한다."와 같은 설문 항목을 고객에게 제시해 문화예술기관이나 단체에서 제공하는 서비스 품질에 대한 고객의 신뢰성을 측정한다.

반응성(Responsiveness)은 직원들이 자발적으로 기꺼이 나서서 고객들을 도와주고 신속한 서비스를 제공하려는 의지를 나타낸다. 즉, "공연이나 전시가 시작될 때 알려 준다." "직원의 서비스는 신속하다." "직원들이 항상 도와주려 한다." "직원이 바쁘더라도 고객의 요구에 반응한다."와 같은 설문 항목을 고객에게 제시해 어떤 문화예술기관이나 단체에서 제공하는 서비스 품질에 대한 고객의 반응성을 측정하게 된다.

공감성(Empathy)은 고객의 특성을 이해하고 고객에게 알맞은 서비스를 제공하고 배려하려는 직원들의 노력이다. 즉, "고객의 취향에 관심을 가진다." "모든 고객이 일과 시간에 편리하게 이용할 수 있다." "직원은 고객 한 사람 한 사람을 배려한다." "고객에게 마음에서 우러나온 서비스를 한다." "직원은 고객이 바라는 것을 이해한다."와 같은 설문 항목을 고객에게 제시해 어떤 문화예술기관이나 단체에서 제공하는 서비스 품질에 대해 느끼는 고객의 공감성을 측정할 수 있다.

확신성(Assurance)은 직원들의 지식 수준과 정중함은 물론 제공하는 서비스 품질에 대한 확신이다. 문화예술의 서비스는 물론 여타의 전문직 서비스에서도 특히 강조하는 내용이다. 즉, "직원들은 고객의 신뢰를 얻으려고 노력한다." "고객은 직원들의 응대에 만족한다." "직원들은 공손한 태도를 계속 유지한다." "직원들은 고객의 질문에 제대로 대답해 준다."와 같은 설문 항목을 고객에게 제시해 어떤 문화예술기관이나 단체에서 제공하는 서비스 품질에 대한 고객의 확신성을 측정한다.

서비스 품질을 측정하는 것은 가치 있는 일이지만, 여러 문화예술기관이나 단체에서는 측정 결과만 받아 보고 나서 서비스 품질을 개선하는 일을 하지 않는 경우도 많다. 그렇게 하면 소중한 조사비만 낭비하는 결과를 초래하게 된다. 측정 결과에서 나타난 미흡한 부분을 개선해야만 서비스 회복도 가능해진다.

문화예술기관이나 단체의 서비스 품질을 높이려면 해당 기관에서는 장기적 관점에서 기관이나 단체의 분위기와 문화를 서비스 품질을 향상시키는 데 적합하도록 변화시켜야 한다. 기관이나 단체의 직원들이 스스로 서비스 품질 개선 작업에 참여하도록 권고하고 분위기를 조성해야 한다. 서비스 품질 향상에 필요한 교육 프로그램도 미루지 말고 가동해야 한다. 나아가 서비스 품질을 향상시킨 경험자들의 노하우를 공유하거나 전수받아 체계적으로 활용해야 한다.

Marketing Communication Strategies for Culture and Arts

제3부 문화예술 마케팅의 STP 전략

제12장

문화예술 시장의 세분화

1. 문화예술 마케팅 활동에서 STP 전략

서서히 대량 마케팅의 시대가 저물어 가고 있다. 기업의 마케팅 기획자들은 그동안 대량 생산된 상품을 더 많은 대중에게 알리는 대량 마케팅을 전개함으로써 시장 점유율을 높이는 데 치중해 왔다. 시장 환경에서도 소규모의 이질적인 시장들이 여러 개 모여 대량 시장을 형성하는 추세였다. 그렇지만 가상현실(VR), 증강현실(AR), 혼합현실(MR) 기술이 집약된 실감 미디어(realistic media)가 미래형 마케팅 플랫폼으로 떠오른 상황에서 전통적인 대량 마케팅의 효과도 약화될 수밖에 없다.

문화예술 시장도 점점 세분화되어 소규모의 이질적인 시장들이 형성되고 있다. 이런 현상은 문화예술 소비자들의 선호나 특성에 따라 각각 소집단으로 분화되고 있음을 의미한다. 디지털 미디어 환경은 채널의 분화와 전문화를 통해 소비자의 분화 현상을 초래했다. 다시 말해서, 새로운 마케팅 패러다임에서 메시지 수용자는 기존처럼 불특정 다수의 소비자가 아닌 어떤 특성을 추구하는 소수의 분중(分衆)으로 변화했다는 뜻이다.

각각 다른 특성을 지닌 문화예술 소비자를 대상으로 마케팅 전략을 어떻게 전개할 것인가? 문화예술 마케팅 전략을 수립하는 과정은 모두 여섯 단계로 나눠 볼 수 있다. 먼저, 시장 세분화의 기준과 변인에 따라 전체적인 문화예술 시장에서 각각의 세분시장(market segments)을 설정해야 한다. 이어서 나누어진 세분시장의 특성을 명확하고도 구체적으로 규정해야 한다. 그다음에는 개별적인 세분시장에 따라 각각 특정 시장의 장단점을 분석해야 한다. 나아가 여러 개의 세분시장 중에서 문화예술작품의 특성에 가장 알맞은 표적시장을 선정해야 한다. 또한 결정한 표적시장에 알맞게 포지셔닝 전략을 수립해야 한다. 마지막으로, 정해진 포지셔닝 전략에 따라 문화예술 마케팅 믹스 요인을 결정하고 마케팅 활동을 전개하면 된다.

일반적인 마케팅은 물론 문화예술 마케팅에서도 STP 전략을 보편적으로 활용하면 효과를 기대할 수 있다. 소비자의 범주와 욕구를 바탕으로 동질적인 여러 집단을 나누고 경쟁 상황과 마케팅 자원을 고려하여 가장 유력한 시장을 선정한다는 것이 이 전략에서 지향하는 핵심 내용이다. 문화예술 마케팅 활동에서 STP 전략을 체계적으로 수립했느냐 그렇지 않았느냐에 따라 주어진 예산으로 마케팅 활동의 성과를 극대화할 수 있는지의 여부도 결정된다.

문화예술 마케팅에서 STP 전략을 수립하려면 먼저 소비자들이 문화예술을 향유하는 소비 행동을 분석하고 구체적으로 이해해야 한다. 이어서 커다란 문화예술 시장을 작게 세분화하고, 목표하는 문화예술 시장을 선정해야 한다. 그다음에 목표하는 문화예술 소비자의 마음속에 어떤 문화예술작품을 자리매김할 것인지 결정함으로써 비로소 마케팅 활동을 시작할 수 있다.

문화예술기관이나 단체의 마케팅 커뮤니케이션 예산은 늘 부족할 수밖에 없다. 마케팅 예산이 아무리 많다고 하더라도 한도가 없기 때문에, 한정된 자원을 효율적으로 운용함으로써 문화예술 마케팅의 효과를 높일 수 있는 체계적인 기획안을 마련하는 마케팅 전문성이 가장 중요하다. 외부 환경이 어떻게 변하더라도 주어진 예산으로 마케팅 효과를 높일 수 있는 불변의 진리가 바로 STP 전략이다.

첫째, 취향과 개성이 다른 문화예술 소비자들로 이루어진 전체 시장을 어떤 변인에 따라 세분화(Segmentation)할 필요가 있다. 시장 세분화를 효과적으로 하려면 네 가지 조건을 갖춰야 한다. 개별 세분시장의 규모와 구매력을 구체적으로 측정할 수 있어야 한다는 측정가능성, 각 세분시장이 개별적으로 마케팅 활동을 실행할 수 있을 정도로 규모가 충분해야 한다는 규모성, 소비자가 접근할 기회가 없다면 세분시장으로서의 가치를 상실하게 된다는 접근가능성, 각각의 세분시장은 마케팅 믹스 요인에 따라 각각 다르게 반응해야 한다는 차별적 반응성이 그 네 가지다. 취향과 개성이 비슷한 문화예술 소비자들을 구분해 몇 개의 세분화된 집단으로 나눈 다음, 주어진 예산을 적합한 집단에 투입해야 더 높은 마케팅 효과를 기대할 수 있다.

둘째, 어떤 취향과 개성을 지닌 문화예술 소비자에게 집중할 것인지 목표하는 소비자를 결정하는 표적시장 선정(Targeting)을 해야 한다. 선택한 표적시장에서 경쟁 우위를 차지할 수 있다고 판단해 특정 시장 하나를 선정하는 경우가 보편적이다. 표적시장 전략에는 소비자들의 욕구에 알맞게 각 세분시장별로 마케팅 전략을 수립하는 차별화 전략, 크게 형성되어 있는 시장을 선택하지만 세분시장을 구분하지 않고 마케팅 활동을 전개하는 비차별화 전략 그리고 특정한 세분시장에만 마케팅 활동을 집중하는 집중화 전략이 있다. 이 과정에서 문화예술작품의 적합도가 가장 높은 특정한 세분시장을 선택하는 마케팅적 판단력이 중요하다.

셋째, 문화예술작품을 소비자의 마음속에 자리매김하는 포지셔닝(Positioning) 전략을 실행해야 한다. 어떤 문화예술작품이 소비자의 마음속에 어떻게 인식되도록 할 것인지가 포지셔닝 전략의 핵심이다. 마케팅 전략에 있어서 문화예술작품의 특성과 경쟁 작품과의 관계, 문화예술기관이나 단체의 이미지 등 각종 요소를 분석한 다음 특정한 위치를 설정해야 한다. 같은 작품일지라도 포지셔닝의 지향점에 따라 전혀 다른 작품으로 인식되기 때문이다. 포지셔닝은 결국 문화예술 소비자의 마음속에 문화예술작품이나 문화예술기관의 브랜드 이미지를 각인시키는 과정이므로 소비자들이 쉽게 기억할 만한 메시지 하나를 개발해야 한다.

문화예술기관이나 단체는 문화예술작품의 수준이나 여건을 고려해 마케팅 커뮤니케이션 활동을 전개해야 한다. 그렇지 않으면 문화예술 소비자의 기대에 부응하기 어렵다. 시장 세분화, 표적시장 선정, 포지셔닝은 체계적으로 마케팅 전략을 전개할 수 있는 기본 축이다. [그림 12-1]에 제시한 내용은 일반 마케팅에서의 STP 전략의 흐름을 문화예술 마케팅에 알맞게 표현을 바꾼 것이다(황병일, 박승환, 김범종, 최철재, 2009). 포지셔닝에 성공하기 위해서는 시장 세분화와 표적화 과정이 순조롭게 이루어져야 한다. 세분화된 시장 상황을 정확히 파악하지 못했거나 표적시장의 특성을 모르는 상태에서는 효과적인 포지셔닝 전략을 수립할 수 없기 때문이다.

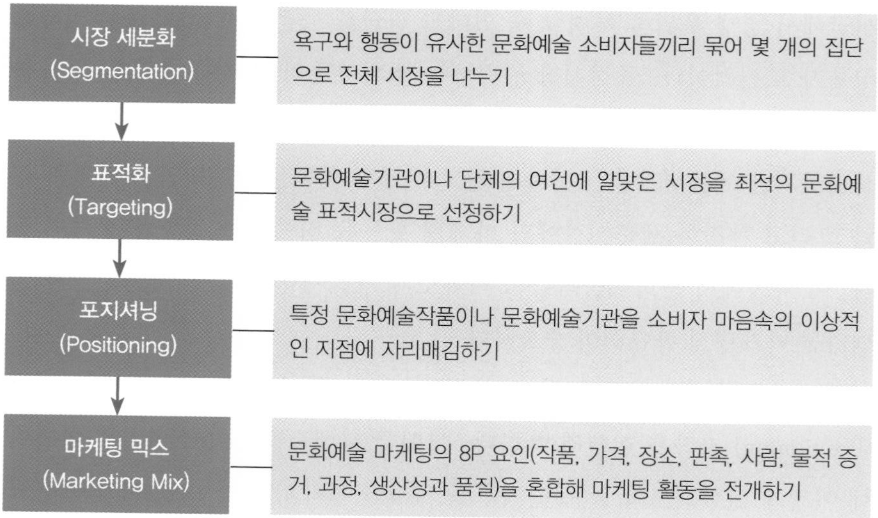

[그림 12-1] **문화예술 마케팅에서의 STP 전략**

2. 문화예술 시장의 세분화란 무엇인가

문화예술기관이나 단체에서 문화예술 시장 전체를 대상으로 마케팅 활동을 전개할 수도 있겠지만 그렇게 하면 기대하는 효과를 얻기 어렵다. 어떤 문화예술작품을 향유할 만한 예술 소비자 계층을 대상으로 그들의 욕구와 기대를 충족시킬 만한 마케팅 활동을 전개했을 경우와 그렇게 하지 않았을 경우는 차이가 크다. 이처럼 특정 집단을 대상으로 마케팅 활동을 전개하는 경우를 '표적 마케팅' 활동이라고 한다.

즉, 어떤 공연이나 전시회를 기획할 때 전체 시장을 대상으로 하지 않고 어떤 세분시장을 설정해 그에 집중하는 활동이 표적 마케팅이다. 문화예술 소비자의 욕구나 기대가 더욱 다양해지면서 시장 세분화는 마케팅 전략의 필수 요인이 되었다. 더욱이 쓸 수 있는 마케팅 예산이 지극히 제한적인 문화예술 시장에서는 시장 세분화가 전략적 의사결정을 위한 출발점이다. 예산이 부족한 문화예술기관이나 단체에서 주어진 예산을 세분화된 시장에 집중하면 그렇지 않을 때보다 마케팅 효과가 높기 때문이다.

먼저 시장 세분화를 통해 전체 문화예술 시장을 동질적인 하위 집단으로 나누어야 한다. 그다음에 문화예술기관이나 단체에서 마케팅 활동을 가장 효율적으로 전개할 수 있는 표적시장을 선정해야 한다. 적정 규모 이상의 세분시장만이 마케팅 활동의 효과를 기대할 수 있기 때문에, 세분시장의 설정은 결국 포지셔닝 전략을 수립하는 데 필요한 기본 바탕을 마련하는 준비 과정과 같다.

문화예술 소비자들의 기대와 욕구는 사람마다 각각 다르다. 클래식 공연을 좋아하는 사람들이 있는가 하면, 대중가수의 공연을 좋아하는 사람들도 많다. 풍경화를 좋아하는 사람들이 있는가 하면, 종교화를 선호하는 사람도 있다. 예를 들어, 그림 하나를 보려고 벨기에 브뤼셀에서 북쪽으로 자동차로 1시간을 기꺼이 달려가는 열성파도 있다. 플랑드르 지방의 겐트에 있는 성 바보대성당(Saint Bavo Cathedral)에 가서 종교화의 걸작으로 손꼽히는 얀 반 에이크(Jan van Eyck, 1395~1441)의 〈겐트 제단화(Ghent Altarpiece)〉(1432, 3.4×4.6m)를 보기 위해서다([그림 12-2] 참조).

잘 알다시피 이 그림은 1425년에 얀의 형인 후베르트 반 에이크(Hubert van Eyck)가 밑그림을 그리기 시작하다 중간에 죽자 유화의 완성자로 알려진 동생 얀 반 에이크가 1432년에 완성했다. 이 제단화는 그림 12폭을 경첩으로 연결했는데, 그중 8개의 양면에 그림을 그려 구원의 신비를 표현했다. 아랫단 중앙에 있는 〈어린 양에 대한 경배〉는 얀의 대표작이기도 하다. 왼쪽에서 오른쪽으로 예수님의 군대, 공정한 심판관, 사도, 천사, 선지자, 장로, 성녀, 참회자, 순교자, 은둔자, 순례자들이 하느님의 어린 양에게 경배를 드리기 위해 모인 장면을 실로 감동적으로 표현했다. 종교화에 심취한 열성파들은 방탄 유리장 속에 보관된 이 그림을 10분정도 감상하려고 먼 길을 달려왔어도 전혀 수고스럽게 생각하지 않는다. 문화예술 소비자들의 기대와 욕구는 이처럼 각각 다르다.

[그림 12-2] 얀 반 에이크의 〈겐트 제단화〉(1432)

문화예술 소비자 모두의 욕구와 기대를 충족시킬 수 있는 문화예술작품은 세상에 존재하지 않는다. 이것이 문화예술작품에 대한 기대와 욕구에 따라 문화예술 소비자 집단을 나눠 보는 세분화 작업이 필요한 이유다. 시장 세분화란 문화예술 소비자의 기대와 욕구, 문화예술의 소비 행동, 문화예술 교육의 경험 같은 어떤 기준에 따라 문화예술 시장을 작은 단위로 쪼개는 작업이다. [그림 12-3]은 시장 세분화의 가치를 나타낸 것이다(황병일, 박승환, 김범종, 최철재, 2009). 경우에 따라서 어떤 세분시장에 마케팅 활동을 집중함으로써 문화예술 소비자의 욕구나 기대에 신속히 응답할 수도 있다.

시장 세분화를 하는 가장 중요한 이유는 문화예술 마케팅에 활용할 수 있는 예산이 한정되어 있기 때문이다. 가장 반응도가 높을 것으로 예상되는 세분시장에 한정된 인력과 재원을 집중함으로써 더 높은 마케팅 효과를 기대할 수 있다. 그래서 시장 세분화는 문화예술 마케팅 전략을 전개하는 출발점이 되기도 한다. 문화예술작품에 대한 욕구와 소비 행동이 비슷한 소비자들을 동질적인 집단으로 묶어 마케팅 활동을 전개하면 그렇지 않을 때보다 효율성이 높기 때문이다.

국내의 최근 사례를 살펴보자. 서울시립미술관에서 소공연, 백스테이지 투어, 남산 관광을 연계한 패키지 상품인 '남산문화탐방'을 아동과 청소년에게 맞춰 진행한 사례는 인상적이다. 예술의전당에서는 청소년이라는 세분시장을 설정해 '청소년음악회'를 개최해 호평을 받았다. 정동극장에서는 직장

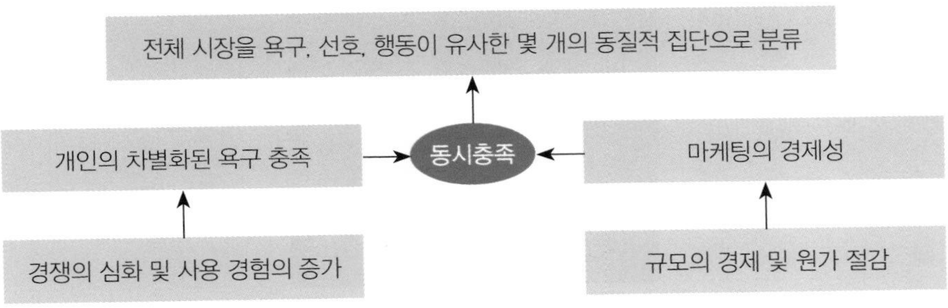

[그림 12-3] 시장 세분화의 가치

인, 청소년, 주부를 대상으로 시장 세분화 전략을 적용함으로써 문화예술 소비자의 접근성을 높였다. 광주문화예술회관에서는 [그림 12-4]와 같이 청소년을 대상으로 '클래식 큐레이터: 낭만에 대하여'라는 청소년음악회를 개최했다. 인상주의 시대의 클래식 음악과 미술작품을 한자리에서 보고 느낄 수 있도록 하기 위해 청소년의 기대와 욕구를 반영해서 시장 세분화 전략을 적용한 것이다.

문화예술 마케팅 기획자들은 특성이 다른 문화예술 소비자들의 작품에 대한 욕구를 어떻게든 파악하려고 노력해야 한다. 세분시장을 바탕으로 차별화된 소비자 특성을 분석해 보면 문화예술 소비자들의 문화예술작품에 대한 욕구를 파악할 수 있을 것이다. 결국 세분화한 시장에서 하나의 표적시장을 결정해 문화예술 마케팅 활동을 전개하면 놀라운 성과를 기대할 수 있다. 문화예술기관이나 단체에서 시장 세분화를 실시했을 때 기대할 수 있는 마케팅 효과는 다음과 같다.

첫째, 시장 상황을 정확히 파악함으로써 문화예술 시장에서 유리한 전략을 선점할 수 있다. 문화예술기관이나 단체에서 시장 세분화를 실시하면 문화

[그림 12-4] 광주문화예술회관의 '낭만에 대하여' 포스터(2019)

예술 소비자의 욕구와 기대를 구체적으로 파악할 수 있다. 그렇게 되면 시장의 현실을 더욱 현실적인 맥락에서 이해함으로써 문화예술 시장의 흐름에 알맞게 능동적으로 대응할 수 있다.

둘째, 문화예술기관이나 단체의 경쟁 구도에 알맞게 유연하게 대응 전략을 구사할 수 있다. 문화예술기관이나 단체에서 시장 세분화를 실시하면 문화예술 시장의 세분화된 특성이 나타나고, 그 기관이나 단체의 강점과 약점도 드러나게 마련이다. 그리하여 분석한 내용을 고려해 주어진 전체 예산을 배분하고 마케팅 비용을 투입할 수 있다.

셋째, 목표하는 표적시장을 설정한 다음 그에 가장 적합한 마케팅 전술을 구사할 수 있다. 문화예술기관이나 단체에서 시장 세분화를 실시하면 소비자의 욕구와 기대에 부응하는 전략을 전개하기가 더욱 쉬워진다. 세분화의 결과에서 나타난 세분시장의 매력도에 따라 문화예술 마케팅 활동을 집중함으로써 상당한 성과를 기대할 수 있다.

넷째, 주어진 마케팅 자원을 효율적으로 배분함으로써 마케팅 효과를 극대화할 수 있다. 문화예술기관이나 단체에서 시장 세분화를 실시하면 마케팅 활동에 따른 소비자의 기대 반응을 보다 세세하게 추정하기 쉬워진다. 기대 반응이나 마케팅 목표에 따라 주어진 마케팅 예산을 배분하면 적재적소에 알맞게 비용 효과를 높일 수 있다.

시장 세분화를 실시하면 원하는 마케팅 효과를 기대할 수 있지만, 잘못 적용하면 효과가 없을 수도 있다. 시장 세분화 전략이 문화예술 소비자의 욕구나 기대에 적합한 기회를 제공하는 것은 분명하지만, 시장 세분화의 결과가 언제나 효과를 약속한다고 단정할 수는 없다. 따라서 현실과 동떨어진 의욕을 반영하지 말고 철저히 현실에 바탕을 둔 시장 세분화를 시도해야 한다. 결국 시장 세분화의 궁극적인 목적은 세분화하는 것 자체가 아니라 세분시장으로 분류된 문화예술 소비자에게 알맞은 마케팅 믹스 전략을 찾아내는 것에 있다고 하겠다.

3. 시장 세분화의 전제 조건과 변인

문화예술 시장을 세분화하면 문화예술 소비자의 욕구와 기대를 충족시키고 문화예술기관이나 단체의 경영 활동을 다양한 방향에서 추진할 수 있다. 그렇기 때문에 문화예술 시장을 주먹구구식으로 세분화하면 문제가 심각해진다. 세분화의 기본적인 전제 조건을 충족시켜야 시장 세분화에 따른 효과를 기대할 수 있기 때문이다. 세분화의 전제 조건에서 벗어나면 문화예술 마케팅 활동의 성과도 낮아지고, 문화예술기관이나 단체의 경쟁력을 강화하기도 어렵다. 문화예술 시장을 세분화할 때 고려해야 할 기본적인 전제 조건 다섯 가지는 [그림 12-5]와 같다(Kotler & Scheff, 1997).

첫째, 측정가능성(measurability)이다. 어떤 세분시장을 설정했다면 해당 세분시장의 규모와 구매력을 구체적으로 측정할 수 있어야 한다는 뜻이다. 어떤 문화예술 세분시장의 규모, 구매력, 문화예술 소비자의 특성을 파악하지 못한다면 실질적으로 유용한 마케팅 전략을 수립하기 어렵다. 더 심각한 문

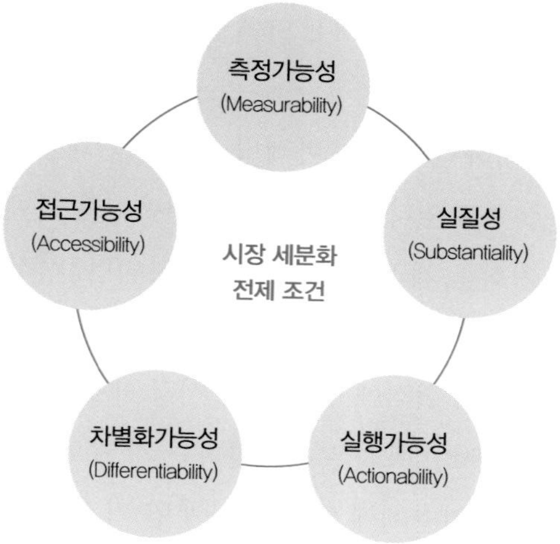

[그림 12-5] **시장 세분화에 필요한 전제 조건**

제는 세분시장에 속해 있는 문화예술 소비자의 규모나 구매력을 실질적으로 측정하지 못한다면 시장 세분화로 인한 마케팅 성과가 실제로 어느 정도인지 파악할 수 없다는 것이다. 따라서 마케팅 활동이 성공할 수 있도록 시장 세분화를 하려면 세분시장의 규모와 구매력을 구체적으로 측정하는 방안을 마련해야 한다. 이 경우 시장조사 전문회사의 도움을 받을 수도 있다.

둘째, 접근가능성(accessibility)이다. 어떤 기준에 따라 시장을 세분화했다면 마케팅 비용을 적절히 투입해 세분시장에 알맞게 접근할 수 있어야 한다는 의미다. 그 세분시장에 속하는 문화예술 소비자에게 효과적으로 다가갈 방안을 마련해야 한다. 어떤 문화예술기관이나 단체에서 40대 주부를 표적시장으로 설정했을지라도 홍보 수단을 마련하지 못했다면, 다시 말해서 접근가능성이 낮다면 문화예술 마케팅 활동을 실행하기가 현실적으로 어렵다. 따라서 문화예술 마케팅의 8P 요인의 하나인 판촉(Promotion) 수단을 확보해서 세분시장에 알맞은 접근 방법을 찾아야 한다. 접근가능성을 높이기 위해 광고와 PR을 비롯한 다양한 판촉 수단을 활용해야 한다.

셋째, 실질성(substantiality)이다. 어떤 기준에 따라 시장을 세분화했다면 그에 해당되는 소비자를 모두 포괄해야 하고 상당한 이익을 기대할 정도로 규모가 있어야 한다는 뜻이다. 시장의 크기가 너무 작으면 비용 대비 효율이 낮아진다. 세분시장의 규모가 어느 정도는 되어야 수익성을 기대할 수 있다. 세분시장의 규모가 너무 작으면 저명한 문화예술작품이라 할지라도 쓰는 비용에 비해 수익률이 낮을 수밖에 없다. 문화예술기관이나 단체에서 여러 세분시장에 마케팅 전략을 달리 적용하면 특정 시장 하나에 집중할 때에 비해 더 많은 비용을 투자해야 한다. 따라서 어떤 세분시장에서 실질적으로 수익을 기대할 수 있을 만큼 시장의 규모가 어느 정도는 되어야 한다.

넷째, 차별화가능성(differentiability)이다. 어떤 세분시장을 설정했다면 문화예술 소비자들끼리 서로 겹치지 않도록 고려해야 한다는 상호배타성을 의미한다. 해당 세분시장에 속하는 소비자들은 동질성을 유지하고 다른 세분시장에 속하는 소비자들은 이질성을 갖도록 차별적인 특성에 따라 나누어야 한다는 뜻이다. 어떤 문화예술작품 하나만으로 취향이 각각 다른 문화예술 소비자들의 상이한 욕구와 기대를 충족시키기는 어렵다. 따라서 욕구의 이질성을 고려해 차별화하는 것은 시장 세분화에 성공하는 첫걸음이다. 일반 기업에서도 어떤 상품 하나만을 내놓지 않고 각 세분시장에 알맞게 욕구의 이질성을 고려해 상품 라인을 여러 가지로 구성하는 경우가 많다.

다섯째, 실행가능성(actionability)이다. 어떤 세분시장을 설정했다면 그에 속하는 소비자의 욕구를 충족시킬 실행 프로그램을 현실성 있게 개발해야 한다는 뜻이다. 세분시장을 설정한 다음 시장의 특성을 상당 기간 동안 유지해야 한다는 지속가능성도 실행력에 달려 있다. 따라서 문화예술 마케팅 프로그램은 각 세분시장에서 즉시 실행할 수 있을 만큼 구체적인 내용으로 구성해야 한다. 예를 들어, 가격이 저렴하면서도 예술성이 뛰어난 공연을 기대하는 세분시장의 경우에는 규모가 상당히 클 것 같지만 실제로는 그렇지 않은 경우도 있다. 이때는 문화예술 마케팅 프로그램의 실행가능성이 낮아지게 마련이다. 그렇게 되면 문화예술 마케팅 전략을 다시 짜야 한다.

시장 세분화에 필요한 전제 조건이 충족되면 본격적으로 시장 세분화에 들어가게 된다. 이때 어떤 기준에 따라 시장을 나눌 것인지를 결정해야 한다. 시장 세분화를 할 때 구분하는 근거나 기준을 시장 세분화의 변인(變因)이라고 한다. 시장 세분화의 변인은 문화예술기관이나 단체가 처한 구체적인 상황에 따라 결정하게 된다. 따라서 시장을 세분화하는 절대적인 변인은 존재하지 않으며, 문화예술기관이나 단체의 현실적인 여건에 따라 근거나 기준을 결정하면 된다. 일반적으로는 [그림 12-6]과 같이 지리적 변인, 인구통계적 변인, 심리적 특성 변인, 행동적 변인을 시장을 나누는 대표적인 네 가지 변인으로 간주한다.

문화예술 소비자들이 티켓을 구매할 때 영향을 미치는 의사결정 항목들도 시장을 세분화할 때 고려하는 변인이다. 문화예술 소비자의 의사결정 과정

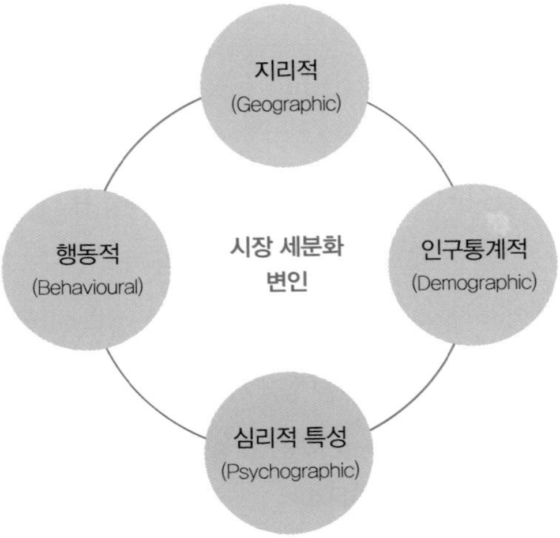

[그림 12-6] 시장 세분화의 네 가지 대표적 변인

은 소비자 행동을 설명하는 주요 요인이기 때문이다. 문화예술 시장을 세분화할 때 필요한 변인들은 설문조사 결과나 빅데이터 분석을 통해 수집할 수 있다. 문화예술의 시장 세분화에 필요한 변인은 최소한 세 가지 요건을 갖춰야 한다. 즉, 문화예술 소비자의 소비 행동과 관련되어야 하고, 쉽게 관찰할 수 있고 객관적으로 측정할 수 있어야 하며, 세분시장에 접근하는 방법이 제각기 달라야 한다(황병일 외, 2009).

문화예술 시장에는 항상 어떤 교환 관계가 존재한다. 문화예술기관이나 단체와 소비자 집단 사이에서 이루어지는 교환 관계가 원활한지 그렇지 않은지가 항상 관심사가 될 수밖에 없다. 거시적 측면에서는 정치적 · 사회적 · 경제적 · 문화적 환경에 따라 문화예술의 시장 환경도 영향을 받게 마련이다. 미시적 측면에서는 문화예술작품을 제공하는 문화예술기관이나 단체의 여건이나 문화예술을 향유하는 소비자의 수준에 따라서도 문화예술의 시장 환경이 영향을 받게 된다. 앞에서 제시한 시장 세분화에 필요한 전제 조건 다섯 가지를 고려해 문화예술 시장을 세분화했을 때, 문화예술기관이나 단체에서는 비로소 문화예술 마케팅의 효과를 기대할 수 있을 것이다.

4. 시장 세분화의 기준

시장을 세분화하는 목적은 마케팅 활동을 집중할 표적시장을 찾기 위해서다. 문화예술 시장을 나눌 때 문화예술작품에 따라 나누는 경우도 있지만, 문화예술 마케팅에서의 시장 세분화는 문화예술 소비자의 특성에 따라 구분하는 것이 바람직하다. 문화예술 시장을 세분화한다는 의미는 문화예술 소비자를 전략적으로 선택해서 그 특성을 구분한다는 뜻이다.

문화예술 마케팅의 시장 세분화에서 가장 중요한 기준은 문화예술 소비자들이 각각 얼마나 이질적이고 얼마나 동질적인가 하는 문제로 귀결된다. 문화예술 소비자의 욕구에 있어서 차별적인 기준에 따라 시장을 나눠야 소비자 개개인의 욕구에 적합한 맞춤형 마케팅 활동을 전개할 수 있기 때문이다. 일반적인 시장 세분화는 다양한 기준에 따라 시도할 수 있지만, 인구통계적 기준, 심리적 특성 기준, 행동적 기준, 지리적 기준에 따라 구분하는 것이 가장 보편적인 방법이다(황병일 외, 2009).

시장 세분화에서는 하나의 기준을 적용할 때도 있지만, 문화예술 소비자의 특성이나 문화예술작품의 특성 같은 두 가지 이상의 기준을 동시에 적용하기도 한다. 예를 들어, 대도시와 지방도시라는 지리적 기준과 문화예술작품 중에서 오페라 감상과 미술품 감상이라는 문화예술 소비자의 취향이라는 두 가지 기준을 적용해서 시장을 세분화할 수 있다. 개성이나 라이프 스타일 같은 문화예술 소비자의 심리적 기준을 적용할 수도 있다.

시장 세분화의 여러 가지 기준에서 둘 이상의 기준을 동시에 적용해 시장 세분화를 시도하는 경우가 보편적이다. 이렇게 시장 세분화를 시도하면 세분시장의 특성은 명확해지지만 그 규모는 작아질 가능성이 있다. 예컨대, 지리적 기준(인구분포, 거주 지역, 교통수단), 인구통계적 기준(성별, 연령, 인종, 종교, 국적, 모국어, 교육 수준, 가독성, 결혼 여부, 건강, 가족 구성원, 사회 계층), 경

〈표 12-1〉 **문화예술 시장 세분화의 기준과 변인**

세분화 기준	변인	세분시장의 사례
지리적 기준	도시 규모	대도시, 중소도시
	지방자치단체	특별시, 광역시, 도, 시, 군, 자치구
	인구분포	자연적 요인, 사회경제적 요인
	거주 지역	도심, 외곽
	교통수단	편리, 보통, 불편
인구통계적 기준	연령	10대, 20~30대, 40~50대, 60대 이상
	성	남자, 여자
	소득	고소득, 저소득, 개인소득, 가계소득
	직업	경영 관리직, 전문 자유직, 사무기술직, 기능 작업직, 자영업자, 판매 · 서비스 · 영업직, 대학생, 전업주부, 무직 · 기타
	학력	중졸 이하, 고졸, 대졸, 대학원졸 이상
	결혼	미혼, 기혼
	가족 구성원	가족 수, 가족 생애주기
	종교	천주교, 기독교, 불교 등
심리적 특성 기준	가치와 라이프 스타일	VALS, AIO(활동, 관심사, 의견)
	개성	외향적-내성적, 적극적-소극적
	사회계층	상류, 중류, 하류
	준거집단	1차-2차, 공식-비공식, 열망-회피 집단
행동적 기준	추구하는 혜택	기능적 혜택, 심리적 혜택
	이용률(문화예술 경험도)	참여 경험 많음, 중간, 참여 경험 적음
	소비자 수준	높은 기대 수준, 낮은 기대 수준
	충성도 수준	높음, 중간, 낮음
	기관이나 단체의 준비 상태	미인지, 인지, 정보 보유, 관심 보유, 참여 의향 보유, 참여 희망 단계
	참여 상황	평상시 참여, 특정 시기 참여

제적 기준(개인소득, 가계소득, 직업, 수입원), 사회심리적 기준(혜택, 소비 행태, 관람 기대 수준, 전시 참여 방식, 준비도, 충성도, 미학적 · 교육적 관심, 여가 활용 방식, 생활 방식, 개성, 영향 집단)의 네 가지 기준에 따라 문화예술 시장을 세분화할 수 있는 것이다(이선구, 2005).

브랜드 마케팅 활동에서 가장 널리 쓰이는 네 가지 기준을 문화예술의 시장 세분화에 원용해 지리적 기준, 인구통계적 기준, 심리적 특성 기준, 행동적 기준에 따라 세분화할 수 있다. 문화예술 시장 세분화의 기준과 변인은 〈표 12-1〉에서 보다 구체적으로 볼 수 있다(유연호, 2010). 이에 따르면 지리적 기준(도시규모, 지방자치단체, 인구분포, 거주 지역, 교통수단 등), 인구통계적 기준(연령, 성, 소득, 직업, 학력, 결혼, 가족 구성원, 종교 등), 심리적 특성 기준(가치와 라이프 스타일, 개성, 사회계층, 준거집단 등), 행동적 기준(추구하는 혜택, 이용률, 소비자 수준, 충성도 수준, 기관이나 단체의 준비 상태, 참여 상황 등)의 네 가지 기준에 따라 문화예술 시장을 세분화하는 방법도 가능하다. 문화예술 시장 세분화의 기준과 변인에 대하여 보다 구체적으로 살펴보면 다음과 같다.

1) 지리적 기준

지역에 따라 소비자가 선호하는 문화예술작품의 종류가 다르고 소비 행동도 다를 경우에는 지리적 변인(geographic variables)에 따라 시장을 세분화할 수 있다. 지리적 기준에 따른 시장 세분화는 문화예술 소비자의 거주 지역을 중심으로 시장을 나누는 것이다. 지리적 기준의 변인은 도시 규모, 지방자치단체, 인구분포, 거주 지역, 교통수단 등이다. 지리적 기준에 따라 시장을 세분화하면 저비용으로 문화예술 시장을 명확히 세분화해 마케팅 활동을 전개할 수 있다.

문화예술기관이나 단체는 문화예술 마케팅 활동을 어느 한 지역이나 어떤 지리적 범위에서만 전개할 것인지, 아니면 모든 지역에서 전개할 것인지 결정해야 한다. 지리적 기준의 차이에 따라 문화예술 소비자의 욕구나 기대가 다르기 때문에 지역 문화의 차이에도 관심을 가져야 한다. 문화예술 소비자를 세분화할 때는 전국의 소비자 전체를 나누기보다 지리적 기준에 따라 소비자들이 공유하는 공통의 욕구와 기대를 고려해 소비자 집단을 구분하는 것이 바람직하다. 지리적 기준에 따른 시장 세분화의 변인에 대해 보다 구체적으로 설명하면 다음과 같다.

(1) 도시 규모

도시 규모에 따라서는 우리나라의 행정구역에 따라 구분하거나 대도시와 중소도시 같은 도시의 크기로 나눌 수 있다. 같은 서울 지역이라도 강북과 강남에 거주하는 문화예술 소비자의 선호가 다를 수 있다. 문화예술 마케팅 기획자는 도시 규모라는 지리적 기준에 따라 시장을 세분화한 다음, 세분시장에 적합한 문화예술 마케팅 커뮤니케이션 프로그램을 개발하려고 노력해야 한다.

(2) 지방자치단체

우리나라에는 「지방자치법」에 따라 확정된 두 가지 성격의 지방자치단체가 있다. 15개의 광역자치단체(1특별시, 5광역시, 9도)와 230개의 기초자치단체(67시, 98군, 65자치구)가 그 두 가지다. 문화예술 마케팅 기획자는 특별시, 광역시, 도, 시, 군, 자치구 같은 지방자치단체의 규모에 따라서 현실에 적합한 문화예술 마케팅 활동을 전개할 수 있다. 설문조사를 실시해서 서울, 부산, 대구, 인천, 광주, 대전, 울산, 경기, 강원, 충북, 충남, 전북, 전남, 경북, 경남, 제주로 나눈 다음 지방자치단체별로 세분화의 기준을 설정할 수도 있다.

(3) 인구분포

사람들이 어느 지역에 어느 정도나 모여 살고 있는지를 나타내는 인구분포

(人口分布)는 지형, 기후, 자원의 분포 같은 자연적 요인은 물론 문화적 배경, 산업 발달, 사회 변화 같은 사회경제적 요인에 따라 달라진다. 문화예술 마케팅 기획자는 인구가 많이 분포한 곳과 적게 분포한 곳을 구분해 현실에 알맞게 예산을 배분한 다음 효율을 극대화할 수 있는 시장 세분화 전략을 수립해야 한다.

(4) 거주 지역

문화예술 소비자들이 현재 거주하고 있는 지역에 따라서도 시장을 세분화할 수 있다. 대도시, 중소도시, 읍·면·동 중에서도 도심에 거주하느냐 또는 외곽에 거주하느냐에 따라서도 문화예술 활동에 참여할 기회가 달라진다. 어떤 도시에는 공연장이나 전시 공간이 많지만 공연장이나 전시 공간이 없는 도시도 있다. 마케팅 기획자는 거주 지역의 현실적인 여건을 분석한 다음 시장 세분화 전략을 수립해야 한다.

(5) 교통수단

교통의 편의성 여부에 따라서도 문화예술 공연이나 전시의 성과가 달라진다. 소비자들은 문화예술 활동에 참여하려고 할 때 교통수단이 얼마나 편리한지 따지게 마련이다. 어떤 문화예술 공연이나 전시에 대한 평가가 아무리 좋다 하더라도 교통수단이 불편하면 소비자들은 티켓을 사겠다던 마음을 바꿀 수 있다. 따라서 문화예술 마케팅 기획자는 버스나 지하철 같은 대중교통수단이 공연장이나 전시장에 얼마나 편리하게 연결되는지도 반드시 검토해서 시장 세분화 전략에 반영해야 한다.

2) 인구통계적 기준

일반 마케팅에서도 인구통계적 특성(demographics)을 시장 세분화에 필요한 필수 요인으로 고려한다. 인구통계적 특성만 알아도 소비자에 대한 기본 정보를 어느 정도는 파악하기 때문이다. 문화예술 시장 세분화에 필요한 인구통계적 기준은 연령, 성, 소득, 직업, 학력, 결혼, 가족 구성원, 종교 등이 있다. 그렇지만 같은 연령, 성별, 소득으로 묶이는 동질적 집단이라 하더라도 소비자의 개성과 라이프 스타일은 사람마다 다르게 마련이다.

인구통계적 특성만으로 소비자의 욕구와 필요를 모두 파악했다고 생각한다면 크나큰 오산이다. 인구통계적 특성에 대한 정보만으로는 문화예술 소비자에 대해 심층적으로 이해하지 못할 가능성이 높다. 예컨대, 직업의 종류만을 기준으로 삼아 문화예술 소비자를 분류해 시장을 세분화한다면 그보다 중요한 문화예술을 향유하려는 소비자의 동기나 소비 행태를 놓칠 가능성이 높다. 인구통계적 기준에 따른 시장 세분화의 변인에 대해 보다 구체적으로 설명하면 다음과 같다.

(1) 연령

연령(age)은 문화예술 시장을 세분화하는 일차적 기준이다. 어린이, 10대, 20~30대, 40~50대, 60대 이상의 연령별 특성에 따라 문화예술을 향유하는 동기가 다르다. 같은 공연 시장에서도 연령에 따라 좋아하는 공연이나 전시 내용이 달라진다. 로스앤젤레스 필하모닉의 '캐주얼 금요일(Casual Friday)' 공연은 연령에 따라 시장을 세분화한 사례다. 젊은 세대에게 오케스트라 음악에 대한 장벽을 없애 주겠다는 기획 의도에 알맞게, 지휘자는 티셔츠 차림으로 지휘를 했고 단원들은 캐주얼한 옷을 입고 공연했다. 공연이 끝난 다음의 만찬 자리에서는 관객들이 오케스트라 단원들과 함께 어울렸다. 공연 내용에서는 말러(Mahler)나 쇼스타코비치(Shostakovich)의 음악을 연주하는 진지함과 품격을 갖췄지만, 이 공연에서는 클래식 공연의 형식을 파괴하고 연령을 고려함으로써 호평을 받았다. 문화예술 마케팅 기획자는 이처럼 소비자의 연령에 따라 문화예술 시장을 세분화할 필요가 있다.

(2) 성

성(sex, gender)은 시장 세분화에 있어서 오랫동안 사용해 온 인구통계적 변인이다. 과거에는 성별에 따른 시장 세분화가 매우 효과적이었지만 최근에는 남녀 차이에 따른 시장 세분화의 가치가 점점 약화되고 있다. 그렇지만 문화예술의 소비에 있어서는 성별에 따른 차이가 여전히 존재한다. 티켓을 구매할 때 남성보다 여성이 의사결정을 하는 경우가 많은데, 이것이 문화예술 시장에서 성별에 따른 시장 세분화가 여전히 유효하다는 것의 근거라고 할 수 있다.

(3) 소득

소득(income)은 문화예술 소비자의 욕구와 구매 행동에 영향을 미치는 동시에 구매력을 예측할 수 있는 객관적 지표다. 고소득, 저소득, 개인소득, 가계소득 같은 소득의 규모나 소득원에 따라 문화예술 시장을 세분화할 수 있다. 월 소득을 100만 원 미만, 100~200만 원, 200~300만 원, 300~400만 원, 400~500만 원, 500~600만 원, 600만 원 이상으로 나누기도 한다. 하중하, 하중상, 중중하, 중중상, 상중하, 상중상 같은 기준에 따라 소득 수준을 나누기도 한다. 소득 수준이 높은 문화예술 소비자들은 낮은 집단에 비해 충성 고객이 될 가능성이 높다. 늘 그렇지는 않지만 소득 수준이 높은 집단이 낮은 집단에 비해 문화예술 활동에 더 자주 참여하는 경향이 있다.

(4) 직업

문화예술 소비자의 직업(occupation)에 따라서도 시장 세분화를 할 수 있다. 경영 관리직, 전문 자유직, 사무기술직, 기능 작업직, 자영업자, 판매 · 서비스 · 영업직, 대학생, 전업주부, 무직 · 기타로 나누어 직업을 알아볼 수 있다. 직업에 따라 문화예술의 소비 행동도 달라질 수 있다. 문화예술 마케팅 기획자는 이처럼 소비자의 직업에 따라 문화예술 시장을 세분화하는 문제도 고민해야 한다.

(5) 학력

대체로 학력이 낮은 집단보다 학력이 높은 집단에서 문화예술 활동에 참여할 가능성이 높다. 문화예술 시장을 중졸 이하, 고졸, 대졸, 대학원졸 이상으로 나누어 시장 세분화 전략을 수립할 필요가 있다. 따라서 문화예술 마케팅 기획자는 소비자의 학력에 따라 문화예술 시장을 세분화하는 방안을 궁리해야 한다.

(6) 결혼

설문조사를 통해 미혼, 기혼, 기타로 나누어 결혼 여부를 알아본 다음 문화예술 시장을 나눌 수 있다. 미혼자들은 소득의 대부분을 취미 생활에 사용하는 경향이 있다. 기혼자들도 아이가 없는 신혼기에는 문화예술의 소비 활동을 더 자주 시도할 가능성이 높다. 자녀가 있는 기혼자들은 자녀를 위해 문화예술 활동에 참여하는 경우가 많다.

(7) 가족 구성원

가족 구성원의 수나 가족 생애주기에 따라 문화예술의 소비 활동도 달라진다. 문화예술 마케팅 기획자는 가족 구성원의 수나 일상생활의 변화 단계에 주목할 필요가 있다. 미혼자의 가족 구성원에서부터 노년에 배우자 없이 홀로 사는 시기에 이르기까지 가족 생애주기(family life cycle) 단계별로 문화예술의 소비 활동에 있어서 상당한 차이가 있기 때문이다. 가족 생애주기의 단계에 따라 문화예술의 향유 욕구, 문화예술작품의 티켓 구매력, 선호하는 문화예술작품, 문화예술의 소비 행태가 달라진다.

(8) 종교

종교 활동을 하느냐 그렇지 않느냐에 따라 문화예술 공연이나 전시 활동에 참여하는 정도에 있어서 많은 차이가 나타나지는 않는다. 그렇지만 문화예술작품의 내용에 따라 공연이나 전시에서 어떤 종교적 색채가 강하게 반영될 수 있다. 이 경우에는 해당 종교를 믿는 신자를 중심으로 단체로 참여하는 경우가 많다. 천주교, 개신교, 불교 등으로 나눠 시장을 세분화하는 이유도 소비자의 종교에 따라 문화예술작품의 소비가 달라질 가능성이 있기 때문이다.

3) 심리적 특성 기준

심리적 특성(psychographics)에 따른 문화예술 시장 세분화의 변인에는 가치와 라이프 스타일, 개성, 사회계층, 준거집단 같은 변인이 있다. 연령, 성, 직업, 소득 같은 인구통계적 기준만으로 시장을 세분화하면 문화예술 소비자의 특성을 섬세하게 파악하기 어렵다. 인구통계적 특성이 같은 소비자 집단에서도 개인별로 심리적 특성에서 차이가 있고, 이에 따라 문화예술 활동에 있어서도 차이가 있기 때문이다.

시장 세분화에서 문화예술 소비자의 심리적 특성을 고려하면 소비자의 태도나 행동을 더욱 깊이 있게 파악할 수 있다. 가치와 라이프 스타일, 개성, 사회계층, 준거집단 같은 심리적 특성은 고정된 요인이 아니며, 소비자의 가치와 태도가 변하면 심리적 특성도 변하게 된다. 따라서 문화예술 마케팅 기획자는 목표 시장의 심리적 특성을 수시로 분석하고 평가해 변화된 내용을 시장 세분화 전략에 반영해야 한다. 심리적 특성에 따른 시장 세분화의 변인에 대해 보다 구체적으로 설명하면 다음과 같다.

(1) 가치와 라이프 스타일

표적시장의 소비자 행동을 이해하기 위해 전문적인 조사를 실시하는 회사들이 있다. 그중에서 가치와 라이프 스타일(VALS: Values and Lifestyles) 유형에 대한 자료가 가장 널리 알려져 있다. 가치와 라이프 스타일(VALS)을 분석하면 소비자들이 일상생활에서 돈과 시간을 소비하는 전반적인 경향을 알 수 있다. 미국 스탠퍼드조사연구소(Stanford Research Institute)에서는 가치와 라이프 스타일에 따라 미국의 소비자 집단을 구분했다. 이 방법에서는 매슬로(Maslow)의 욕구 위계 모델(욕구단계론)을 바탕으로 미국인을 9개의 동기 집단으로 분류했는데, 각 집단의 가치관과 라이프 스타일의 관점에서 시장 세분화를 실시했고 광고와 마케팅 전략을 전개하는 데 그것을 활용했다. 단계별로 분류된 9개의 집단은 다음과 같다(문영숙, 김병희, 2015).

- 생존자(Survivors) 집단: 이 집단에 속한 사람들은 대개 경제사회적 여건이 불리하다. 그들에게 삶이란 가난과 절망을 이겨 나가는 것이다. 대부분이 모든 것을 운명에 맡기고 우연이나 행운으로 믿는 경향이 있다.
- 연명자(Sustainers) 집단: 생존자 집단에 비해 경제적으로 조금 형편이 낫지만 이들 대부분이 빈곤층에 해당한다. 하루하루가 고달픈 인생의 연속이지만 나름대로 미래에 대한 희망을 가지고 생활하는 집단이다.
- 소속자(Belongers) 집단: 9개의 집단 중에서 가장 규모가 크고 전형적인 중산층에 가까운 계층이다. 이 집단에 소속된 사람들은 보수적 · 전통적 · 관습적 · 순응적이다. 이들의 삶에서 관심사는 집과 가정이다.
- 도전자(Emulators) 집단: 대체로 상향 이동을 추구하는 사람들[여피족(Yuppies), 퍼피족(Puppies) 등]로 도전적이며 경쟁적이다. 남들이 보기에 좋은 유행에 민감한 제품은 이 집단에서 먼저 구매하기 시작한다.
- 성취자(Achievers) 집단: 교육을 잘 받았고 인생에서 물질적인 혜택을 즐길 수 있는 안정된 집단이다. 사회적으로 성취한 이들은 공동체의 각 분야에서 지도자의 위치에 있지만 계속해서 성공과 성취를 지향한다.
- 나는 나(I-Am-Me) 집단: 이 집단에 속한 사람들은 비교적 젊고 개인주의 성향이 매우 강하다. 젊은이들은 성장 과정에서 온갖 경험을 통해 스스로 자아를 발견하고, 그 과정에서 '나'의 중요성도 자각하기 시작한다.
- 경험자(Experiential) 집단: 이 집단에 속한 사람들은 인생에 어떤 목적지

란 없고 인생 자체가 여행이라고 굳게 믿으며 마음껏 인생을 경험하려고 한다. 이들은 스포츠와 취미를 비롯한 여러 활동에 적극적으로 참여한다.

- 사회의식자(Societally Conscious) 집단: 이 집단에 소속된 사람들은 자신의 사회적 책임에 가치를 둔다. 교육 수준이 높은 지식인으로 구성된 이 집단의 사람들은 검소함, 자원 보존, 내적 성장을 중시하는 경향이 있다.
- 통합적 인식자(Integrated) 집단: 이 집단에 소속된 사람들은 정신적으로 매우 성숙하며 인생을 장기적으로 계획한다. 참을성을 가지고 세상을 넓게 관조하는 통합적 인식자들은 자기표현을 잘하며 미적 심미안도 높다.

1970년대에 VALS-1 유형이 개발되었고, 그 후 1989년에 [그림 12-7]과 같은 보다 정교하고 발전된 VALS-2 유형이 발표되었다. 가치와 라이프 스타일 2(VALS-2) 유형에서는 개인이 가질 수 있는 보유 자원(소득 수준, 교육 수준, 자신감, 활력 등)의 정도와 인생관에 따라 미국의 소비자를 여덟 가지 집단으로 구분했다(SRI International, 2002). 원칙지향형(principle-oriented)은 타인으로부터 인정받는 여부에 관계없이 자신의 신념에 따라 행동하는 특성을 지닌 사람들이다. 지위지향형(status-oriented)은 타인의 행동과 인정 및 의견에 따라 행동하는 특성을 지닌 사람들이다. 행동지향형(action-oriented)은 사회활동에 적극적이고 위험을 선호하며 다양성을 추구하는 특성이 있다. 같은 차원 안에서는 자원의 정도에 따라 소비자의 유형이 달라진다.

이 밖에도 소비자의 라이프 스타일에만 집중해서 문화예술 소비자의 활동과 관심사나 의견(AIO)을 확인할 수도 있다. 즉, 활동(Activities, 일, 취미, 쇼핑, 스포츠, 문화예술 참여, 사회적 쟁점 등), 관심사(Interests, 음식, 예술, 패션, 가족, 레크리에이션 등), 의견(Opinions, 자기 생각, 사회적 쟁점, 사업, 상품 등)에 대해 알아보는 것이다. 그렇게 함으로써 소비자의 일상생활 양식을 파악하고 문화예술의 소비 행동에 대한 풍부한 정보를 얻을 수 있다.

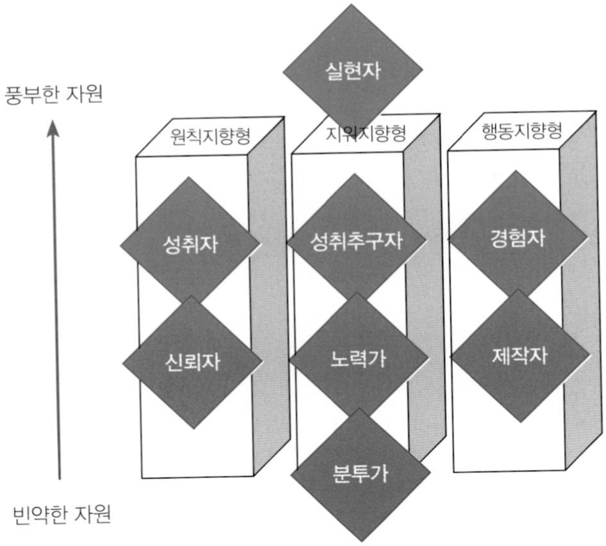

[그림 12-7] VALS-2의 가치와 라이프 스타일 유형

가치와 라이프 스타일에 따라 문화예술 소비자 집단을 세분화하면 문화예술 마케팅 활동에서 효과성을 기대할 수 있다. 전체 소비자 집단을 대상으로 문화예술 마케팅 활동을 전개하기보다 표적시장의 라이프 스타일을 파악해 그에 집중하면 마케팅 효과가 높아질 것이다. 문화예술작품의 PR 전략을 수립할 때도 가치와 라이프 스타일에서 기초 자료를 얻을 수 있다. 결과적으로 소비자의 가치와 라이프 스타일에 대하여 분석한 자료들을 시장 세분화에 활용하면 문화예술 마케팅 커뮤니케이션 활동에서 보다 높은 효과를 기대할 수 있다.

(2) 개성

개성(personality)이란 자신을 둘러싼 주변 환경에 대해 일관되게 반응하려는 개인의 심리적 특성이다. 보통 외향적이냐 또는 내성적이냐, 적극적이냐 또는 소극적이냐에 따라 문화예술 소비자 집단을 분류하기도 한다. 자신감,

지배적 경향, 사회성, 자율성, 방어성, 적응성, 공격성 같은 속성도 모두 개성의 범주로 설명할 수 있다. 문화예술 소비자들은 대체로 자기 개성에 알맞은 문화예술작품을 선호한다. 문화예술 마케팅 기획자는 문화예술 소비자의 개성에 따라 시장을 세분화시켜 문화예술 소비자의 개성을 고려한 시장 세분화의 방법을 모색해야 한다.

(3) 사회계층

사회계층(social class)은 보통 상류사회, 중류사회, 하류사회로 구분하는데 소득, 학력, 직업, 교육 수준, 주거 지역 같은 여러 요인에 따라 결정된다. 사회계층이 비슷한 문화예술 소비자들은 문화예술작품을 선택할 때 대체로 유사한 경향을 나타낸다. 때로는 자신과 비슷한 사회계층에 속한 다른 소비자의 영향을 받아 문화예술작품을 선택하기도 한다. 어느 사회에서나 사회계층이 암묵적으로 존재하는 상황에서 문화예술의 소비도 사회계층의 영향을 받을 수밖에 없다. 문화예술 마케팅 기획자는 사회계층에 따라 문화예술 시장을 세분화시켜 마케팅 활동을 전개해야 한다.

(4) 준거 집단

준거집단(reference group)은 개인의 행동에 직간접적인 영향을 미치는 사람들이다. 규범과 가치를 제공한다는 점에서 준거집단은 개인의 사고와 행동 양식에 결정적인 영향을 미친다. 문화예술 활동에 참여한 경험이 많은 소비자에게는 준거집단이 결정적인 영향을 미치지는 못하겠지만 그렇지 않은 경우에는 준거집단의 영향력이 막강하다. 준거집단의 특성은 물리적 거리가 가까울수록 결속력을 강화하는 근접성(예: 멀리 사는 친척보다 이웃과 더 친하게 지내기), 노출이 많고 접촉 빈도가 높을수록 결속력이 강화되는 노출성(예: 몇 년간 못 본 친구보다 함께 일하는 동료가 더 친근함), 집단의 규모가 작고 강하게 연결될수록 결속력이 강화되는 응집성(예: 어떤 모임의 멤버끼리의 결속) 등이다. 준거집단은 1차 집단과 2차 집단, 공식 집단과 비공식 집단, 열망 집단과 회피 집단이라는 세 가지 유형으로 나눌 수 있다.

첫째, 1차 집단(primary group)은 대체로 자신의 의지와 무관하게 자동적으로 소속된 집단으로, 구성원끼리 만나는 접촉 빈도와 친밀감이 높기 때문에 상호작용이 잘 된다(예: 가족, 친구, 동료, 이웃, 국가 등). 2차 집단(secondary group)은 본인의 의지에 따라 가입한 집단으로, 접촉 빈도와 친밀감이 상대적으로 낮고 1차 집단에 비해 영향력도 낮다(예: 협회, 학회, 단체, 직장 등).

둘째, 공식 집단(formal group)은 구성원의 자격 요건을 명문화한 조직으로, 개인이 집단의 기준을 받아들이려는 순응도에 따라 집단의 영향력이 달라진다(예: 자치단체, 종교단체, 학교, 동창회 등). 비공식 집단(informal group)은 구성원끼리의 친목을 도모하는 엄격하지 않은 조직으로, 어떤 개인이 집단의 규범을 받아들이면 자신의 행동을 그에 맞추게 된다(예: 친목회, 동호회 등).

셋째, 열망 집단(aspirational group)은 어떤 개인이 다른 사람의 가치와 규범 및 행동에 영향을 받아 소속되기를 희망하는 집단으로, 이 집단이 구매 의사결정에 미치는 영향은 간접적이다. 회피 집단(dissociative group)은 소속되기를 원하지 않거나 규범이나 신념을 회피하고 싶은 집단이다. 실제로는 자신이 회피 집단에 속해 있으면서도 현실을 인정하지 않고 벗어나고 싶어 하는 군대 같은 부인 집단(disclaiming group)도 있다.

4) 행동적 기준

시장 세분화의 행동적 기준은 문화예술 소비자들이 문화예술작품을 구매하고 사용하는 데 직접적으로 관련되는 행동적 변인(behavioral variable)에 따라 결정된다. 추구하는 혜택, 이용률, 소비자의 수준, 충성도의 수준, 기관이나 단체의 준비 상태, 참여 상황의 여섯 가지 행동적 변인에 따라 문화예술 시장을 세분화할 수 있다. [그림 12-8]에 제시한 행동적 기준에 따른 시장 세

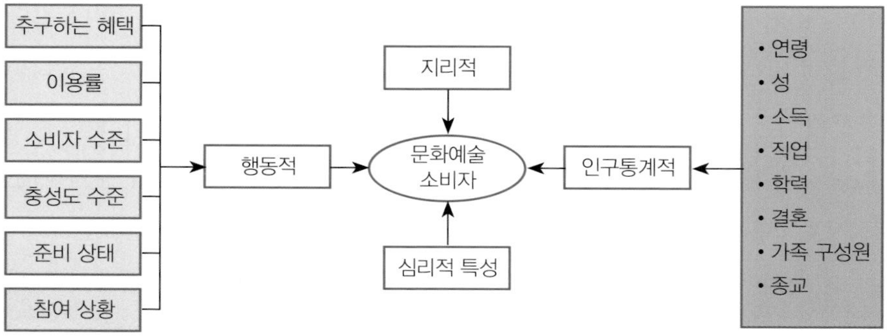

[그림 12-8] 시장 세분화의 여섯 가지 행동적 변인

분화의 변인에 대해 보다 구체적으로 설명하면 다음과 같다.

(1) 추구하는 혜택

같은 문화예술작품이라 하더라도 소비자들이 기대하는 혜택은 다른데, '추구하는 혜택(benefit)'에 따라서도 시장을 나눌 수 있다. 문화예술 공연이나 전시에서 소비자들이 추구하는 혜택에는 기능적 혜택과 심리적 혜택이 있다. 기능적 혜택이란 공연이나 전시에 참여함으로써 얻는 경제적 측면이다. 심리적 혜택은 문화예술 활동에 참여해서 얻는 감동이나 만족감 같은 심리적 측면에 해당된다.

소비자들은 문화예술기관이나 단체의 명성이나 작품의 품질은 물론 기획자를 따지기도 한다. 작품의 품질을 중시하는 소비자들은 경제적 가치보다 문화적 가치에서 보람이나 혜택을 느낀다. 반면에 문화적 가치보다 경제적 가치에 더 비중을 두는 소비자도 있고, 문화예술기관이나 단체의 서비스에서 혜택을 느끼는 사람도 있다. 이들은 문화예술작품의 품질보다 공연 전후의 식사나 쇼핑에 더 관심을 가진다. 이 밖에도 문화예술 프로그램이 얼마나 교육적 가치가 있는지를 따져 보는 소비자도 있다.

예를 들어, 전북 익산시에 있는 솜리예술회관에서는 이전 방문객의 자료를 바탕으로 방문 목적(추구하는 혜택)에 따라 시장을 나눴다. 방문 목적에 따라,

문화예술 선호 관람객, 교육 목적 관람객, 여가 선용 관람객으로 세분화한 것이다. 관람객들은 문화예술에 대한 충성도가 높았고 5회 이상의 재방문자도 많았다. 방문 목적은 문화예술에 대한 관심, 자녀 교육, 여가 선용이라는 세 가지로 나타났다. 솜리예술회관은 추구하는 혜택에 따라 관람객을 세분화시켜 시설의 리모델링이나 프로그램의 재구성에 필요한 구체적인 정보를 얻었다(서휘석, 이주연, 유지원, 2008). 이 사례에서처럼 소비자들이 추구하는 혜택을 분석해 시장 세분화 전략에 반영하면 문화예술기관이나 단체의 마케팅 활동을 전개하는 데 있어서 많은 도움이 된다.

(2) 이용률

문화예술작품의 공연이나 전시에 얼마나 참여한 경험이 있는가 하는 '이용률(usage rate)'에 따라서도 시장을 세분화할 수 있다. 이용률(문화예술을 경험한 정도)에 따라 문화예술의 소비 활동에 참여한 경험이 많은 집단, 참여 경험이 어느 정도 있는 집단, 참여 경험이 적은 집단의 세 집단으로 나눌 수 있다. 일반적으로는 참여 경험이 많은 20%가 전체 예술 소비의 80%를 점유하는 것으로 알려지고 있다. 이 밖에도 문화예술작품의 공연이나 전시에 참여한 경험이 없는 소비자, 참여한 적은 있지만 지금은 무관심한 소비자, 잠재적 소비자, 첫 경험 소비자, 정기적인 소비자로 구분할 수도 있다.

어떤 문화예술 프로그램에 참여했을 때 작품의 미학적 지식에 관심이 많은 소비자가 있는가 하면 그렇지 않은 소비자도 있다. 미학적 지식이 상당한 소비자에게는 문화예술작품이 얼마나 훌륭한지에 대해 설명할 필요가 없다. 이들에게는 공연장의 위치, 공연 시간, 프로그램에 대한 상세한 정보를 알려주는 것이 효과적이다. 반면에 문화예술작품에 대한 미학적 지식이 부족한 소비자에게는 먼저 문화예술작품의 우수성에 대해 안내하고, 그 작품의 가치와 의의를 설명해 줘야 한다.

예를 들어, 뉴욕시티오페라단은 문화예술에 대한 '이용률'에 따라 목표 소비자를 비슷한 유형으로 나눠 소비자 집단의 특성에 알맞게 프로그램을 구성했다. 이 오페라단에서 시도한 문화예술 이용률에 따른 시장 세분화 전략은 다음과 같다. 즉, 오페라를 처음 접하는 사람, 오페라에 대해 잘 알고 있는 애호가, 문화적 호기심이 풍부해 여러 영역에 참여하는 사람이라는 세 집단으로 문화예술 소비자를 세분화했다.

오페라 작품도 세 가지로 세분화해서 구성했다. 오페라의 기본 레퍼토리, 새로운 오페라 레퍼토리, 연극 레퍼토리와 결합된 오페라가 그것이다. 예를 들어, 그동안 대중에게 잘 알려지지 않았던 헨델(Händel)의 3막 오페라 〈줄리오 체사레(Giulio Cesare in Egitto, HWV 17)〉(1724)를 공연했다. [그림 12-9]는 뉴욕시티오페라단의 공연 장면이다. 이 밖에도 뉴욕시티오페라단은 경쟁 관계인 뉴욕메트로폴리탄오페라단과 차별화할 수 있는 전략을 다각도로 모색했다. 뉴욕메트로폴리탄오페라단은 전통적인 오페라 레퍼토리를 공연하고 저명한 성악가가 등장하는 스타 마케팅 전략을 구사해 오고 있었다. 이에 대응하기 위해 뉴욕시티오페라단은 전통 오페라에 비해 인기를 더 끌 수 있는 새로운 오페라 작품을 선정해서 공연했다. 그리고 저명한 성악가를 섭외하

[그림 12-9] 뉴욕시티오페라단의 〈줄리오 체사레〉 공연 장면(1967)

지 않고, 촉망받는 젊은 성악가나 오페라 배우와 닮은 성악가를 기용했다. 결과는 대성공이었다.

(3) 소비자 수준

소비자들이 문화예술작품의 공연이나 전시에 대한 관심이나 기대 수준이 어느 정도인가 하는 '소비자 수준(user status)'에 따라서도 시장을 세분화할 수 있다. 문화예술작품에 대한 소비자의 관심과 기대 수준은 높을 수도 있고 낮을 수도 있다. 기대 수준이 낮은데도 어떤 문화예술작품을 감상하려고 티켓을 사는 소비자는 없다. 따라서 시장 세분화를 할 때는 문화예술 소비자의 높은 기대 수준을 항상 고려하겠다는 배려심이 중요하다. 작품의 속성이나 품질에 대한 소비자의 기대 수준과 욕구를 어떻게 충족시킬 것인지 분석한 다음 시장 세분화를 시도해야 성과를 기대할 수 있다.

(4) 충성도 수준

문화예술작품이나 문화예술기관을 얼마나 신뢰하는가 하는 '충성도 수준(loyalty status)'에 따라 시장을 나눌 수도 있다. 문화예술작품에 대한 충성도란 어떤 문화예술작품의 공연이나 전시를 계속해서 관람하려는 태도다. 문화예술기관이나 단체에 대한 충성도는 소비자들이 특정 기관이나 단체를 지속적으로 이용하는 정도를 의미한다. 작품에 대한 애착이나 충성도에 따라 문화예술 소비자를 세 집단으로 나눌 수 있다. 충성도가 높은 집단, 대체로 충성하는 집단, 수시로 취향이 바뀌는 충성도가 낮은 집단이 그것이다. 어떤 소비자들은 특정 문화예술 프로그램에 자주 참여하지만 어떤 소비자들은 두세 이상의 여러 프로그램에 참여한다. 따라서 새로운 문화예술작품을 소개하는 경우라면 기존의 작품에 대한 충성도가 낮은 집단을 대상으로 시장을 세분화시켜 마케팅 활동을 집중하는 판단력이 필요하다.

(5) 기관이나 단체의 준비 상태

문화예술기관이나 단체에서 작품의 공연이나 전시를 얼마나 치밀하게 준비했는가 하는 '기관이나 단체의 준비 상태(buyer readiness)'에 따라서도 시장을 세분화할 수 있다. 준비 상태(readiness)란 어떤 공연이나 전시에 대해 소비자들이 얼마나 알고 있는지를 나타내는 정도다. 예를 들어, 언제 어디에서 어떤 공연이나 전시를 한다는 정보를 아직 모르고 있는 미인지 단계, 정보를 알고 있는 인지 단계, 구체적인 정보를 파악하고 있는 정보 보유 단계, 구체적으로 참여하려고 고려하는 관심 보유 단계, 보다 적극적으로 참여할 의향이 있는 참여 의향 보유 단계, 실제로 참여하겠다는 의사를 가지게 되는 참여 희망 단계로 나눌 수 있다. 이처럼 기관이나 단체의 준비 상태에 따라 시장을 세분화해 각 단계에 알맞게 구체적인 정보를 제공해야 한다.

(6) 참여 상황

문화예술작품의 공연이나 전시에 참여할 의향이 있거나 실제로 참여하는 '참여 상황(occasion)'에 따라서도 문화예술 시장을 나눌 수 있다. 공연이나 전시회의 기간을 고려해 소비자들이 참여할 수 있는 상황에 따라 시장을 세분화하는 것이다. 평상시에도 문화예술 활동에 자주 참여하는 사람들과 크리스마스나 연말연시 같은 특정 시기에만 문화예술 활동에 참여하는 소비자 집단은 각각 참여 상황 자체가 다른 경우다. 따라서 설, 밸런타인데이, 화이트데이, 어린이날, 어버이날, 추석 같은 특정 시기를 고려해 소비자의 참여 상황에 따라 시장을 세분화하면 뜻밖의 마케팅 커뮤니케이션 성과를 기대할 수 있다.

이 밖에도 문화예술작품의 공연이나 전시를 촉진하는 마케팅 전술에 소비자들이 얼마나 민감해하는가 하는 '마케팅 전술에 대한 민감도'에 따라서도 시장을 나눌 수 있다. 마케팅 전술에 둔감한 소비자가 있는 반면, 마케팅 커뮤니케이션 전술에 쉽게 반응하면서 선택하려던 어떤 공연 관람을 다른 공연으로 쉽게 바꿔 버리는 사람도 있다. 쿠폰, 서비스 품질, 광고, 구전 정보에 민감하게 반응하는 사람이 있는가 하면, 그렇지 않은 소비자도 있다. 작품성에 민감한 소비자가 있는가 하면, 가격에 더 민감하게 반응하는 사람들도 있다. 따라서 소비자들이 마케팅 전술에 얼마나 민감하게 반응할 것인지를 고려해서 문화예술 시장을 세분화해 보는 것도 현명한 접근방법이다.

5. 문화예술 시장 세분화의 의의

비슷한 특성을 지닌 문화예술 소비자를 다른 성향을 띠는 집단과 나눠 각각 하나의 동질적인 집단으로 구성하는 과정이 시장 세분화의 매력이다. 시장이나 소비자를 분류하는 기본 원칙은 유사한 특성끼리 묶는 것이라고 생각하면 된다. 비슷한 특성을 지닌 문화예술 소비자들끼리 묶어 하나의 동질적 집단으로 구성하는 것이 시장 세분화의 전제 조건이다. 경쟁 우위가 높은 세분시장을 목표하는 시장으로 선택하려면 반드시 집단을 분리하는 사전 단계가 필요하다.

같은 집단에 속하는 소비자끼리는 동질성을 띠어야 하고 다른 집단에 속하는 소비자들과는 이질성을 띠어야 시장을 나누는 효과가 나타난다. 각각의 세분시장에서는 동질적인 소비자들을 두루 포괄하고 서로 다른 세분시장에서는 집단별로 상호 배타적인 이질성을 띠도록 구성하는 것이 시장 세분화가 이상적으로 이루어진 것이다. 따라서 어떤 문화예술기관이나 단체에서는 경쟁자가 지향하는 목표 시장에 포함되는 소비자의 욕구를 정확히 파악해야 한다. 그런 다음에 경쟁 기관이나 단체와 다른 차별적인 소비자 욕구를 시장 시분화의 기준으로 반영하면 더 높은 성과를 기대할 수 있다.

예를 들어, 박물관이나 미술관에서 방문이 예상되는 관람객을 대상으로 시장 세분화를 한다고 가정해 보자. 인구통계적 특성에 따른 세분화, 문화예술 경험에 따른 세분화, 교육적 관심에 따른 세분화, 기대 수준에 따른 세분화, 준비 상태에 따른 세분화, 관람 빈도에 따른 세분화, 전시 참여 방식에 따른 세분화 같은 여러 기준에 따라 관람객을 나눌 수 있다.

인구통계적 특성 중에서 성별에 따라 시장을 나눈다고 할 경우, 여성이나 남성만을 대상으로 할 것인지, 아니면 남녀 모두를 대상으로 할 것인지 결정해야 한다. 박물관이나 미술관 관람에 있어서 여성 고객이 차지하는 비중이 크기는 하지만 단체 관람이 이루어지는 경우도 많기 때문에 남성을 포함시키는 경우도 생각해야 하기 때문이다. 문화예술 경험에 따라 나눈다고 할 경우 일반적인 상품 시장을 나눌 때와는 다른 맥락이 존재한다. 그리고 문화예술 소비자의 특성에 알맞게 정보를 제공하는 것도 중요하다. 문화예술에 대한 경험이 많아 작품 지식이 해박한 관람객에게는 전시하는 내용이나 작품에 대해 더욱 전문적인 고급 정보를 제공해야 한다.

문화예술 시장 세분화의 궁극적인 목적은 문화예술기관이나 단체가 어떤 공연이나 전시를 한 다음 세분시장에서 수익을 창출하는 데 있다. 문화예술 소비자들은 보통 개인적 특성이 다르고 문화예술의 소비 행동도 제각각 다르다. 그렇다고 해서 문화예술기관이나 단체에서 욕구가 각각 다른 문화예술 소비자의 욕구를 고려해 여러 작품을 선정해서 마케팅 전략을 각각 구사한다면 비용이 크게 늘어난다. 수익을 창출하지 못하고 엄청난 손해를 볼 수도 있다. 소비자의 개인적 욕구를 무시하고 전체 시장을 동질적인 시장으로 간주하는 것도 문제다. 표준화된 한 가지 마케팅 전략으로 공략하면 효과를 기대하기 어렵다. 그렇기 때문에 시장 세분화는 결코 간단한 문제가 아니다.

예를 들어, 희곡대전인 〈불후의 명작〉 공연은 문화예술 시장 세분화를 통해 관객들의 욕구와 기대를 충족시킨 동시에 수익 창출에도 성공한 사례다. 이 공연은 서울 대학로의 극단들이 뭉쳐 한국 대표 극작가들을 기념하는 연극 축제의 성격으로 기획되었다. 이 공연은 소비자들이 연령대에 알맞게 공연을 선택할 수 있도록 20대 김세한 작가부터 70대 오태석 작가까지 20~70대의 연령대별로 작가가 작품을 무료로 기증함으로써 빛을 보게 되었다. [그림 12-10]에서 〈불후의 명작〉의 공연 일정을 확인할 수 있다. 여러 공연을 연령에 따라 골라서 관람할 수 있도록 소비자를 배려한 공연 일정이 인상적이다. 문화예술 마케팅 기획자들은 비슷한 연령대의 소비자를 묶어 시장을 세분화한 다음 장소와 시간에 알맞게 마케팅 커뮤니케이션 활동을 전개했다.

시장 세분화가 중요하기는 하지만 문화예술 소비자 개개인의 욕구나 기대를 구체적으로 파악하기란 사실상 불가능하다. 설령 구체적으로 파악했다 하더라도 문화예술 소비자 한 사람 한 사람의 욕구에 맞춰 만족감을 제공하

[그림 12-10] 희곡대전 〈불후의 명작〉 공연 일정(2016)

기도 사실상 어려운 일이다. 그럼에도 불구하고 문화예술 소비자 전체를 대상으로 마케팅 활동을 전개하기보다 어떤 기준에 따라 문화예술 시장을 나누고 쪼개는 현실적인 판단력이 중요하다. 시장을 세분화하고 나서는 주어진 예산으로 효과를 극대화할 표적시장을 선정하고, 선정된 표적시장에 알맞게 포지셔닝 전략을 전개해야 한다. 시장 세분화는 결국 선택의 문제다. 시장 세분화가 잘 되어야 표적시장 선정과 포지셔닝 전략도 힘을 받게 된다. 바로 이 지점에 시장 세분화의 진정한 의의가 존재한다.

제13장

문화예술 시장의 표적화

1. 시장 표적화

문화예술 마케팅에서 시장 표적화(Targeting)란 문화예술기관이나 단체에서 효과적으로 공략할 수 있는 어떤 시장을 최적의 목표 시장으로 선정하는 과정을 뜻한다. 시장 세분화 이후에 각 세분시장에 대한 장단점을 분석한 다음, 어떤 문화예술 시장을 선택해서 한 곳에 집중할 것인지를 결정하게 된다. 세분시장 중에서 문화예술기관이나 단체의 경쟁 우위를 비교한 다음, 기관이나 단체에 가장 많은 기회를 제공할 가능성이 높은 어떤 하나의 시장에 집중하는 것이 시장 표적화의 목표다.

그렇게 하면 주어진 예산을 적재적소에 투입해 더 높은 성과를 얻을 수 있고, 선택과 집중을 통해 마케팅 커뮤니케이션 활동의 효과도 기대할 수 있다. 연령에 따라서 문화예술 시장을 표적화할 수도 있다. 대학생을 대상으로 시장을 표적화한 다음 그들의 눈높이에 맞춰 문화예술작품을 선정하는 경우를 생각해 볼 수 있다. 이때 문화예술 마케팅 기획자는 세분시장별로 예산과 인

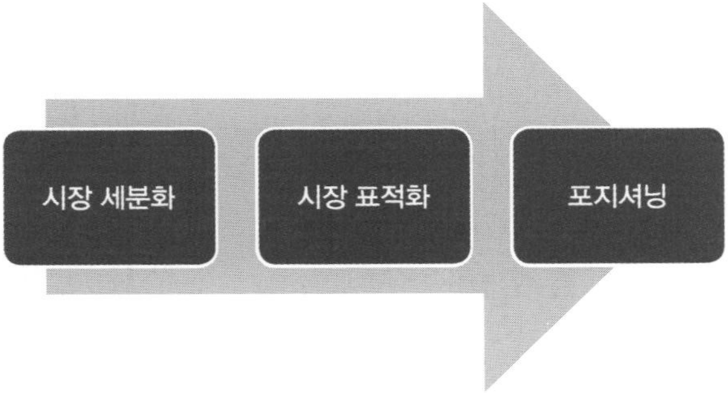

[그림 13-1] 시장 세분화 이후의 시장 표적화

력을 어느 정도 투입할 것인지, 세분시장의 특성에 따라 어떤 문화예술작품을 언제 어디에서 선보일 것인지, 그리고 마케팅 커뮤니케이션 활동을 어떻게 전개할 것인지 결정해야 한다.

예를 들어, 장애인을 대상으로 문화예술 시장을 표적화시킨 사례를 살펴보자. 미국의 조지 부시 대통령은 1990년에 「미국 장애인 기본법(ADA: American with Disability Act)」에 서명했다. 이 법에서는 민간의 비영리 부문에서 장애인의 접근성을 확보하는 데 필요한 요건들을 규정했다. 문화예술기관이나 단체에서는 이 법안의 내용에 대하여 재정적 측면과 공간적 맥락에서 부담스러워했다. 그러나 전문가들은 이 법안이 결국 문화예술기관이나 단체에 도움이 될 것이라고 전망했다. 실제로 몇몇 기관이나 단체에서는 예상했던 것과는 달리 장애인을 위한 추가 조치를 부담스러워하지 않았고, 장애인을 배려하는 조치를 마련하면 오히려 새로운 성장 가능성이 있을 것이라고 판단했다.

뉴저지주 멀번에 있는 페이퍼밀 플레이하우스(Paper Mill Playhouse) 극장에서는 1980년에 대형 화재가 발생해서 엄청난 피해를 보았다. 그 후 재건축을 하면서 장애인의 접근성을 높이기 위해 극장의 모든 층을 승강기로 연결했다. 매표소에는 휠체어를 탄 장애인이 티켓을 구매하는 데 불편하지 않도록 휠체어 높이에 맞춘 특별 창구를 마련했다. 작품마다 두 번째 공연에서는

[그림 13-2] 페이퍼밀 플레이하우스 극장(2018)

시각장애인을 위해 무대의 움직임을 신호로 바꿔 주는 특수 음향전달 장치를 설치했다. 공연 전에는 워크숍을 실시해 시각장애인들이 연극 소품이나 의상을 만져 볼 수 있게 했고, 모든 직원에게 장애인을 환대하는 감수성 훈련을 받게 했다. 이런 노력을 한 결과, 이 극장을 찾는 새로운 관객은 해마다 증가했다. 이전에 이 극장을 찾은 적이 없던 사람들에게 권유해서 함께 오는 장애인들도 있었다.

이 밖에도 노년층 관객을 위해 계단 대신에 경사로를 설치했고, 공연 프로그램을 안내하는 브로슈어를 큰 글씨체로 인쇄했다. 소리를 더 키우는 음향 확대 시스템도 적용했다. 그뿐만 아니라 휠체어를 이용하는 노인들이 동반자와 함께 앉을 수 있도록 탈부착이 가능한 좌석을 설치했다. 노년층의 문화예술 소비자들은 극장의 이런 배려에 대해 티켓 구매나 연간 회원 가입으로 호응했다. 페이퍼밀 플레이하우스 극장의 시장 표적화 작업은 다른 극장에도 많은 영향을 미쳤다(Kotler & Scheff, 1997).

페이퍼밀 플레이하우스 극장의 사례에서 문화예술 시장 표적화의 전형적인 면모를 확인할 수 있다. 「미국 장애인 기본법」을 억지로 준수하는 부담감에서 벗어나, 오히려 장애인 집단이 성장 가능성이 높은 표적시장이라고 인식을 바꾼 것이다. 해당 세분시장에서 성공할 수 있는 요건을 하나씩 준비함으로써 놀라운 성과를 거뒀다. 우리나라의 문화예술기관이나 단체에서도 페이퍼밀 플레이하우스 극장의 사례에서 시장 표적화 전략을 통해 어떻게 성장할 수 있는지에 대한 시사점을 얻을 수 있을 것이다.

시장 표적화 전략은 갈수록 중요해지고 있다. 디지털 시대에는 광고도 표적화를 지향한다. 다양한 인터넷 언론이 등장하고 동영상 플랫폼, 포털, 소셜미디어, 1인 미디어 같은 수많은 미디어 중에서 표적 소비자를 겨냥하는 효율적인 표적화 광고가 주목받게 되었다. 예를 들어, 유튜브에서도 소비자의 관심사를 분석해 관심사가 비슷한 사람들에게만 영상을 노출할 수 있다. 이처럼 데이터를 기반으로 접근하는 표적화 광고는 문화예술 마케팅의 새로운 가능성을 열어 주고 있다.

나아가 미디어 표적화를 넘어서 문화예술 소비자와 문화예술작품을 더 촘촘히 연결하기 위해 메시지를 초정밀로 겨냥하는 초정밀 마케팅도 가능해졌다. 초정밀 마케팅이란 어떤 개인이나 집단에게 더욱 세분화된 메시지를 전달함으로써 효과를 극대화하는 기법이다. 메시지가 다수를 겨냥하지 않고 소수를 향하기 때문에 소수에 해당된 소비자라면 더 공감을 유도할 수 있고 주목도도 높다. 초정밀 마케팅에서는 목표 고객을 정확히 표적화시킨 다음 그들이 자주 접하는 맞춤형 미디어에 메시지를 노출해야 한다.

초정밀 마케팅을 비롯한 새로운 기법들이 속속 등장하는 상황에서, 앞으로 인구통계학적 특성에만 집중해서 시장을 세분화하는 마케팅 기법은 효과가 떨어질 가능성이 높다. 이제 사람의 마음까지 분석할 수 있는 빅데이터를 활용하는 마케팅 기법도 속속들이 개발되고 있기 때문이다. 빅데이터 분석은 사람들의 문화예술 소비에 대한 깊은 통찰력과 유의미한 정보를 제공해 준다. 이처럼 시장의 표적화 기법도 나날이 진화하고 있다.

2. 세분시장의 타당성 평가 기준

문화예술 시장을 세분화한 다음에는 그 세분시장이 얼마나 잘 나눠졌는지 검토할 필요가 있다. 문화예술기관이나 단체에서는 세분시장 중에서 어떤 시장을 선택해 마케팅 활동을 전개하려고 할 것이다. 어떤 세분시장을 선택해 그 시장을 공략할 전략을 결정하기 전에 반드시 타당성을 평가하는 과정을 거쳐야 한다. 그래야 실패할 가능성이 줄어든다. 세분시장의 타당성을 평가하는 기준은 보통 다음과 같은 네 가지다.

첫째 기준은 세분시장의 규모와 성장 가능성이다. 문화예술 세분시장의 규모와 성장 가능성을 어떻게 파악할 수 있을까? 세분화된 시장별로 소비자의 수가 얼마나 되고, 지출액의 적정 규모가 어느 정도인지 따져 봐야 한다. 적정 규모란 언제나 상대적 개념이다. 각 세분시장에서 현재의 판매량, 예상 성장률, 예상 수익률에 대한 자료를 수집해 분석하면 세분시장의 규모와 성장 가능성을 엿볼 수 있다. 이때 문화예술기관이나 단체의 규모와 역량에 알맞게 표적시장을 선정하되, 충분한 규모와 성장률의 추이도 예상해야 한다.

소규모의 문화예술기관이나 단체에서는 대규모의 세분시장을 감당하기에는 자원이 부족할 때가 많다. 따라서 치열한 경쟁 상황에서 수익률이 높은 소규모의 세분시장을 선택하는 전략적 판단도 필요하다. 세분시장에 투입된 비용을 넘어서는 수익을 달성하려면 문화예술 시장의 변화에 따른 미래의 성장 가능성도 거시적 차원에서 추정해야 한다. 경제 상황이 변하면 시장 환경도 변하게 마련이며, 그렇게 되면 결국 세분시장의 미래에도 영향을 미치기 때문이다. 세분시장에서 예상되는 변화 추이를 마케팅 커뮤니케이션 계획에 반영하지 않으면 경제 불황기에는 낭패를 볼 수도 있다.

둘째 기준은 세분시장의 구조적 매력도다. 어떤 세분시장이 충분할 정도의 성장률이 예상된다고 하더라도 수익성 측면에서 매력도가 낮을 수 있다.

현재 경쟁자의 경쟁 강도와 잠재 경쟁자가 진입할 가능성에 따라 세분시장의 장기적인 매력도가 결정된다. 어떤 세분시장에 강력한 경쟁자가 많다면 세분시장의 매력도는 떨어진다. 성장하는 경쟁자가 새롭게 진입할 가능성이 높은 시장도 세분시장으로서의 매력도가 떨어지게 마련이다. 따라서 수익성 측면에서 세분시장이 매력적인지 평가해 보고, 세분시장의 매력도에 영향을 미치는 구조적 요인들을 고려해야 한다. 목표하는 세분시장은 규모도 충분해야 하고 수익성 측면에서도 매력적이어야 한다.

세분시장의 매력도에 장기적으로 영향을 미치는 구조적 요인에는 경쟁의 강도(경쟁 상황), 대체 작품의 위협, 구매자의 힘, 공급자의 힘이 있다. 따라서 문화예술 마케터는 진입 장벽, 경쟁 상황, 대체 작품, 문화예술기관이나 단체의 공감 능력을 분석함으로써 세분시장의 구조적인 매력도를 평가해야 한다. 진입 장벽이 낮으면 가까운 장래에 경쟁이 심화될 가능성이 높다. 현재의 문화예술 시장에 경쟁자가 많을 경우에도 시장의 구조적인 매력도가 부족하다. 나아가 공연이나 전시 중에 있는 문화예술작품을 대체할 작품이 곧 등장하리라고 예상되는 경우에도 매력도가 떨어질 수밖에 없다.

셋째 기준은 세분시장의 정보수집 가능성이다. 어떤 문화예술기관이나 단체의 문화예술작품을 경쟁 기관의 문화예술작품과 차별화시키려면, 특정 세분시장에 속한 문화예술 소비자의 특성과 행동에 관련된 정보를 확보해야 한다. 무엇보다 중요한 선행 절차가 정보를 수집하는 일이다. 문화예술 소비자의 욕구, 기대, 선호, 인구통계적 특성 같은 소비자 행동 변인에 대한 정보를 면밀히 분석해야 세분시장의 성공 가능성이 높아진다. 다음과 같은 정보수집의 사례는 세분시장을 선택하는 데 있어서 정보수집 가능성이 얼마나 중요한지 환기하고 있다.

공연 예매 사이트인 인터파크는 혼자서 공연을 관람하는 '혼공족'이 선호하는 장르, 연령대, 인기 작품에 대해 2005년부터 2018년까지 14년 동안의 빅데이터를 분석했다([그림 13-3] 참조). 분석 결과, 10명 중 4명 이상은 혼자서 공연을 즐기는 것으로 나타났다. 1인 관객은 2005년 11%에서 2017년에는 49%까지 증가했고, 2인 관객은 2005년 69%에서 2017년에는 38%까지 감소하는 역전 현상을 보였다. 반면에 2인 관객은 1인 관객이 증가하는 만큼 감소했고, 2015년부터는 1인 관객의 예매가 2인 관객의 예매 건수를 추월했다(인터파크, 2019).

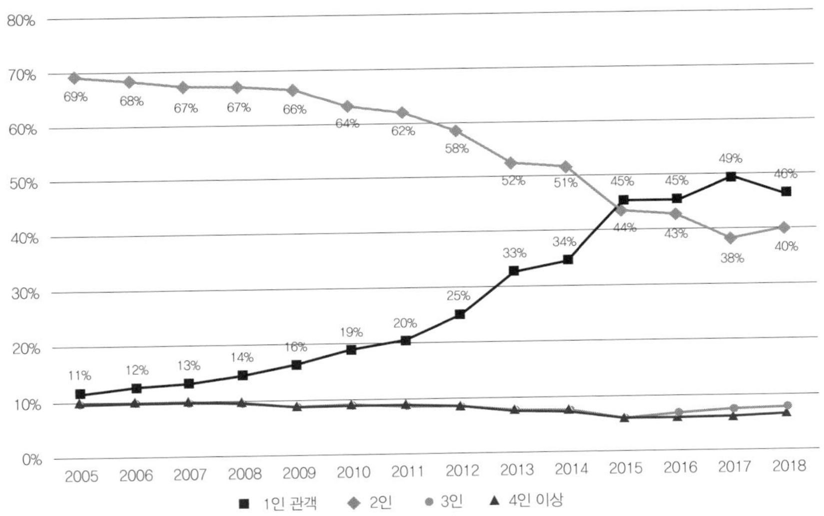

[그림 13-3] 연도별 공연 전체 1인 관객 변화 추이

그리고 '혼공족'은 2016년부터 2018년 사이에 공연 장르 중에서 콘서트를 가장 선호했다([그림 13-4] 참조). 혼공족의 콘서트 예매율은 2016년에 55%, 2017년에 65%, 2018년에 58%로 나타났다(인터파크, 2019). 클래식과 연극은 뮤지컬에 비해 티켓 가격이 저렴하고 마니아층이 두터워 혼자 공연을 즐기는 관객이 많았을 것으로 해석할 수 있다. 장르에 상관없이 1인 예매자와 2인 예매자의 비중이 비슷해 혼자서 공연을 보는 관람 행태가 해를 거듭할수록 보편적으로 자리 잡을 것으로 예상된다. 일과 삶의 균형을 중시하는 가치가 보편화되는 상황에서 혼공족이 향후 문화예술 시장을 주도할 것이라는 예측에

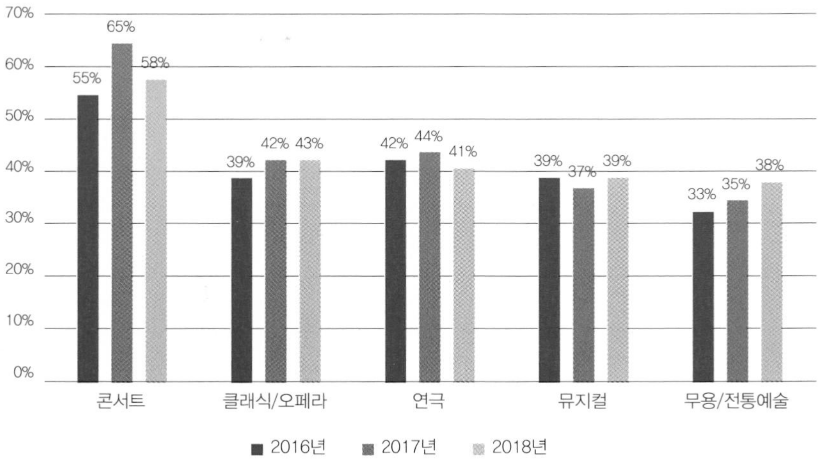

[그림 13-4] 2016~2018년 장르별 1인 관객 변화 추이

따라 세분시장을 선택하면 성과가 높지 않겠는가?

넷째 기준은 조직의 목표와 가용 자원이다. 어떤 세분시장이 규모와 성장 가능성에서 매력적이라고 해도 조직의 목표 및 가용 자원과 부합되는지 판단해야 한다. 조직의 장기적 목표와 다르다면 목표 시장으로 설정해서는 안 된다. 조직의 목표와 부합되는 경우에도 세분시장에 필요한 자원을 조직에서 감당하지 못할 경우에도 목표 시장이 되기 어렵다. 세분시장의 규모가 크고 성장률이 빠르고 세분시장의 구조적 매력도가 높다고 하더라도 문화예술기관이나 단체의 목표와 자원을 고려해 매력도를 평가해야 한다.

여러 가지를 검토한 다음 혜택이 많다고 판단될 때 최종적으로 세분시장을 선택해야 한다. 만약 문화예술기관이나 단체의 목표에 부합하지 않거나 자원이 부족하다면 그 시장에는 참여하지 않는 것이 바람직하다. 문화예술기관이나 단체의 목표와 쓸 수 있는 예산이 적합하지 않다면 다른 세분시장을 찾아봐야 한다. 문화예술기관이나 단체에서 추구하는 목표와 가용 자원은 세분시장의 타당성을 검증하는 마지막 관문이라고 하겠다.

결국 세분시장의 규모와 성장 가능성, 세분시장의 구조적 매력도, 세분시장의 정보수집 가능성, 조직의 목표와 가용 자원이라는 네 가지 기준을 종합적으로 검토한 다음 문화예술 시장 세분화의 타당성을 평가하면 된다. 이 모든 것의 중심에 '1차 조사'와 '2차 조사'로 구분되는 정보 수집이 있다. 1차 조사는 설문지 또는 인터뷰를 통한 정보 수집이고, 2차 조사는 보고서나 언론 보도를 바탕으로 종합한 중요한 정보 수집이다. 경쟁사 정보를 수집하는 과정은 어떤 곳에서도 비슷한 경로를 거치기 때문에 고급 정보를 분석하는 판단력이 중요하다.

경쟁 기관이나 단체의 정보는 문화예술 마케팅의 성공과 실패로 가르는 시발점이 될 수 있다. 문화예술기관이나 단체의 역량으로 어떤 세분시장에서 마케팅 커뮤니케이션 활동을 효과적으로 전개할 수 있는지 면밀하게 분석하는 작업이 이루어져야 한다. 구글이나 페이스북은 앱을 통해 이용자 정보를 수집하고 있다. 문화예술기관이나 단체에서도 고급 정보를 확보하는 접근성을 높여야 시장 세분화에 성공하고, 향후의 문화예술 마케팅 활동에서도 더 높은 효과를 기대할 수 있다.

3. 표적시장의 선정

문화예술기관이나 단체의 마케팅 기획자는 세분시장에 대한 사전 평가를 마친 다음, 마케팅 커뮤니케이션 활동을 집중적으로 전개할 표적시장을 선정하게 된다. 표적시장의 선정이란 어떤 세분시장에 마케팅 커뮤니케이션 비용을 투입해 구체적으로 누구에게 문화예술작품을 소개할 것인지를 결정하는 과정이다. 표적시장을 선정한 다음에는 [그림 13-5]에 제시된 것과 같은 비차별화 마케팅 전략, 차별화 마케팅 전략, 집중화 마케팅 전략을 전개할 수 있다(황병일, 박승환, 김범종, 최철재, 2009).

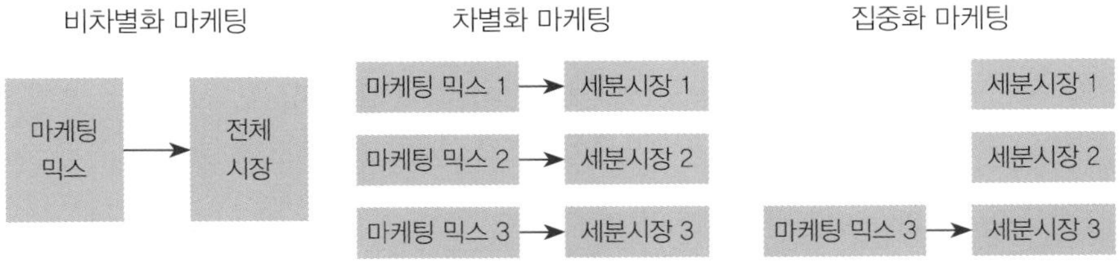

[그림 13-5] 표적시장의 선정과 마케팅 전략

1) 비차별화 마케팅 전략

비차별화 마케팅(undifferentiated marketing)이란 문화예술 소비자의 욕구나 기대가 동질적인 특성을 갖는다고 판단하고, 시장을 세분화하지 않고 전체 시장을 하나의 표적으로 삼아 표준화된 마케팅 전략을 전개하는 경우다. 문화예술 소비자 전체의 공통된 욕구나 기대에 집중하는 마케팅 전략으로, 소수의 욕구보다 공통의 욕구에 초점을 맞추게 된다. 이 전략을 적용할 경우에는 소수의 문화예술작품으로 문화예술 소비자 전체에게 호소하기 때문에 비용이 적게 들고 표준화된 마케팅 메시지를 전달할 수 있다.

그렇지만 표준화된 마케팅 메시지 하나로 모든 문화예술 소비자의 욕구나 기대를 충족시키지 못할 가능성이 높다. 비차별화 마케팅 전략이 성공하려면 문화예술 소비자의 욕구나 기대가 대체로 비슷해야 한다는 동질성의 조건이 충족되어야 한다. 그러나 문화예술 소비자의 욕구나 기대가 인구통계적 특성이나 심리적 특성에 따라 달라지기 때문에, 모든 문화예술 소비자를 만족시킬 하나의 문화예술작품을 선정하기란 어려운 일이다. 따라서 디지털 융합시대에 비차별화 마케팅 전략을 적용하는 경우는 그다지 많지 않다.

2) 차별화 마케팅 전략

차별화 마케팅(differentiated marketing)이란 문화예술 시장을 세분화시킨 다음 2개 이상의 세분시장을 대상으로 그에 알맞게 각 세분시장별로 차별화된 마케팅 수단으로 공략하는 방법이다. 문화예술 소비자의 욕구가 이질적이고 문화예술기관이나 단체의 역량이 뛰어날 때 이 전략을 활용하면 성과를 기대할 수 있다. 차별화 마케팅 전략을 전개하면 세분시장에 속해 있는 문화예술 소비자의 욕구나 기대를 충족시킬 가능성이 높고, 어떤 하나의 세분시장에 문제가 생겨도 위험을 분산시킬 수 있다.

반면에 각각의 세분시장에 적합하게 마케팅 활동을 전개해야 하므로 마케팅 커뮤니케이션 비용이 더 많이 투입된다는 단점도 있다. 이 전략은 경쟁 기관에 비해 인지도가 높고 마케팅 비용을 어느 정도 확보한 문화예술기관이나 단체에서 활용하면 효과적이다. 소규모 문화예술기관이나 단체에서는 하나의 시장에 집중해서 경쟁우위를 확보한 이후 단계적으로 다른 세분시장에 진출하는 전략을 구사하는 것이 효과적이다.

예를 들어, 1995년 6월에 개관한 400석의 규모의 정동극장은 차별화 마케팅 전략을 구사했다. 1996년 1월부터는 문화체육관광부(당시 문화체육부)와 국립극장 예술진흥회와 계약을 맺고 민간에 위탁해 경영했다. 위탁 경영을 하자 그동안 국가 지원에 의존해 오던 정동극장은 해결 과제들이 돌출하기 시작했다. 극장의 수익은 자율적으로 운용되었지만, 국고에서 공연 제작비가 지원되지 않자 경영 방안을 자체적으로 모색해야 했다. 도심의 사각지대에 있는 공연장은 지리적 측면에서 매력도 떨어졌다. 어려움이 많았지만 정동극장은 특별 프로그램을 기획해서 현실적인 어려움을 극복해 나갔다.

정동극장은 관객의 유형을 직장인, 청소년, 30~40대, 주부 집단으로 나눠 시장 세분화를 시도했고, 세분시장에 적절한 공연예술작품을 선정했다. 정동극장은 세분시장의 특성에 알맞게 프로그램을 기획했다. 예컨대, 직장인을 위한 〈정오의 예술마당〉, 청소년 특별활동을 고려한 〈문화특활〉 〈재미있는 창극〉 〈재미있는 팝과 클래식 공연〉, 30~40대를 위한 〈돌담길 추억이 있는 음악회〉, 외국 관광객에게 한국의 소리와 몸짓을 알리는 〈전통예술상설

[그림 13-6] 〈정오의 예술마당〉 포스터(2017)

무대〉, 국악공연을 즐기며 장도 보는 〈정오의 신나는 국악여행: 신토불이 국악장터〉와 같은 프로그램이 시장 세분화 전략에 따라 새로 만들어졌다(고상범, 2006).

직장인들이 점심식사 후에 잠깐 즐기도록 문화 시음회 전략으로 기획한 〈정오의 예술마당〉은 차 한 잔 값에 차와 30분짜리 공연을 함께 즐길 수 있었다([그림 13-6] 참조). 나중에는 이를 〈이동 정오무대〉로 이름을 바꿔 직장인을 찾아가는 프로그램으로 발전시켰다. 정동극장은 연령별, 직업별, 국적별 세분시장에 적합한 문화예술작품을 준비해 차별화 마케팅 활동을 전개함으로써 브랜드 가치를 높이는 데 성공했다(김소영, 곽영식, 김용준, 2003). 정동극장은 이처럼 시장 세분화 전략을 바탕으로 시간대와 문화예술 소비자의 특성에 알맞게 프로그램을 구성함으로써 문화예술 마케팅 전략을 효율적으로 구사했다.

3) 집중화 마케팅 전략

시장을 세분화한 다음 문화예술기관이나 단체는 역량을 집중할 수 있는 세분시장 하나만을 선택해야 한다. 집중화 마케팅(concentrated marketing)이란 매력적인 세분시장에 가장 적합한 마케팅 커뮤니케이션 수단을 마련해 모든 역량을 집중시키는 시장 표적화 전략이다. 다른 문화예술기관이나 단체에서 놓치고 있는 틈새시장을 공략해도 효과를 기대할 수 있다. 마케팅 커뮤니케이션 예산을 틈새시장에 집중하면 그 시장을 선도할 수도 있지만, 강력한 경쟁 기관이나 단체가 그 틈새시장을 공략하면 버티지 못하는 경우도 발생한다.

집중화 마케팅 전략은 특정 세분시장의 욕구를 거의 정확히 반영한다는 장점이 있다. 예산이 부족한 문화예술기관이나 단체에서는 마케팅 역량을 특정한 세분시장에 집중함으로써 문화예술 시장에서 선두 주자의 자리를 차지할 수도 있다. 그렇지만 목표로 하는 세분시장이 위축되고 강력한 경쟁 기관이나 단체가 진입할 경우에는 결정적인 타격을 입는다. 따라서 집중화 마케팅을 적용하는 문화예술기관이나 단체는 경쟁 기관이 시장에서 부각되기 전에 진출 전략과 방어 전략을 순발력 있게 운용해야 한다. 진출 전략과 방어 전략을 마련하지 않고 맹목적으로 집중화 마케팅에만 매진하다 보면 그 기관이나 단체는 처음에는 성공하더라도 나중에 가서 곤경에 빠질 수도 있다.

제14장

문화예술작품의 포지셔닝

1. 포지셔닝의 개념

문화예술기관이나 단체가 시장 세분화와 시장 표적화를 마친 다음에는 문화예술 소비자의 마음속 어느 지점에 문화예술작품을 자리매김할 것인지 결정하고, 거기에 마케팅 역량을 집중해야 한다. 경쟁하는 문화예술작품과 비교해 문화예술 소비자의 마음속에 차지하는 자리가 작품의 위치(position)다. 이는 소비자들이 어떤 작품에 대해 속으로 어떻게 인식하느냐와 관련되는 문제라 작품의 예술적 완성도와 무관할 때도 있다. 마케팅이란 '제품력의 싸움이 아닌 인식의 싸움'이라는 마케팅 명언이 나온 배경도 실체보다 인식이 중요하다는 사실을 설명하기 위해서였다.

포지셔닝(Positioning)이란 문화예술기관이나 단체가 경쟁 기관이나 단체의 강점과 약점을 비교한 다음 상대적으로 틈새가 보이는 유리한 위치에 문화예술작품을 자리매김하고 인식시키는 과정이다. 트라우트와 리스(Trout & Ries, 1979)가 이 개념을 제시한 이후로 마케팅 커뮤니케이션 실무계에서는 포지셔닝 개념을 다양한 맥락에서 활용해 왔다. 트라우트와 리스는 마케팅 기획자들이 시장 점유율의 개념을 경쟁 브랜드와의 경쟁을 위해 확장할 수 있다는 잘못된 가정하에 마케팅 커뮤니케이션 전략을 잘못 적용하고 있다고 비판했다.

포지셔닝 개념에 의하면 마케팅의 성과는 현장에서 벌어지고 있는 실제의 시장 구도가 아니며, 실제의 시장 점유율에 관계없이 소비자들이 어떤 브랜드에 대해 머릿속으로 느끼는 인식의 싸움에 따라 결정된다(Ries & Trout, 1981). 문화예술 마케팅에 있어서도 포지셔닝의 핵심은 차별화를 통해 어떤 문화예술기관이나 문화예술작품을 소비자의 머릿속에 특별한 브랜드 이미지로 정립하는 데 있다. 문화예술 소비자에게 문화예술작품을 특별한 이미지로 남게 하려면 일관된 포지셔닝 전략에 따라 문화예술기관이나 작품의 특성을 지속적으로 관리해야 한다.

문화예술작품에 대해 소비자들이 느끼는 인상은 작품의 특성을 알리는 데 있어서 중요하다. 나아가 문화예술 마케팅 예산이 부족한 상황에서 문화예술작품의 고유한 특성이나 이미지를 하나로 고정하거나 다르게 바꾸기가 쉽지 않다. 따라서 문화예술작품의 본질적인 특성과 문화예술 소비자들이 느끼는 이미지를 결합시켜 포지셔닝 전략을 결정해야 한다. 포지셔닝 전략에 따라 결정된 포지셔닝 지도(positioning map)를 보면, 문화예술기관이나 단체에서 기획한 문화예술작품의 위치나 지향점을 한눈에 파악할 수 있다. [그림 14-1]은 포지셔닝 지도의 예다.

문화예술 소비자들은 어떤 문화예술작품의 본질적인 가치보다 그 작품이 자신의 마음속에 어떤 이미지로 자리 잡고 있는지에 따라 문화예술의 소비 활동을 다르게 시도하는 경우가 많다. 트라우트와 리스는 제품과 서비스의 위치를 설정하려면 마케팅 기획자들이 기본 질문 여섯 가지를 꼼꼼히 점검한 다음에 포지셔닝 전략을 수립하기를 권고했다(Trout & Ries, 1979). 이 기본 질문들은 문화예술 마케팅 기획자의 주관적 인식이 아닌 문화예술 시장에서의

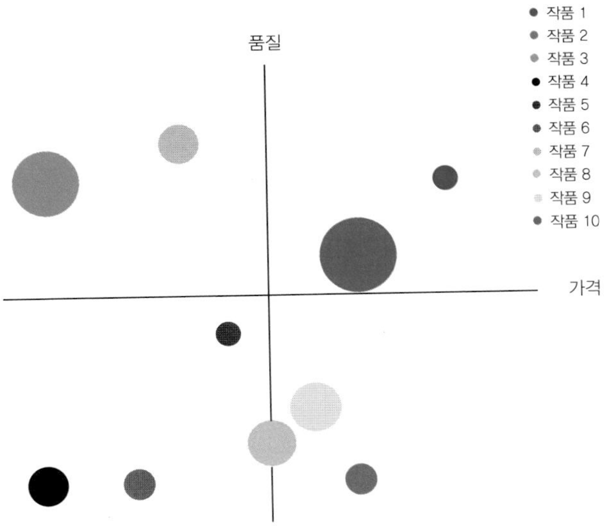

[그림 14-1] **포지셔닝 지도의 예**

경쟁 구도에 따라 판단해야 한다. 여섯 가지 기본 질문을 문화예술기관이나 단체 또는 문화예술작품의 맥락에 알맞게 변형시켜 제시하면 다음과 같다.

- 문화예술기관이나 단체 또는 문화예술작품이 문화예술 소비자의 마음 속에서 차지하고 있는 위치는 어떤가?
- 문화예술기관이나 단체 또는 문화예술작품이 문화예술 시장에서 어느 위치에 자리매김하도록 하고 싶은가?
- 문화예술기관이나 단체 또는 문화예술작품이 그 위치에 자리매김하도록 하려면 다른 곳보다 얼마만큼 경쟁력이 있어야 하는가?
- 문화예술기관이나 단체 또는 문화예술작품은 그 위치를 차지하고 지켜갈 정도로 마케팅 비용이 충분한가?
- 문화예술기관이나 단체 또는 문화예술작품이 하나의 일관된 포지셔닝 전략에 매진할 수 있을 만큼 끈기가 있는가?

• 문화예술기관이나 단체 또는 문화예술작품에 대한 크리에이티브 접근법이 포지셔닝 전략과 부합되는가?

2. 포지셔닝의 유형

포지셔닝 전략은 문화예술 소비자의 욕구나 기대에 따라 문화예술기관이나 작품의 위치를 정하는 '소비자 포지셔닝 전략'과, 경쟁 상황에 따라 자기 기관이나 단체에 알맞은 문화예술작품의 위치를 정하려는 '경쟁적 포지셔닝 전략'으로 구분된다. 문화예술 소비자의 기대나 경쟁 기관의 위치가 변함에 따라 자기 기관이나 문화예술작품의 위치를 다른 곳으로 새로 바꾸는 과정을 재포지셔닝(repositioning)이라고 한다. 포지셔닝은 주어진 예산으로 마케팅 효과를 높일 수 있는 STP 전략에서 마지막 전략에 해당된다. 다시 말해서, 시장 세분화와 시장 표적화에 이어 시장 포지셔닝 전략이 필요한 것이다.

어떤 문화예술작품을 선택할 것인가 또는 다른 작품을 선택할 것인가? 문화예술 소비자들은 작품의 특성에 대한 인식과 이미지에 따라 결정하는 포지셔닝 전략에 영향을 받게 된다. 이것이 문화예술기관이나 단체에서 경쟁 기관과 차별화되고 소비자들이 이상적으로 생각하는 위치를 정해야 하는 이유다. 문화예술기관이나 문화예술작품의 포지셔닝 전략을 수립하는 방법에는 여덟 가지가 있다. 그것은 문화예술작품의 특성에 의한 포지셔닝, 참여 상황에 의한 포지셔닝, 혜택에 의한 포지셔닝, 문화예술 소비자 집단을 구분하는 포지셔닝, 경쟁하는 문화예술기관이나 작품을 활용하는 포지셔닝, 새로운 용도 제시에 의한 포지셔닝, 상징성에 의한 포지셔닝, 재포지셔닝이다. 각각의 포지셔닝 방법에 대해 보다 구체적으로 알아보자.

첫째, 문화예술작품의 특성에 의한 포지셔닝이다. 이는 문화예술기관이나 단체에서 선보이려는 문화예술작품의 특성에 따라 포지셔닝 전략을 전개하는 경우다. 기업에서도 일반적으로 가장 많이 쓰는 것이 제품의 특성에 의한 포지셔닝 전략이다. 이 전략을 적용하면 경쟁 기관이나 단체에서 모방하기 어려운 그 작품만의 특성을 강조함으로써 문화예술 소비자의 머릿속에 작품의 특성을 강력히 자리 잡도록 한다. 나아가 표적시장에 속한 소비자들이 중시하는 특성을 강조함으로써 소비자에게 분명한 인상을 남길 수도 있다. 작품의 특성을 짧은 광고 카피로 정리해서 소개하는 것도 포지셔닝을 하는 좋은 방법이다.

둘째, 참여 상황에 의한 포지셔닝이다. 문화예술 소비자들이 문화예술 공연이나 전시에 참여하는 상황에 따라 포지셔닝 전략을 전개할 수 있다. 기업 광고에서도 어떤 상품의 용도나 사용하는 상황과 연결 지어 '~할 때는 어떤 브랜드' 식의 카피를 제시함으로써 소비자의 머릿속에 강력한 메시지 하나를 남기는 경우가 많다. 이처럼 설, 밸런타인데이, 화이트데이, 어린이날, 어버이날, 추석 같은 특정 시점에 맞춰 문화예술작품의 공연이나 전시 내용을 소비자의 참여 상황에 알맞게 소개할 수 있다.

예를 들어, '매월 마지막 주 수요일은 문화가 있는 날'이라는 문화체육관광부의 이벤트는 참여 상황에 의한 포지셔닝이다([그림 14-2] 참조). 사람들이 문화예술 활동에 참여하도록 매월 마지막 주 수요일에 문화예술작품의 티켓 가격을 할인해 주는 이벤트인데, 이렇게 함으로써 사람들이 문화예술 활동에 더 많이 참여하도록 참여 상황을 만들어 주는 것이다. 참여 상황에 의한 포지

[그림 14-2] 문화체육관광부의 '문화가 있는 날' 포스터

셔닝의 목적은 사람들이 문화예술에 쉽게 접근하도록 배려함으로써 문화예술을 향유하는 비율을 높여 가는 것이다. 이처럼 특정한 참여 상황(기념일)에 맞춰 문화예술작품을 포지셔닝하면 소비자의 관심을 높일 수 있다.

셋째, 혜택에 의한 포지셔닝이다. 어떤 문화예술작품에서 얻을 수 있는 혜택(benefit)이나 감동에 따라 소비자의 욕구 충족을 강조하는 경우다. 가격이나 품질을 비교하는 것도 하나의 방법이다. 문화예술 소비자는 대체로 티켓 가격이 비싸면 좋은 작품이고 가격이 낮으면 좋지 않은 작품이라고 생각하는 경향이 있다. 이런 소비자들에게 저렴한 티켓 가격으로도 저명한 작품을 볼 수 있다는 혜택을 제시하거나 경쟁 작품과의 수준을 비교함으로써 그들의 머릿속에 혜택을 얻는다는 메시지를 남길 수 있다. 문화예술 소비자들은 문화예술 프로그램에 참여함으로써 얻게 되는 혜택과 가치에서 만족감을 느끼기 때문이다.

넷째, 문화예술 소비자 집단을 구분하는 포지셔닝이다. 문화예술 소비자 계층과 연계해 포지셔닝 전략을 전개할 수도 있다. 관객과 관람객을 참여 빈도에 따라 세분화한 다음 전략을 전개하는 것이다. 1년에 1~2회 정도 문화예술 활동에 참여하는 빈도가 낮은 관람객, 1년에 3회 이상 문화예술 공연장이나 전시 공간을 찾는 빈도가 높은 관람객으로 구분할 수 있다. 소비 경험이나 참여 정도에 따라 참여 경험이 많은 집단, 참여 경험 중간 집단, 참여 경험이 적은 집단으로 문화예술 소비자를 분류할 수도 있다. 소비 경험이나 참여 정도에 따라 문화예술 소비자 집단을 구분해 포지셔닝 전략을 전개하면 된다.

다섯째, 경쟁하는 문화예술기관이나 작품을 활용하는 포지셔닝이다. 문화예술기관이나 단체에서 공연하거나 전시하려고 기획한 문화예술작품을 경쟁기관이나 단체의 문화예술작품과 연계시켜 포지셔닝하는 경우다. 다른 문화예술기관이나 단체의 이미 확립된 위상과 비슷하게 동화시키거나 차이점을 대조함으로써 기존에 알려진 문화예술작품의 유명세를 활용하는 것이다. [그림 14-3]에는 세계적으로 널리 알려진 뮤지컬 포스터들이 제시되어 있다. 세

[그림 14-3] 세계적으로 널리 알려진 뮤지컬 포스터

계적으로 유명한 뮤지컬 작품들은 경쟁 기관이나 단체의 문화예술작품과 연계시켜 포지셔닝할 수 있다. 그런데 경쟁사의 문화예술 프로그램을 활용해도 뚜렷한 포지셔닝에 성공하지 못할 경우에는 자칫 아류 프로그램으로 전락할 수도 있다. 이미 문화예술 시장에서 확고하게 자리 잡은 프로그램에 직접적으로 혹은 암시적으로 의존하는 경우이므로 반드시 마케팅 활동을 적극적으로 전개해야 한다.

여섯째, 새로운 용도 제시에 의한 포지셔닝이다. 문화예술기관이나 단체는 소비자들에게 새로운 용도를 제시하거나 촉진함으로써 시장을 확대할 수 있다. 문화예술기관이나 단체에서 문화예술작품과 연계해 공간을 다르게 구성하거나 부대사업을 추진함으로써 브랜드 가치를 높일 수 있다. 예를 들어, 빅토리아 앤드 앨버트 박물관(Victoria and Albert Museum)은 새로운 용도에 의한 포지셔닝을 전개했다. 19세기 빅토리아 여왕 시기에 건립된 빅토리아 앤드 앨버트 박물관은 그 이름에서 박물관의 특성을 파악하기 어렵고 이미지도 고루하다는 평판 때문에 박물관 명칭을 바꾸려고 시도하다가 뜻밖에도 새로운 용도 제시에 의한 포지셔닝을 전개했다.

영국 런던에 있는 빅토리아 앤드 앨버트 박물관에서는 명칭은 그대로 유지한 채 "1990년대의 로라 애슐리(Laura Ashley)가 되겠습니다."라는 슬로건을 내웠다. 로라 애슐리는 1950년대에 천연섬유 소재의 꽃무늬 옷을 생산하기 시작해서 1980년대에는 전 세계 500여 매장에서 2억 달러의 매출액을 올린 세계적인 브랜드로 성장했다. 예를 들어, [그림 14-4]에 제시한 빅토리아 앤드 앨버트 박물관은 로라 애슐리의 브랜드 자산을 차용함으로써 새로운 전통주의로 '빅토리아 시대로의 회귀'라는 새로운 용도를 제시하는 데 성공했다. 패션 브랜드의 가치를 박물관의 브랜드 가치로 연결하는 데 성공한 모범적인 사례다.

일곱째, 상징성에 의한 포지셔닝이다. 사회적 쟁점이나 문화예술 소비자의 관심사에 의미를 부여하거나 상징성을 강조함으로써 문화예술 프로그램을 포지셔닝할 수 있다. 독자적인 준거 체계와 주관적인 경험에 따라 상징성에 대한 해석이 달라지기 때문에, 그 상징이 소비자의 경험이나 환상과 일치하지 않으면 오해를 불러일으킬 수 있다. 유명인이나 전형적인 문화예술 소

[그림 14-4] 빅토리아 앤드 앨버트 박물관

비자를 문화예술기관이나 단체의 모델로 활용함으로써 모델의 이미지를 그 기관이나 단체의 브랜드 상징과 이미지로 연결하는 것도 상징성에 의한 포지셔닝 방법의 하나다. 따라서 상징성에 따라 포지셔닝을 하려면 소비자의 경험과 문화예술작품 간에 상징에 대한 의미를 공유하도록 메시지를 구성해야 한다.

여덟째, 재포지셔닝이다. 문화예술기관이나 단체에서는 성과가 좋을 때 문화예술 마케팅 활동을 성공적으로 수행하고 있다며 자만심에 빠지기 쉽다. 그러나 문화예술 시장은 언제든 변할 수 있다. 문화예술 소비자의 욕구나 기대가 달라졌는데도 이런저런 변화 추세를 인지하지 못하는 문화예술기관이나 단체가 뜻밖에도 많다. 기존의 포지셔닝 전략이 경쟁 우위를 잃거나 이상한 방향으로 전개될 가능성도 높다. 이런 상황에서는 시장에서의 위치를 다시 설정하는 재포지셔닝 전략을 모색해야 한다. 자만심에 빠져 있다가는 문화예술기관이나 단체에 치명적인 위험 요인이 찾아들 수 있다. 그때는 늦기 전에 포지셔닝 전략을 다시 짜서 새로운 활로를 찾아 나서야 한다.

3. 포지셔닝 전략의 결정과 실행

포지셔닝 개념을 제시한 리스와 트라우트는 22가지 마케팅 불변의 법칙을 제시함으로써 마케팅 기획자가 유용한 전략을 선택해서 활용할 수 있도록 했다(Ries & Trout, 1994). 22가지 마케팅 불변의 법칙을 제시하면 〈표 14-1〉과 같다. 22가지 법칙은 효과적이고 유연한 마케팅 전략을 실행하는 과정에서 다양한 맥락에서 적용할 수 있다. 문화예술 마케팅 기획자들은 22가지 마케팅 법칙을 이해한 다음 문화예술 시장에서 적용하면 현실적으로 유용한 성과를 얻을 수 있다.

〈표 14-1〉 22가지 마케팅 불변의 법칙

~의 법칙	내용
선도(leadership)	더 좋은 것보다 먼저 앞장서는 것이 더 낫다.
범주(category)	최초로 뛰어들 새로운 범주를 개척해야 한다.
마음(mind)	시장보다 소비자의 마음을 먼저 얻어야 한다.
인식(perception)	마케팅이란 상품력이 아닌 인식의 싸움이다.
집중(focus)	소비자에게 한 단어가 남도록 집중해야 한다.
배타성(exclusivity)	두 회사가 같은 단어를 인식시키기는 어렵다.
사다리(ladder)	상황에 따라 적용하는 전략이 달라져야 한다.
상대성(duality)	시장이란 두 마리 말이 달리는 경주와 같다.
정반대(opposite)	더 좋은 것보다 다른 것이 되려고 해야 한다.
분할(division)	시간이 지나면 한 영역이 둘 이상으로 나뉜다.
전망(perspective)	마케팅 효과는 장기간에 걸쳐 나타나게 된다.
확장(extension)	기업은 성공한 브랜드의 유혹에 쉽게 빠진다.
희생(sacrifice)	때로는 포기할 줄도 알아야 결국 얻게 된다.
속성(attributes)	어떤 속성이든 효과적인 면이 하나라도 있다.
솔직(candor)	부정적인 측면에 솔직해질 때 신뢰를 얻는다.
단일(singularity)	여건에 알맞은 하나의 행동이 성과를 올린다.
예측(predictability)	경쟁자의 계획을 모르면 미래 예측이 어렵다.
성공(success)	성공은 오만으로, 오만은 실패로 이끌어 간다.
실패(failure)	실패를 예상해 실패할 경우를 수용해야 한다.
과장(hype)	기업 상황이 언론보도와 정반대일 때도 있다.
가속(acceleration)	일시적이 아닌 장기적 성공을 추진해야 한다.
자원(resources)	자금이 뒷받침되지 않는 아이디어는 쓸모없다.

포지셔닝 전략을 실행하는 과정에서 마케팅 기획자는 문화예술작품을 경쟁하는 문화예술기관이나 단체의 작품과 차별화시키며 이상적인 위치에 자리 잡도록 해야 한다. 이런 과정을 거쳐야 문화예술작품의 인지도를 높이고 소비자의 선택을 유도할 수 있다. 문화예술 소비자의 눈높이를 고려하면서 포지셔닝의 특성을 파악하고, 경쟁하는 문화예술작품의 위치를 정한 다음,

포지셔닝의 최적화에 필요한 마케팅 믹스 방안을 확정하면 모든 것이 끝난다. 이에 대해 보다 자세히 알아보면 다음과 같다.

첫째, 포지셔닝의 특성을 파악해야 한다. 먼저, 문화예술 소비자들이 어떤 특성에 주목해 경쟁하는 문화예술작품을 비교하고 평가하는지 분석할 필요가 있다. 문화예술 소비자들이 문화예술작품을 비교하고 평가할 때 중요하게 생각하는 특성이 포지셔닝의 기준으로 작용하기 때문이다. 이때 평가 기준이 많아질수록 작품을 비교하기 어렵다는 사실을 인식해야 한다. 따라서 보통 2~3가지의 결정적 기준에 따라 경쟁하는 문화예술작품과 비교한 다음 최종적인 위치를 결정하게 된다.

둘째, 경쟁하는 문화예술기관이나 작품의 위치를 파악해야 한다. 문화예술 소비자가 인식하는 기준에 따라 경쟁하는 문화예술기관이나 작품의 결정적인 특성을 평가할 필요가 있다. 평가하는 특성을 기준으로 삼아 좌표에 표시하면 포지셔닝 지도를 완성할 수 있다. 포지셔닝 지도에서 경쟁하는 문화예술기관이나 작품의 위치와 비교해 소비자들이 이상적으로 생각하는 위치를 확인한 다음, 문화예술작품 간의 경쟁 우위를 평가하면 된다.

셋째, 포지셔닝의 최적화에 필요한 마케팅 믹스를 개발해야 한다. 문화예술 소비자들이 이상적으로 생각하는 위치와 가까우면서도 경쟁 작품이 없는 곳이 최적의 위치라고 할 수 있다. 문화예술 소비자들이 이상적으로 생각하는 지점도 시간이 지나거나 다른 작품이 등장하면 달라질 수 있다. 따라서 시간의 흐름을 고려하면서 이상적인 지점의 변화를 계속 추적해야 한다. 마케팅 기획자는 어떤 작품을 최적의 위치에 자리 잡게 하려면 문화예술작품에 대한 포지셔닝 전략을 일관되게 실행해야 한다.

예를 들어, 국립오페라단에서 〈호프만의 이야기(Les Contes d'Hoffmann)〉(1881)라는 오페라를 예술의전당 오페라극장에서 공연하기 위해 포지셔닝 전략을 설정한다고 하자([그림 14-5] 참조). 자크 오펜바흐(Jacques Offenbach, 1819~1883)가 작곡한 이 오페라는 1881년 2월 10일 파리의 오페라 코미크에서 초연한 이후 국내외에서 수차례 공연되어 널리 알려진 작품이다. 따라서 오페라 애호가에게는 익숙한 작품이더라도 이 작품에 대해 처음 들어보는 소비자들도 있을 것이다. 이 오페라에서는 호프만이 인형인 올림피아와 빠지는 경솔하고 허망한 사랑, 안토니아와의 사이에서 벌어지는 진실하지만 어긋난 사랑, 줄리에타에게 느끼는 관능적인 육체적 사랑의 세 가지 사랑에 대한 인간의 욕망을 담고 있다.

오페라는 세 가지 사랑을 모두 지녔다는 프라마돈나 스텔라를 기다리면서 호프만이 과거의 사랑 이야기를 들려주며 시작된다. 4명의 여성 역할을 복합적으로 표현하기 위해 1명이 4명 역할을 맡기도 한다. 친구 니클라우스로 가장한 뮤즈가 방해 공작을 펼쳐 호프만이 스텔라에게 버림받는다는 줄거리로 오페라가 끝난다. 1막의 프롤로그로 시작해서(스팔란자니의 집), 2막에서는 하룻밤의 꿈같은 허망한 사랑을(베니스의 쥴리에타의 저택), 3막에서는 순결한 사랑의 어긋남을(뮌헨의 고문관 크레스펠의 집), 4막에서는 욕망의 종착역을, 5막의 에필로그에서는 시인에게 남은 유일한 사랑이 예술이라는 점을 환기

[그림 14-5] **국립오페라단 〈호프만의 이야기〉 공연 포스터(2019)**

한다. 마지막에 스텔라가 술집에 나타나지만 이미 취해 있던 호프만은 이전에 잃어버린 3명의 여성을 투사하며 스텔라를 거절한다. 뮤즈가 호프만에게 그의 창의적 천재성을 일깨워 주며 공연이 끝난다.

예술가의 유일한 사랑은 예술이라는 통찰력을 넌지시 암시하는 이 오페라는 주옥같은 음악으로도 유명하다. 2막에서 일명 '인형의 노래'로 알려져 있는 올림피아의 아리아인 '작은 새들은 나무 그늘에 앉아(Les oiseaux dans la charmille)', 3막에서 안토니아의 로망스인 '비둘기는 날아가고(Elle a fui, la tourterelle)'와 안토니아와 호프만의 2중창인 '이것이 사랑의 노래라네(C'est une chanson d'amour)'를 관객들이 좋아한다. 그리고 4막에서는 일명 '뱃노래'로 알려진 줄리에타와 니클라우스의 2중창인 '아름다운 밤, 사랑의 밤이여(Belle nuit, ô nuit d'amour)'나 다페르투토의 아리아인 '빛나라 다이아몬드여(Scintille, diamant)' 같은 아리아도 인기곡이다(이진경, 2019).

오페라 〈호프만의 이야기〉의 마케팅 커뮤니케이션 전략을 책임지는 마케팅 기획자는 다양한 포지셔닝 전략을 탐색한 다음, 어떤 포지셔닝 전략이 국립오페라단이나 예술의전당 또는 〈호프만의 이야기〉에 가장 적합한 전략인지 결정해야 한다. 그런 다음에 포지셔닝 플랫폼을 개발해야 한다. 일반적으로 포지셔닝 플랫폼(positioning platforms)을 개발하는 과정은 6단계에 걸쳐 이루어지는데(Belch, & Belch, 2010, pp. 48-49), 이것이 〈호프만의 이야기〉의 포지셔닝 전략을 개발할 때도 도움이 될 것이다. 포지셔닝 플랫폼을 개발하는 6단계 과정을 보다 구체적으로 살펴보자.

① 경쟁자를 폭넓게 검토하는 제1단계

이 단계에서는 경쟁자에 대하여 폭넓게 생각하고 현실적인 판단을 수행해야 한다. 경쟁자는 마케팅 기획자가 관여하는 문화예술기관이나 단체 또는 문화예술작품이 아닐 수도 있다. 직접 경쟁하는 문화예술기관이나 단체 또는 문화예술작품이 아닐 수도 있다. 따라서 마케팅 기획자들은 예상되는 모든 경쟁자를 고려하는 동시에 문화예술 소비자의 상황도 구체적으로 파악해야 한다.

② 소비자의 인식을 평가하는 제2단계

경쟁 상황을 폭넓게 파악했다면 문화예술 소비자들이 그 상황을 어떻게 인식하고 있는지 분석해야 한다. 문화예술기관이나 단체 또는 문화예술작품을 평가할 때는 문화예술 소비자가 어떤 속성을 중요하게 생각하는지 분석해야 한다. 문화예술 소비자들은 문화예술기관이나 단체 또는 문화예술작품에서 얻는 어떤 혜택을 중요하게 생각한다. 따라서 문화예술기관이나 단체 또는 문화예술작품의 선택 요인에 대해 소비자 조사를 실시하는 것도 좋은 방안이다.

③ 경쟁자의 위치를 파악하는 제3단계

관련된 선택 요인들과 문화예술 소비자들이 인식하는 요인들의 상대적 중요성을 비교한 다음에는 경쟁하는 문화예술기관이나 단체 또는 문화예술작품이 현재 상황에서 어떻게 자리매김(positioning)하고 있는지 파악해야 한다. 이때 문화예술기관이나 단체 또는 작품의 상대적인 위치를 파악하는 것이 가장 중요하다. 이 단계에서도 소비자 조사를 실시하면 경쟁 상황에 대한 많은 정보를 얻을 수 있다.

④ 소비자의 선호를 분석하는 제4단계

시장 세분화 전략을 소개하는 부분에서 지리적 기준, 인구통계적 기준, 심리적 특성 기준, 행동적 기준에 따라 문화예술 시장을 세분화하는 방법에 대해 설명한 바 있다(〈표 12-1〉 참조). 각 세분시장은 동기와 속성의 중요도에 있어서 각각 차이가 있게 마련이다. 문화예술기관이나 단체 또는 작품의 '이상적인 상태'를 가상적으로 설정해 놓고 각각의 차이를 비교해 보면 동기와 속성의 중요도를 효과적으로 발견할 수 있다. 이상적인 문화예술기관이나 단체 또는 작품이란 문화예술 소비자 입장에서 상상할 수 있지만 실제로는 존재하지 않는 것을 비롯해 다른 문화예술기관이나 단체 또는 작품과 비교해도 돋보이는 상태다. 이상적인 문화예술기관이나 단체 또는 작품을 확인하고 나면, 세분시장 중에서 소비자들이 좋아할 만한 비어 있는 확실한 어떤 지점이 나타날 것이다.

⑤ 최종적인 위치를 결정하는 제5단계

앞선 4단계를 거치는 과정에서 문화예술 시장에서 마케팅 기획자가 관여하는 문화예술기관이나 단체 또는 문화예술작품을 어느 지점에 자리매김할 것인지 결정해야 한다. 최종적인 위치가 항상 분명하고 옳게 결정된다고 하기는 어렵다. 조사 결과에서 제한된 정보만 나올 수 있기 때문에, 마케팅 기획자는 때로는 주관적으로 판단해야 한다. 이때 마케팅 기획자 스스로 다음과 같은 질문을 반복하며 의사결정의 타당성을 높여 나가야 한다.

첫째, 세분화 전략은 과연 적절한가? 위치를 결정하는 문제는 문화예술 시장을 세분화하는 문제와 연결된다. 소비자들은 어떤 위치가 마케팅 기획자가 관여하는 문화예술기관이나 단체 또는 작품을 위한 것이라고 믿는 경향이 있다. 특정 위치에서 제공하는 혜택에 무관심한 소비자들은 마케팅 기획자가 제시한 포지셔닝 전략에 무심할 수 있다. 만약 마케팅 기획자가 무차별 전략을 전개하기로 결정했다면 포지셔닝 과정에서 보통의 평범한 메시지로 소구해야 한다.

둘째, 위치에 대한 정보를 효과적으로 전달할 자원이 풍부한가? 위치를 결정하는 데 광고나 PR 활동 1~2번으로는 불가능하며 비용이 많이 들어간다. 그래서 마케팅 기획자는 위치를 결정하는 데 심사숙고해야 한다. 하나의 위치를 정하기 전에 쉽게 포기하는 경우도 많다. 메시지를 너무 자주 바꾸면 문화예술 소비자의 마음속에 뚜렷한 위치를 정립하기 어렵다. 그렇지만 하나의 위치 정립에 성공한다면 경쟁자들이 모방할 수도 있기 때문에 '따라 하기(me too)' 전략은 금물이다.

셋째, 경쟁이 얼마나 치열한가? 마케팅 기획자는 경쟁 구도에서 유리한 위치라고 판단할 경우 그 위치가 오래오래 유지될 수 있는지 반문해야 한다. 마케팅 기획자가 관여하는 문화예술기관이나 단체 또는 문화예술작품이 시장에서 1위 위치에 있다면 계속 그 위치를 유지할 수 있는지 질문해야 한다. 최고로 인식된다면 반드시 소비자의 기대에 부응해야 한다. 반대로 문화예술기관이나 단체 또는 문화예술작품의 이미지가 나쁠 경우에는 반드시 경쟁력 있는 다른 지점을 찾아내야 한다.

넷째, 현재의 포지셔닝 전략이 효과적인가? 여러 가지 마케팅 활동에서 성과가 나타나지 않는다면 포지셔닝의 전략적 대안을 찾아야 한다. 마케팅 활동의 성과가 효과적일 때 포지셔닝 전략을 바꾸면 안 된다. 문화예술기관이나 단체의 대표들은 어떤 주제에 지나치게 용감해져 너무 쉽게 전략을 변경하기도 한다. 그러나 변화를 위한 변화나 보여 주기 식의 변화는 문화예술 시장에서의 혼란을 야기할뿐더러 문화예술작품의 확고한 위치를 약화시킬 뿐이다. 포지셔닝의 변화를 결정해야 할 강력한 증거가 없다면 현재의 전략을 고수하는 것이 좋다.

⑥ 포지셔닝 위치를 모니터링하는 제6단계

마케팅 기획자가 관여하는 문화예술기관이나 단체 또는 문화예술작품의 위치를 결정했다면 문화예술 시장에서 그 위치가 얼마나 공고히 유지되고 있는지를 수시로 점검해야 한다. 문화예술기관이나 단체 또는 문화예술작품의 포지셔닝 변화를 알아보는 추적조사를 통해 장기간에 걸친 변화의 추이를 분석해 보는 작업도 필요하다. 그렇게 하면 문화예술기관이나 단체 또는 문화예술작품에 대한 소비자들의 인식 변화나 경쟁자의 위치 변화의 흐름도 한눈에 파악할 수 있다.

Marketing Communication Strategies for Culture and Arts

제4부 문화예술 커뮤니케이션의 전개

제15장

문화예술 PR의 개념과 특성

1. 일반적인 PR의 개념

홍보나 PR(Public Relations)은 문화예술작품을 소비자들에게 알리는 데 필요한 중요한 커뮤니케이션 수단이다. 일반적으로 통용되는 홍보나 PR의 개념과 문화예술 PR의 개념에는 공통점도 많지만 실제 적용 과정에서는 상당한 차이가 있다. 일반적으로 통용되는 PR의 정의를 살펴보자. PR교육 전문가 할로(Harlow, 1976)는 여러 연구에서 나타난 PR의 정의 472개를 종합한 다음, PR을 "조직체와 공중 간에 상호 커뮤니케이션, 수용, 협력을 창출하고 유지하는 관리 기능"이라고 정의했다.

그렇지만 할로의 정의는 현대 PR의 다양한 현상을 충분히 반영하지 못했다는 학자들의 비판도 제기되었다. 즉, PR은 의도적이고(deliberate) 계획적인(planned) 활동이며, 성과(performance)를 나타내야 하고, 공중의 이익(public interest) 창출에 기여해야 하며, 양방향 커뮤니케이션(two-way communication)을 통해 관리 기능(management function)을 담당해야 하는데

(최윤희, 1992, p. 23), 할로가 제시한 PR의 정의에는 이런 여섯 가지 요인이 충분히 반영되지 않았다는 비판이었다.

현대의 PR 학자들은 PR의 정의에 최소한 여섯 가지 요인이 반영되어야 한다고 강조해 왔다. 미국PR협회(Public Relations Society of America)는 1982년에 채택한 PR의 정의가 현대의 PR 현상을 제대로 설명할 수 없다는 한계점이 있다며 PR의 새로운 정의를 제시했다(PRSA, 2012). PR의 새로운 정의는 다음과 같다. "PR이란 조직과 공중 사이의 호혜적인 관계를 구축하는 전략적 커뮤니케이션 과정이다(Public relations is a strategic communication process that builds mutually beneficial relationships between organizations and their publics)."

이 밖에도 현대 PR의 정의에 자주 등장하는 용어들은 다음과 같다. 첫째는 중요 이해관계자(stakeholders)로, 조직이나 단체가 관계를 유지하는 주요 공중이다. 현대 PR에서는 모든 공중을 상대하기보다 주요 공중에 대한 관계 관리를 중시한다. 둘째는 이미지(image)로, 조직체에 대한 평판, 태도, 선호를 의미한다. 현대 PR에서는 이미지 제고를 위한 노력보다 우호적인 관계 구축을 중시한다. 셋째는 관계성(relationship)으로, 주요 공중과 장기적인 관계를 유지하는 공중 관계성을 구축하는 것이 현대 PR의 궁극적인 목표라고 강조한다. 넷째는 호혜(mutual benefit)로, 조직체와 공중 상호 간에 최대의 이익을 도모하는 PR 활동을 전개함으로써 조직체와 공중 모두에게 이로운 방안을 모색해야 한다는 것이다. 다섯째는 신뢰(trust)로, 조직체와 공중 간의 관계를 유지하도록 하고 위기 상황에서 조직체를 지탱하게 하는 핵심 요인이다(한정호, 2014).

우리나라에서도 PR의 정의를 시도한 여러 연구가 이루어졌다. 예컨대, 한정호(2014)는 PR의 정의를 모색한 국내외 연구들을 종합하고 핵심어를 추출한 다음 현대 PR의 개념을 조직체가 다양한 공중, 특히 중요 이해관계자들을 대상으로 공중의 이익과 호혜, 양방향 커뮤니케이션을 바탕으로 그들로부터 이해와 신뢰, 호의, 좋은 이미지를 얻어 궁극적으로 공중 관계성을 잘 유지하려는 의도적이고도 계획된 관리적 노력으로 정의했다.

이 밖에도 홍보와 PR이란 용어를 구분하고, PR 대신에 PR(Public Relations)의 원뜻을 살려 '공중 관계'라는 용어를 사용해야 한다는 주장도 제시되었다(신호창, 문빛, 조삼섭, 이유나, 김영욱, 차희원, 2017, pp. 27-37). 이 주장에 의하면 홍보란 조직에 대한 긍정적인 인지도를 제고하기 위해 기획된 커뮤니케이션 활동인데 비해, 공중 관계란 조직과 공중이 서로 호혜적인 관계를 형성하고 유지하기 위해 전략적인 커뮤니케이션을 통해 의미를 공유하는 과정이다. 그렇지만 홍보나 PR에 비해 공중 관계라는 용어가 대중 사이에서 널리 쓰이기는 쉽지 않아 보인다.

2. 문화예술 PR의 개념

문화예술 공연이나 전시에 대한 PR 활동은 일반 기업에서 전개하는 브랜드 마케팅이나 PR 활동과 상당한 차이가 있다. 이때 문화예술 PR의 정의도 일반적인 의미의 PR 개념과 달라질 수밖에 없다. '널리 알린다'는 뜻의 홍보(弘報)는 현대 PR에서 강조하는 '공중 관계성'의 개념을 반영하지 못하고 PR의 기능을 축소한다는 비판적 견해가 많았다. 실무계에서는 홍보라는 말이 보편화되어 있지만, 학자들은 홍보라는 말 대신 PR이라는 용어를 주로 사용하고 있다.

학자와 연구자들도 1997년부터 써 오던 '한국홍보학회'라는 이름을 바꿔 2009년부터 '한국PR학회'를 학회의 공식 명칭으로 채택했다(최준혁, 2016). 모든 PR 활동에서 널리 알리는 것이 무엇보다 중요하지만, 문화예술 PR에서는 널리 알리는 것보다 이해관계자들인 문화예술 소비자들과 지속적인 관계를 맺는 과정이 중요하다. 따라서 문화예술 홍보보다 '문화예술 PR'이라는 용어가 문화예술의 특성을 설명하는 데 있어서 더 적절한 표현이다.

문화예술 PR은 일반적으로 널리 쓰이는 홍보나 PR의 세부 영역이지만, 일반적인 PR 개념을 단순히 문화예술에 적용한 것이라고 보기는 어렵다. 문화예술 PR은 다양한 PR 영역 중에서 특별 공중 분야의 PR 영역에 해당되는 비영리 조직(NPO: Non-Profit Organization)의 PR에 해당된다. 합법적인 강제력을 지닌 정부가 제1의 영역이고, 이윤을 추구하는 기업이 제2의 영역이고, 강제력도 없고 경제적 이윤 추구를 목적으로 하지 않고 자발적으로 활동하는 비영리 조직이 제3의 영역이다(Bridge, Murtagh, & O'Neill, 2008). 문화예술기관이나 단체를 알리는 일은 제3의 영역(the third sector)에 해당된다. 문화예술기관이나 단체를 비롯한 비영리 조직은 공식성, 민간주도성, 무배당성, 자주지배성, 자발성, 공익성이라는 여섯 가지 특성을 지니게 된다. 이에 대해 보다 구체적으로 설명하면 다음과 같다.

공식적인 집회나 모임을 통해 조직화하는 공식성, 정부가 아닌 민간이 주도하며 보조금을 지원받아도 정부의 통제를 받지 않고 민간이 주도하는 민간주도성, 사업 활동으로 수익이 발생해도 조직원에게 분배하지 않고 조직 활동에 다시 투자하는 무배당성, 외부의 관리를 받지 않고 조직 스스로 자체 활동을 관리하는 자주지배성, 조직원 각자가 자발적인 자유의사로 참여하는 자발성, 다수의 사회적 이익에 봉사하고 기여하는 공익성이다(김영욱, 2010; Salamon, 1999). 병원, 학교, 협회, 종교단체, 사회복지단체, 시민단체들이 모두 비영리 조직이지만 문화예술기관이나 단체에서 추구하는 가치나 성격은 이들 조직과도 다르다. 문화예술기관이나 단체는 여섯 가지 특성을 지향하는데, 그중에서도 '공공의 이익(공익성)'을 추구하는 경향이 특히 강하다.

공익(public interest)이란 공공(public)과 이익(interest)의 합성어이자 공공의 이익을 줄인 말로, 공동선(common good)이나 공공복리(common wealth)라는 말과 비슷한 뜻으로 사용된다. 공익 활동은 사회를 구성하는 개인이나 집단의 사적 이익이 아닌 사회의 모든 구성원에게 관계되는 공통의 이익을 추구한다. 사전적으로는 일반에게 공개되어 잘 알려진 것, 국민이나 정부에 관련되거나 영향을 미치는 것, 일반 공중과 관계되어 공유되는 것, 사적 이익이 아닌 공동체의 이익과 관련된 것이라는 의미를 가지고 있다. 이를 종합하면, 공익은 모든 사람에게 공개되어 공유되는 것으로 개인의 사익과 반대의 개념이며, 엄밀하게는 '모든 사람에게 동등하게 관련되는 것'이다(윤석민, 2008).

이런 공익의 개념을 디지털 융합시대에 모든 영역에 똑같이 적용하기는 어렵다. 공익에 관한 연구 성과들을 종합하면 공익성이란 다음과 같은 세 가지 요인으로 구성된다. 첫째, 절대적 가치(absolute value)라는 관점으로, '공공선'이나 '공동선'처럼 다른 가치보다 상위에 존재하는 절대적인 가치로 사회 구성원 모두가 추구해야 할 당위적 가치에 해당된다. 둘째, 사회적 혜택(social benefit)이라는 관점으로, 이익이나 효용처럼 사회경제적 공동체 모두에게 이로운 가치에 해당된다. 셋째, 바람직한 것(the desirable)이라는 관점으로, 이익의 개념을 '좋은 것'이나 '올바른 것'으로 받아들이려는 시각이다.

디지털 융합시대에 정부나 비영리 조직에서 소통 활동에 성공하려면 전략적 커뮤니케이션 방안을 모색해야 한다. 정부의 PR 활동은 공중 집단과의 관계를 우호적으로 유지하고 관리하기 위해 각 공중 집단마다 차별화된 소통 전략과 기술을 개발하고 실천하는 활동이다(김현정, 김운한, 2017). 이때 전략적 커뮤니케이션이란 "특정 문제를 해결하거나 기회를 창출하기 위해 정치, 경제, 사회, 문화, 지리적 상황에 맞는 방법을 새롭게 만들어 책임지고 응답함으로써 조직을 발전적인 유기체로 만드는 것"이다(신호창, 2015). 정부든 문화예술기관이든 관계없이, 또 광고든 PR이든 그 밖의 어떤 소통 수단이든 관계없이, 활용하는 마케팅 커뮤니케이션 수단들이 응답하게 함으로써 조직을 발전적 유기체로 만들어야 한다는 뜻이다.

문화예술 PR의 정의를 모색하려면 PR에 대한 일반적인 정의, 문화예술 마케팅의 요인, 비영리 조직의 특성, 전략적 커뮤니케이션에 대한 선행 연구를 두루 종합하고, PR의 보편성과 문화예술의 특수성을 고려해야 한다. 지금까지 일반적인 의미에서 PR에 대한 정의, 문화예술 마케팅 믹스의 요인과 STP

전략, 비영리 조직의 특성, 전략적 커뮤니케이션의 의의에 대해 살펴보았다. 여러 선행 연구에서 나타난 PR 개념의 보편성과 문화예술 분야의 특수성을 고려해 문화예술 PR의 개념을 다음과 같이 정의할 수 있다.

> 문화예술 PR이란 문화예술기관이나 단체와 문화예술을 소비하려는 공중 사이에 문화예술작품을 매개로 호혜적인 신뢰 관계를 형성하고 유지하기 위해 전략적 커뮤니케이션을 통해 문화예술작품의 의미를 공유하고 관리하는 과정이다.

3. 문화예술 PR의 특성

1) 비영리 조직과 문화자본

문화예술기관이나 단체는 비영리 조직이다. 비영리 조직은 목적에 따라 공익단체, 종교단체, 집단이익 추구단체라는 세 가지 유형으로 나눠지는데, 문화예술기관은 공익단체에 속한다. 개인이나 집단의 사적 이익이 아닌 모든 사회 구성원의 이익을 충족시키는 데 기여하는 공익성은 비영리 조직의 특성을 가장 잘 나타낸다. 비영리 조직에서는 상품과 서비스를 공익적 목적을 위해 사용하며 사적인 영리를 추구하지 않기 때문에, 문화예술 PR 활동에서도 문화예술 소비자와의 전략적 소통 활동을 통해 관계성을 구축하는 것이 중요하다.

그렇다면 비영리 조직은 사회 구성체 속에서 어떤 기능을 담당하고 있을까? 비영리 조직은 시민으로서의 정치적 관여, 서비스 제공, 가치와 신념의 제고, 사회적 기업가 정신의 발휘 같은 네 가지 기능을 담당한다(김영욱, 2010, pp. 57-58; Frumkin, 2002). 첫째, 시민으로서의 정치적 관여(civic and political engagement) 기능은 비영리 조직이 사회적으로 가치 있는 일을 지지하고 사회 구성원끼리 사회자본을 형성하는 데 기여해야 한다는 것이다. 둘째, 서비스 제공(service delivery) 기능은 정부와 시장에서 제공할 수 없는 공적 서비스를 비영리 조직이 제공하는 역할을 맡아야 한다는 것이다. 셋째, 가치와 신념(value and faith)의 제고 기능은 자원봉사자, 조직 운영자, 기부자가 추구하는 가치와 신념을 표출하는 공론장에 비영리 조직이 적극적으로 참여해야 한다는 것이다. 넷째, 사회적 기업가 정신의 발휘(social entrepreneurship) 기능은 비영리 조직에서 상업적 목적과 자선의 목적을 통합하는 사회적 기업가 정신을 발휘해야 한다는 것이다.

비영리 조직의 네 가지 기능이 유기적으로 기능을 발휘하고 활성화되면 그 과정에서 사회자본(social capital)이 구축된다. 사회자본이란 사회 구성원 간의 공익을 위해 조정과 협력을 촉진하는 규범, 신뢰, 네트워크다. 인간관계를 유지하는 과정에서 사회자본이 형성된다는 점에서, 사회자본은 물적 자본이나 인적 자본과는 차이가 있다. 그렇지만 사회자본이 생산 활동을 촉진한다는 점에서는 물적 자본이나 인적 자본과 유사한 공통점이 있다.

더욱이 사회자본은 사회 구성원들에게 공유되는 행동 규범을 제시하고 공통의 문화적 정체성을 부여함으로써 사회 질서를 유지하는 데 기여하기 때문에 매우 중요할 수밖에 없다(Putnam, 2002). 사회자본이라는 개념을 적용해 일반적인 비영리 조직의 성과를 적절하게 설명할 수 있다. 그렇지만 사회자본을 문화예술에 적용하면 문화예술기관이나 단체의 기능을 부분적으로만 설명할 뿐 기관이나 단체의 특성을 전체적으로 설명하지는 못한다. 문화예술기관이나 단체가 비영리 조직이기는 하지만, 공공의료 단체나 교육연구 단체 같은 다른 비영리 조직의 특성과는 다르기 때문이다.

2) 문화예술기관과 문화자본

후천적인 교육이나 체험 여부에 따라 문화예술에 대한 개인의 향유 여부도 달라진다. 부르디외는 이와 같은 교육과 체험 여부를 바탕으로 '문화자본'이라는 개념을 제시했다. 그는 문화자본을 축적한 정도에 따라 문화예술을 향유하는 수준이 달라지며 그런 차이는 사회 계급에 따라서도 나타나지만 같은 사회 계급 안에서도 존재한다고 했다(Bourdieu, 1986). 예를 들어, 두 사람의 사회경제적 지위나 권력이 비슷할지라도 문화자본을 축적한 정도에 따라 문화예술을 향유하는 수준도 달라진다는 것이다. 이는 개인이 속한 계급적 위치에 따라 각각 다르게 축적된 문화자본이 불평등한 사회 구조를 재생산하는데 보이지 않는 영향을 미치는 기제로 작동한다는 뜻이다.

한 개인의 문화자본은 가족으로부터 전수받은 '상속 자본'과 본인이 획득한 '획득 자본'으로 구분한다. 부모의 직업과 교육 수준이라는 상속 자본 그리고 본인의 정규교육에서 배운 획득 자본이라는 두 가지 경험적 지표에 따라 그동안 문화자본을 측정해 왔다(Bourdieu, 1986; DiMaggio, 1979). 여러 연구자는 출신 계급, 직업, 소득, 학력 같은 지표를 기준으로 한 개인이 문화자본을 얼마나 보유했는지 간접적으로 측정해 왔지만, 무엇이 '고급문화'이고 무엇이 '취향'인지 그 개념 자체가 모호했던 탓에 그 개념들을 직접 측정할 수 없었다. 그러나 디마지오(DiMaggio)는 선행 연구 결과를 종합하고 측정의 걸림돌이 되었던 '취향'이나 '고급문화'의 개념적 모호성 문제를 해결한 다음, 문화자본이 태도(attitude), 활동(activities), 정보(information)라는 세 가지 요인으로 구성된다는 실증적인 연구 결과를 제시했다(최샛별, 이명진, 2013; DiMaggio, 1982).

우리나라에서도 디마지오가 제시한 문화자본의 지표를 한국 사회에 알맞게 수정하고 대규모 조사를 실시해서 한국인의 문화자본을 측정할 수 있는 '문화자본 지수'를 개발했다. 디마지오의 지수 체계에 포함된 모든 내용을 반

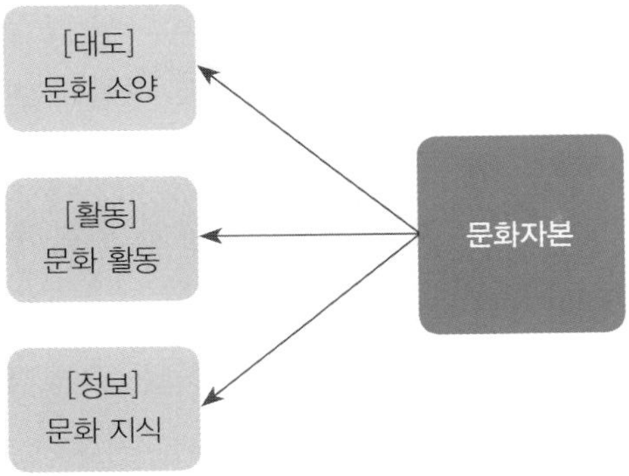

[그림 15-1] **문화자본의 구성요인**

영했고 한국 문화의 맥락을 반영해 연구한 결과, [그림 15-1]과 같이 문화자본은 세 가지 요인으로 구성되는 것으로 나타났다. 첫째는 문화자본의 태도 측면인 '문화 소양' 요인이다. 여기에는 문화적 교양 수준에 대한 자기평가(트렌드, 미적, 고급, 깊음), 문화 관련 직업(음악가, 미술가, 무용가, 작가), 문화 활동에 대한 관심(연극, 뮤지컬, 클래식, 미술, 무용, 문학)이라는 세 가지 잠재 요인이 포함된다. 둘째는 문화자본의 활동 측면인 '문화 활동' 요인이며, 셋째는 문화자본의 정보 측면인 '문화 지식' 요인이다(최샛별, 이명진, 2013, p. 38).

문화 소양, 문화 활동, 문화 지식이라는 문화자본의 세 가지 구성요인은 문화예술기관이나 단체의 PR 활동에서도 중요한 개념이다. 문화예술기관이나 단체에서는 문화예술 소비자가 문화 소양, 문화 활동, 문화 지식을 함양하도록 적극적인 활동을 전개해야 한다. 문화예술작품에 대한 PR 커뮤니케이션 활동을 하는 과정에서 문화예술기관이나 단체의 활동과 성과를 널리 알릴 수 있다.

문화자본의 태도 측면인 '문화 소양'을 함양하기 위해서는 문화예술에 대한 관심과 참여가 물질적 풍요보다 중요하다는 사실을 환기한 다음, 사람들에게 문화예술 프로그램에 참여할 만한 동기를 부여해야 한다. 문화자본의 활동 측면인 '문화 활동'을 촉구하기 위해서는 미술 전시회 관람, 클래식 음악회, 오페라 공연 관람, 연극 관람, 뮤지컬 관람, 무용 공연 관람(발레, 현대무용, 한국무용) 등 소비자들이 어떤 작품을 실제로 경험해 보도록 PR 활동을 적극적으로 전개해야 한다. 문화자본의 정보 측면인 '문화 지식'을 확산하기 위해서는 문화예술에 관련된 정보를 수시로 제공해야 한다. 어떤 문화예술작품에 대한 친밀감(familiarity)은 물론 감상 능력(appreciation)과 역사적 지식(historical knowledge)을 갖춘 문화예술 소비자들은 그렇지 않은 사람들에 비해 문화자본이 풍부하다고 할 수 있다.

3) 문화예술기관의 PR 활동

문화예술기관이나 단체의 PR 활동은 문화예술 소비자의 문화자본(문화 소양, 문화 활동, 문화 지식)을 함양하는 데 기여해야 한다는 점에서 비영리 조직의 PR 활동과 유사한 성격을 갖는다. 비영리 조직은 공중과 상호 호혜적인 관계를 생성하고 유지하고 발전시키기 위해 PR 활동을 전개한다. 비영리 조직은 민간주도성, 자주지배성, 공익성 같은 가치를 바탕으로 공공의 이익을 중시하기 때문에(김찬아, 2014), 비영리 조직의 PR은 기업 PR이나 정부 PR과 그 성격이 다른 경우가 많다.

비영리 조직의 PR에서 가장 중요한 가치는 임무를 확실히 완수하는 것이다. 문화예술기관이나 단체에서도 PR 활동을 전개하기에 앞서 기관이나 단체의 사명을 구체적으로 어떻게 달성할 것인지의 '임무 진술문(mission statement)'을 상세하게 작성해야 한다. 임무 진술문에는 조직의 핵심 목적, 경영 전략, 윤리적 가치, 공중과의 관계가 포함되어야 한다. 문화예술기관이나 단체에서는 PR 활동의 임무 진술문에 기관이나 단체의 장점과 단점 그리고 기관에 대한 인지도와 선호도를 높일 수 있는 방안에 대해서도 구체적으로 서술해야 한다.

기업 PR에서도 임무 진술문이 중요하지만 문화예술기관이나 단체의 PR

활동에서는 더더욱 중요하다. 비영리 조직에서는 어떤 구체적인 임무에 따라 PR 활동을 전개하는 경우가 대부분이기 때문이다. 커틀립(Cutlip)과 동료들은 비영리 조직에서 PR 활동을 전개하는 목적을 다음과 같은 다섯 가지로 정리했다. 첫째, 공중으로부터 임무(mission)에 대해 인정받고, 둘째, 조직의 임무에 알맞은 공공 정책을 개발하고 유지하며, 셋째, 조직 구성원에게 임무를 수행해야 하는 목적과 목표에 대한 정보를 제공하고 동기를 부여하고, 넷째, 조직과 우호적인 커뮤니케이션 채널을 가동하고, 다섯째, 기금을 조성하기 위해 우호적인 분위기를 조성하고 유지하기 위해서다(Cutlip, Center, & Broom, 2000).

문화예술기관이나 단체의 PR 활동은 문화예술작품을 통해 문화예술 소비자의 문화자본(문화 소양, 문화 활동, 문화 지식)을 구축하고 함양하는 데 기여해야 한다. 영리를 추구하는 기관도 있지만 문화예술기관이나 단체에서 기획한 공연이나 전시 프로그램은 공익적 성격을 띠기 때문에, 항상 문화예술 소비자의 이해와 지지를 바탕으로 운영되어야 한다. 공익사업에 영리적인 측면이 있을 수도 있지만 대부분은 공공적인 성격을 띠게 된다. 문화예술 소비자의 이해와 지지를 얻으려면 PR 활동을 통해 문화예술기관이나 단체의 정책이나 지향점을 문화예술 소비자에게 지속적으로 알리면서 문화예술 소비자의 공감을 얻도록 노력해야 한다.

공익사업은 기업의 비즈니스와는 달리 경쟁력이 약하다. 공익사업은 사회에 필요한 영역이기 때문에, 문화예술기관이나 단체의 PR 기획자는 정부의 규제나 간섭 여부를 사전에 파악함으로써 바람직한 대안을 모색할 필요가 있다. 한정호(2014)는 사회 공공단체의 PR 활동에서 다섯 가지 사항에 특히 유념해야 한다고 권고했다. 문화예술기관이나 단체의 PR 활동에도 그대로 적용할 수 있는 내용이다. 문맥의 내용을 문화예술기관이나 단체에 알맞게 표현을 바꿔 제시하면 다음과 같다.

첫째, 문화예술기관이나 단체가 사회적으로 존립할 필요가 있다는 당연성은 물론 사업 확대의 필요성에 역점을 두고 PR 활동을 전개해야 한다. 둘째, 문화예술기관이나 단체는 대부분이 비영리 조직이므로 재정의 확보와 지출에 있어서 투명성의 확보에 역점을 두고 PR 활동을 전개해야 한다. 셋째, 문화예술기관이나 단체의 PR의 규모와 방법도 사회적 규제와 감시 대상이므로 PR 비용, 메시지의 선택, 전달 방법에 있어서 더욱 신중히 판단해야 한다. 넷째, 사회적 지지와 지원을 받는 것이 가장 중요하기 때문에 공익 캠페인 성격의 PR 활동을 전개해야 한다. 다섯째, 문화예술기관이나 단체에서는 자원봉사자의 참여를 촉구하는 PR 활동을 전개해야 한다.

제16장

문화예술 커뮤니케이션 전략

1. PR 커뮤니케이션의 과정

기업 PR이나 브랜드 PR 캠페인은 PR 활동의 목표를 달성하기 위해 전략과 전술을 기획하고, 실행하고, 평가하는 일련의 과정을 거쳐 완성된다. 전통적인 PR 캠페인에서는 '레이스(RACE)'라는 PR 과정이 자주 활용되었다. 이에 따라 구체적인 PR 활동을 시작하기에 앞서 조사를 실시하고(Research), 조사결과에 따라 공중에게 필요한 행동을 기획하며(Action planning), 적절한 커뮤니케이션 프로그램을 실행하고(Communication), PR 캠페인 활동이 모두 끝난 다음에는 성과를 평가하는(Evaluation) 과정을 거쳤다(Marston, 1979). 이와 같은 네 가지 요소를 단계적으로 수행하는 과정을 PR 실행을 위한 레이스(RACE) 모형이라고 한다. PR 활동을 전개하기에 앞서 기획을 제대로 해야 커뮤니케이션 활동에 대한 평가도 제대로 이루어질 수 있다. [그림 16-1]에 제시한 레이스 모형은 PR 과정을 설명하는 기본 틀이다.

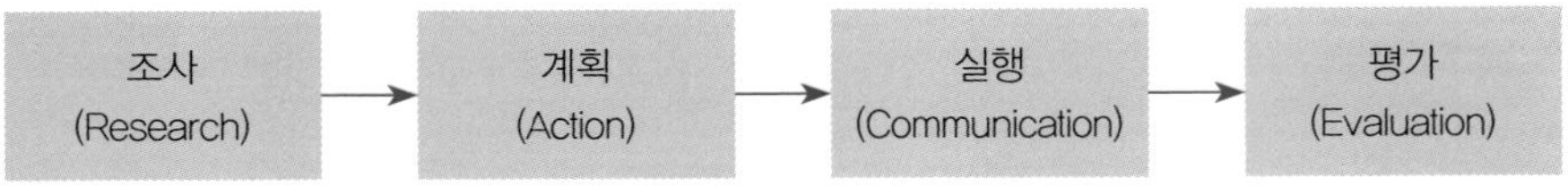

[그림 16-1] 레이스(RACE) 모형

모든 PR 활동은 문제를 해결하는 과정(process of problem solving)이나 마찬가지다. 문화예술기관이나 단체의 모든 문제는 조직에 영향을 미칠 수 있는 공중과의 관계에서 발생하며, 문제 해결은 공중과의 관계를 관리함으로써 가능해진다. [그림 16-2]는 문제 해결을 위한 PR 기획 과정을 나타낸 것이다(최준혁, 2014). 즉, 조직에서 당면하고 있는 긴급한 현안이 무엇인지 규명한 다음, 문제 해결에 영향을 미칠 수 있는 공중에 대해 분석하고, 문제를 해결하기 위해 달성해야 할 목표를 설정하며, 목표 달성에 필요한 메시지를 적절한 프로그램을 활용해 공중에게 전달하는 활동을 체계적으로 계획해야 한다.

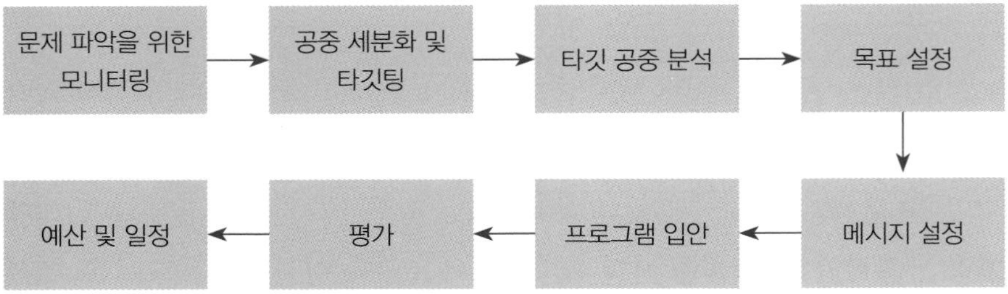

[그림 16-2] 문제 해결을 위한 PR 기획 과정

문화예술기관이나 단체에서는 공중에게 문화예술작품을 알리고 관계를 유지하기 위해 PR 활동을 전개한다. 관계를 설정하고 유지하기 위해 PR 활동을 전개하지만, 우호적인 관계를 하루아침에 형성하기란 쉬운 일이 아니다. PR 기획을 성공적으로 수행하려면 먼저 관련되는 사전 정보를 철저하게 조사하는 사전 준비가 필요하다. 학자들은 그동안 PR 기획을 잘 할 수 있는 다양한 방법을 제시해 왔다. 여러 가지 방법 중에서 [그림 16-3]과 같은 PR 과

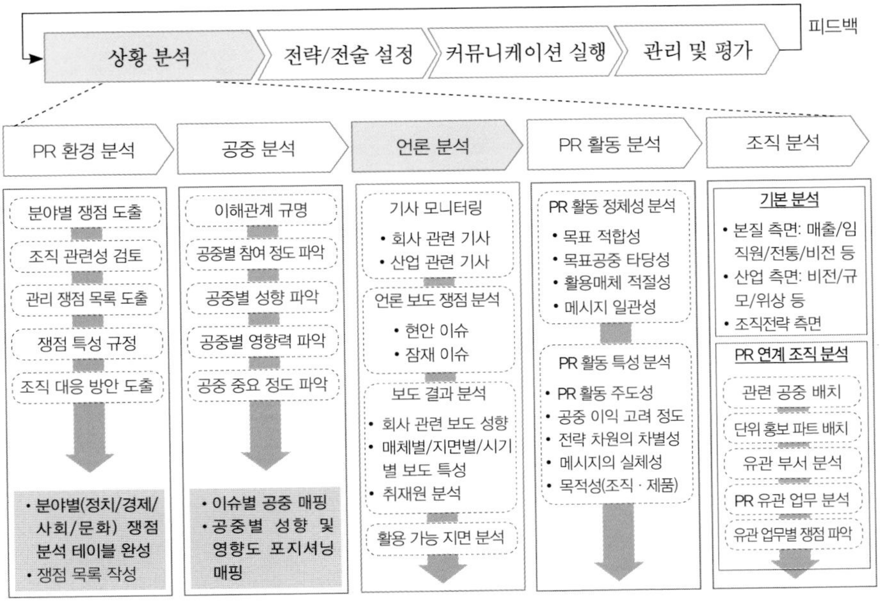

[그림 16-3] PR 커뮤니케이션 과정의 단계

정 모형이 보편적으로 활용되어 왔다(박준완, 2013). PR 커뮤니케이션 과정의 각 단계를 보다 구체적으로 살펴보자.

1) PR 환경 분석

조사는 PR 환경을 분석하는 출발점이다. PR 환경을 분석하려면 조사에 대한 기본 지식을 갖춰야 하고, 분석 결과를 어떻게 해석할 것인지 상황에 알맞게 판단하는 능력이 필요하다. PR 기획자는 조직과 관련된 공중들과 소통하며 호의적인 관계를 유지해야 하므로 조직 운영에 필요한 사회적 환경에 대해 정확하고 냉정하게 인식하는 안목을 갖춰야 한다(이진우, 조재형, 2018). PR 환경을 분석하는 데 필요한 PR 환경 분석의 체계도는 [그림 16-4]에 제시되어 있다(이종혁, 2006).

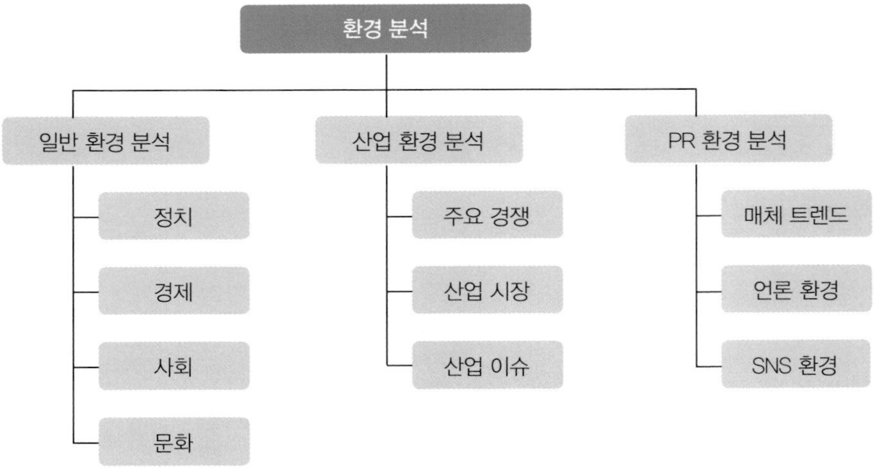

[그림 16-4] **PR 환경 분석 체계도**

문화예술기관이나 단체에서는 문화예술 소비자에게 전달할 정보의 영역을 확정해야 하며, 이때 공중으로부터 수집한 유용한 정보를 다시 조직에 필요한 정보로 재구성해야 한다. 문화예술기관이나 단체에 소속된 분야별 전문가들이 수집한 정보는 문화예술 마케팅 활동에 통찰력을 제공할 핵심 정보로 가공되어야 한다. 그래서 유능한 PR 기획자가 되려면 수집한 정보를 분석하고 해석하는 능력을 갖춰야 한다.

2) 공중 분석

문화예술 소비자(공중)에 대한 분석은 PR 기획 과정에서 반드시 거쳐야 하는 중요한 단계다(이수범, 2016). 커뮤니케이션 영역에서 공중의 심리를 읽어내는 분석 능력이야말로 다양한 경험과 고도의 통찰력을 필요로 한다. PR 기획 과정에서 공중을 분석하는 과정은 보통 5단계에 걸쳐 이루어지며, 구체적인 분석 과정은 [그림 16-5]에 제시한 바와 같다(이종혁, 2006).

제1단계에서는 공통의 기획자를 대상으로 세부 쟁점을 분석해서 이해관계의 요소를 도출해야 한다. PR 기획을 통해서 해결하려고 하는 쟁점이나 이해관계의 문제를 기획자에게서 파악해 세부 쟁점을 발견해야 한다. 이때 주요 기획자인데도 해당 공중에서 제외되는 경우도 있을 수 있다. 따라서 PR 기획자는 주요 기획자가 해당 공중에서 제외되지 않도록 각별하게 신경 써야 한다.

제2단계에서는 이해관계가 있는지 없는지 공중을 대상으로 개별적인 참여도를 분석해야 한다. 이는 공중이 해당 쟁점에 대해 자기 의견을 표출하거나 의제와 공론에 참여하는 정도가 어떤지 평가하는 과정이다. 개별 공중이나 개인차에 따라 참여 정도가 다를 수 있다. 따라서 개개인에 대한 정량적 참여도만 평가하기보다 해당되는 공중 집단의 전반적인 참여 정도가 어떤지 구체적으로 파악해야 한다.

제3단계와 제4단계에서는 공중의 성향과 영향력에 대해 분석해야 한다. 공중의 성향이란 문화예술기관이나 단체의 쟁점에 대해 개별 공중이 느끼는

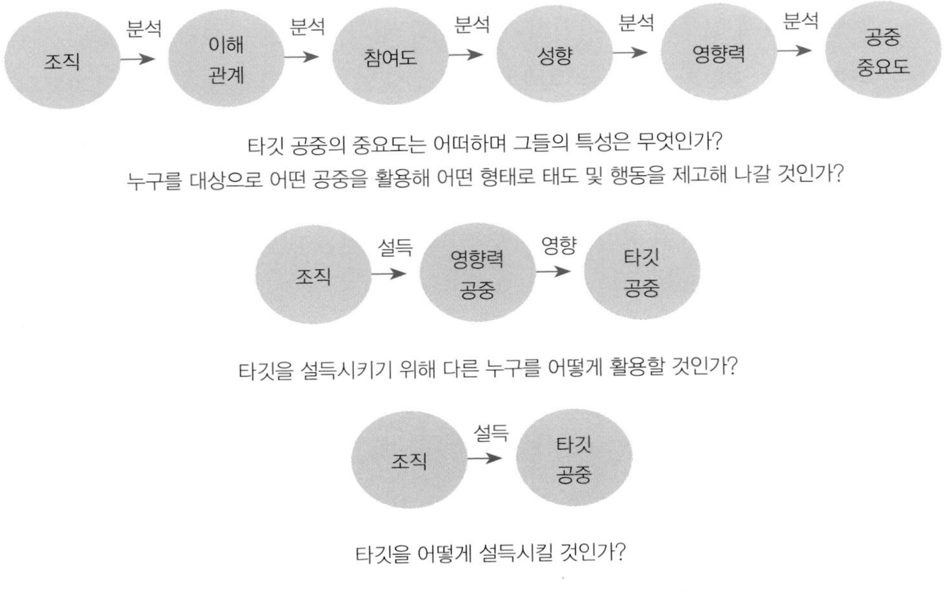

[그림 16-5] PR 기획 과정에서의 공중 분석

긍정적 · 중립적 · 부정적인 태도를 의미한다. 그리고 영향력이란 문화예술 기관이나 단체에서 1차적으로 분류한 이해관계자 집단이 영향을 미치는 공중과 타깃 공중에서 어디에 속하는지 판단하는 것이다. 이때 개별 공중의 영향력은 물론 개인이 다른 소비자에게 얼마나 영향을 미칠 것인지 예측하는 판단력도 필요하다.

제5단계에서는 앞에서 분석한 공중별 특성을 종합해 PR 기획 과정에서 먼저 고려해야 할 공중의 중요도를 판단해야 한다. 이때 영향을 미치는 공중과 목표하는 공중 간에 미치는 영향을 중요한 쟁점별로 정리하면 PR 프로그램이 더 탄탄해진다. 공중의 중요도를 구체적으로 분석하면 문화예술기관이나 단체에서 시의적절한 PR 프로그램을 누구에게 전개할 것인지에 대한 현실적으로 유용한 방안을 찾을 수 있다.

3) 언론 분석

언론 관계 업무가 PR 기획자가 해야 할 일의 전부인 시절이 오랫동안 계속되어 왔다. PR 기획자들은 4대매체에 보도된 기사 내용을 분석하고 언론사 기자들을 상대로 보도자료를 배포했다. 그렇지만 스마트 미디어 시대에 접어든 이후부터 인터넷 언론, 포털 사이트 기사, SNS 콘텐츠, 로봇 저널리즘 같은 새로운 언론 유형이 등장하면서 과거의 언론 대응 방식만으로는 상당한 한계가 나타날 수밖에 없었다.

예컨대, 로봇 저널리즘이 등장하자 개별 콘텐츠의 형식과 내용은 물론 다른 콘텐츠와의 관계에서 알고리즘의 지배를 받을 가능성이 높아졌다. 실시간으로 발생하는 뉴스를 데이터로 저장해 지능이 향상된 알고리즘이 기존에 기자들이 하던 보도 업무를 자동적으로 처리하게 되었다. 알고리즘이 대체하는 로봇 저널리즘 행위는 〈표 16-1〉과 같다(김영주, 정재민, 오세욱, 2015, p. 32).

〈표 16-1〉 알고리즘이 대체하는 저널리즘 행위

구분	알고리즘	대체 행위
뉴스 가치 판단	클러스터링	중요 주제 선별
	중복 배제	어뷰징 뉴스의 배제
	자동 분류	적합한 뉴스 분류로 배치
뉴스 배열	뉴스 랭킹	뉴스 배열순서의 판단
	뉴스 추천	콘텐츠 기반 추천: 속성이 비슷한 뉴스 제시 협업적 필터링 추천: 이용자 맞춤형 뉴스 제시
뉴스 가공	뉴스 요약	주요 뉴스의 요약
	뉴스 예측	미래에 발생할 뉴스 예측
뉴스 작성	자동 작성	데이터 기반의 뉴스 작성

알고리즘은 뉴스 가치의 판단, 뉴스 배열, 뉴스 가공, 뉴스 작성 같은 사람이 수행해 오던 기존의 저널리즘 활동을 여러 영역에 걸쳐 대체했다. 이런 맥락에서 로봇 저널리즘보다 '알고리즘 저널리즘'이라는 용어가 더 정확한 표현일 수 있다. 각각의 알고리즘은 넓은 의미에서 로봇 저널리즘의 유형이지만, 협의의 로봇 저널리즘은 알고리즘에 의한 데이터를 기반으로 뉴스를 자동으로 작성하는 언론 행위에 해당되기 때문이다.

제4차 산업혁명이 시작된 상황에서 우리나라 언론계에서도 2016년부터 로봇 저널리즘이 본격적으로 도입되었다. 이는 언론계 종사자의 인식을 변화시키고 미디어 환경을 변화시키는 데도 영향을 미쳤다. 언론사들이 로봇을 활용한 기사 작성을 넘어 생산성과 효율성을 개선하려고 노력한 결과, 로봇이 쓰는 기사는 독자들에게 이미 친숙해져 기사를 사람이 썼는지 또는 로봇이 썼는지를 구분하지 못할 정도에까지 이르렀다(김동환, 이준환, 2015). 이와 같은 언론계의 환경 변화는 언론보도의 분석 방법도 바꿨다.

문화예술 PR 기획자들은 그동안 PR 활동의 모든 것이 언론 관계(media relations)라고 생각할 정도로 대언론 관계를 중시해 왔다. 물론 PR 분야가 기자의 보도에 영향을 미치려는 PR 활동의 일환으로 발전해 왔지만, 현대의 언론 관계는 공중을 대상으로 하는 주요 PR 프로그램의 하나일 뿐이다. 언론계 종사자들은 일반인과는 달리 뉴스 생산의 주체이므로 진정한 의미에서의 공중은 아니지만, 부분적으로는 공중에 해당된다. 기자들도 일반인과 마찬가지로 정보를 추구하기 때문이다. 다만 확보한 정보를 바탕으로 기사를 작성해 독자나 시청자에게 다시 전달한다는 특성이 일반인과 다르다.

인터넷 언론사가 8,500여 개 이상으로 늘어남에 따라 가짜뉴스(fake news)도 많아졌고, 그래서 언론보도의 내용을 분석하기가 점점 더 어려워졌다. 언론의 내용분석을 잘 하려면 먼저 미디어별 특성을 이해하고 미디어에 적합한 분석 틀을 적용해야 한다. 블로그 콘텐츠를 분석할 경우, 여러 블로거 중에서 가공되지 않은 순수 콘텐츠만 제공하는 블로그의 콘텐츠만을 대상으로 분석해야 한다. 1인 미디어가 보편화됨에 따라 일반인도 뉴스를 생산해서 전달하는 언론의 주체로 떠올랐다. 변화된 언론 환경에 적합한 언론보도의 내용을 분석하는 과정은 다음과 같다.

먼저, 기사에 대한 모니터링을 실시해야 한다. 인터넷 포털의 검색 기능을 활용해 '문화예술' 같은 키워드로 관련 기사를 모니터링해야 한다. 다음으로, 언론보도 내용에서 쟁점을 추출해 내야 한다. 언론사들끼리 인터넷과 모바일을 통한 카드뉴스 경쟁을 하고 특종을 보도하려는 경쟁도 치열하게 전개한다. 공중의 관심을 끌기 위해 중요도가 낮은 기사에 자극적인 헤드라인을 붙이기도 한다. 쟁점 분석에는 현안에 대한 쟁점 분석과 잠재적 쟁점 분석이 있다. 현안에 대한 쟁점 분석은 비교적 쉽지만, 잠재적 쟁점 분석은 미래를 예상하며 장기적 안목에서 분석해야 한다(이진우, 조재형, 2018).

어떤 쟁점이 발생했을 때 그 쟁점의 파급 효과를 예상해 쟁점이 위기로 전환되는 경우를 예방하기란 쉽지 않다. PR 기획자 스스로 쟁점을 철저히 분석하고 파급효과를 예측하는 동시에 상대방을 설득할 객관적 근거를 가지고, 평소에 기자들과 신뢰 관계를 구축해 놓아야 한다(유재웅, 2016). 보도 결과를 분석할 때는 문화예술기관이나 단체에 대한 보도 성향을 사실 위주로 파악해야 한다. 보도 결과를 정확히 분석하려면 미디어별, 지면별, 시기별로 보도 특성을 파악하고 취재원의 성향에 대해서도 분석해야 한다. 상황 분석을 통해 어떤 미디어의 어떤 내용에 초점을 맞춰 어떤 항목에 집중해서 알아볼 것인지 판단하는 안목도 중요하다.

4) PR 활동 분석

일반적으로 PR 활동에 대한 분석은 PR 활동의 정체성 분석과 PR 활동의 특성 분석으로 구분한다. 먼저, PR 활동의 정체성 분석에 대해 알아보자. PR 활동의 정체성을 분석하는 궁극적인 이유는 PR 목표가 적합한지 알아보기 위해서다. 경쟁 관계에 있는 문화예술기관이나 단체의 이전 PR 활동을 분석해 적합성을 파악함으로써 지향하는 PR 목표가 얼마나 실행력이 있는지 알아볼 수 있다. 나아가 문화예술 소비자들이 PR 목표에 얼마나 적합하게 선정되었는지도 확인해야 한다. 목표하는 문화예술 소비자를 잘못 선정하면 PR 활동을 제대로 전개하기 어렵다.

예컨대, 우리나라 사람들이 잘 모르는 어떤 추상화가의 전시회를 미술관에서 개최한다고 했을 때 누구를 대상으로 PR 활동을 전개해야 할까? 목표하는 문화예술 소비자를 오피니언 리더로 설정하면 사전에 타당성 여부를 다각도로 검토해 봐야 한다는 뜻이다. 미디어 환경이 수시로 변하는 현대사회에서 문화예술 소비자들이 선호하는 미디어를 골라내기도 쉽지 않다. 그렇기 때문에 PR 메시지를 목표하는 문화예술 소비자에게 정확하게 전달해 그들의 공감을 얻는 것이 중요하다.

다음으로, PR 활동의 특성 분석에 대해 설명하면 다음과 같다. PR 활동을 수행하면서 더욱 세세하고 구체적인 내용을 파악하기 위해 PR 활동의 특성을 분석하게 된다. 이때 PR 활동을 누가 주도하는지 구체적으로 검토해야 한다. 문화예술기관이나 단체가 직접 참여해서 벌이는 PR 활동인지, 아니면 단순한 협찬 형식인지 분석함으로써 PR 형태의 주도성에 따라 전략의 수위를 조절할 수 있다. 전략 차원에서 선택한 차별화 방안이 얼마나 효과를 발휘했는지 평가해 보고, 문화예술 소비자에게 어떤 혜택을 제공했는지도 분석해야 한다.

5) 조직 분석

조직 분석은 PR 활동의 실행 주체인 문화예술기관이나 단체와 그와 관련되는 내외부의 공중들을 대상으로 하는 분석 과정이다. 조직을 분석하는 체계도는 [그림 16-6]과 같다(박준완, 2013). 조직 분석의 체계는 문화예술기관이나 단체의 본질적 측면, 산업적 측면, 조직전략적 측면을 알아보는 기본적인 분석을 비롯해 관련되는 공중의 배치, 유관 부서의 배치, 마케팅 및 PR 부서의 배치가 적합한지 알아보는 연계 조직에 대한 분석이 있다.

문화예술기관이나 단체의 매출과 전통 및 비전에 대해 먼저 분석한 다음, 유관 부서에 대한 분석 작업을 실시하고, 마지막으로 PR 연계 조직에 대해 분석해야 한다. 나아가 문화예술작품의 공연이나 전시의 매출 신장에 기여하는 마케팅 및 PR 부서의 배치 여부를 분석하는 과정이 뒤따라야 한다. 마케팅 및 PR 부서에 소속된 직원들은 문화예술작품의 공연이나 전시 현장에서

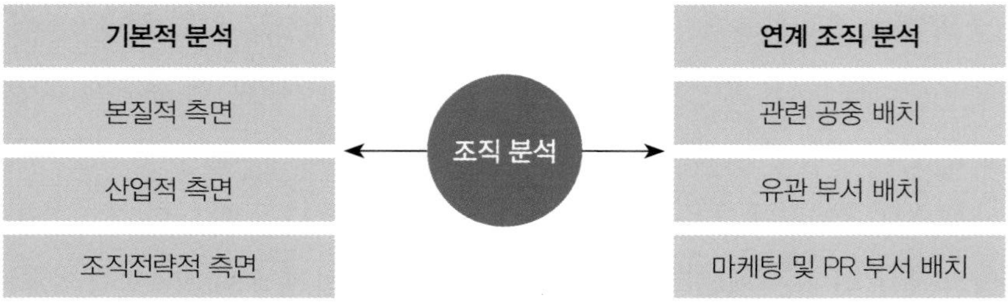

[그림 16-6] 조직 분석 체계도

내부 기획자와 외부의 문화예술 소비자들과 가장 자주 접촉한다. 따라서 이들의 언행 하나하나는 문화예술기관이나 단체의 평판을 형성하는 데 결정적인 영향을 미치게 된다.

2. 문화예술 PR 전략

1) 문화예술 마케팅과 PR의 영역

문화예술 마케팅의 영역은 필요에 따라 여러 분야로 확장할 수 있다. 코틀러와 셰프(Kotler & Scheff, 1997)가 제시한 예술 경영의 16가지 영역 중에서 조직과 인력 및 재무 분야를 제외한 대부분의 영역이 문화예술 마케팅의 구체적인 영역에 해당된다. 이를 보다 자세히 살펴보면, ① 새로운 문화예술 소비자(관객과 관람객)의 개발, ② 현재의 관객이나 관람객의 관람 횟수 증대, ③ 관객이나 관람객의 관람 동기 분석, ④ 예술적 품격을 유지하며 관객이나 관람객의 호응을 얻을 만한 작품의 제작, ⑤ 공연 및 전시 작품의 꾸러미화, ⑥ 지역민의 생활 속에서 문화예술작품 감상의 필수화, ⑦ 문화예술기관이나 단체의 비영리 조직으로서의 목표 달성, ⑧ 문화예술기관이나 단체의 기부금 수입 확대, ⑨ 문화예술 교육, ⑩ 문화예술기관이나 단체의 중장기 전략 수립, ⑪ 자원봉사자의 교육과 유지, ⑫ 문화예술기관이나 단체의 경영자와 문화예술인을 대상으로 마케팅 마인드의 제고의 12가지가 문화예술 마케팅의 구체적이고 현실적인 영역이다(임연철, 2007, p. 26).

이상에서 열거한 문화예술 마케팅의 12가지 영역은 모두 문화예술 PR 커뮤니케이션 활동으로 달성해야 할 목표의 내용이자 PR 과정에서 실행해야 할 프로그램의 대상이다. 문화예술 경영의 최종 목표가 관객이나 관람객을 더 많이 모아 문화예술작품을 감상하고 향유할 기회를 넓히는 데 있다면, 문화예술 PR 활동은 보다 효율적으로 접점을 관리하는 수단이 된다. 넓은 의미에서 보면 문화예술작품을 창작한 예술가와 문화예술 소비자를 연결해 주는 총체적 활동이 문화예술 마케팅 활동의 지향점이다.

일찍이 코틀러와 셰프는 공연예술 마케팅 분야의 기념비적 저서인 『전석매진(Standing Room Only)』의 머리말에서 예술 경영의 미션을 16가지 질문 형식으로 제시했다(임연철, 2007; Kotler & Scheff, 1997). 사실 16가지 질문의 상당수는 문화예술 PR 활동이 뒷받침되었을 때 비로소 달성할 수 있다. 16가지 영역 중에서 조직과 인력 및 재무 분야를 제외한 12가지 영역을 필자의 표현을 살려 PR의 맥락에서 표현해 보면 다음과 같다.

- 문화예술기관이 새로운 문화예술 소비자(관객이나 관람객)를 개발하려면 어떻게 PR 커뮤니케이션 활동을 전개해야 할까?
- 문화예술기관이 현재의 문화예술 소비자의 관람 횟수를 높이려면 어떻게 PR 활동을 전개해야 할까?
- 문화예술기관이 문화예술 소비자의 관심과 태도 및 관람 동기를 이해하려면 어떻게 PR 활동을 전개해야 할까?
- 문화예술기관이 예술적 품격을 유지하고 문화예술 소비자의 호응을 얻을 작품의 공연이나 전시를 기획한 다음에는 어떻게 PR 활동을 전개해야 할까?
- 문화예술기관이나 단체의 마케팅 기획자가 좋은 작품들을 꾸러미화한 다음 어떻게 PR 활동을 전개해야 할까?
- 문화예술기관이 소재하는 지역의 주민들이 문화예술작품을 일상적으로 감상하게 하려면 어떻게 PR 활동을 전개해야 할까?
- 문화예술기관들끼리 서로 협력해 비영리 조직으로서의 목표를 효과적으로 달성하려면 어떻게 PR 활동을 전개해야 할까?
- 문화예술기관이나 단체의 기금이 삭감되는 상황에서 기부금 수입을 늘

리기 위해서는 어떻게 PR 활동을 전개해야 할까?

- 문화예술기관이나 단체의 문화예술 교육 프로그램을 문화예술 소비자들이 쉽게 접근하게 하려면 어떻게 PR 활동을 전개해야 할까?
- 문화예술기관이나 단체의 중장기적인 PR 전략을 어떻게 수립하고 단기적으로는 어떻게 PR 활동을 전개해야 할까?
- 문화예술기관이나 단체의 자원봉사자를 모집하고 기관에 우호적인 집단으로 교육하려면 어떻게 PR 활동을 전개해야 할까?
- 문화예술기관이나 단체의 경영자와 문화예술인들에게 마케팅의 중요성을 환기하려면 어떻게 PR 활동을 전개해야 할까?

2) 문화예술 PR 전략과 프로그램

문화예술기관이나 단체의 경영 활동에 있어서 조직 관리, 인력 관리, 재무 관리는 경영 성과에 영향을 미치는 핵심 요인이다. 문화예술 마케팅과 PR 커뮤니케이션 활동에서 이 세 가지 핵심 요인이 활성화되도록 적재적소에 알맞게 전략을 구사해야 한다. 문화예술 PR 전략은 PR의 대상과 상황에 따라서 달라져야 한다. 대상과 상황별 PR 전략과 프로그램의 내용은 〈표 16-2〉에서 확인할 수 있다(김병희, 2015b, p. 44; 윤희중, 신호창, 2000, p. 19).

대상에 따른 PR 전략에는 언론 관계, 고객 관계, 지역사회 관계, 구성원 관계, 정부 관계, 기부자 관계, 기타 공중 관계 같은 대상별 관리 전략이 있다. 상황에 따른 PR 전략에는 쟁점 관리, 위기 관리, 명성 관리, 캠페인, 국제 PR 같은 상황별 관리 전략이 있다. 대상과 상황에 따라 PR 전략을 항상 분리해서 운영할 필요는 없으며, 경우에 따라 실행 프로그램을 공통으로 적용해 효과를 기대할 수도 있다.

문화예술의 대상과 상황에 따른 PR 전략과 프로그램은 문화예술기관이나 단체의 특성에 따라 PR의 목표, PR 조직, 주요 문화예술 소비자, PR 전략

〈표 16-2〉 대상과 상황별 PR 전략과 프로그램

PR 전략		실행 프로그램
대상별	언론 관계	보도자료, 인터뷰, 기자회견, 기자 간담회, 프레스 킷, 비디오 보도자료(VNRs), B-Roll(리포터가 묘사나 해설할 때 쓰는 소리가 없는 영상), 미디어 투어
	고객 관계	관객 및 관람객의 불만 처리, MPR(마케팅 PR), 문화예술작품 이벤트, 사회적 책임 활동
	지역사회 관계	지역민 초청 행사, 지역행사 후원, 사회적 책임 활동, 문화예술기관이나 단체의 시설 개방(Open house)
	구성원 관계	채용 및 교육 훈련, 보상과 포상, 조직 시스템의 변화, 실직 및 퇴직 프로그램, 개방적 커뮤니케이션 체계, 기관의 간행물 발행, 내부 방송, 내부 교육, 각종 의견수렴 제도
	정부 관계	로비, 여론 관리, 퍼블리시티(publicity), PA(Public Affairs)
	기부자 관계	문화예술기관 설명회, 연례보고서, 사업보고서, 팩트 북, 뉴스레터, 기부자(주주) 통신, 홈페이지, 브로슈어, 이메일 소식지
	기타 공중 관계	기업, 이익단체, 환경단체, 사회단체, 금융계, 회원, 교육계, 경쟁 기관, 노조 등
상황별	쟁점 관리	성차별 예방, 구성원 불만 처리, 잠재적 문제 해결
	위기 관리	보도자료, 기자회견, PR본부 설치, 미디어정보센터(MIC) 설치, 위기관리 매뉴얼(CMM) 마련
	명성 관리	기관 정체성(II: Institution Identity) 관리, 평판 관리, PI(President Identity) 관리
	캠페인	이벤트, 기금 모금 행사, 공공 캠페인
	국제 PR	문화예술기관(문화예술작품)의 인지도 확산, 기부 촉진 활동, 현지 이벤트 및 페스티벌, 스폰서 활동

이 달라질 수밖에 없다. 문화예술 소비자의 일상생활과 밀접히 관련되는 문화예술작품의 공연이나 전시는 문화예술 소비자의 이해와 지지를 바탕으로 운영되어야 한다. 그러기 위해서는 사업의 성격, 목적, 의의에 대해 문화예술 소비자(공중)에게 평상시에 꾸준히 호소하고 그들의 지지와 협력을 얻어야 한다.

문화예술 마케팅 활동의 목표가 항상 경제적 이익만을 추구하는 방향으로 설정될 필요는 없다. 문화예술 마케팅에서 판촉의 개념은 가치 교환의 수단이라는 맥락이라기보다 예술적 가치의 확산이라는 명분이 더 중요하기 때문이다(박정배, 2013). 문화예술기관이나 단체에서 공연이나 전시 활동에 앞서 생산성이나 영리성을 중시한다고 해도, 그것이 공공의 이익(공익성)보다 높은 가치가 될 수는 없다. 일반 기업에 비해 경쟁력이 낮은 문화예술기관이나 단체에서는 공연과 전시 및 문화예술 교육을 통해 문화자본을 형성하도록 시도해야 한다.

문화예술기관이나 단체는 정부의 지나친 규제나 간섭으로부터 독립해 자유로움을 추구해야 한다. 이는 문화예술기관이나 단체의 대표가 잊지 말아야 할 특히 중요한 가치다. 정부에서 지원은 하되 간섭은 최소한으로 줄인다는 영국의 '팔 길이 원칙(ALP: Arm's Length Principle)'은 이미 세계의 문화예술계에서 보편적 가치로 자리 잡았다. 따라서 문화예술 PR 기획자는 다음 사항에 특히 유의해서 PR 활동을 전개해야 한다.

첫째, 문화예술의 비향유 계층을 비롯한 모든 문화예술 소비자에게 문화예술기관이나 단체의 기능과 역할 및 사회적 필요성에 대해 지속적으로 알리는 PR 프로그램을 준비해야 한다.

둘째, 문화예술기관이나 단체의 사업 확장을 지나친 영리 추구로 오해하는 문화예술 소비자도 있을 수 있으므로, 영리 목적이 아닌 공공성의 확장을 위해서라는 점을 강조해야 한다.

셋째, 대부분의 문화예술기관이나 단체는 비영리 기관이므로 재정을 확보하는 과정과 상세한 지출 내역을 투명하게 공개하고, 정기적으로 회계감사를 받고 있다는 사실을 알려야 한다.

넷째, 문화예술기관이나 단체의 PR 규모와 방법도 사회적 감시 대상이기 때문에, PR 비용을 지출하는 과정은 물론 PR 메시지를 결정하고 실행하는 과정에서 신중하게 결정해야 한다.

다섯째, 문화예술기관이나 단체에 대한 문화예술 소비자의 사회적 지지가 무엇보다 중요하므로, 정기적으로 공공 캠페인 성격의 PR 활동을 전개해 지지층을 관리해야 한다.

여섯째, 문화예술기관을 위한 공공 캠페인 성격의 PR 활동과 개별 문화예술작품을 위한 판매 촉진 성격의 PR 활동을 전개하는 이원화 PR 전략도 구사할 필요가 있다.

일곱째, 기부금 모집이나 자원봉사자의 참여를 유도하는 활동이 필요하기 때문에, 문화예술기관이나 단체에서는 중요한 이해관계자를 대상으로 PR 활동을 전개해야 한다.

이상의 일곱 가지 사항에 유념하며 대상별 PR 전략과 상황별 PR 전략을 구사하면 문화예술기관이나 단체의 PR 성과를 더욱 높일 수 있다. 현대 PR에서는 어떤 조직에 관계되는 모든 공중을 상대하기보다 더 중요한 의미를 가지는 공중에 집중할 필요가 있음을 강조한다(한정호, 2014; Broom, 2009). 따라서 문화예술기관이나 단체에서는 중요한 이해관계자(stakeholders)를 대상으로 기관의 이미지(image)를 제고하는 동시에 공중 관계성(relationship)을 구축함으로써, 문화예술기관과 문화예술 소비자 모두가 서로의 이익을 도모하는 호혜(mutual benefit)의 원칙에 따라 문화예술기관이나 단체에 대한 문화예술 소비자의 신뢰(trust)를 얻을 수 있도록 PR 전략을 실행해야 한다.

3. 문화예술 PR의 5단계 과정

여러 연구자가 제시한 PR 과정은 그동안 나름대로 가치 있는 통찰력을 제시해 왔다. 조사, 계획과 프로그래밍, 커뮤니케이션, 평가라는 PR의 4단계 과정이나(Simon, 1984), 문제의 규명, 기획과 프로그래밍, 실행과 커뮤니케이션, 문제의 평가라는 PR의 4단계 과정(Cutlip, Center & Broom, 2000) 모두가

PR 활동이 전개되는 과정을 설명하는 데 기여했다. 그럼에도 불구하고 켈리(Kelly, 1998, 2001)는 비영리 기관의 효과적인 모금관리 방안을 설명하면서 롭스(ROPES)라는 PR의 5단계 과정을 지시했다.

롭스라는 PR의 5단계 과정을 문화예술기관이나 단체 또는 문화예술작품의 PR 활동에 적용해 보면, 조사(Research), 목표설정(Objectives), 프로그램 실행(Programming), 평가(Evaluation), 관계 관리(Stewardship) 순으로 PR 활동이 이루어진다는 것이다. 기존에는 PR 과정이 앞에서 언급한 4단계의 과정을 거쳐 진행된다고 설명했지만, 최근에는 마지막의 '관계 관리' 단계가 추가되었다. 문화예술기관이나 단체의 PR 과정을 롭스로 설명해 보면 다음과 같다.

1) 조사 단계

제1단계인 조사(Research) 단계에서는 문화예술기관이나 단체의 정책에 대한 문화예술 소비자들의 태도와 반응을 체계적으로 관찰하고 조사함으로써 당면한 상황을 정확히 파악해야 한다. 이 단계에서는 설문조사 같은 양적 조사나 인터뷰 같은 질적 조사를 통해 다양한 자료를 수집하고 분석해야 한다. 먼저, 문화예술기관이나 단체의 보도 기사나 보도자료를 바탕으로 문화예술기관이나 작품에 대한 소비자의 태도와 반응에 대한 여러 정보를 파악해야 한다. 자료에서 정보를 얻었다면 정보를 결합해 통찰력과 영감으로 발전시켜야 한다.

다시 말해서, '자료(Data) → 정보(Information) → 통찰력(Insight) → 영감(Inspiration)'이라는 과정을 거쳐 단순한 조사 자료를 감동적인 영감으로 승화시켜야 한다(문영숙, 김병희, 2015). 소비자를 감동시키는 놀라운 통찰력은 단순명쾌하다. 빛의 속도만큼 변화가 빠르고 각종 정보가 넘쳐 나는 스마트 세상에서, 문화예술 마케팅 기획자는 이전에 없었던 참신한 통찰력을 찾으려고 노력해야 한다. 통찰력을 발견하면 문화예술기관이나 단체의 인지도를 높이

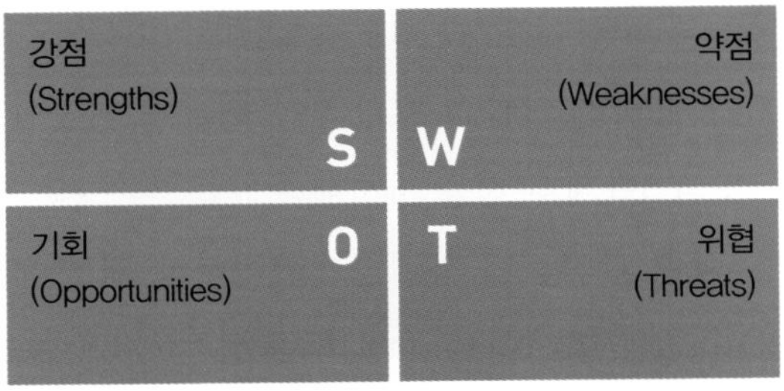

[그림 16-7] 스왓(SWOT) 분석의 구조

는 데도 유용하게 활용할 수 있다.

조사 단계에서는 [그림 16-7]과 같은 문화예술기관이나 단체의 스왓(SWOT) 분석을 시도해야 한다. 내부의 환경 요인인 강점(Strength)과 약점(Weakness)을 알아보고, 외적 환경 요인인 기회 요인(Opportunity)과 위협 요인(Threat)을 확인해 목표 설정의 논리적 근거를 마련해야 한다. 이때는 다른 문화예술기관이나 문화예술작품과의 경쟁 상황을 현실적인 맥락에서 고려해야 한다. 스왓 분석 결과에 따라 PR 커뮤니케이션 활동에서 앞으로 해결해야 할 과제를 간단한 진술문으로 정리해야 한다는 사실도 명심해야 한다.

2) 목표설정 단계

제2단계인 목표설정(Objectives) 단계에서는 조사 결과를 바탕으로 문화예술기관이나 단체에서 수행해야 할 PR 활동의 명시적인 목표를 설정해야 한다. 목표설정이란 문화예술기관이나 단체의 PR 실무자가 PR 활동을 통해서 기대하는 결과다. 따라서 넓은 의미의 목적(goal)과는 달리 설정한 목표를 구체적으로 명시해야 한다. 어떤 문화예술기관이나 문화예술작품에 대한 '인지도를 높인다'처럼 막연하게 목표를 제시하면 안 된다. 대신에 '공연(전시) 전까지 ○○ 작품에 대한 인지도를 PR 활동을 시작하기 전에 비해 30% 높인다'와 같이 구체적인 수치를 제시하며 목표를 기술해야 한다.

나아가 스마트(SMART) 원칙에 따라 PR의 목표를 작성하는 것도 좋은 접근법이다. 그렇게 진행해야 주어진 예산의 범위 내에서 PR의 효과를 높일 수 있다. 즉, 목표가 구체적이어야 하고(Specific), 효과를 측정할 수 있어야 하며(Measurable), 달성 가능한 목표를 명시해야 한다(Attainable). 그리고 결과 지향적인 목표를 제시해야 하고(Result-oriented), 달성할 목표를 시기별로(Time-based) 상세히 명시해야 한다(김찬아, 2014). 문화예술기관이나 단체의 PR 목표를 달성하려면 이 스마트(SMART) 원칙에 따라 PR 활동의 지향점을 설정하고, 실제로 목표를 달성할 실행 방안을 마련해야 한다.

이 단계에서는 문화예술 소비자(공중)를 반드시 세분화시켜야 한다. 할라한(Hallahan)은 그루닉(Grunig)의 상황이론을 발전시켜, 대상을 얼마나 알고 있는지를 나타내는 '지식 수준'과 대상에 얼마나 관심이 있는지를 의미하는 '관여도'에 따라 공중을 네 가지 유형으로 구분하고 공중 세분화의 방법을 제시했다. 즉, 적극적 공중(active public)은 지식 수준과 관여도가 높은 집단이고, 인지한 공중(aware public)은 지식 수준은 높지만 관여도가 낮은 집단이다. 자극된 공중(aroused public)은 지식 수준은 낮지만 관여도가 높은 집단이고, 소극적 공중(inactive public)은 지식 수준과 관여도 모두가 낮아 PR 효과를 기대하기 어려운 집단이다(Hallahan, 2000). 문화예술기관이나 단체의 PR 기획자는 주어진 예산과 활용할 수 있는 미디어를 점검해 네 집단 중에서 어느 집단을 목표 소비자로 삼을 것인지 결정해야 한다.

3) 프로그램 실행 단계

제3단계인 프로그램 실행(Programming) 단계에서는 조사와 목표설정 단계에서 나타난 PR 활동의 목표에 따라 어떤 메시지를 어떤 대상에게 전달할 것인지 결정해야 한다. 어떤 미디어 전략으로 PR 활동의 목표를 어떻게 달성할 것인지, 그리고 PR 활동을 구체적으로 실행할 방법도 결정해야 한다. PR 활동의 목표를 달성하려면 정해진 계획대로 목표 소비자를 대상으로 PR 프로그램을 실행해야 한다.

문화예술기관이나 문화예술작품에 대한 PR 메시지는 창의적인 아이디어를 접목해 일관되게 구성해야 한다. 이때 문화예술작품의 스토리를 소개할 때는 인물, 배경, 사건이라는 스토리의 3요소를 고려해야 한다. 정해진 PR 메시지를 어떤 미디어를 활용해 전달할 것인지를 결정할 때도 전략적으로 판단해야 한다. 이때 문화예술 소비자의 반응을 유도하면서 티켓 판매에 영향을 미치는 미디어 믹스 전략을 얼마나 효과적으로 전개할 수 있는지를 중요한 판단 기준으로 삼아야 한다.

미디어 종류가 다양할수록 기대 효과가 높을 것으로 예상할 수 있지만 반드시 그런 것은 아니다. 주어진 예산으로 효율을 극대화할 수 있는 미디어를 선택해 거기에 집중해야 한다. 특히 PR 활동의 목표를 달성하는 데 초점을 맞춰 최적의 미디어 믹스 전략을 구사하는 것이 가장 중요하다. 켄들(Kendall)은 프로그램 실행 단계에서 비영리 단체의 PR 실행에 필요한 전략적 프로그램을 전략적 무대응(strategic inaction), 정보 전달 프로그램, 행사 프로그램, 촉진 프로그램, 기관 프로그램이라는 다섯 가지로 구분했다(김영욱, 2010).

이 전략적 프로그램 다섯 가지는 〈표 16-3〉에서 확인할 수 있다(김병희, 2015b, p. 32; 김영욱, 2010, p. 326). 문화예술기관이나 단체의 PR 활동에서도 이들 프로그램을 주어진 예산의 범위 내에서 활용하면 더 높은 효과를 기대할 수 있다. 실행 프로그램을 선정한 다음에는 주어진 예산에 따라 프로그램을 진행하는 세부 일정을 만들어 모든 PR 기획자가 공유해야 한다. 실행할 개별 프로그램에 따라 프로그램의 명칭, PR 활동의 세부적인 목표, 실행 기간, 목표 고객, 핵심 메시지, 프로그램의 의의, 실행 방안과 세부적인 전술, 기대 효과를 일목요연하게 기술해야 한다.

〈표 16-3〉 **전략적 프로그램의 유형**

프로그램	내용
전략적 무대응	대응하지 않음
정보 전달 프로그램	공적인 정보 전달 프로그램
	기자 회견
	로비
	유명인을 활용한 정보 전달
	문화예술기관이나 단체의 PR 전문가를 통한 정보 전달
	잘못된 정보를 수정하는 노력
	정보 전달 창구나 사이트의 신설
행사 프로그램	자연발생적 행사 활용
	기념일 행사
	미디어 행사
	경연을 통한 행사
촉진 프로그램	광고 등 서비스 촉진 관련 프로그램
	서비스 실연 프로그램
	기금 조성 행사
	관련 조사 결과 발표 프로그램
	사회적 책임에 관련된 메시지 전파
기관 프로그램	문화예술기관이나 단체의 우호집단 결집
	다른 문화예술기관과의 연계 강화
	세미나, 학술 행사, 소모임
	핵심 고객의 집중 관리 프로그램
	협상 혹은 갈등 해소 프로그램

4) 평가 단계

제4단계인 평가(Evaluation) 단계에서는 문화예술기관이나 단체의 PR 커뮤니케이션 활동이 설정한 목표를 어느 정도 달성했는지 측정한다. PR 효과를 평가할 때는 크게 두 가지 관점에서 접근한다. 평가에는 '과정'에 대한 평가와 '결과'에 대한 평가가 있는데, PR 효과의 평가는 대체로 '결과'에 대한 평가다. 평가는 PR 활동에 대한 가치를 가시적으로 보여 주며, 평가 결과는 향후 PR 활동에서 중요한 판단 근거로 활용된다. 문화예술기관이나 단체의 PR 프로그램을 실행한 다음에는 양적 조사나 질적 조사를 통해 PR 목표의 달성 여부를 구체적으로 확인해야 한다.

평가 방법도 두 가지가 있다. 첫째, PR 활동의 전체적인 효과를 알아보는 것으로, 사전에 수립된 목표를 달성하기 위해 활용된 모든 프로그램의 종합적인 기여도를 평가한다. 둘째, PR 과정에 활용된 각 프로그램의 개별적인 효과를 알아보는 것이다. 개별 프로그램에 따라 평가하는 이유는 같은 비용으로 어떤 프로그램을 수행했을 때의 효과를 비교함으로써 나중에 어떤 프로그램을 선택할 때 전략적으로 판단할 기초자료를 얻기 위해서다. 두 가지 평가를 원만하게 진행하려면 PR 목표와 관련된 사전조사 결과, 사후조사 결과, 개별 프로그램의 효과 지수(노출 지수) 그리고 전체적인 예산 집행 내역이 필요하다.

이 밖에도 산출물 평가(output evaluation), 중간 평가(outgrowth evaluation), 결과 평가(outcome evaluation)를 할 수도 있다(김찬아, 2014). 산출물 평가는 메시지가 미디어에 어느 정도 노출되었는지 그 빈도를 알아보는 것으로, 미디어 모니터링 결과 분석, 미디어 내용분석, 인터넷 댓글 분석, 불만 사항 분석을 통해 평가할 수 있다. 중간 평가는 문화예술 소비자에게 기억된 정도나 관심을 유발한 정도를 나타낸 것이다. 결과 평가는 문화예술 소비자의 태도나 행동이 얼마나 달라졌고 문화예술기관이나 단체의 평판에 어떤 영향을 미쳤는지 분석하는 것이다. 결과 평가는 설문조사 같은 정량적 방법이나 심층면접과 초점집단면접(FGI) 같은 정성적 방법으로 알아볼 수 있다.

미국PR연구소(1999)에서는 PR 활동의 효과를 알아보려면 장단기 성과를 측정해야 한다는 가이드라인을 제시했는데, 이는 문화예술기관이나 단체의

PR활동을 평가할 때도 적용할 수 있다. 단기적인 PR 효과의 평가는 특정 PR 프로그램, PR 전략, PR 활동의 성패를 측정해야 하고, 사전에 설정된 프로그램의 산출(output), 중간 결과(outtake), 결과(outcome)를 측정해야 한다. 산출의 평가는 단기 결과나 표면적으로 나타나는 결과를 측정하는 것으로, 미디어 도달률이나 특정 메시지의 노출 결과가 측정된다. 중간 결과의 평가는 목표 대상자가 특정 PR 메시지를 받았는지, 메시지에 주목했는지, 이해했는지, 기억하고 있는지를 측정하는 것이다. 결과의 평가는 PR 프로그램과 활동이 의견, 태도, 행동에 영향을 미쳤는지를 측정하는 것이다. 장기적인 PR 효과의 측정과 평가는 조직과 핵심 대상자 간의 관계성 향상을 목표로 하는 광범위한 PR 활동의 성공 여부와 실패 여부를 측정하는 데 유용하다(유재웅, 2010).

국가의 정책 PR 효과를 평가한 연구에서는 PR 효과의 객관적 평가 기준을 제시한 의견을 종합해 정책 단계 3차원(준비, 과정, 결과)과 평가 대상 2차원(조직, 프로그램)을 고려해 6개 차원의 25개 평가 지표를 개발하고 가중치를

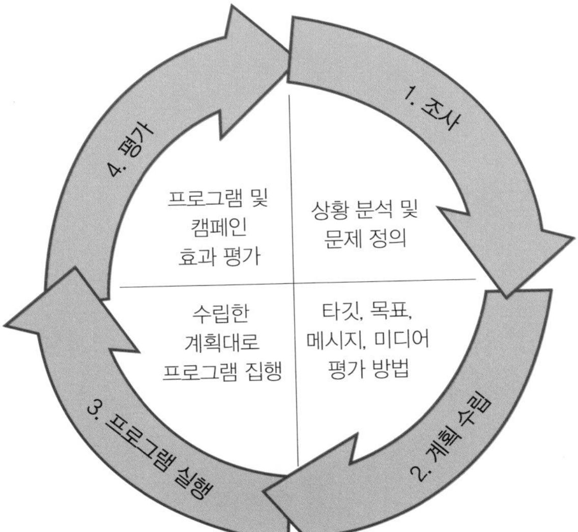

[그림 16-8] PR 캠페인의 기획 과정

부여했다(차희원, 김영욱, 신호창, 2005). 또한 정부의 특정 부처가 실시한 7개의 위탁 PR사업을 대상으로 '홍보 계획의 적절성' '홍보 계획과 집행 내용 간의 일치도' '홍보 효과 평가'라는 세 가지 영역을 분석하고, PR 캠페인의 기획 과정을 [그림 16-8]과 같이 모두 4단계로 제시했다(이명천, 김정현, 김요한, 김지혜, 2008). 이 연구에서는 조사(목표 수립), 계획 수립(전략 · 전술의 기획), 프로그램 실행, 평가라는 일련의 과정이 PR 캠페인을 전개하는 과정에서 중요하다고 강조했다.

그러나 우리나라에서 이루어진 거의 대부분의 PR 효과 평가는 언론과의 관계 및 퍼블리시티 결과에 한정되었다. 공공기관이 보다 효율적이고 능동적인 퍼블리시티 활동을 전개하려면 효과 측정을 위한 합리적 기준을 마련해야 한다. 특히 일반 기업을 대상으로 개발된 PR 효과 측정 모형의 가중치 변인을 공공기관에 적용할 경우 발생하는 문제점을 파악해 평가 기준을 개선한 경제적 가치모형은 문화예술기관이나 단체의 PR 효과의 평가에도 적용할 수 있다. 결국 문화예술기관이나 단체에서는 조사를 통한 목표 수립, 계획 수립(전략 · 전술의 기획), 프로그램 실행, 평가라는 일련의 과정 속에서 PR 캠페인에 대한 효과를 측정하게 된다.

5) 관계 관리 단계

제5단계인 관계 관리(Stewardship) 단계에서는 PR 활동에서 형성된 공중 관계를 우호적인 관계로 계속 유지하는 방법을 모색하게 된다. 과거에는 제4단계까지가 일반적인 PR 과정의 단계였지만, 최근에 '관계 관리' 단계가 추가되었다. 이 단계는 기금 모금도 필요한 문화예술기관이나 단체에는 특히 중요한 단계라고 할 수 있다. '스튜어드십'은 원래 주인집 일을 돌보는 집사(執事)나 청지기를 가리키는 말이었다. 켈리가 비영리 기관의 효과적인 모금 관리를 위해 이 단어를 써서 PR의 5단계 과정을 설명했던 배경에는 정부나 지역사회에서 비영리 기관에 부여한 자원을 청지기의 자세로 배분하고 관리해야 한다는 뜻이 담겨 있다(Kelly, 1998, 2001).

관계 관리는 PR 활동으로 형성된 문화예술 소비자와의 관계를 유지하고 발전시키는 데 필요한 문화예술기관이나 단체의 전략적 가치에 해당된다. 관계 관리의 첫 출발은 관계를 관리할 대상을 선정해 관리하는 데 필요한 전략을 수립하는 것이다. 관계 관리는 문화예술기관이나 단체의 후원자나 기부자와 관계를 유지하고 관계를 강화하는 방법에도 관련된다. 따라서 PR 기획자는 기존의 문화예술 소비자와 좋은 관계를 유지하는 동시에 새로운 고객을 어떻게 창출할 것인지에 대해 지속적으로 연구해야 한다.

관계 관리를 제대로 유지하고 발전시키려면 네 가지 요인(4R)이 필요한 것으로 알려져 있다(Hon & Grunig, 1999; Waters, 2009). 문화예술기관이나 단체에서는 PR 활동을 전개하는 과정에서 다음과 같은 네 가지 구성요인을 충분히 고려해야 한다.

첫째, 관계 관리의 대상자에게 진심으로 감사하는 마음을 나타내는 호혜성(Reciprocity)을 유지해야 한다. 문화예술기관이나 단체는 문화예술 소비자나 기부자에게 진심으로 감사하다는 메시지를 전하고 더 좋은 프로그램을 기획함으로써 그들의 기대에 부응하도록 노력해야 한다.

둘째, 책임 있는 자세로 관계 관리의 대상자와 약속을 지키려고 적극적으로 노력하는 책임성(Responsibility)이 필요하다. 문화예술기관이나 단체에 후원하려고 하는 문화예술 소비자나 기업을 대상으로 사회적 책임을 다하겠다는 자세로 기관의 이미지를 관리해야 한다.

셋째, 관계 관리의 대상자에게 투명하고 정확한 정보를 제대로 전달하는 보고성(Reporting)이 필요하다. 문화예술기관이나 단체에 관련되는 이해관계자들에게 기관이나 단체에 대한 정보를 충실하게 제공하지 않는다면, 그들은 머잖아 그 기관이나 단체에 더 이상 관심을 갖지 않을 것이다.

넷째, 관계 관리의 다양한 대상자와 친밀감을 점차 강화해 가는 관계 발전

(Relationship nurturing)이다. 새로운 회원이나 기부자를 섭외하려고 시도하는 노력도 중요하지만, 기존의 회원과 기부자들과 더 좋은 관계로 발전시켜 나가려는 의지는 더더욱 중요하다.

제17장

미디어별 특성과 활용 전략

1. 디지털 융합 시대의 미디어

디지털 융합 시대에 접어들었다. 대중 미디어를 기반으로 하는 전통적 미디어만 이용하던 시대는 끝났다. 이제 올드미디어와 뉴미디어를 함께 이용하는 다중 미디어 소비(MMC: Multiple Media Consumption)나 여러 미디어를 동시에 활용하는 동시적 미디어 소비(SIMM: Simultaneous Media Usage) 현상도 일상화되었다. 뉴미디어가 등장하면 기존 미디어를 이용하는 시간이 감소해 미디어 간에 대체 현상이 일어난다고 주장하는 학자도 있었다. 그렇지만 위력적인 뉴미디어가 등장하더라도 올드미디어가 퇴진하지 않고 뉴미디어와 보완 관계를 유지하며 공존하는 것이 보통이다(문영숙, 김병희, 2015).

스마트폰이 널리 보급되어 일상에서 두루 활용되고 있기 때문에 소셜네트워크서비스(SNS: Social Network Service)도 문화예술기관이나 단체의 광고와 PR 활동에 적극 활용할 필요가 있다. 이용의 편리성, 접근의 용이성, 네트워크의 확장성이라는 특성을 바탕으로, 소셜미디어는 웹3.0의 특성을 구현하며 문화예술기관이나 단체의 광고와 PR 활동에 영향을 미치는 효율적인 수단으로 떠올랐다. 소셜미디어의 특성인 상호작용성, 실시간성, 휴대성을 고려해 PR 활동을 전개하는 크로스 미디어 전략을 효율적으로 구사하는 실행력도 중요해졌다. 미디어3.0 시대에는 오픈 플랫폼 상황에서 다양한 유형의 커뮤니케이션 형태가 공존하며, 미디어의 권위에 관계없이 플랫폼과 이용자가 커뮤니케이션을 주도한다.

〈표 17-1〉 미디어의 진화 단계별 속성

구분	미디어1.0	미디어2.0	미디어3.0
미디어 형식	신문, 방송, 잡지 등 전통적 대중 미디어	인터넷 미디어 커뮤니케이션 수단(카페, 메신저)	오픈 플랫폼, 인터넷 1인 미디어(UCC, SNS)
의사소통 방식	일방향 정보 전달	양방향 소통 시작 (댓글 등 콘텐츠 종속성)	양방향성 극대화, 집단지성 활성화
이용자의 정보 소비 행태	획일적 정보 소비 및 집중적 관심	관심과 기호별 능동적·분산적 소비와 선택	콘텐츠 소비자가 중개자 및 생산자 역할 수행
콘텐츠 유형	전문 콘텐츠(뉴스, 오락 등 모든 영역)	전문 콘텐츠의 정보화 및 틈새 콘텐츠의 등장	수용자 참여형 콘텐츠 본격화

따라서 문화예술 PR 활동을 기획하는 과정에서 최적의 미디어를 선택하는 전략적 판단력이 필요할 수밖에 없다. 미디어3.0 시대에는 〈표 17-1〉에서처럼 기존의 대중매체에서와는 달리 무엇을 제공하는 채널 개념이 아닌 광장으로서 플랫폼 개념을 인식하고 활용하는 문제가 더욱 중요해졌다(최일도, 허웅, 2012). 문화예술기관이나 단체의 PR 활동에서도 기존 미디어의 활용에서 벗어나 모든 유형의 커뮤니케이션이 공존하는 오픈 플랫폼의 특성에 알맞게 PR 활동을 전개해야 한다. 미디어 채널의 다변화에 발맞춰 문화예술기관이나 단체에서는 오프라인 미디어 전략과 온라인 미디어 전략은 물론 각 채널에 알맞게 수용자를 고려해 구체적이고 세분화된 채널 전략을 구사해야 한다. 미디어3.0 시대에는 이전의 미디어와 비교했을 때 다음과 같은 세 가지

특성이 있다.

첫째, 콘텐츠의 일원다용(OSMU: One Source Multi Use) 현상이 보편화되었다는 점이다. 하나의 미디어에 등장한 콘텐츠는 그 미디어에만 사용되지 않고 여러 미디어로 확산되어 공통의 콘텐츠로 쓰이게 된다. 예컨대, 방송의 경우 콘텐츠를 방영한 다음에 파생된 모든 융합 콘텐츠를 기획, 생산, 판매, 관리해서 수익을 극대화하는 것이 일원다용 전략이다. 다시 말해서, 콘텐츠의 효과를 극대화하기 위해 파생 제품을 기획하고 생산하고 판매해서 콘텐츠 전반을 관리하는 종합적인 마케팅 활동이 콘텐츠의 일원다용 전략이다.

둘째, 미디어가 O2O 플랫폼으로 급속히 진화했다는 점이다. O2O는 온라인에서 오프라인으로(Online-to-Offline) 혹은 오프라인에서 온라인으로(Offline-to-Online)의 축약어다. 2010년 8월, 미국의 제휴 마케팅 기업인 트라이얼페이(TrialPay)의 창립자 알렉스 램펠(Alex Rampell)이 IT 전문지 『테크 크런치(TechCrunch)』의 기고문에서 이 용어를 처음으로 사용했다(TechCrunch, 2010). 전혀 만날 필요가 없었던 온라인과 오프라인 영역이 O2O라는 말이 나오면서부터 본격적으로 만나게 되었다. 온라인을 통해 오프라인으로, 오프라인에서 온라인으로 소비자를 유도하는 양방향 커뮤니케이션이 가능해지면서 미디어 플랫폼에서는 O2O 서비스를 통해 수익 창출을 시도한다.

셋째, 적극적인 수용자 집단이 등장했다는 점이다. 그동안의 전통적인 수용자들은 광고나 PR 메시지를 받으면 수동적으로 반응했다. 그러나 제4차 산업혁명 시대의 소비자들은 기존과 같은 수동적인 미디어 수용자가 아니다. 그들은 적극적으로 정보를 찾고 조합하고 이용하고 연결하며 전달하는 새로운 소비 주체로 부상했다. 제4차 산업혁명 시대의 소비자들은 스스로 광고 메시지를 생산하는 동시에 자발적으로 메시지를 취사선택하고 새롭게 재조합하는 스마트 집단으로 떠올랐다.

2. 미디어를 보는 네 가지 관점

디지털 융합 시대에 미디어를 구분하는 기준은 여러 가지가 있다. 첫째, 플랫폼 관점에서의 미디어로, 전통 미디어를 비롯한 모든 미디어가 콘텐츠 플랫폼으로 진화하고 있다. 둘째, 콘텐츠 소유 관점에서의 미디어로, 메시지 내용을 결정하는 주체에 따라 유료 미디어(Paid Media), 소유 미디어(Owned Media), 임대 미디어(Earned Media)가 있다. 셋째, 재무적 관점에서의 미디어로, 광고회사의 재무적 관점에 따라 ATL 미디어와 BTL 미디어로 구분한다. 넷째, 유기체적 관점에서의 미디어로, 미디어를 살아 있는 유기체로 이해하려는 입장이다(김상준, 정차숙, 2018). 이에 대해 보다 자세히 설명하면 다음과 같다.

1) 플랫폼 관점에서의 미디어

그동안 디지털 미디어 플랫폼(media platform)은 4단계를 거쳐 발전해 왔다. 제1단계는 컴퓨터 플랫폼의 시기로, IBM, HP, 컴팩, 마이크로소프트 같은 기업이 개인용 컴퓨터(PC) 제조업과 운영체제 사업을 주도했다. 제2단계는 인터넷 플랫폼의 시기로, 구글, 아마존, 이베이 같은 기업이 인터넷으로 검색과 전자상거래 서비스를 제공하며 성장했다. 제3단계는 모바일 플랫폼의 시기로, 페이스북과 카카오톡 같은 사회관계망서비스(SNS)나 우버 택시 같은 O2O(온라인에서 오프라인으로, 오프라인에서 온라인으로) 사업자가 부상한 시기다. 제4단계는 가상현실(VR)과 증강현실(AR)이 부상한 시기로, 페이스북과 삼성 같은 기업에서 디지털 이용자에게 새로운 경험을 제공하려고 실감 미디어 기술의 생태계를 구축한 시기다(김상준, 정차숙, 2018).

방송은 전송망과 플랫폼에 따라 구분할 수 있다. 플랫폼이란 다양한 서비스와 콘텐츠가 제공되는 접점으로, 많은 이용자가 방문해 자신이 원하는 것을 찾고 거래하는 공간이다. 프로그램과 광고를 동시에 제공하는 방송 플랫폼은 지상파 방송 플랫폼, 케이블 방송 플랫폼, 위성방송 플랫폼, IPTV 플랫폼이 있다. 신문 플랫폼도 진화하고 있다. 국내외 신문업계에서는 신기술을 적극 활용해 기존의 신문사에서 미디어 플랫폼으로 새로운 변모를 시도했다. 기존의 뉴스룸과 다른 디지털 뉴스룸을 설치한 신문사들은 서비스 내용에서 운영 체제에 이르기까지 스마트 시대에 적합한 미디어 플랫폼을 구축했다. 1990년대부터 등장했던 인터넷신문도 디지털 콘텐츠의 유통 플랫폼으로 진화했다.

다중채널 네트워크(MCNs: Multi-Channel Networks)도 급성장했다. 다중채널 네트워크란 유튜브, 페이스북, 트위치 같은 동영상 플랫폼과 제휴해 개인 창작자의 콘텐츠 기획, 제작, 편성, 교육, 저작권 관리, 판매 촉진, 수익 창출, 관리를 지원해 주는 채널 서비스 사업이다. 스마트폰에서 웹툰과 웹소설 및 웹드라마를 소비하는 10분 이내의 짧은 동영상도 인기를 끌었다. 이런 추세에 따라 자투리 시간에 스마트폰에서 즐길 짧은 동영상을 만드는 1인 창작자들과 그들을 관리하는 다중채널 네트워크가 더 필요하게 되었다(Gardner & Lehnert, 2016). 기존의 미디어 기업들도 텔레비전에서 점점 멀어져 가는 세대들을 붙잡기 위한 방안으로 다중채널 네트워크를 활용하고 있다.

2) 콘텐츠 소유 관점에서의 미디어

기존의 문화예술 마케팅 활동에서는 주로 인쇄 매체, 전파 매체, 인터넷 매체를 주로 활용해 왔지만, 디지털 융합 시대에는 스마트 미디어를 활용한 PR 활동을 활발히 전개하고 있다. 미디어를 분류하는 여러 기준에서 트리플 미디어(triple media) 분류법은 콘텐츠의 소유권이 누구에게 있는지에 따라 미디어를 구분하는 방법이다. 즉, 메시지 내용의 결정권이나 소유권에 따라 유료 미디어(Paid Media), 소유 미디어(Owned Media), 임대 미디어(Earned Media)로 구분한다.

문화예술기관이나 단체 또는 문화예술작품의 PR 활동을 전개했을 때 소통 효과가 얼마나 지속될지는 누구도 예측하기 어렵다. 문화예술기관이나 단체에 대한 태도가 얼마나 우호적인지 구체적으로 알 수 없다. 따라서 문화예술 PR 기획자는 먼저 유료 미디어를 활용한 PR 활동에서 미디어별로 메시지의 전달 효과를 높이는 문제를 고민해야 한다.

소유 미디어와 임대 미디어를 활용한 PR 활동에서도 문화예술 소비자와의 관계를 개선하고 우호적인 태도를 형성하는 것이 중요하다. 만약 유료 미디어를 활용한 PR 활동에서 메시지의 도달률이 낮더라도 문화예술 소비자와

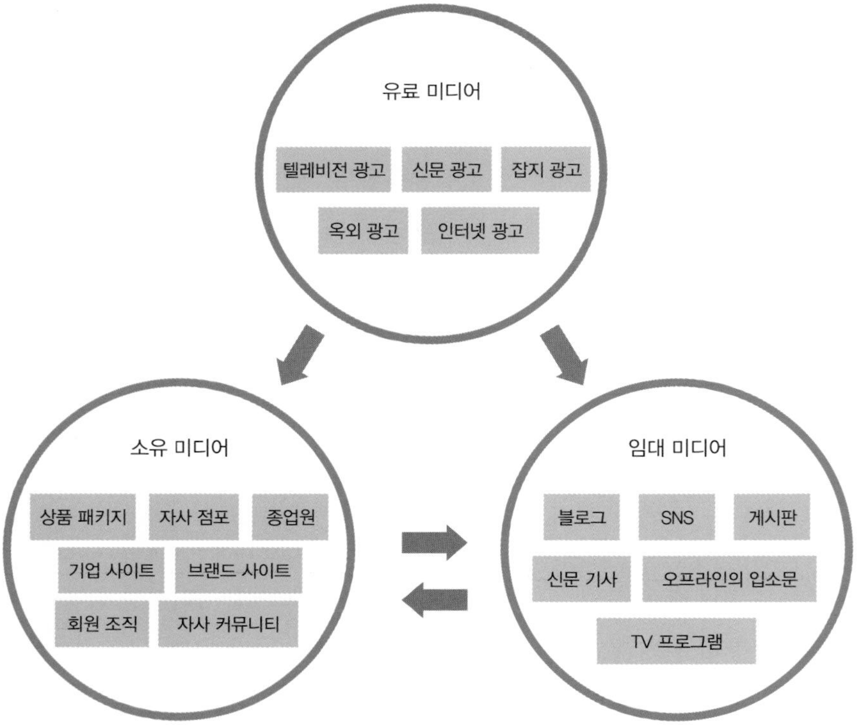

[그림 17-1] 메시지 주도 관점에서의 트리플 미디어

우호적인 관계를 형성한다면 목표하는 PR 효과를 기대할 수 있다. 문화예술 기관이나 단체의 광고와 PR 활동에서 [그림 17-1]과 같은 트리플 미디어의 POEM(Paid, Owned, Earned Media) 모형을 활용하면 상당한 성과를 기대할 수 있다.

(1) 유료 미디어

유료 미디어(Paid Media)란 문화예술기관이나 단체가 지면이나 프로그램 전후에 콘텐츠 내용을 노출하기 위해 일정 비용을 지불하는 미디어다. 텔레비전, 라디오, 신문, 잡지 같은 기존 4대 매체와 인터넷이 여기에 해당된다. 유료 미디어는 광고물을 게재하는 지면이나 공간만을 의미하지 않기 때문에 판매 촉진 메시지도 두루 게재할 수 있다. 신문이나 잡지의 지면에 문화예술에 대한 전문가의 의견도 표명할 수 있다. 문화예술기관이나 단체에서는 그동안 주로 유료 미디어를 이용해 왔지만 앞으로는 다양한 미디어 영역으로 활용 범위를 넓혀 나가야 한다.

문화예술기관이나 단체에서는 그동안 기존의 4대 매체와 인터넷 미디어 같은 유료 미디어를 활용한 PR 활동을 주로 전개해 왔다([그림 17-2] 참조). 광고는 비용을 지불하고 PR은 비용을 지불하지 않는다는 비용의 지불 여부가 둘의 개념을 구분 짓는 근거의 하나였지만, PR 활동에서도 비용이 전혀 불필

[그림 17-2] 유료 미디어를 활용한 뮤지컬 〈엘리자벳〉 사례

요한 것은 아니다. 언론사의 경영이 악화되어 최근에는 신문의 특정 지면을 통째로 PR 회사에 의뢰해 제작하는 사례도 있고, 브랜드 저널리즘 개념이 등장함으로써 광고와 PR의 경계도 점점 모호해지고 있다. 그렇지만 유료 미디어를 활용한 PR 활동은 아직도 중요하다. 주요 미디어의 특성을 살펴보기로 하자.

첫째, 텔레비전은 가장 대중적인 미디어로 불특정 다수에게 메시지를 보내는 데 효과적이라 수많은 시청자에게 보편적으로 접근할 수 있다. 텔레비전 프로그램이 전국에 방송되기 때문에 그 영향력이 막강하고, 오래된 시청 습관으로 인해 시청자와의 친밀감도 높다. 지상파TV는 시청자의 이용 시간과 미디어 접촉률이 높아 광고 매체로 각광받아 왔지만, 디지털 미디어가 비약적으로 성장함에 따라 그 명성도 차츰 약화되고 있다. 텔레비전 광고의 유형에는 프로그램 광고, 토막(Spot) 광고, 자막 광고, 시보 광고, 간접 광고, 가상 광고 등이 있다. 텔레비전 광고는 전국의 방송 네트워크를 통해 광고 메시지를 온 나라 사람들에게 널리 전파할 수 있다는 장점이 있다. 텔레비전 광고는 또한 시각적 요소와 청각적 요소를 모두 동원하기 때문에 광고 콘셉트의 표현에 있어서 융통성이 높고, 도달 범위가 넓다는 장점이 있다.

그렇지만 텔레비전 광고는 다른 미디어에 비해 1인에게 도달하는 광고 시청 대비 비용의 효과가 낮고, 문화예술의 세분시장에 알맞게 광고를 집행하기가 어려우며, 문화예술작품에 대한 자세한 정보를 제공하기 어렵다는 한계도 있다. 또한 텔레비전 광고는 광고물의 제작비와 시간대를 구매하는 비용이 비교적 비싸고, 시청자가 광고 메시지를 의도적으로 피할 수 있다는 한계도 있다. 텔레비전을 활용해 문화예술작품에 대한 광고와 PR 메시지를 전달할 수 있지만, 시간의 제약 때문에 문화예술작품의 공연이나 전시를 상세히 설명하기는 어렵다. 문화예술기관이나 단체에서 이런 한계를 보완하려면 지상파TV에만 집중하기보다 시간이 넉넉한 종합편성채널이나 케이블TV를 활용하는 방법도 시도해야 한다.

둘째, 최초의 방송매체인 라디오는 텔레비전이 등장한 이후 매체로서의 위상이 축소되었지만 자동차 인구가 증가하면서 다시 활력을 되찾았다. 라디오는 지극히 개인적인 매체이므로 목표하는 청취자에게 문화예술작품에 대한 광고나 PR 메시지를 비교적 손쉽게 전달할 수 있다는 장점이 있다. 개인 미디어의 효시인 라디오는 다른 일을 하면서도 동시에 청취할 수 있지만 주목도와 도달률은 낮은 편이다. 라디오는 배경의 매체(background medium)이므로, 사람들이 잡지나 신문처럼 적극적인 자세로 소비하지는 않기 때문이다. 라디오는 방송 내용을 귀로 들으며 소리로 장면을 상상하게 함으로써 '마음의 극장(theater in the mind)'을 생생하게 구현할 수 있는 청각적 매체이기 때문에(Jewler & Drewniany, 2001), 광고나 PR 메시지를 작성할 때는 청취자의 상상력을 자극하는 것이 중요하다.

라디오 광고는 제작비와 매체 비용이 가장 저렴하고, 텔레비전 광고에 비해 문화예술 소비자의 특성에 따라 세분화가 가능하고, 반복도달 효과에 대한 기대가 높은 편이다. 세분화된 문화예술 소비자의 특성에 알맞게 광고 메시지를 작성해서 저렴한 비용으로 광고를 집행할 수 있다는 장점이 있다. 그렇지만 텔레비전 광고에서와는 달리 시각적 효과를 이용할 수 없어 메시지를 전달하는 데 있어 어느 정도 한계가 있고, 텔레비전 광고에 비해 소비자들의 관심을 끌기도 어렵다. 시각적 요소가 없다는 점은 라디오 매체가 지닌 본질적인 한계이기 때문에 라디오 광고에서는 그런 약점을 보완할 수 있는 메시지를 구성해야 한다. 광고 전달 시간이 20초 정도로 짧기 때문에 문화예술기관이나 단체에서는 꼭 필요한 경우에 선택적으로 활용해야 한다. 문화예술 마케팅 기획자들은 라디오 광고나 PR 활동을 전개하려고 할 때 문화예술 소비자들이 공연이나 영상의 내용을 상상할 수 있도록 메시지를 구성해야 한다.

셋째, 신문은 오랫동안 우리 사회에서 여론을 주도하는 언론으로서의 핵심적 기능을 맡아 왔다. 과거에는 신문이 광고 매체 중에서 가장 중요한 매체였지만 뉴미디어 시대가 시작되면서 그 중요성이 차츰 감소했고, 독자 수와 정기 구독률은 물론 매체 이용률도 감소했다. 대학생을 비롯한 젊은 층의 독자들이 종이 신문을 보지 않음으로써 독자의 고령화 현상도 지속되고 있다. 신문은 유익한 정보 원천이라는 인식 때문에 아직도 신뢰성이 높은 매체이기는 하지만, 8,500여 개에 이르는 인터넷신문이 등장하고 각종 '가짜 뉴스'가 출현하면서 신문 전반에 대한 신뢰도도 점차 떨어지고 있다. 그렇지만 뉴스 콘텐츠의 확산과 심층 보도라는 차원에서 볼 때 신문은 여전히 중요한 미디어다. 총광고비 측면에서 볼 때 여러 미디어 광고 중에서 신문 광고는 2000년까지 1위를 차지했다. 그렇지만 광고주가 이탈하고 광고 수익이 감소함에 따라 신문사의 매출액도 하락했고 광고 매체로서의 신문의 위상도 낮아졌다.

신문 광고는 제작 기간이 짧고, 게재 절차가 간편하며, 지역별로 특화된 메시지를 내보낼 수 있다는 장점이 있다. 반면에 제작물의 질적 수준을 통제하기 어렵고, 일간지의 경우 광고 수명이 잡지 광고에 비해서 짧다는 단점도 있다. 신문사에서는 위기를 타개하기 위해 주제별로 섹션 지면을 개편하고, 기사 내용에 대한 독자의 피드백 체제를 강화했다. 그리고 기존의 스타일과는 다른 변형 광고를 시도하는 동시에 인터넷과 모바일 미디어와 연계해 새로운 활로를 모색해 왔다. 신문의 위기에도 불구하고 문화예술 공연이나 전시 내용을 알리는 광고나 PR 메시지를 전달하고 논리적으로 소비자를 설득하는 데 있어서 신문은 여전히 적합한 매체다. 문화예술기관이나 단체에서는 공연이나 전시 내용을 신문에 보도되게 하기 위해 논리적 흐름에 따라 보도자료를 작성하는 것은 물론 기대 효과도 구체적으로 제시해야 한다. 신문 광고의 효과가 떨어지고 있다고 해도, 기사의 지면은 제한되어 있기 때문에 지면을 차지하기 위한 문화예술기관이나 단체의 경쟁은 치열할 수밖에 없다.

넷째, 잡지는 독자에게 흥미로운 정보를 제공하고 오락의 욕구를 충족시켜 준다. 잡지 기사의 내용은 독자층의 욕구와 기대에 맞춰 갈수록 세분화되고 전문화되고 있다. 스마트 미디어 시대에 접어들기 이전에는 거의 모든 잡지가 대중 교양지의 성격이 강했다. 그렇지만 독자들의 관심사나 기호가 세분화됨에 따라 성별, 연령별, 직업별, 취미별 특성을 고려해 잡지의 내용이 공통 관심사가 비슷한 특정 집단에 맞춰 특성화되었다. 예를 들어, 여성지만 해도 과거에는 주부지와 미혼지로 단순하게 분류되었지만, 지금의 여성지는 요리, 뷰티, 패션, 육아, 리빙 등 여러 분야에 알맞게 세분화되고 전문화되었다. 잡지는 다른 매체와 비교했을 때 가장 선택적인 매체이며, 메시지를 단순화하고 시각적으로 제시해 광고와 PR 효과를 높일 수 있다.

잡지 광고는 지역적 측면과 인구통계학적 측면에서 소비자들이 관심이 많기 때문에 광고에 대한 독자들의 집중도와 몰입도가 상당히 높은 편이다. 잡지 광고는 제작 기간이 짧고, 광고를 게재하는 절차도 간편하다. 그리고 순식간에 사라지는 텔레비전 광고나 하루 지나면 사라지는 신문 광고에 비해 광고의 수명이 길다는 장점이 있다. 그러나 한 권의 잡지에 많은 광고가 게재되기 때문에 독자들의 주의를 끌기가 쉽지 않고, 광고의 도달 범위가 낮아 독자 1인당 광고비가 높다는 단점도 있다. 모든 이야기를 통합시키는 잡지는 잡지사의 웹사이트에서 각종 이벤트와 잡지 광고를 연계해 통합적 마케팅 커뮤니케이션(IMC) 캠페인을 전개할 수도 있다. 잡지 광고를 통해 입소문 효과도 기대할 수 있지만 광고와 PR 메시지가 게재된 옆 지면의 간섭을 받기도 한다. 따라서 문화예술 마케팅 기획자는 잡지 광고를 해서 독자의 주의를 끌어들이려면 인상적인 시각 이미지와 흥미로운 문장을 써서 문화예술작품에 대한 소비자의 관심을 유도해야 한다.

다섯째, 문화예술기관이나 단체가 기존에는 전통 미디어를 이용해 일방향 소통을 해 왔다면, 지금은 인터넷을 활용해 문화예술 소비자와 양방향 소통을 할 수 있다. 인터넷은 미디어 형식에 구애받지 않고 다양한 형태로 광고와 PR 활동을 전개할 수 있다. 문화예술기관이나 단체에서는 인터넷을 활용해 소비자의 반응을 손쉽게 파악할 수 있고, 문화예술 소비자와 실시간으로 의견을 교환하고 그들의 제안을 받아들여 상호작용을 할 수도 있다. 나아가 소비자의 반응을 실시간으로 측정해 특정한 소비자를 대상으로 PR 활동을 전개할 수 있다. 인터넷 광고는 검색 엔진을 비롯한 특정 사이트에서 문화예술기관이나 단체의 사이트로 연결시키는 방식으로 진행된다. 목표하는 특정 집단의 문화예술 소비자에게 광고를 노출할 수 있고, 광고주가 문화예술 소비자와 직접 상호작용을 할 수 있으며, 소비자에게 광고를 노출하는 동시에 티켓 구매를 유도할 수 있다는 점이 인터넷 광고의 핵심 장점이다.

그렇지만 인터넷 광고는 특정 지역의 소비자에게만 메시지를 전달하는 데에는 한계가 있고, 티켓을 구매할 생각이 없는 소비자들은 광고 메시지에 대해 부정적으로 반응할 수도 있다. 나아가 컴퓨터의 성능에 따라 인터넷의 속도가 차이가 있기 때문에 속도에 따라 만족도가 좌우되며, 인터넷에서 인증 절차를 거칠 때 개인 정보가 노출되어 소비자들이 불안감을 느낄 수도 있다는 점은 인터넷 광고의 단점이다. 인터넷 광고의 유형에는 배너 광고, 스폰서십 광고, 팝업 광고, 이메일 광고, 이동 아이콘 광고, 동영상 광고, 리치 미디어 광고, 웹사이트 광고, 키워드 검색 광고, 블로그 광고 등이 있다. 문화예술기관이나 단체에서 인터넷을 활용한 PR 활동을 전개하면 소비자의 능동적인 참여를 유도하는 동시에 소비자의 반응을 바로바로 실시간으로 측정할 수 있다. 문화예술 소비자들은 인터넷에서 댓글, 게시판, 방명록을 작성하며 문화예술에 대한 자신의 생각을 자유롭게 개진할 수 있다. 이런 특성 때문에 앞으로 인터넷을 활용한 광고나 PR 활동에 치중하는 문화예술기관이나 단체가 갈수록 늘어 갈 수밖에 없다.

(2) 소유 미디어

소유 미디어(Owned Media)는 운영 주체인 문화예술기관이나 단체에서 운영하고 있는 미디어다. 미디어 운영자가 문화예술기관이나 단체에 유리한 방향으로 콘텐츠 내용을 결정할 권한을 가지고 있는 자체적으로 소유한 미디어나 채널인 셈이다. 기업이나 단체의 홈페이지, 자체 웹사이트, 공식 블로그, 소셜미디어(SNS)처럼 직접 운영하는 공식 채널은 모두 소유 미디어에 해

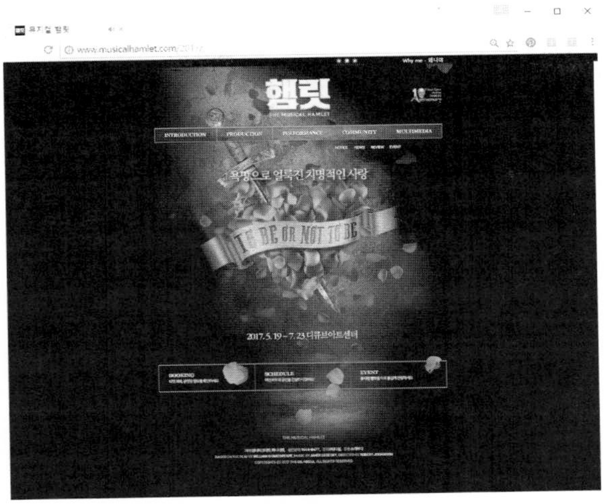

[그림 17-3] **소유 미디어를 활용한 뮤지컬 〈햄릿〉의 소개**

당된다. 문화예술기관이나 단체에서는 직접 관리하는 자체 웹사이트, 블로그, 홈페이지, 인트라넷을 활용해 많은 비용을 들이지 않고도 문화예술 마케팅 커뮤니케이션 활동을 전개할 수 있다.

마케팅 커뮤니케이션 예산이 많지 않은 문화예술기관이나 단체에서는 자체적으로 관리하는 기관의 웹사이트, 블로그, 홈페이지, 인트라넷 같은 소유 미디어를 활용해 PR 활동의 성과를 높일 수 있다. 마케팅 기획자는 네이버나 카카오 같은 포털 사이트를 비롯한 여러 인터넷 검색 엔진에 문화예술기관이나 단체에 관련된 정보를 널리 알림으로써 문화예술기관이나 단체에서 기획한 작품에 대한 인지도를 높여 나가야 한다.

문화예술기관이나 단체의 웹사이트, 블로그, 홈페이지, 인트라넷을 살펴보면 PR 활동을 순조롭게 전개하는 곳도 있지만 그렇지 않은 곳도 많다. 고객들이 소유 미디어에 적극 참여하도록 하려면 문화예술을 향유하는 계층은 물론 그렇지 않은 시민들까지 친근하고 재미있게 접속할 수 있도록 홈페이지 디자인을 잘 해야 한다. 필요할 경우에는 소비자의 기대와 눈높이에 알맞게 주기적으로 인터페이스를 개선해 홈페이지가 달라졌다는 인식을 심어 주는 것도 좋다.

동시에 문화예술기관이나 문화예술작품에 대해 알기 쉽게 설명하고 관객이나 관람객들이 스스로 참여하는 메뉴를 신설하는 방안도 검토해야 한다. 홈페이지 방문자들은 홈페이지의 사소한 변화에도 민감하게 반응하기 때문이다. 문화예술 소비자의 온라인 참여 활동이 일회성에 그치지 않도록 하기 위해 관심사가 비슷한 소비자들끼리 동호회를 구성하도록 지원함으로써 문화예술기관이나 단체와 긴밀한 유대 관계를 가질 수 있는 참신한 아이디어도 필요하다.

(3) 임대 미디어

임대 미디어(Earned Media)는 문화예술기관이나 단체에서 별도의 사이버 공간을 소유하지 않고 거의 무료로 빌려 쓰는 미디어를 의미한다. 트위터, 페이스북, 카카오톡, 인스타그램 같은 소셜미디어가 대표적이다. 문화예술기관이나 단체에서는 임대 미디어에 게시되는 콘텐츠의 인기 순위를 결정하는 데 영향을 미치지는 못하지만, 문화예술기관이나 단체의 작품에 관련된 콘텐츠를 자유롭게 게재하고 확산시킬 수는 있다. 문화예술기관이나 단체에서는 임대 미디어에 막연하게 콘텐츠를 올리기보다 소비자들이 문화예술을 향유하는 동기나 유형을 검토한 다음 광고와 PR 활동을 전개해야 한다.

문화예술기관이나 단체에서는 임대 미디어를 골고루 활용해서 광고와 PR 활동의 성과를 높일 수 있다. 유비쿼터스 시대에는 다양한 형태의 멀티미디어 보도자료를 컴퓨터와 무선 네트워크로 전송할 수도 있다(최일도, 허웅, 2012). 문화예술기관이나 단체에서는 20~40대 소비자 계층에게 음악, 문자, 그래픽, 동영상으로 구성한 PR 메시지를 스마트폰으로 보내는 활동을 일상적으로 실행해야 한다. 문화예술기관이나 단체의 행사나 문화예술 프로그램을 문자와 그래픽이 결합된 다양한 형태로 스마트폰에 제공하는 노력도 일상화해야 한다.

임대 미디어를 활용한 정부 정책의 PR 활동에서는 주로 블로그와 페이스북에 치우치고 있고, 설문조사 같은 쌍방향적 소통이 많지 않다는 사실이 문제점으로 보고되기도 했다(김현정, 김운한, 2017). 문화예술기관이나 단체에서 임대 미디어를 활용해 PR 활동을 전개하면 기존에 해 오던 문자 서비스에 비해 더욱 다양한 콘텐츠를 제공할 수 있다. 그렇게 하면 바쁜 현대인들이 자신의 스마트폰으로 문화예술에 대한 다양한 정보를 전국 어디에서나 실시간으로 받아 볼 수 있다. 디지털 환경에서는 이처럼 미디어 간 네트워크가 연결되어 문화예술 소비자와 문화예술 PR 기획자 간의 상호작용이 보다 긴밀하게 이루어질 수 있다.

3) 재무적 관점에서의 미디어

문화예술 분야에서도 통합적 마케팅 커뮤니케이션(IMC)에 대한 기대감이 높아지고 있다. 미디어는 광고 메시지를 전달하는 데서 나아가 PR, 판매 촉진, 이벤트를 지원하기 위한 도구로 널리 활용되고 있다. 이런 상황을 반영해 광고업계에서는 재무적 관점에서 커미션 기준에 따라 대행 수수료를 받는 미디어를 ATL(Above The Line) 미디어로, 그 밖의 미디어들은 BTL(Below The Line) 미디어로 구분했다(김상준, 정차숙, 2018).

대중 매체를 활용한 비대인적 커뮤니케이션 활동의 수단인 ATL 미디어는 기존의 4대 매체(TV, 라디오, 신문, 잡지)와 케이블TV, 위성TV, 인터넷 같은 대중 미디어를 망라한다. 반면에 BTL 미디어는 ATL 미디어의 상대적 개념으로 대중 매체가 아닌 마케팅 커뮤니케이션 수단을 지칭하는 의미로 사용되어 ATL 미디어를 제외한 모든 미디어를 지칭한다. BTL 미디어는 판매 촉진(SP) 도구, 구매시점광고(POP: Point of Purchase), 전시, 이벤트, 스폰서십, PR이나 홍보, 직접 마케팅(DM), 텔레마케팅(TM), 제품배치(PPL), 고객관계관리(CRM: Customer Relationship Management) 같은 직접적인 마케팅 활동은 물론 모바일, IPTV, 소셜미디어까지도 포괄한다(이경렬, 2016).

재무적 관점에서 ATL 미디어와 BTL 미디어는 각각 독자적인 기능을 발휘하지만, 문화예술기관이나 단체에서는 필요에 따라 두 가지를 상호 보완적으로 활용해야 한다. 중요한 것은 ATL 미디어와 BTL 미디어를 어떻게 활용해 문화예술기관이나 단체에서 필요로 하는 마케팅 커뮤니케이션의 시너지 효과를 창출할 것인지를 결정하는 문제다. 그 효과는 문화예술기관이나 단체에서 수립한 통합적 마케팅 커뮤니케이션 전략의 정교함과 체계성에 따라 달라진다. 문화예술기관이나 단체의 마케팅 활동에서도 비교적 많은 예산이 필요한 ATL 미디어보다 예산이 적게 들어가는 BTL 미디어를 활용함으로써 비용 대비 효과를 높이는 문제가 갈수록 중요해지고 있다. ATL 미디어에 대해서는 '소유 미디어' 부분에서 자세히 언급했으니 여기에서는 BTL 미디어에 대해서만 설명하기로 한다.

첫째, 옥외(OOH: Out Of Home) 매체다. 옥외 매체는 역사가 오래되었지만 최근에는 정보통신기술(ICT)을 접목해 신유형 광고를 시도할 수 있는 첨단 미디어다. 최근의 옥외 광고는 디지털 기술을 적용해 소비자의 브랜드 경험을 창출하고 IMC 활동에 두루 활용되고 있다. 옥외 광고에는 전통적인 빌보드, 디지털 사이니지(digital signage), 도로나 거리의 시설물(버스정류장, 신문가판대, 키오스크 등), 교통광고(버스, 지하철, 택시 등), 대안 미디어를 이용한 특수 광고(스포츠 경기장, 주유소, 자전거 거치대, 휴게소 등) 같은 유형이 있다.

둘째, 판매 촉진(sales promotion)과 이벤트(event)다. 판매 촉진과 이벤트는 단기적인 행사를 통해 고객을 모으거나, 로고나 배너를 노출시켜 매장 방문이나 구입을 유도하는 마케팅 커뮤니케이션 활동의 한 형태다. 판매 촉진과 이벤트는 판매를 활성화하려는 목적에서 실행하기 때문에 구매 접점에서의 단기 목표를 설정하고, 목표하는 결과가 조기에 달성될 수 있도록 기획해야 한다.

셋째, 스폰서십(sponsorship)이다. 스폰서십은 스포츠, 예술, 오락, 공익 연계 활동, 이벤트를 공식적으로 후원함으로써 광고 효과를 기대하는 방식이다. 여러 영역에서 스폰서십이 두루 활용되고 있지만, 주로 스포츠 마케팅의 일환으로 가장 자주 활용되고 있다. 스폰서십에서는 즉흥적인 구매 유발을 중시하기보다 장기적인 관점에서 브랜드 자산을 구축하는 데 기여할 수 있는 방안을 더 중요하게 고려한다.

넷째, 제품배치(PPL: Product Placement)다. 제품배치는 영화나 드라마의 내용에 어떤 제품이나 브랜드를 소품으로 등장시키는 판촉 기법이다. 영화나 드라마의 한 장면에 제품이나 브랜드 이름을 노출하는 동시에 브랜드 이름이나 이미지를 간접적으로 등장시켜 알릴 수도 있다. 문화예술 소비자들이 영상 프로그램을 시청하는 도중에 PPL 브랜드가 등장하기 때문에 별다른 거부감 없이 소비자의 잠재의식 속에 브랜드 이미지를 노출할 수 있다.

다섯째, 직접우편(DM: Direct Mail)이다. DM은 목표하는 소비자에게 광고 메시지를 전달하는 수단으로 우편발송 시스템을 이용하는 직접 광고를 말한다. 다른 미디어의 광고 메시지가 대체로 불특정 다수를 대상으로 노출하는 것이라면, DM은 구체적인 수신 대상을 먼저 선정하고 우편물을 받는 사람의 주소를 확보한 다음 광고 메시지를 전달한다는 점에서 본질적으로 차이가 있다.

4) 유기체적 관점에서의 미디어

인터넷을 이용하는 인구가 늘어났다고 해서 미디어가 갑자기 네트워크 유형으로 바뀌지는 않는다. 모든 미디어는 본질적으로 네트워크의 속성을 지니게 마련이다. 모든 커뮤니케이션 수단이 미디어에 해당된다는 관점에서 보면 미디어는 태생적으로 네트워크의 속성을 지니기 때문이다. 스마트 미디어 시대에 접어들며 네트워크의 속성이 사회적 요인과 기술적 요인과 결합되면서 미디어의 네트워크화가 급속히 진행되었다. 이는 시간이 흐를수록 스마트 미디어 시대에 두드러진 현상으로 부각되었다.

유기체 미디어(organic media)란 마치 생명체처럼 유기적으로 움직이는 네트워크의 활동에 따라 진화하는 미디어의 특성에 주목하는 관점이다(윤지영, 2016). 이제 이용자의 참여에 따라 작동하는 소통 도구로서의 미디어 네트워크가 보편적인 현상으로 떠올랐다. 기존의 미디어가 메시지의 전달 방식에 초점을 맞췄다면, 지금은 인터넷 공간 자체가 거대한 소셜 네트워크로 연결되고 있다. 페이스북과 트위터 같은 소셜미디어를 비롯해 검색과 상거래는 물론 여러 분야에서 미디어 네트워크는 보편적인 현상이 되었다. 마치 살아있는 생물 같은 유기체 미디어는 강제로 통제하기도 어렵고 경우에 따라서 그 영향력이 순식간에 확장되기 때문에 나아갈 방향을 함부로 예측하기 어렵다(김상준, 정차숙, 2018).

3. 디지털 미디어를 활용한 광고와 PR

온라인과 모바일로 대표되는 디지털 미디어는 개인의 사생활은 물론 사회 전반에 걸쳐 혁명적인 변화를 가져왔다. 문화예술 소비자들도 초고속 통신망을 통해 전송되는 무한대의 정보를 언제 어디에서나 스마트폰으로 손쉽게 주고받으며 디지털 세상을 누비고 있다. 디지털 혁명은 과학 기술의 변화를 넘어서 한국 사회 전반을 송두리째 바꿔 놓았다. 디지털 기술은 방송, 컴퓨터, 통신 간의 상호 호환성을 구현함으로써 소비자의 정보 유통 양식을 변화시켰다.

문화예술 소비자들도 페이스북이나 인스타그램 같은 1인 미디어를 활용해 얼마든지 상호작용을 할 수 있다. 디지털 미디어에 접속하면 언제 어디에서나 자신이 원하는 정보를 얻을 수 있으니, 정보 생산자와 소비자 사이의 정보 격차도 줄어들었고 정보의 비대칭성도 많이 해소되었다. 소비자는 더 이상 마케팅 커뮤니케이션의 수동적인 대상으로 존재하지 않으며, 누구든 디지털 미디어를 활용해 소비 활동을 하는 소비의 주체로 부상했다. 문화예술의 소

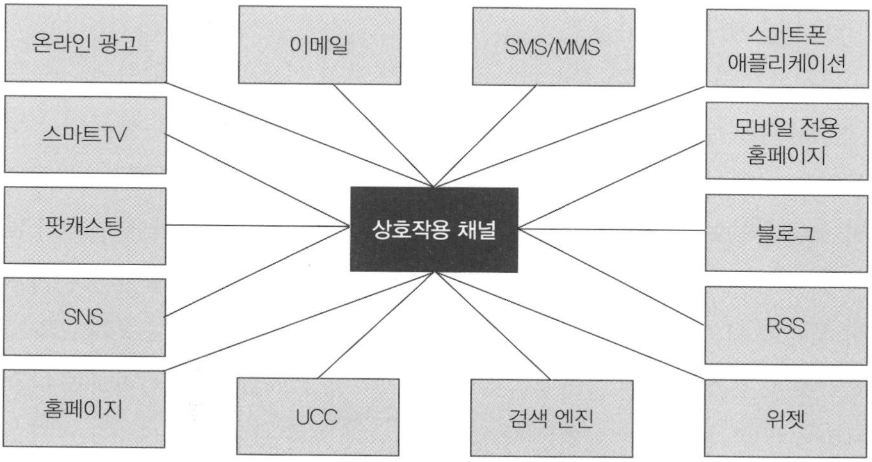

[그림 17-4] 디지털 미디어의 다양한 세계

비에서 있어서도 디지털 미디어를 활용해 소비자가 원하는 대로 하는 적극적인 소비 성향이 증가했다. 디지털 미디어의 다양한 세계는 [그림 17-4]와 같다(김경준, 이성욱, 이정우, 2010).

1) 디지털 미디어를 활용한 광고

스마트폰에서 촉발된 디지털 혁명은 문화예술 마케팅 커뮤니케이션의 미래도 바꿀 것이다. 디지털 혁명은 은행업, 신용카드 산업, 미디어 산업, 유통업, 헬스케어 서비스 등 여러 산업 부문에 혁명적인 변화를 가져오고 있다. 미디어의 확장은 곧 인식의 확장이기 때문에, 디지털 혁명은 소통 방식과 관계 맺기의 방식도 바꾸며 모바일 비즈니스의 새로운 영역을 창출하게 된다. 문화예술기관이나 단체에서도 디지털 미디어를 활용해 다음과 같은 광고와 PR 활동을 전개할 수 있다(김상준, 정차숙, 2018). 주어진 예산의 범위에서 디지털 미디어를 효율적으로 활용해 광고와 PR 활동을 전개하면 상당한 효과를 기대할 수 있다.

(1) 디스플레이 광고

디스플레이 광고(DA: Display Ad)는 소비자의 의도와 관계없이 웹사이트 상에 표출되는 모든 유형의 노출형 광고를 말한다. 디스플레이 광고에는 웹사이트 내에서 이미지 형태로 보이는 띠 모양의 배너(banner) 광고, 콘텐츠 위에 돌출형으로 떠 있는 플로팅(floating) 광고, 웹페이지 상단에 이미지 없이 문자로 표현하는 텍스트(text) 광고, 비디오나 오디오를 결합한 멀티미디어 형태의 리치미디어(rich media) 광고, 소비자가 직접 참여해 소통하도록 상호작용 요소를 가미한 인터랙티브(interactive) 광고, 검색어를 입력하면 다른 사이트가 위나 아래로 열리는 팝업(pop-up) 광고와 팝언더(pop-under) 광고가 있다.

(2) 검색 광고

검색 광고(SA: Search Ad)는 인터넷 검색 사이트에 검색어를 입력하면 결과 화면에 관련 업체의 광고가 노출되는 방식으로 '키워드(keyword)' 광고라고도 한다. 기존의 배너 광고는 클릭률이 낮았지만, 검색 광고는 특정 검색어의 결과에 관심 있는 네티즌에게만 노출되므로 클릭률이 높다. 검색 광고는 타깃팅이 쉽고, 전통 미디어 광고에 비해 광고비가 저렴하며, 비용 대비 광고 효과가 높다.

(3) 이메일 광고

이메일(e-mail) 광고는 소비자의 메일함에 직접 전달되는 광고다. 전통적인 형태의 이메일 광고는 발송이 빠르고, 소비자와 상호작용할 수 있고, 비교적 광고비가 저렴하다는 장점이 있다. 그러나 이메일 광고를 잘못 보내면 스팸 메일로 처리되는 경우도 많기 때문에 도달률을 높이는 아이디어가 필요하다. 이메일 광고는 허락받은 소비자와의 소통 활동을 통해 고객을 유지하거나 또는 유지한 고객을 수익으로 전환하는 데 있어서 효과적이다.

(4) 모바일 광고

모바일 광고(mobile ad)는 무선 인터넷을 기반으로 제공되는 음악, 그래픽, 음성, 문자 등을 통해 광고 메시지를 전달해 소비자의 반응을 유발하는 광고다. 모바일 광고는 SMS와 무선 인터넷을 기반으로 메시지를 전송하므로 타깃 마케팅이 가능하며, 도달률과 주목률도 비교적 높은 편이다. 개인 맞춤형, 위치 기반, 상호작용성이라는 모바일 광고의 특성 때문에 고객 관리를 효율적으로 할 수 있다.

(5) 콘텐츠 광고

콘텐츠 광고(contents ad)는 사회적 쟁점이 될 만한 콘텐츠를 통해 소비자의 관심을 유도하는 광고 형식이다. 흥미로운 이야깃거리, 신기술, 공익성 주제, 유머, 바이럴, 판매 촉진 같은 소재들이 소비자의 주목을 끌기 위한 콘텐츠 광고의 소재로 두루 활용된다. 세부적인 콘텐츠 광고에는 동영상 광고, 브랜디드 콘텐츠 광고, 게임 광고, 애드버토리얼 광고가 있다.

(6) 네이티브 광고

인터넷 언론이 발전함에 따라 플랫폼에 최적화된 다양한 광고 방식이 등장했는데, 네이티브 광고(native advertising)도 그 하나다. 온라인 신문 독자들의 광고 회피 성향을 보완하고 유료 광고의 효과를 극대화하는 방안으로 네이티브 광고가 등장한 것이다(Wojdynski & Evans, 2016). 기존의 기사형 광고(advertorial)와 협찬 기사에 그 뿌리를 두고 있는 네이티브 광고는 콘텐츠와 광고가 결합된 새로운 광고 형식의 하나로 세계적인 주목을 받으며 급성장했다.

네이티브 광고에 대한 여러 정의가 있지만 미국 인터랙티브광고협회(IAB: Interactive Advertising Bureau)의 정의가 가장 널리 인용된다. 즉, 네이티브 광고란 커뮤니케이션 메시지가 페이지 내용과 적절한 조화를 이루고, 메시지

디자인과도 잘 어울리며, 플랫폼의 성격과도 조화를 이룬다고 이용자들이 느끼는 유료의 광고 형태다(IAB, 2015). 네이티브 광고는 어떤 브랜드를 알리는 기사가 아니다. 플랫폼과 콘텐츠의 특성에 알맞게 광고 메시지를 구성해서 비용을 지불하는 능동적인 광고 유형이다.

(7) 타깃팅 광고와 리타깃팅 광고

타깃팅 광고(targeting ad)와 리타깃팅 광고(retargeting ad)는 웹사이트에 접속한 소비자의 이전 경험을 바탕으로 광고를 노출하는 방식이다. 타깃팅 광고와 리타깃팅 광고의 핵심 타깃은 어떤 문화예술작품에 관심이 있거나 이전에 공연이나 전시에 참여한 적이 있는 경험자들이다. 리타깃팅 광고는 이용자의 검색 기록과 인터넷 경로를 바탕으로 맞춤형 광고를 제공한다. 따라서 문화예술기관이나 단체에서도 소비자들이 향유한 문화예술 경험과 이력을 바탕으로 타깃팅 광고와 리타깃팅 광고를 시도하면 효과를 기대할 수 있다.

2) 디지털 미디어를 활용한 PR

문화예술 마케팅에서 디지털 미디어를 활용한 PR이란 디지털 미디어 플랫폼에서 PR 활동을 전개하는 것을 말한다. PR 콘텐츠를 생산해 디지털 미디어에서 형태가 다른 PR 메시지와 결합시키면 효과가 더 커진다. 디지털 미디어를 이용하는 소비자 개개인은 수평적인 소통 주체다. 문화예술기관이나 단체는 대화의 주체로서 소통에 참여한다. 문화예술기관이나 단체도 자체의 소유 미디어를 활용해 문화예술작품에 대해 다양한 이해관계자나 문화예술 소비자에게 알리면서 사회적 관계를 맺어야 한다.

공감할 수 없는 문화예술작품을 혁신적인 기술력에 편승해서 문화예술 소비자에게 알린다면 진정한 PR 효과를 기대하기 어렵다. 디지털 미디어를 활용한 PR 메시지는 문화예술 소비자와 어떻게 공감하고 소통하느냐에 따라 성공과 실패 여부가 달라지기 때문이다. 문화예술기관이나 단체에서는 막연하게 디지털 미디어를 활용하기보다 디지털 미디어의 특성을 고려해 PR 활동을 전개해야 한다. 뒤에서 설명할 디지털 미디어 PR의 8C 전략을 적용함으로써 더 높은 성과를 기대할 수 있다.

디지털 미디어 자체만으로는 메시지의 생산과 소비가 이루어지지 않는다. 참여하는 사람들이 미디어 플랫폼에서 서로 정보를 공유하며 확산할 때 메시지의 소비도 극대화된다. 문화예술기관이나 단체에서는 주어진 예산의 범위 안에서 디지털 미디어를 활용해 다음과 같은 PR 활동을 전개할 수 있다. 디지털 미디어에는 블로그, 소셜미디어, 콘텐츠 커뮤니티, 팟캐스팅, 위키, 위젯, 마이크로 블로그가 있으며, 이를 활용한 PR 활동 방안을 구체적으로 설명하면 다음과 같다.

(1) 블로그 활용 PR

블로그(blog)란 특정 분야에 대한 글이나 사진 자료를 올려 관심을 가진 사람들과 공유하는 미디어다. 구성이 복잡하지 않고 특정 집단에게만 공개하는 폐쇄성이 없다는 점에서 홈페이지나 커뮤니티와는 다르다. 관심 분야가 같은 블로거가 서로 등록해서 네트워크 기능을 강화할 수 있다. 타인들의 참여와 네트워킹을 통해 1인 미디어인 블로그가 디지털 미디어 플랫폼으로 발전하기도 한다.

(2) 소셜미디어 활용 PR

소셜미디어(social media)란 사람들의 의견이나 경험을 텍스트, 이미지, 오디오, 비디오를 통해 공유하는 온라인 수단이나 플랫폼을 의미한다. 유기체처럼 성장하는 소셜미디어는 참여(participation), 개방(openness), 대화(conversation), 공동체(community), 연결(connectedness)이라는 다섯 가지의 이용자 혜택을 바탕으로 그 영향력을 확대해 왔다. 소셜미디어를 활용한 PR

은 페이스북, 트위터, 유튜브 같은 소셜미디어 페이지를 활용해 노출되는 PR 활동이다.

소셜미디어는 시공간의 제약 없이 언제 어디서든 편리하게 이용할 수 있다. 소셜미디어를 활용한 광고와 PR 활동은 문화예술 소비자의 생활양식에 알맞게 전개해야 한다. 현대의 소비자는 소셜미디어를 통해 정보를 생산하고 유통하고 소비하며, 새로운 생활양식을 추구하는 경향이 많다. 다음에 제시하는 것과 같이 소셜미디어의 공통적인 특성 다섯 가지에 따라(김홍규, 오세정, 2010) 문화예술기관이나 단체 또는 문화예술작품에 대한 광고와 PR 활동을 전개할 수 있다.

첫째, 상호작용성(interactivity)이다. 문화예술 소비자들은 스마트폰으로 전해지는 광고와 PR 메시지를 자유롭게 받아볼 수 있다. 그리고 티켓 할인을 비롯한 다양한 프로모션 활동에 참여할 수도 있고 소셜미디어에서 직접 티켓을 구매할 수도 있다.

둘째, 개인 맞춤형(customization)이다. 문화예술을 향유하는 소비자가 이전에 어떤 공연이나 전시를 보았는지 그 취향을 세세하게 분석한 다음, 이메일이나 스마트폰 및 태블릿PC를 통해 개인의 취향에 적합한 맞춤형 PR 콘텐츠를 제공할 수 있다.

셋째, 이동성(mobilization)이다. 문화예술을 향유하는 관객이나 관람객의 취향이나 위치에 알맞게 PR 콘텐츠를 전달할 수 있다. 그렇게 되면 언제(anytime), 어디에서(anywhere), 누구에게나(anyone) 문화예술작품에 대한 PR 메시지를 전달하게 된다.

넷째, 융합성(convergence)이다. 하나의 플랫폼에 다양한 PR 콘텐츠를 올려 문화예술 메시지와 융합을 시도할 수도 있다. 관객이나 관람객이 선호하는 문화예술작품에 대한 메시지를 디지털 기술을 적용해 융합 미디어 플랫폼에 노출하면 효과적이다.

다섯째, 관계성(relationship)이다. 소셜미디어를 이용하는 고객들의 사회적 관계망을 활용해 문화예술작품에 대한 호의적 관계를 유지할 수 있다. 다른 한편으로는 문화예술기관이나 단체 또는 문화예술작품에 대한 광고와 PR 활동을 전개해 관계를 유지한다.

예를 들어, 대림미술관은 소셜미디어를 활용해 적극적인 PR 활동을 전개했다. 대림미술관은 미술관 최초로 사진 촬영을 허가해 20대의 인증 욕구를 자극했다. 20대들은 자신들의 소셜 플랫폼에 대림미술관에 관련된 사진을 올리기 시작했고, 그 결과 입소문을 통해 대림미술관은 20대에게 가장 인기 있는 미술관으로 떠올랐다. 미술관 자체의 소유 미디어에도 20대의 감성을 자극하는 메시지를 게시해 그들의 공유와 반응을 이끌어 냈다. [그림 17-5]에서 대림미술관의 전경, 사진 촬영 장면, 20대의 게시글을 확인할 수 있다.

[그림 17-5] 대림미술관의 전경, 사진 촬영 장면, 20대의 게시글

대림미술관은 감성적인 메시지로 20대와 지속적으로 소통하면서 고유한 브랜드 이미지를 구축하는 데 성공했다.

디지털 시대의 주요 플랫폼의 하나인 소셜미디어는 이용자가 많을수록 광고 매체로서의 매력도가 상승한다. 소셜미디어는 블로그와 비교했을 때 상대적으로 개인 정보 위주로 운영되며, 그 과정에서 형성되는 인적 관계망도 운영자의 지인에 한정되는 경우가 많다. 소셜미디어는 또한 불특정 다수에게 노출되는 블로그 방식에 비해 초청된 사람들끼리 소통한다는 점에서 더욱 긴밀한 성격을 가진다. 따라서 소셜미디어 PR 활동에서는 이용자의 개인 네트워크를 통해 쉽게 널리 퍼지는 확장성을 활용해야 한다.

(3) 콘텐츠 커뮤니티 활용 PR

콘텐츠 커뮤니티(contents community)에서는 이미지, 영상, 소리 같은 콘텐츠 위주로 PR 메시지가 전달된다. 제작 콘텐츠나 수집한 북마크 페이지를 이용자가 자유롭게 업로드한 다음 사람들과 서로 공유하면 효과적이다. 유튜브, 판도라, 플리커, 딜리셔스에서 수많은 콘텐츠 커뮤니티를 활용할 수 있다.

(4) 팟캐스팅 활용 PR

콘텐츠 커뮤니티에서는 이용자가 자발적으로 활동해 원하는 콘텐츠를 찾아야 한다. 그러나 팟캐스팅(podcasting)에서는 특정 제공자의 콘텐츠를 정기적으로 구독하며 업데이트될 때마다 그 콘텐츠를 자동으로 공유한다. 1인 실시간 방송과 커뮤니티를 동시에 운용할 수도 있다. 아프리카TV나 아이튠즈(아이팟캐스트) 같은 미디어를 활용해 PR 활동을 전개할 수 있다.

(5) 위키 활용 PR

온라인 백과사전인 위키피디아의 특징은 편집과 관리에 이용자들이 참여한다는 점이다. 위키(Wiki) 체계에서는 누구나 인터넷에서 글을 고칠 수 있고, 네티즌이 직접 용어를 정의하고 자유롭게 수정하고 편집할 수도 있다. 불특정 다수가 힘을 모아 백과사전 같은 지적 결과물을 완성하는 데 그치지 않고, 상호작용 과정을 거쳐 내용을 점검하고 유기적으로 연결하기 때문에 문화예술 PR 활동에도 유용하다.

(6) 위젯 활용 PR

위젯(widget)은 이용자의 개인용 컴퓨터나 모바일 단말기에 다운로드해서 편리하게 쓸 수 있는 작은 창(window) 형태의 응용 서비스다. 위젯은 이용자의 프로파일 페이지에서 구동하며 인터넷 기반으로 활용할 수 있다. 게임, 퀴즈, 뉴스 단신 자막들이 포함되는 위젯은 문화예술 PR 메시지를 효과적으로 전달하며, 위젯을 활용해 어떤 문화예술작품의 스토리를 소개하고 PR 활동을 전개한다면 효과적일 것이다.

(7) 마이크로 블로그 활용 PR

마이크로 블로그(micro blog)란 블로거가 올린 한두 문장 정도의 단편적인 PR 메시지를 해당 블로그에 관심이 있는 사람들에게 실시간으로 전달하는 소통 방식이다. 블로그 이용자끼리 서로 메시지를 주고받기 때문에 채팅과 유사한 체험을 할 수 있는 '블로그+메신저'의 형태다. 텍스트가 짧기 때문에 문화예술 PR 메시지를 실시간으로 업데이트할 수 있다.

문화예술기관이나 단체에서는 이상에서 소개한 디지털 미디어를 활용해 PR 활동을 다양하게 전개할 수 있다. 디지털 미디어 이용자 개개인이 수평적인 소통 주체다. 따라서 디지털 미디어 채널을 운영하는 문화예술기관이나 단체에서도 소통에 참여하는 대화의 주체가 되어야 한다. 문화예술기관이나 단체는 하나의 소통 주체로서 기관의 미디어를 활용해 문화예술 소비자와 문화예술작품을 매개로 해서 사회적 관계를 촘촘하게 맺어야 한다.

문화예술기관이나 단체는 이해관계자들과 디지털 미디어에서 사회적 관계를 맺고 기관의 입장과 논리를 상황에 알맞게 전개해야 한다. 그러기 위해서는 디지털 미디어의 인간화 전략(humanization strategy)을 적절하게 구사해야 한다. 디지털 미디어의 인간화 전략은 조직이 처한 쟁점 상황(평시 상황과 위기 상황)과 업무 속성(공적 속성과 사적 속성)을 고려해 현실적 맥락에서 실행해야 한다(박노일, 2014). 문화예술 마케터는 문화예술기관이나 단체를 감정을 가진 하나의 인격체로 간주하고 인간적이고 감성적인 목소리를 담아 디지털 미디어를 활용한 PR 활동을 전개할 필요가 있다.

3) 소셜미디어 이용 동기와 8C 전략

소셜미디어를 이용하는 동기나 활용하는 유형에 따라 문화예술기관이나 단체에서 준비하는 PR 메시지의 소구 대상이 달라져야 한다. 예컨대, 소셜미디어의 이용 동기에 따라 우리나라의 SNS 이용자 유형을 다음과 같은 일곱 가지 유형으로도 구분할 수 있다. 자아 중심형(self-holic, 10.6%), 예비 스타형(wannabe celeb, 14.2%), 정보 근로자형(net companicus, 19.6%), 대세 추종형(trend chaser, 23.8%), 마당발형(socializer, 16.8%), 정보 유희형(fun surfer, 4.6%), 실리 추구형(net cherry picker, 10.4%)이 그것이다(제일월드와이드, 2010). 따라서 문화예술기관이나 단체에서는 막연하게 PR 활동을 전개했을 때보다 소셜미디어를 이용하는 동기나 이용자 유형을 고려해 PR 활동을 전개했을 때 더 높은 성과를 기대할 수 있다.

또 다른 사례를 보자. 소셜미디어의 영향력을 측정하는 대표적인 측정 도구인 클라우트 지수(Klout score)와 유형(style)을 바탕으로 분석할 수도 있다. 클라우트 지수는 스팸과 보트(bots: 특정 작업을 반복 수행하는 프로그램)를 제외하고 실제로 콘텐츠를 따르고 공유하는 사람의 수를 나타내는 도달률(true reach), 사람들이 자신이 공유한 콘텐츠를 얼마나 따르는지를 나타내는 파급

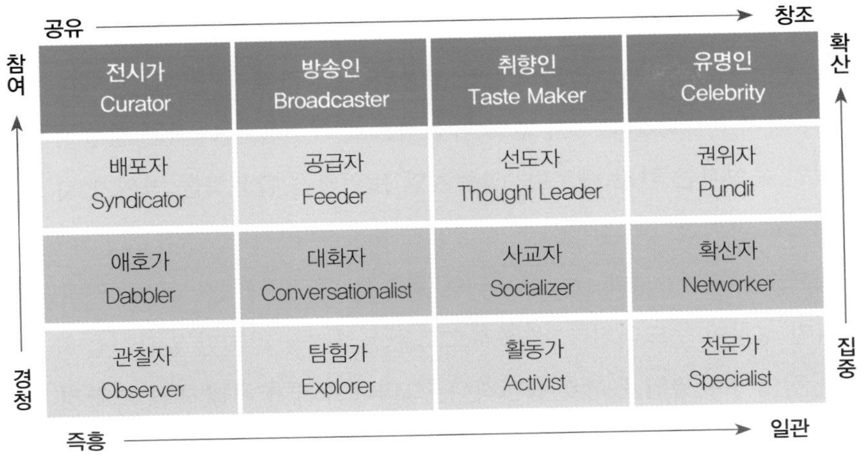

[그림 17-6] 트위터 이용자의 특성

력(amplication), 해당 집단에 영향력 있는 여론 주도층이 얼마나 있는지를 나타내는 네트워크(network)라는 세 가지 요인에 따라 결정된다. 어떤 소셜미디어의 콘텐츠를 공유하는 사람들이 많으면 많을수록 클라우트 지수는 올라간다.

클라우트 유형이란 [그림 17-6]에서 알 수 있듯이(www.klout.com), 트위터의 활용 행태를 네 가지 차원으로 나눈 다음 16종의 셀을 제시해 트위터 이용자의 특성을 비교한 것이다. 즉, 공유형 대 창조형, 확산형 대 집중형, 즉흥형 대 일관형, 참여형 대 경청형이라는 네 가지 차원에 따라 이용자의 특성을 비교한다. 네 가지 차원은 각각 서로 다른 측면을 설명하며, 각 차원 내에서 실제로 활용되는 형태는 서로 대립되는 양극단의 두 유형 사이의 어디쯤에 있다고 전제한다(서원석, 조세현, 송희준, 2012).

첫째, 유명인(celebrity)은 트위터를 활용할 때 창의적인 방법을 구사하며 소극적으로 경청하지 않고 여러 사안에 대해 적극적으로 참여한다. 어느 한 곳에만 집중해서 소통하지 않고 광범위한 영역에 관심이 많고 즉흥적으로 반응하지 않는다. 이들은 자신의 의견을 일관되게 주장하며 여론을 주도하는 편이다.

둘째, 전시가(curator)는 트위터를 활용할 때 창조적이지 않고 공유하는 편이다. 자기주장에 일관성이 없고 즉흥적으로 의견을 나타내는 경향이 있어 유명인 유형과는 약간 다르다. 그렇지만 트위터를 활용하는 범위가 넓고 적극적으로 참여한다는 점에서는 유명인과 유사하다.

셋째, 전문가(specialist)는 트위터를 활용할 때 공유하는 성향은 약하고 창의적인 성향이 두드러진다. 즉흥적으로 반응하지는 않지만 일관성을 유지한다는 점에서 유명인 유형과 유사하다. 그러나 주제가 폭넓지 않고 특정 분야에 집중한다는 점과 참여하기보다 경청한다는 점에서는 차이가 있다.

넷째, 관찰자(observer)는 트위터를 활용할 때 주도적으로 참여하지는 않지만 대체로 경청하는 편이다. 관심 범위가 넓지 않고 특정 분야에 집중하는 성향이 있으며 창의적이지는 않고 공유하는 경향이 있다. 일관성이 부족하고 즉흥적이라는 점에서 유명인 유형과는 모든 면에서 대조적이다.

이 밖에도 공급자, 대화자, 선도자, 사교자 같은 나머지 12개 유형에 속하는 사람들은 네 가지 차원에서 중간적인 특성을 지니고 있는 것으로 분류할 수 있다. 트위터를 활용할 때 각 유형별로 나름대로의 독특한 특성이 있지만, 문화예술기관이나 단체의 PR 활동에서는 유명인을 활용하는 것이 가장 효과적이다.

한편, 소셜미디어 PR의 8C 전략은 문화예술 소비자의 이용 동기를 유발할 수 있는 현실적인 방안을 제시한다. 세계 각국의 마케팅 기획자를 대상으로 소셜미디어를 활용하는 경향에 대해 조사한 결과, 마케팅 기획자들은 투자비에 비해 이익(ROI)을 얼마나 얻었는지를 알아보는 효과 측정에 대해 가장 관심이 많았다. 마케팅 기획자들은 소셜미디어 전술이나 고객의 참여를 유도하는 소셜미디어 PR에도 관심이 많았다. 이런 결과를 바탕으로 바커(Barker)와 동료들은 소셜미디어 마케팅에 필요한 8C 전략을 소개했다(이수범, 2016; Barker, Barker, Bormann, & Neher, 2013). 이와 같은 8C 전략은 소셜미디어를 활용한 문화예술 PR 활동을 전개하는 데 도움이 된다. 그 내용을 보다 자세히 설명하면 다음과 같다.

첫째, 범주화하라(Categorize). 목표 시장에 알맞게 소셜미디어 플랫폼을 몇 가지 범주로 나누라는 뜻이다. 목표 시장을 자세히 분석하면 표적 수용자에게 가장 풍부한 환경을 제공하는 소셜미디어 플랫폼의 순서를 매길 수 있다. 그 순서에 따라 필요한 소셜미디어를 이용해 PR 활동을 전개할 수 있다.

둘째, 이해하라(Comprehend). 플랫폼의 규칙에 알맞게 PR 활동을 전개하되 대화에 성공하면 참여자들과 관계를 맺고 활력을 불어넣으라는 것이다. 관계를 형성하거나 참여를 유도하려면 다음의 아홉 가지 규칙을 지키면 된다. 소셜미디어 채널을 목적에 알맞게 활용하고, 스팸 메일을 귀찮게 보내는 사람이 되지 말고, 소비자들이 문화예술작품에 무관심하다고 가정해야 한다. 그리고 개성적이어야 하고, 맥락에 알맞게 소비자들과 관계를 맺어야 하고, 솔직한 마음으로 소통해야 하고, 문화예술작품에 화젯거리를 제공해야 한다. 나아가 소셜미디어가 오로지 광고와 PR 수단만이 아니라는 사실을 명심해야 하고, 응답하는 소비자를 최대한 친절하게 대하려고 노력해야 한다.

셋째, 대화하라(Converse). 소셜미디어 활동을 하면서 문화예술 마케팅 기획자가 아닌 콘텐츠 제공자라는 사실을 항상 망각하지 말아야 한다. 플랫폼에서 만나는 다른 이용자의 견해를 인정하고 대화하려고 노력해야 한다. 적절한 콘텐츠를 만들어 게재하는 활동은 문화예술 소비자에게 문화예술기관이나 단체의 브랜드 가치를 알리는 중요한 방법이다. 문화예술 PR 활동에서도 솔직하게 대화하고 열린 마음으로 참여하면 더 깊은 신뢰를 쌓을 수 있다.

넷째, 협력하라(Collaborate). 플랫폼 참여자끼리 서로에게 도움을 주는 관계를 만들려면 플랫폼에서 만나는 구성원들과 협력해야 한다. 소셜미디어 이용자들은 대체로 경제적 측면이 아닌 다른 맥락에서 관계를 구축하는 이유를 찾는다. 그렇지만 문화예술기관이나 단체의 입장에서는 목표하는 문화예술 소비자와 좋은 관계를 맺기 위해 소셜미디어를 활용한 PR 활동을 전개한다는 사실을 명심할 필요가 있다.

다섯째, 기여하라(Contribute). 어떤 문화예술기관이나 단체 또는 문화예술작품은 특정한 문화예술 분야에서 대표 자격이 있다. 문화예술기관이나 단체에서는 문화예술 프로그램이나 작품의 핵심 내용을 소셜미디어에 소개하고, 소셜미디어에 소개된 문화예술 프로그램이나 작품은 소셜 커뮤니티를 형성하는 데 기여한다. 이런 과정을 거쳐 문화예술기관이나 단체 또는 문화예술작품은 문화예술 소비자로부터 신뢰를 얻게 된다.

여섯째, 연결하라(Connect). 영향력 있는 사람들과 관계를 맺음으로써 문화예술기관이나 문화예술작품에 대한 우호적인 여론을 형성할 수 있다. 소셜미디어에서 영향력 있는 사람들과 관계를 맺는 방법의 하나는 혜택을 온라인과 오프라인을 통해 모든 사람에게 제공하는 것이다. 이렇게 하면 소셜미디어 플랫폼에서 문화예술의 소비에 영향을 미치는 사람들의 주목을 끌게 되며, 그들에게 문화예술기관이나 문화예술작품을 알리는 충분한 이유를 제공하게 된다.

일곱째, 공동체를 구성하라(Community). 문화예술기관이나 단체에서는 문화예술 소비자의 공동체를 만들어 문화예술작품이나 서비스에 관련된 혁신적인 아이디어를 수집할 필요가 있다. 소셜미디어 공동체를 만들어 문화예술기관과 문화예술 소비자 사이에서 상호작용하는 소통 활동을 전개할 수도 있다. 문화예술기관이나 단체의 기획자들은 공동체에 적극적으로 참여해 문화예술작품에 대한 PR 활동을 전개해야 한다. 이런 과정에서 문화예술 소비자의 욕구나 기대와 관련된 통찰력을 얻을 수 있다.

여덟째, 전환하라(Convert). 문화예술기관이나 단체에서는 기대하는 마케팅 커뮤니케이션의 성과를 달성할 수 있도록 PR 전략을 유연하게 검토하고 실행해야 한다. 이미 해 오던 상투적인 전략을 유지하기보다 상황 변화에 맞춰 참신한 전략을 모색할 필요가 있다. 문화예술기관이나 단체에 대한 브랜드 자산의 구축, 문화예술 소비자의 만족도 향상, 구전으로 추천 유도하기,

새 작품에 대한 아이디어의 창출, 잠재적 문화예술 소비자를 확보하기, 위기 관리와 평판 관리, 소셜미디어 마케팅 PR, 통합적 광고 캠페인, 검색 엔진의 순위 높이기, 포털 사이트 방문 같은 PR 커뮤니케이션 활동을 상황 변화에 알맞게 전개해야 한다.

제18장

브랜드 저널리즘과 MCN의 힘

1. 브랜드 저널리즘

1) 브랜드 저널리즘의 개념

춘추필법(春秋筆法)은 역사를 기록하는 준엄한 자세로 기사를 써야 한다는 저널리즘의 핵심 가치를 일깨우는 말이다. 술이부작(述而不作)이란 말도 있다. 사실을 기록하되 창작하지는 않는다는 뜻이다. 공자의 『논어』「술이」편에 나오는 말로 정통적인 역사연구 정신이다. 역사를 기록하는 사관(史官)이라면 모름지기 사실만을 기록해야지 창작은 금물이라는 의미가 담겨 있다. 그런데 사실을 바탕으로 이야기를 만들어 재구성하는 '술이작(述而作)'을 시도한 글들이 언론에 자주 등장하고 있다. 기사인지 광고인지 애매한 그런 콘텐츠에 대해 전문가들은 브랜드 저널리즘(brand journalism)이라는 이름을 붙였다.

브랜드 저널리즘의 개념이 갑자기 등장한 것은 아니다. 대중 마케팅의 효과가 의문시된 이후, 바이럴 마케팅, 디지털 마케팅, 소셜미디어 마케팅, 콘텐츠 마케팅 등 우후죽순처럼 등장하던 다양한 마케팅 기법이 브랜드 저널리즘이라는 명칭으로 통합되었다. 기사와 광고의 영역이 애매해지고 뉴스의 연성화가 급속히 전개되는 와중에 브랜드 저널리즘이라는 광고와 기사의 혼혈아가 태어났다. 술이작(述而作)은 어느새 술이부작(述而不作)을 위협할 정도로 성장해 버렸다(김병희, 2018a).

2004년 6월, 맥도널드의 글로벌 마케팅총괄책임자(CMO)였던 래리 라이트(Larry Light)가 '애드버타이징 에이지' 콘퍼런스에서 자사의 브랜드 저널리즘 계획을 소개하면서부터 이 용어가 쓰이기 시작했다(Light, 2014). 맥도널드는 "I'm lovin' it"이라는 새로운 캠페인을 시작하면서 하나의 메시지를 반복하는 전통적인 광고 캠페인 방법을 버리고, 소비자들에게 다면적이고 입체적인 메시지를 전달하는 '콘텐츠 흐름 접근법'을 시도했다. 상호작용 마케팅의 시대에는 키워드 하나를 소비자의 기억 속에 남겨야 한다는 포지셔닝 전략이 한계에 도달했다는 반성 끝에 나온 새로운 시도였다.

언제, 어디에서나 온라인에 접속할 수 있는(always-on) 모바일 시대에 소비자의 마음을 사로잡으려면 소비자들이 광고 메시지를 읽고 스스로 경험하게 하는 브랜드 저널리즘이 필요하다는 뜻이었다. 이 말은 브랜드 스토리를 전략적으로 경영하자는 취지로 쓰였는데, 브랜드 저널리즘을 적용하는 기업이 많이 늘어나면서 지금은 광고와 PR 분야의 핵심어로 떠올랐다. 『파이낸셜타임스(Financial Times)』 출신의 언론인 포렘스키(Foremski, 2009)는 "모든 기업은 미디어 기업이다(Every company is a media company)."라고 하면서, 앞으로 브랜드 활동을 전개하는 모든 문화예술기관이나 단체에서 언론사의 기능을 활용해서 광고와 PR 활동을 전개해야 한다는 화두를 던졌다.

브랜드 저널리즘은 이전의 브랜드 스토리텔링(brand storytelling)에서 진화한 개념인데, 기사를 생산하고 편집하고 확산하는 기존의 저널리즘과 마찬가지로 어떤 브랜드에 관한 사실과 이야기를 전략적으로 생산하고 관리한다.

브랜드 스토리텔링이 단편적이고 일시적으로 진행하는 표현 기법이라면, 브랜드 저널리즘에서는 브랜드 가치를 장기적으로 관리하기 위해 적시적소에 흥미로운 이야깃거리를 제공함으로써 효과적인 마케팅 활동을 모색한다. 미디어 활용에 있어서도 텔레비전, 라디오, 신문, 잡지라는 전통적인 4대 매체만을 고집하지 않고, 블로그, 다큐멘터리, 소셜미디어 같은 새로운 미디어를 두루 활용함으로써 설득력과 진정성을 극대화한다(유승철, 2014).

Paid Advertorial

Warren Performing Arts Center

Celebrates 35th Anniversary

Under new leadership, with a fantastic line-up of exciting shows, the Warren Performing Arts Center is ready to celebrate its 35th Anniversary!

The Warren Performing Arts Center made its debut in 1983, and is the only professional performing arts center on Indianapolis' east side. This beautiful facility on the Warren Central campus has been home to the best educational and professional events over the years. Eash Grand Auditorium seats almost 1,000 guests in an acoustically superb setting, and the Thom Feit studio black-box theatre boasts a more intimate setting with its movable seating units for experiences closer to the audience. Over the years, country star Sara Evans, punk-pop band All Time Low, Mickey Rooney, a cappella group IU's Straight No Chaser, John Tesh, the Lettermen, Ricky Skaggs, and the Kingston Trio have graced the stage at the Warren.

New Warren PAC Director Ted Jacobs is excited to see the stage filled with great shows that are sure to attract a diverse audience. "Having been in education and entertainment all my life and an east-sider at heart for thirty years, I am thrilled at bringing back a wide variety of entertainment to the east side's premiere performance venue. All of our artists have agreed to work in some capacity with our student body, making the connection complete. Warren Central is doing some exciting things across the board; it's about time people know about it! Come and join us for a season that's sure to be 'A Smile Wide!' I assure you more excitement is to come!"

Ted Jacobs - New Warren PAC Director

The 35th Anniversary Professional Series at the Warren promises an exciting lineup of entertainment for everyone:

• On **Sept. 6** at 7:00 p.m., **FACE Vocal Band** brings is energetic all-vocal approach and complex harmonies to popular tunes.

• The **"Decades Rewind"** multi-media extravanganza brings the 1960s through 1980s alive through video, musical medleys, and great choreography with lots of costume changes **Sept. 8** at 7:00 p.m.

• **"One Night in Memphis"** is the number one musical tribute show touring the U.S., showcasing Sun Records recording legends Carl Perkins, Johnny Cash, Jerry Lee Lewis, and Elvis Presley — and it will be at the Warren **Sept. 14** at 7:00 p.m.

• **"Artrageous!"**, an interactive art and music experience, comes to the Warren **Sept. 20** at 7 p.m., so be prepared to be dazzled by a multi-media, multi-sensory experience.

• **Sept. 21** at 7 p.m. brings **"Sinatra Forever,"** a tribute to the timeless Frank Sinatra in music, featuring original arrangements and even some of the original musicians who backed Old Blue Eyes himself!

The Professional Series continues through March 2019 and features perennial favorites, The Purdue Varsity Glee Club, IU's Singing Hoosiers, and Indiana's Official Goodwill Ambassadors, The Ball State University Singers, with exciting dance and music performances every month. Tickets range from $10-$40 depending on show and seat. Season tickets are available so you won't miss out on the anniversary celebration!

In addition to the Professional Series performances, the Warren also showcases MSD Warren Township student productions, special events, and the holiday Treefest fundraiser. The venue is also available for rent; call 317-532-6280 for more information.

Visit the Warren Performing Arts Center Web site at www.warrenpac.org for upcoming show tickets, or call the box office to make reservations.

Years of "Curtain Going Up"

Warren Performing Arts Center
9500 E. 16th St.
Indianapolis IN 46229
317-532-6280
www.warrenpac.org

[그림 18-1] 워렌공연예술센터의 브랜드 저널리즘 사례

예컨대, [그림 18-1]에서 워렌공연예술센터의 브랜드 저널리즘 사례를 확인할 수 있다(Weekly View, 2018. 8. 8.). 서울문화재단에서도 2018년 9월에 온라인 방송국 스팍(SFAC: Seoul Foundation for Arts and Culture) TV를 개국하고 브랜드 저널리즘 활동을 전개해 오고 있다. 스팍TV는 공공기관의 일방적인 정보 전달과 전통적인 홍보 방식에서 벗어나기 위해 구축한 서울문화재단의 뉴미디어 플랫폼이다. 스팍TV는 과거의 텔레비전은 잊고 새로운 TV를 지향한다는 의미를 담았다. 방송은 정규 방송과 특집 방송으로 구성되며 실제의 방송 채널처럼 '뉴스' '예능' '다큐' '토크' '교양'으로 구성된 5개의 정규 프로그램을 비롯해 라이브 생중계, 360° VR방송으로 이뤄진 특집 프로그램이 수시로 방영되고 있다. 결국 스팍TV는 정보를 단순히 공지하던 기존의 관행에서 벗어나 다양한 문화예술 콘텐츠를 시민들과 공유하려고 한다.

결국 브랜드 저널리즘이란 브랜드 스토리를 마케팅에 활용하려는 목적으로, 전통적인 저널리즘에서 기사를 생산하고 편집하고 확산하는 과정과 유사하게 브랜드 스토리를 생산하고 유통하는 것을 의미한다(Bull, 2013). 브랜드 저널리즘 기법을 활용해 문화예술 소비자들이 경험할 수 있는 혜택과 가치를 전달하고, 문화예술기관이나 단체를 가치 있는 곳으로 연결해 주는 웹 콘텐츠(비디오, 블로그 포스트, 사진, 차트, 그래프, 에세이, e-북, 백서 등)와 브랜

[그림 18-2] 서울문화재단의 스팍TV 예고 화면

드 콘텐츠를 미디어에 노출함으로써 마케팅 활동을 전개할 수 있다(Swenson, 2012). 나아가 브랜드 저널리즘은 기존 언론의 신뢰성과 영향력을 적절히 활용해 문화예술기관이나 단체의 브랜드 스토리를 소비자에게 알리려고 하는 커뮤니케이션 방식이기도 하다.

2) 브랜드 저널리즘의 핵심 요인

브랜드 저널리즘을 통해 생산되는 메시지는 개인 맞춤형 콘텐츠와 수시 접속형 콘텐츠를 기대하던 소비자들에게 재미와 경험이라는 선물을 제공했다. 1890년부터 1911년까지 12년 동안 『더 타임즈(The Times)』의 편집장을 역임한 모벌리 벨(Moberly Bell)은 "뉴스는 와인처럼 숙성시켜야 가치가 증가한다(News, like wine, improves by keeping)."라는 말을 남겼다. 그는 저널리즘에서도 브랜드 가치를 키워야 언론사에서 부가적인 비즈니스를 할 수 있다는 교훈을 알려 준 셈이다(Hansen, 2012).

미디어 환경이 급변함에 따라 우리나라 언론사들도 통합 뉴스룸을 만들어 기사를 생산하고 보도하는 곳이 늘어났다. 마찬가지로 문화예술기관이나 단체에서도 문화예술작품에 대한 이야기 콘텐츠를 생산해 다양한 소통 플랫폼에서 전달함으로써 그 효과를 극대화하는 것이 브랜드 저널리즘의 지향점이다. 대중매체 광고비에 비해 비용이 많이 필요하지 않기 때문에 광고 예산이 넉넉하지 않은 문화예술기관이나 단체의 입장에서는 브랜드 저널리즘이 매력적일 수밖에 없다. 브랜드 저널리즘을 전개하려면 다섯 가지가 기본적으로 필요하다. [그림 18-3]에서 알 수 있듯이, 브랜드 저널리즘의 다섯 가지 핵심 요인은 발행인, 뉴스 룸, 저널리스트, 스토리텔링, 콘텐츠 마케팅이다(김병희, 2018a; 유재수, 2015). 이를 보다 자세히 알아보기로 하자.

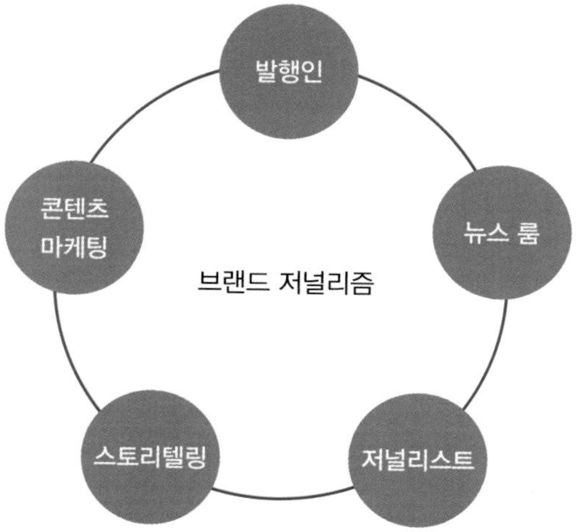

[그림 18-3] **브랜드 저널리즘의 구성요인**

첫째는 발행인(publisher)이다. '모든 기업은 미디어 기업'이라는 포렘스키의 말은 브랜드 저널리즘의 특성을 정확히 설명하고 있다. 브랜드 저널리즘에서 최고경영자의 지위는 언론사의 발행인과 같아야 한다는 뜻이다. 문화예술기관이나 단체의 대표는 브랜드 활동을 알리는 커뮤니케이션 촉진자의 역할을 수행해야 한다. 언론사의 명성과 영향력을 책임지는 발행인처럼, 문화예술기관이나 단체의 대표도 앞으로는 소비자의 기대에 부응하고 관련 분야에 영향을 미치는 '생각의 리더'의 역할을 맡아야 한다.

둘째는 뉴스 룸(news room)이다. 뉴스 룸은 흥미로운 콘텐츠를 개발해 문화예술기관이나 단체의 메시지를 전달하고 관리하는 콘텐츠 전략의 실행 본부라는 성격을 갖는다. 뉴스 룸의 책임자는 광고 활동에 있어서 소비자를 대표할 가상적 인물인 '구매자 페르소나(buyer persona)'가 누구인지 먼저 파악해야 한다. 그다음에 그들에게 어떻게 이야기하고 그들을 어떤 미디어에 노출시킬 것인지 계획하고 실행해야 하는데, 뉴스 룸에서 브랜드 저널리즘의 실행에 관한 모든 결정이 이루어진다.

셋째는 저널리스트(journalist)이다. 브랜드 저널리즘의 핵심은 콘텐츠를 생산하는 데 있다. 언론사 기자들이 기사를 쓰듯, 제품과 브랜드에 대한 글을 쓰는 브랜드 저널리스트가 필요할 수밖에 없다. 브랜드 저널리스트는 사실의 전달보다 구매자 페르소나에 해당되는 핵심 소비자들이 듣고 싶어 하는 이야기를 생산하는 능력을 갖춰야 한다. 브랜드 저널리스트가 되려면 제품과 브랜드 분야에 대한 통찰력과 전문적인 글쓰기 능력이 가장 중요한 자질이 될 수밖에 없다.

넷째는 스토리텔링(storytelling)이다. 이야기라는 말은 '귀로 먹는 약(耳於藥)' 또는 '먹는 약보다 더 이로운 것(利於藥)'이라는 한자어에서 유래했다. 이야기하기의 중요성에 주목해 '이야기하는 사람'이라는 뜻의 호모 나랜스(Homo Narrans)라는 말도 등장했다. 이야기가 없는 브랜드는 현대 사회에서 성공하기 어렵다. 성공을 거듭한 마케팅 기획자들은 믿을 만한 스토리를 제공해 왔다. 마찬가지로 브랜드 저널리즘이 효과를 발휘하려면 브랜드 스토리에 설득력이 있어야 한다.

다섯째는 콘텐츠 마케팅(contents marketing)이다. 콘텐츠 마케팅에서는 불특정 다수가 아닌 특정 고객에 관련되는 콘텐츠를 만들어 확산하는 데 목표를 둔다. 광고에 대한 거부감이 심해지는 상황에서 자유로운 형식과 내용으로 소비자와 소통할 수 있고, 소셜미디어(SNS)를 통해 반응을 바로 확인할 수 있어서 매력적이다. 콘텐츠 마케팅에서 콘텐츠의 노출보다 파급과 확산을 더 중시하듯, 브랜드 저널리즘에서도 메시지의 확산과 재생산을 더 중요한 성과로 간주한다.

3) 브랜드 저널리즘의 고려 사항

브랜드 저널리즘은 앞으로 문화예술기관이나 단체에서 광고와 PR 활동을 전개하는 데 있어서 효율적인 수단으로 자리 잡을 것이다. 문화예술기관이나 단체의 광고PR 책임자들은 브랜드 저널리즘 활동을 전개함으로써 소비자들이 브랜드를 느껴 보고 경험할 기회를 제공한다. 따라서 브랜드 저널리즘은 앞으로도 갈수록 활용 빈도가 증가할 수밖에 없다. 광고와 PR 메시지를 새로운 방법으로 전달하는 차원에서 브랜드 저널리즘의 활성화에 필요한 고려 사항은 다음과 같다(김병희, 2018a).

첫째, 브랜드 저널리즘을 광고와 PR 활동의 주요 기법으로 고려할 필요가 있다. 브랜드 저널리즘을 활용하면 브랜드에 대한 흥미진진한 이야기를 창출할 수 있다. 브랜드 스토리를 기사, 블로그, 소셜미디어, 이벤트, 영상 같은 다양한 형식에 알맞게 창작해 미디어에 노출하면 그냥 광고 메시지로 노출할 때에 비해 소비자들이 주목할 가능성이 높다. 문화예술 소비자들도 문화예술작품의 스토리를 와인처럼 숙성시켜 제시하면 더 만족스러워할 것이다.

둘째, 브랜드 저널리즘을 스토리텔링의 도구로 적극 활용할 필요가 있다. 디지털 융합시대에 접어들면서 소비자의 소통 방식은 다중 대화(multi-logue)의 형태로 진화했다. 이렇게 되면 다방면에 걸쳐 흥미로운 내용을 전달하는 이야기꾼의 존재가 부각될 수밖에 없다. 브랜드 스토리를 만드는 카피라이터나 광고 창작자들은 미디어의 특성에 알맞게 다양한 콘텐츠를 소비자에게 제공해야 한다. 이때 브랜드 저널리즘은 브랜드 스토리를 전달하는 적절한 도구로 쓰이게 된다.

셋째, 광고 창작자들은 브랜드 저널리스트로서의 자질을 키울 필요가 있다. 광고 창작자들은 스스로 브랜드를 소개하는 저널의 편집자이자 신문이나 잡지의 콘텐츠를 만드는 기자라고 생각하는 발상의 전환이 필요하다. 이런 마음가짐으로 자신이 쓴 브랜드 스토리가 얼마나 차별적이고 역동적이며 시의적절한 흥미로운 내용인지 검토해야 한다. 앞으로 광고와 PR 기획자들은 보도자료 작성에만 치중하지 말고 콘텐츠를 창작하는 브랜드 저널리스트의 자질을 연마해야 한다.

사실을 이야기로 만들어 재구성하는 브랜드 저널리즘은 분명 '술이작(述而作)'의 표현 기법이다. 광고 영업이 잘 되지 않는 현실에서 브랜드 저널리즘은 다양한 형태로 확산될 것이다. 문화예술기관이나 단체들은 브랜드 저널리즘의 다섯 가지 핵심 요인을 적극적으로 고려해 광고와 PR 활동에 활용해야 한다. 직원들 중에서 콘텐츠 생산성이 높은 사람을 선발해 '브랜드 저널리즘 전담팀'을 조직하는 문제도 시급하다. 이때 문화예술기관이나 단체의 브랜드를 일방적으로 자랑하기보다 소비자의 관심사를 찾아내는 기획자로서의 안목이 중요하다. 이 밖에도 소비자들이 콘텐츠를 공유하고 알아서 확산시키도록 하는 이야기꾼 교육 훈련도 받을 필요가 있다.

브랜드 저널리즘이라고 해서 없는 사실을 가짜로 만들어 내는 것은 아니다. 브랜드 저널리즘에서 말하는 좋은 뉴스의 기준은 객관적 사실, 공유할 만한 가치, 재미, 새로움이다. 그에 비해 나쁜 뉴스의 기준은 자사 브랜드에 대한 지나친 자부심과 충성도, 보도자료의 답습, 진실이 아닌 가짜 정보다. 따라서 문화예술기관이나 단체에서는 저널리즘의 본질에 충실하되 광고와 PR 메시지를 '기사로 위장하지 않도록' 노력해야 한다. 사실을 바탕으로 흥미로운 이야기를 해 주는 잘 표현된 진실(well-told truth)만 필요할 뿐, 사실이 아닌 것을 사실인 듯 포장하는 잘 위장한 진실(well-disguised truth)이라면 곤란하다. 문화예술 소비자의 마음속에 강렬한 도끼 자국을 남기는 브랜드 저널리즘은 문화예술기관이나 단체 또는 문화예술작품을 알리는 데 크게 기여할 것이다.

2. 다중채널 네트워크(MCN)

1) 다중채널 네트워크의 개념

다중채널 네트워크(MCN: Multi-Channel Networks)란 전통 매체에서의 콘텐츠 제작과는 달리 디지털 시대를 살아가는 개인 창작자가 작가, 연기자, 프로듀서, 마케팅 기획자 같은 여러 역할을 수행하는 상황에서 개인의 창작 과정을 지원하면서 손수 창작물의 체계화와 상업화를 지향하는 서비스다(고문정, 윤석민, 2016). 다시 말해서, 유튜브, 페이스북, 트위치 같은 동영상 플랫폼과 제휴해 개인 창작자 채널의 콘텐츠 기획, 제작, 편성, 교육, 저작권 관리, 프로모션, 수익 창출, 관리를 지원해 주는 서비스 사업이 다중채널 네트워크다(김병희, 2018b).

인터넷과 초고속 통신망 기술이 발달함에 따라 혼방(1인 방송)이 가능해졌고 다중채널 네트워크의 시대도 정착되었다. 유무선 네트워크 기술이 발달하자 대규모 인력이나 기술 시스템이 없어도 누구나 손수 만든 창작물을 전파할 수 있게 되었다. 스마트폰에서 콘텐츠를 소비하는 시대가 되면서 언제 어디에서나 볼 수 있는 콘텐츠에 대한 수요도 대폭 증가했다. 웹툰과 웹소설 및 웹드라마가 스마트폰에서 소비되면서 10분 이내의 영상이 인기를 끌었다. 이런 추세는 자투리 시간에 스마트폰으로 즐기는 짧은 동영상을 만드는 1인 창작자들과 그들을 관리하는 다중채널 네트워크사의 필요성을 증대시켰다(Gardner & Lehnert, 2016).

유튜브 같은 동영상 공유 사이트가 영향력 있는 플랫폼으로 성장하자, 콘텐츠 생산자와 이용자 사이에도 양면시장이 형성되어 새로운 가치가 파생되었다. 양면시장(two-sided market)이란 서로 다른 둘 이상의 집단이 플랫폼의 매개를 바탕으로 상호작용함으로써 새로운 가치를 창출하는 시장이다. 개인이 취미로 만든 손수창작물(UCC)이나 손수생성물(UGC)이 유튜브에 유통되면서 누구든 창작과 소비를 동시에 하는 생비자(生費者, prosumer)의 자격을 얻을 수도 있다. 플랫폼 위주로 재편된 매체 환경의 변화는 일반인의 콘텐츠 제작과 공유를 활성화시키며 다중채널 네트워크 사업을 뒷받침하는 밑거름으로 작용했다(Yim, 2016).

유튜브가 1인 창작자에게 수익을 배분해 주기 시작한 2007년 5월을 기점으로 국제적인 다중채널 네트워크 사업자들이 등장했다. 예컨대, 머시니마

(Machinima, 2007년 5월), 어썸니스TV(Awesomeness TV, 2008년 6월), 메이커스튜디오(Maker Studios, 2009년), 풀스크린(FullScreen, 2011년 1월), 트위치(Twitch, 2011년 6월) 등이 대표적이다. 우리나라에서도 2011년 5월에 유튜브가 수익을 배분하자 크리에이터그룹(Creator Group, 2012년 4월), 아프리카TV(afreecaTV, 2012년 4월), 콩두컴퍼니(Kongdoo Company, 2014년 3월), 비디오빌리지(Videovillage, 2014년 10월), 샌드박스네트워크(Sandboxnetwork, 2014년 11월), 트레져헌터(Treasure Hunter, 2015년 1월), 메이크어스(Make Us, 2015년 11월) 같은 사업자들이 속속 등장했다. 다중채널 네트워크사에는 1만 명에 이르는 창작자들이 소속되어 활동하고 있다. 예컨대, 대도서관(나동현), 씬님(박수혜), 도티(나희선), 양띵(양지영), 악어(진동민), 김이브(김소진), 잠뜰(박슬기), 태경(엄태경) 등이 인기 창작자로 명성을 떨쳤다.

2) 다중채널 네트워크와 문화예술산업

그렇다면 다중채널 네트워크는 문화예술산업과 어떤 상관관계가 있을까? 유튜브에는 개인 창작자인 유튜버(YouTuber)가 올린 독특한 콘텐츠가 인기를 끌면서 광고 수입도 늘어났다(김경숙, 2017). 유튜브 광고에는 동영상이 시작된 후 하단에 표시되는 오버레이(overlay) 스타일로 소비자가 원하면 광고를 닫을 수 있는 인비디오(In-Video) 광고, 동영상을 재생하기 전이나 재생 중 또는 재생이 끝난 후에 삽입되는 30초 이하의 인스트림(In-Stream) 광고, 동영상 옆이나 추천 동영상 목록 위에 표시되는 배너(banner) 광고, 이용자가 5초간 광고를 본 다음 광고를 건너뛰거나 계속 보거나 선택할 수 있는 트루뷰(TrueView) 광고의 네 가지 유형이 있다.

트루뷰 광고 시스템에서 '건너뛰기' 기능은 이용자에게 광고를 선택할 기회를 주었다. 이용자 스스로가 선택한 광고만 몰입해서 볼 수 있게 되자 자연스럽게 광고 효과도 높아졌다. 광고주 입장에서는 유효한 광고 시청에만 광고비를 내는 합리적인 과금 방식에 호응할 수밖에 없었다. 광고비의 합리적인 과금 방식은 다중채널 네트워크사의 안정적인 수익 모델이 되었고, 비약적인 성장을 견인하는 결정적인 요인으로 작용했다.

다중채널 네트워크의 주요 수익원은 콘텐츠 제공 플랫폼에서 얻는 광고 수익이 지배적일 수밖에 없다. 개인 창작자가 플랫폼에 올린 영상을 이용자가 재생하는 순간, 영상이 시작되기에 앞서 먼저 나오는 프리롤(pre-roll) 광고의 노출 횟수에 따라 발생하는 광고 수익을 다중채널 네트워크사와 콘텐츠 창작자가 나눠 갖는 수익 구조다. 다중채널 네트워크사는 수익원을 다각화하기 위해 광고 수익 말고도 해외시장 진출, 플랫폼 다양화, 브랜디드 콘텐츠(branded content), 제품배치(PPL), 캐릭터 상품 판매 같은 다양한 비즈니스 모델을 모색해 왔다. [그림 18-4]에서 다중채널 네트워크의 일반적인 가치 사슬을 확인할 수 있다(고문정, 윤석민, 2016).

전통 매체의 효율성이 급감하는 상황에서 다중채널 네트워크는 문화예술기관이나 단체에도 새로운 플랫폼의 기능을 제공하면서 앞으로 더욱 성장할 것이다. 트레져헌터가 네이버와 함께 공급했던 '72초 드라마' 같은 짧은 영상은 물론 개인이 손수 만든 '짤방' 영상도 더 많이 소비될 것이다. 짤방은 '잘림

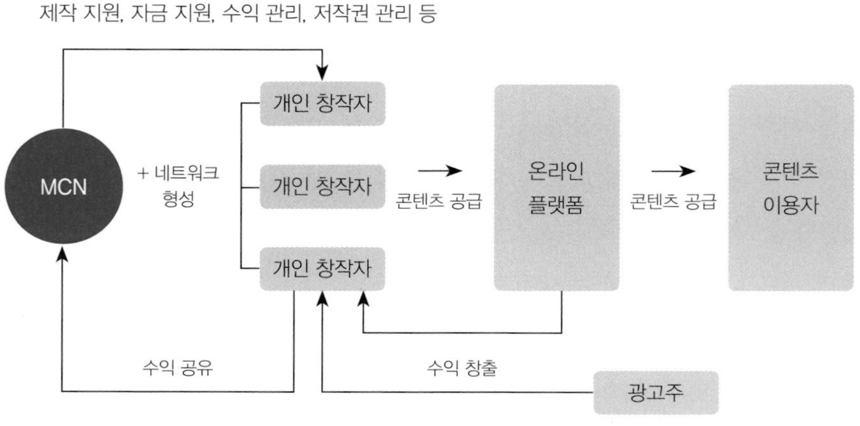

[그림 18-4] **다중채널 네트워크(MCN)의 가치 사슬**

방지'라는 뜻으로 인터넷상에 올리는 재미있는 사진, 그림, 동영상 따위를 이르는 말이다. 사진 없이 글만 올렸을 때 글이 삭제되는 것을 방지하기 위해 사진을 함께 올린 데에서 유래했다. 다중채널 네트워크의 가치는 창작자의 채널을 많이 보유할수록, 구독하는 이용자가 많을수록 상승하게 마련이다.

한편, 유튜브의 애드센스(Ad Sense) 광고 플랫폼은 타깃에 맞춰 광고하기 때문에 소비자 세분화 전략을 구사하는 동시에 광고 도달률의 극대화를 모색할 수 있다. 그렇지만 유튜브의 시장 독식을 우려하는 다중채널 네트워크사들은 점점 영향력이 커지자 유튜브를 거치지 않고 광고주와 직거래하는 광고 영업을 선택하기도 한다. 직거래 광고 영업은 주로 제품배치(PPL) 형태의 스폰서십 동영상 콘텐츠를 노출하는 방식으로 진행되었다. 이렇게 접근하면 광고 수익을 플랫폼에 나눠 주지 않아도 되고, 모든 광고비가 다중채널 네트워크사와 콘텐츠 창작자의 몫으로 고스란히 돌아오게 된다.

3) 다중채널 네트워크의 활용 전략

앞으로 문화예술기관이나 단체에서도 다중채널 네트워크를 활용한 콘텐츠의 생산과 소비 문제를 깊이 있게 고민한 다음 현실적으로 유용한 활용 전략을 모색할 필요가 있다. 전통 매체의 콘텐츠에 비해 다중채널 네트워크의 콘텐츠는 소비자와의 심리적 거리가 멀지 않은 개인 창작자들이 제작한 콘텐츠이므로, 공감을 유발하는 실시간·비실시간의 상호작용을 통해 문화예술 콘텐츠의 소비를 배가할 수 있다. 젊은 소비자들은 모바일(인터넷) 플랫폼을 통한 동영상 소비와 댓글 채팅에 익숙하기 때문에, 앞으로 다중채널 네트워크의 콘텐츠는 갈수록 호응을 얻을 것이다(최세정, 2017b). 따라서 문화예술기관이나 단체에서는 모바일(인터넷)을 통한 콘텐츠 소비에 익숙한 젊은 세대들이 선호할 만한 재미있는 콘텐츠를 발굴하고 유통하는 동시에 전통 미디어의 플랫폼에서 놓친 틈새시장을 공략할 필요가 있다(김병희, 2018b).

다중채널 네트워크는 성별, 연령별, 관심 분야별, 온라인 사용 패턴에 따라 꼭 필요한 대상에게 타깃 마케팅 활동을 전개할 수 있다. 미술관이나 박물관의 큐레이터들은 콘텐츠 큐레이션을 자유자재로 운용한다. 플랫폼과 콘텐츠가 넘쳐나는 미디어 환경에서 소비자의 입맛에 맞는 콘텐츠를 찾아 분류하고 가공해 주는 큐레이션 서비스도 가능해졌다(배기형, 2016). 마찬가지로 널리 알려진 문화예술작품에 대한 브랜드 스토리를 짧고 이해하기 쉽게 가공해 주는 서비스도 두루 활용할 수 있다.

다중채널 네트워크 콘텐츠에 대한 트래픽이 계속 높아지는 상황에서는 온라인 동영상 콘텐츠의 창의성이 매우 중요하다. 문화예술 소비자들도 스낵 컬처(snack culture)와 수직 미디어(vertical media)를 좋아할 수밖에 없다. 간편하게 먹는 스낵처럼 짧은 시간에 편안하게 즐길 수 있는 콘텐츠가 스낵 컬처라면, 수직 미디어는 기존과는 달리 특정 분야의 소식만 전하는 미디어다. 문화예술 소비자에게 새로운 형식의 콘텐츠를 제공하지 못하는 문화예술기관이나 단체라면 서서히 도태될 수밖에 없다. 따라서 문화예술기관이나 단체의 기획자들은 다중채널 네트워크의 문법을 고려한 창의적인 콘텐츠를 개발하는 안목을 갖춰야 한다.

제19장

언론 관계와 보도자료 작성

1. 언론 관계와 퍼블리시티

문화예술기관이나 단체의 PR 커뮤니케이션 활동에서 언론 관계를 어떻게 하느냐에 따라 그 성과가 달라진다. 문화예술기관이나 단체가 언론과 신뢰 관계를 구축하느냐에 따라 PR 활동의 성공 여부가 결정되기도 한다. 인적 유대 관계에서부터 PR 메시지 내용과 업무 처리에 이르기까지 모든 과정에서 언론과 좋은 관계를 유지해야 하며, 기자들의 질문에 언제나 신중히 응답해야 한다.

취재 관행상 불가피한 기자의 유도성 질문에도 PR 기획자들은 신중하게 응답해야 한다. 기자들의 질문에 대해 지나치게 진솔한 자세로 답변할 필요는 없겠지만 기자들의 취재 활동에 대해서는 진정성 있게 대응해야 한다(김병희, 2015b; 탁재택, 2014). 필립 코틀러(Philip Kotler)와 조앤 세프(Joanne Scheff)는 공연예술 프로모션 방법, 비영리 기관의 PR 방법, 마케팅 프로모션 가이드 같은 여러 선행 연구를 종합한 다음, 기자를 비롯한 언론사 기획자들을 접촉하는 요령을 다음과 같이 소개했다(Kotler & Scheff, 1997).

① 홍보 활동을 효과적으로 하려면 미리 계획을 짜야 한다. 신문과 방송은 시공간에 따라 제한을 받기 때문에, PR 기획자는 신문과 방송에 알맞은 지면과 시간대를 확보할 수 있도록 헌신적으로 노력해야 한다.

② 각 언론 매체의 특성을 충분히 이해하고 각 매체사의 스타일, 방침, 역점 사항, 제한점을 익혀야 한다. 신문 지면과 방송 프로그램이 문화예술기관이나 단체의 행사에 어떻게 어울리는지 알게 되면 그에 알맞게 적절한 정보를 제공해야 한다.

③ 모든 행사를 똑같이 강조하면 언론의 좋은 지면과 시간대를 차지할 기회가 줄어들기 때문에 강조할 공연이나 행사를 선택해야 한다. 작은 공연인데도 기사화를 계속 요청하기만 하면 문화예술기관이나 단체의 신뢰도가 떨어질 수 있다.

④ 대부분의 기자는 사전에 알리지 않고 불쑥 보내는 보도자료를 무척 싫어한다. 이메일을 대량으로 보낼 때도 마찬가지다.

⑤ 기자와 전화 통화를 처음 할 때는 담당 기자의 마감 시간이 언제인지 알아보고, 그가 원하는 시간대에 통화하며 핵심 내용을 간단명료하게 전달해야 한다.

⑥ 기자와 정보를 교환하려고 통화할 경우에는 3~4개의 기사 항목을 준비하는 게 좋다. 그래야 기자가 더 흥미를 가진다. 기자는 독자가 흥미로워할 기사를 알고 있기 때문에 여러 개의 기사 항목 중에서 가장 흥미로운 내용을 선택한다.

⑦ 중요한 정보를 거절당하더라도 기자와 다툴 필요는 없다.

⑧ 기자는 티켓 판매를 책임지는 사람이 아니다. 기자가 흥미를 느끼지 않는 공연이나 전시회 내용을 보도해 달라고 부탁할 필요는 없다.

⑨ 기자에게 무엇을 어떻게 쓰라고 구체적으로 지시하면 안 된다.

⑩ 어떤 기자는 기사에 대해 상세히 알고 싶어 하고 다른 기자는 그렇지 않다는 사실도 고려해야 한다. 기자는 사실을 바탕으로 세세한 자료를 수집해서 독자가 흥미로워할 기사를 쓰려고 한다.
⑪ 비평가에 대해 비평하지 말고 평론가에 대해 평론하지 말아야 한다. 비평가나 평론가는 관객을 대표해서 작품을 분석하는 사람이지 문화예술기관이나 단체의 PR 기획자를 위해 존재하지 않는다. PR 기획자로서 평론가의 관점에 동의하지 않는다면 전문가의 식견에 따라 평론가와 만나서 대화로 설득해 나가야 한다.
⑫ 어떤 문화예술인을 취재할 수 있다는 사실을 기자에게 알리고 그 예술가에 대한 간략한 정보를 미리 전달해야 한다.
⑬ 전시회의 프리뷰나 공연의 리허설에 기자들을 초대해 프로그램이나 대본을 보내 줘야 한다.
⑭ 휴일처럼 바쁘지 않은 날에 행사를 기획하는 것이 좋다.
⑮ 개막식의 초대는 3~4주 전에 해야 한다. 초대장에는 날짜와 시간 및 주소를 반드시 명시하고, 참석 예정자에게는 회신을 요청하는 내용(RSVP)을 포함해야 한다. 회신하는 사람들의 명단을 지속적으로 관리해 그들이 앉을 좌석을 확보해야 한다.

한편, 문화예술기관이나 단체에 대한 불리한 사안이 발생했을 때 PR 기획자는 불필요한 언행을 자제해야 한다. 사실 관계를 확인하려는 언론의 취재에 대해서는 신중하고도 정직하게 대응할 필요가 있다. 이때 모든 언론을 공평하게 대하는 자세를 시종일관 유지하는 것이 좋다. 현실적인 영향력이 막강한 언론사를 우대할 가능성이 높지만, 그렇다고 해서 대형 언론사만 지나치게 우대하는 것은 바람직하지 않다. 소형 언론사의 기사라 할지라도 포털 사이트에 노출되면 실시간으로 널리 확산된다. 따라서 기자를 상대하는 PR 기획자는 대형 언론사든 군소 언론사든 관계없이 모두를 똑같이 대하는 태도를 유지해야 한다(김병희, 2015b).

언론을 존중하는 자세는 PR 기획자에게 필요한 중요한 덕목이다. 언론과의 현실적인 거리를 인정하고 이해하는 자세도 중요하다. 기자가 어떤 문화예술기관이나 단체의 대리인이 아니라는 현실적 거리를 인정하면서 PR 활동을 적극적으로 수행해야 한다. PR 기획자는 자신이 속해 있는 문화예술기관이나 단체와 관련된 부정적인 기사가 보도된다고 해서 이를 무작정 막으려고 시도하기보다 사실 관계를 파악하려고 먼저 노력해야 한다. PR 기획자는 대언론 관계의 전문가라는 자부심을 가지고 상황에 알맞게 전문적인 능력을 발휘해야 한다. 기자들이 문화예술기관이나 단체의 현안에 대해 문의해 오거나 자료를 요청하면, PR 기획자들은 전문적인 지식과 경험을 바탕으로 자료를 충분히 제공하고 친절하게 설명해야 한다.

보도자료를 제공하는 활동도 중요하다. 광고와는 달리 돈을 지불하지 않는 퍼블리시티(publicity)는 문화예술기관이나 단체의 작품과 서비스에 대한 뉴스기사를 공표하는 데 유용하다. 우리나라의 PR 실무계에서는 PR과 혼용해서 쓰는 '홍보'라는 용어를 퍼블리시티와 같은 의미로 사용하고 있다. PR에서 퍼블리시티란 언론 매체를 통한 공시(公示) 활동을 뜻하며 언론 대응의 가장 보편적인 형태이며, 뉴스 가치가 있는 내용을 기사 형식으로 작성해서 언론사에 배포하는 문건이나 행위를 말한다(강승구, 한정호, 김병희, 오창우, 2015).

문화예술기관이나 단체는 언론사 기자들에게 문화예술작품, 서비스, 이벤트에 관한 호의적인 기사를 취재하거나 게재하도록 유도해 문화예술 소비자들의 인식, 지식, 의견, 행동에 영향을 미치려고 한다. 따라서 퍼블리시티는 언론보도의 기본 정보를 제공하는 정보원으로서의 기능, PR의 수단, 마케팅 커뮤니케이션의 수단이라는 세 가지 기능을 수행한다. 퍼블리시티 활동에는 수동적인 퍼블리시티와 능동적인 퍼블리시티가 있다.

수동적인 퍼블리시티는 언론사로부터 취재 요청이 있을 때 그에 대응하는 활동이다. 능동적인 퍼블리시티는 문화예술기관이나 단체에서 PR 전략을 수립해 적극적인 대언론 활동을 전개하는 경우다. 대부분의 퍼블리시티 활동은 능동적인 퍼블리시티에 해당된다. 퍼블리시티의 전술에는 보도자료(press release) 배포, 기자회견(press conference), 현장 견학(open house), 무료 취재 여행(press junkets), 기고 기사, 사진, 필름, 비디오테이프 등이 있다. 보도자료는 문화예술기관이나 단체에서 가장 자주 활용하는 퍼블리시티 전술의 하나다. 보도자료 작성법에 대해 보다 구체적으로 알아보면 다음과 같다.

2. 보도자료 작성법

보도자료(news release 또는 press release)는 문화예술기관이나 단체에서 문화예술 공연이나 전시에 관한 내용을 작성해 언론사에 제공하는 자료다. 문화예술기관이나 단체에서 언론사에 뉴스 소재를 제공하면 기자들이 알아서 취재하는 것이 언론 활동의 보편적인 원칙이다. 그렇지만 문화예술기관이나 단체 또는 PR 회사에서 기사로 쓸 수 있는 보도자료를 작성해서 언론사에 보내면 기자들이 그 내용을 거의 그대로 기사 작성에 활용하기도 한다. 따라서 기자들이 선호하는 보도자료 유형을 미리 파악해서 그에 알맞게 보도자료를 작성하고 배포해야 한다.

문화예술작품의 공연이나 전시에 관한 정보는 두 가지 형태로 문화예술 소비자에게 전달된다. 주요 뉴스로 다루는 머리기사(top news)와 짧게 알리는 단신 기사(straight news)가 그것이다. 기자의 판단에 따라 기사 형태가 결정되겠지만 문화예술 PR 기획자는 단신 기사가 아닌 머리기사로 내보내겠다는 목표를 설정하고 보도자료를 작성하고 기자에게 접근해야 한다. 문화예술기관이나 단체의 보도자료를 받아 본 기자는 문장의 정확성(54.8%), 진실성(19.0%), 충실성(11.9%), 명료성(11.9%), 독창성(2.4%) 순으로 중요도를 평가

한다고 알려져 있다(고완선, 2005; 임연철, 2007). 따라서 문화예술 PR 기획자들은 우선순위를 생각하며 보도자료를 작성할 필요가 있다. 보도자료는 대표적인 퍼블리시티 전술이다. 보도자료 작성법을 보다 구체적으로 제시하면 다음과 같다(탁재택, 2014).

첫째, 보도자료는 뉴스 가치(news values)를 고려해서 작성해야 한다. 소비자의 관심을 유도하고, 기사의 영향력을 확장하며, 언론과의 우호적 관계를 유지할 수 있는 주제와 대상 그리고 상황이나 정보가 뉴스 가치를 결정한다. 즉, 전하고자 하는 정보 내용이 얼마나 대단한가 하는 유명성, 그 정보가 얼마나 상식을 뛰어넘는가 하는 진기성, 일상생활과 얼마나 관련되는가 하는 근접성, 얼마나 많은 사람에게 관심을 유도하는가 하는 사회성, 어떤 사회적 쟁점을 유발할 것인가 하는 논쟁성, 얼마나 흥미로운가 하는 흥미성, 어느 정도 최근에 발생한 일인가 하는 시의성의 일곱 가지 요인이 뉴스 가치를 결정한다(강승구, 한정호, 김병희, 오창우, 2015).

둘째, 보도자료는 알리고 싶은 내용을 간결하고 정확히 전달해야 한다. 문화예술 공연이나 전시의 핵심 내용을 보도자료에 간결하고 함축적으로 정리할 필요가 있다. 기자들은 객관적인 사실을 중시하기 때문에 객관적 관점으로 내용을 소개해야 한다. 내용이 지나치게 복잡하면 기자들이 한눈에 알아보기 어렵다. 영상 매체에 보내는 보도자료를 작성할 때는 영상물 자료도 함께 보내는 것이 좋다. 이때는 보도자료에서 소개하는 내용과 영상이 조화를 이뤄야 한다.

셋째, 보도자료를 작성할 때는 핵심 내용부터 먼저 기술해야 한다. 신문사나 방송사에서는 지면이나 시간의 제약 때문에 내용을 줄여서 보도하는 경우가 많다. 따라서 보도자료에서는 핵심 내용부터 먼저 알려야 한다. 시간의 흐름에 따라 작성하되 경우에 따라서는 그래프를 넣고 시각적으로 표현해 기자들이 쉽게 이해하게 해야 한다. 형용사나 부사를 남발하거나 과장해서 표현하면 기자들의 신뢰를 얻기 어렵다는 사실도 명심해야 한다.

넷째, 보도자료는 누구나 알기 쉬운 말로 작성해야 한다. 너무 어려운 전문용어나 한자 투성이의 고사성어 또는 약어를 보도자료에 가급적 쓰지 않도록 신경 써야 한다. 보도자료에 전문용어가 너무 많으면, 기자들은 기사를 쓸 때 부담감을 느낀다. 기자가 보도자료의 내용을 잘 이해하지 못해 확신하지 못하면 언론에 보도되기를 기대하기 어렵다. 또한 내용이 너무 어려우면 언론사 내부의 기사 선택 과정에서 해당 보도자료가 배제될 수 있다. 기자 스스로가 해당 기사에 자신감을 가질 때 언론에 보도될 가능성이 높다.

다섯째, 보도자료의 시의성에 유념할 필요가 있다. 보도자료는 언론에 노출될 시점을 충분히 고려해서 작성해야 한다. 보도자료를 언론에 너무 성급하게 노출해서도 안 되고 특별한 이유 없이 머뭇거리며 늦춰서도 안 된다. 상황을 종합적으로 판단한 다음 가장 적절하다 싶을 때 언론에 '피칭'을 해야 한다. 기사 아이템이 몰리는 시기에는 보도자료 내용이 기사로 채택될 확률이 낮지만, 기사 아이템이 상대적으로 적을 때는 보도자료 내용이 뉴스나 프로그램으로 채택될 확률이 높다. 아무리 뉴스 가치가 높은 문화예술 관련 내용이라도 시점이 적절하지 못하면 뉴스 가치가 더 높은 다른 기사에 밀리게 된다.

여섯째, 보도자료를 배포한다는 사실을 사전에 예고해야 한다. 보도자료를 작성하고 나서 언론사에 보내기에 앞서 상황을 파악해 보고 사전 예고 자료를 발송하면 더 효과적이다. 수많은 보도자료가 이메일이나 소셜미디어를 통해 날마다 언론사에 전송된다. 그렇지만 언론사에 전송되는 보도자료의 상당수가 버려지는 것도 엄연한 현실이다. 따라서 보도자료 배포 계획을 미리 언론사에 알려 주면, 언론사에서는 주간 일정을 작성하거나 취재 계획을 세운다. 그렇게 되면 문화예술 관련 보도자료에 대한 관심도 자연스럽게 높아진다.

일곱째, 보도자료를 보낸 다음에는 보도자료의 수신 여부를 확인해야 한다. 보도자료를 작성해서 언론사에 보낸 다음에는 담당 기자나 프로듀서에게 전화를 걸어 직접 수신했는지를 반드시 점검해야 한다. 수신 여부의 확인

과정은 담당 기자나 프로듀서에게 보도자료의 핵심 내용을 구두로 설명할 수 있는 좋은 기회이기도 하다. 전화 통화를 하면서 보도자료의 내용에서 어떤 부분이 가장 중요한 대목인지도 자연스럽게 강조할 수 있다.

3. 보도자료의 작성 형식

보도자료는 기자에게 단순한 취재 거리를 제공하는 스타일로 쓰기보다 실제 기사처럼 작성해서 제공하는 것이 좋다. 보도자료는 누가(Who), 언제(When), 무엇을(What), 어디서(Where), 왜(Why), 어떻게(How)라는 기사 작성의 육하원칙(5W1H) 원칙에 따라 역삼각형의 흐름으로 작성해야 한다. 기사 형식의 작성 원리는 기사 전체를 한두 마디로 압축한 헤드라인을 먼저 쓰고, 이어서 리드, 본문, 보충 설명 순으로 구성하면 된다.

길이가 짧은 간단한 보도 기사(straight news)는 발송하는 문화예술기관이나 단체의 이름, 주소, 로고, 전화번호, 웹사이트 주소가 인쇄된 공식 서식지(letter head)를 이용해 1페이지로 간략히 작성해서 보내는 것이 좋다. 보도기사는 그 형식이 역삼각형 형태가 되도록 작성하는데, 보도자료에 다음의 모든 정보를 차례로 명시하면 기자들이 이해하기 쉽다(김병희, 2015b; 임연철, 2007).

1) 문화예술기관이나 단체의 명칭

공식 서식지(letter head)인 보도자료 양식의 첫 부분에 문화예술기관이나 단체의 명칭을 표시해서 언론사에 보내야 한다. 문화예술기관이나 단체의 명칭 밑에 주소, 전화번호, 웹사이트, 기획자 전화번호가 있으면 기자나 PD는 그 보도자료 내용을 더욱 신뢰하게 된다.

2) 연락처와 전화번호

문화예술기관이나 단체의 명칭 바로 밑에는 보도자료 작성자의 이름이나 문의에 응답할 수 있는 기획자의 이름을 명시해야 한다. 만약 보도자료 작성자 이외에 다른 사람의 이름을 넣을 경우에는 보도자료를 보내기 전에 받는 사람이 내용을 충분히 숙지하도록 해서 기자들의 질문에 응답할 수 있도록 해야 한다. 이름 밑에는 문화예술기관이나 단체의 전화, 긴급 연락이 가능한 핸드폰 번호, 이메일 주소를 밝혀야 한다.

3) 날짜

보도자료 양식의 오른쪽 위에는 보도자료를 보낸 날짜를 구체적으로 명시해야 한다. 만약 보도자료에 보낸 날짜가 없다면 기자들이 보도자료를 발견하더라도 읽지 않고 폐기할 가능성이 매우 높다.

4) 독점 내용

문화예술기관이나 단체의 성격상 어떤 언론사의 기자 한 사람에게 독점 기사나 특종의 단서를 제공하는 경우는 많지 않다. 그러나 단독 보도나 특종이 필요한 경우에는 특정 언론사의 기자 1명에게 정보 제공 의사를 밝히면 된다. 이때 보도자료 작성자가 비슷한 내용을 약간 수정해서 다른 언론사에 보낼 계획이 있다면 기자에게 독점이라고 말해서는 안 된다. 단독 정보를 제공한다고 함부로 말했다가는 신뢰를 잃게 된다는 사실도 명심해야 한다.

5) 보도 희망 일시

특별한 이벤트와 함께 보도되기를 바라거나 특정 일자에 보도되기를 기대한다면 보도자료에 반드시 그 날짜를 명시해서 보내야 한다. 그렇지 않으면 '미리 보도' '나중 보도' 또는 '즉시 보도'라는 표현을 기재해야 한다. 보도자료의 내용이 무엇이든 간에 기자들은 가급적 빨리 보도하려는 경향이 있기 때문이다.

6) 제목

기자가 보도자료를 채택하는 가장 중요한 요인은 기사의 제목(headline)이다. 전체 내용을 제목에 압축함으로써 문화예술 공연이나 전시의 내용을 제목만 봐도 한눈에 알 수 있도록 해야 한다. 보도 내용을 제목에 한두 마디로 압축해서 흥미를 느끼도록 작성해야 하는 이유도 그 때문이다.

7) 리드

리드(lead)는 제목 다음에 곧바로 이어지는 첫 문장으로 제목과 본문을 연결하는 글이다. 리드를 작성할 때는 전체 내용을 쉽고 명확히 요약하거나 독자에게 직접 이야기하듯이 써야 한다. 공연이나 전시 장면을 묘사하며 필요하다면 경구나 논평을 인용해도 좋다. 그림 하나를 보여 주듯 풀어 쓰고 흥미를 유발하는 내용을 담아, 필요하다면 최상급 표현을 써도 된다(임연철, 2007).

8) 본문

본문의 첫 문단에 육하원칙(5W1H)에 따라 중요한 정보를 제시하고, 더 중요한 내용에서 덜 중요한 내용 순으로 정리해야 한다. 본문의 효과를 극대화하려면 문화예술 공연이나 전시의 핵심 사항을 적시하고, 관객이나 관람객이 얻을 수 있는 혜택을 강조해야 한다. 이때 쓸데없이 장황한 배경지식은 불필요하며, 과장해서 소개하는 방식도 피해야 한다. 필요하다면 저명한 비평가의 호평을 보도자료의 본문에 적극 인용하는 것도 좋다.

9) 공지 사항

문화예술 공연이나 전시의 제목, 주최 및 주관 기관, 일시, 장소, 입장료, 주요 연락처를 별도의 항목에 일목요연하게 정리해서 제시해야 한다. 늘 바쁜 기자들은 보도자료의 본문을 차분하게 읽어 볼 시간이 없을 때도 많다. 기자들이 핵심 사항만 대강 훑어보고 단신 기사를 쓸 수도 있기 때문에, 이상의 공지 사항 내용을 절대로 누락시키면 안 된다.

10) 붙임자료

보도자료에 본문 이외의 자료를 상세히 추가할 필요가 있다면 1, 2, 3 순으로 번호를 매겨 덧붙이고 붙임자료의 제목을 밝혀야 한다. 붙임자료의 마지막 부분에는 '–끝–'이라고 표시함으로써, 보도자료에 더 이상 추가할 내용이 없다는 사실을 밝히는 것으로 보도자료 하나가 완성된다.

제20장

문화예술의 통합적 마케팅 커뮤니케이션

1. 마케팅과 커뮤니케이션의 통합

통합적 마케팅 커뮤니케이션(IMC: Integrated Marketing Communication)이란 다양한 커뮤니케이션 수단을 통합적으로 활용해 커뮤니케이션 효과를 높이기 위한 마케팅 커뮤니케이션 계획으로(Duncan & Caywood, 1996), 기업의 마케팅 커뮤니케이션 활동의 주요 전략으로 활용되어 왔다. 기업에서는 보다 포괄적인 관점에서 마케팅 커뮤니케이션 활동을 전개해야 할 필요성이 커지면서 판매 촉진 수단들을 전략적으로 통합시킬 방안을 모색했다. 이때 마케팅 커뮤니케이션 활동에 필요한 다양한 촉진 요인을 조화시키는 문제가 핵심 관건이었다.

미국광고회사협회(American Association of Advertising Agencies)는 통합적 마케팅 커뮤니케이션을 "광고, DM, 판매 촉진(SP), PR 등 다양한 커뮤니케이션 수단의 전략적 기능을 비교 검토하고 명료성과 일관성을 높여 커뮤니케이션 효과를 극대화하기 위해 다양한 수단을 통합시켜 통합의 부가 가치를 인식하게 하는 마케팅 커뮤니케이션 전략"으로 정의했다. 이 정의에서는 커뮤니케이션 효과를 극대화하는 데 필요한 모든 형태의 판매 촉진 활동을 활용하는 과정을 강조했다.

통합적 마케팅 커뮤니케이션이 기업의 판매 촉진 프로그램만이 아닌 고객들과의 브랜드 접촉점을 관리하는 총체적인 마케팅 커뮤니케이션 전략을 개발하는 방향으로 전개되어야 한다는 더욱 광범위한 관점도 제시되었다. 이 관점은 많은 기업에서 지지했는데, 기업에서는 통합적 마케팅 커뮤니케이션을 소비자에게 제품과 브랜드에 대해 일관된 메시지를 전달하기 위해 마케팅 커뮤니케이션 프로그램을 통합적으로 관리하는 방안이라고 인식했다.

문화예술기관이나 단체 또는 문화예술작품에 대한 마케팅 커뮤니케이션 활동에서도 통합적 마케팅 커뮤니케이션(IMC) 개념을 적용하면 상당한 성과를 기대할 수 있을 것이다. 작품(Product), 가격(Price), 장소(Place), 판촉(Promotion), 사람(People), 물적 증거(Physical evidence), 과정(Process), 생산성과 품질(Productivity & quality)이라는 여덟 가지 마케팅 믹스 요인을 어떻게 통합적으로 운용하느냐에 따라 마케팅 커뮤니케이션의 효과도 달라지기 때문이다(김병희, 2015a; Bernstein, 2014; Zeithaml, Bitner, & Gremler, 2012).

통합적 마케팅 커뮤니케이션 활동에서는 상품과 서비스에 대한 모든 소비자 정보를 관리하고, 이해관계자 집단에게 전할 수 있는 다양한 커뮤니케이션 영역을 고려해 모든 브랜드 접촉점(brand contact point)에서 소비자와 관계를 맺으려고 노력해야 한다(Fortini-Cambell, 1994). 따라서 작품, 가격, 유통경로, 판촉 같은 마케팅 요인을 부분적으로 이해하지 말고 전체적으로 파악하는 통합적 시각을 가져야 하며, 무엇보다 문화예술 소비자의 관점에서 정보를 해석해야 한다. 통합적 마케팅 커뮤니케이션을 판매 촉진의 관점에서 좁은 의미로 해석하는 경우도 있지만 그런 관점은 지지를 얻지 못한다. 통합적 마케팅 커뮤니케이션의 핵심 내용은 다음의 네 가지로 요약할 수 있다.

첫째, 다양한 커뮤니케이션 수단을 사용해야 한다.

둘째, 다양한 커뮤니케이션 수단을 통합적으로 활용해야 한다.

셋째, 다양한 커뮤니케이션 수단을 바탕으로 전략적 의사결정을 해야 한다.

넷째, 마케팅 커뮤니케이션 기획의 가치를 실현해야 한다.

문화예술기관이나 단체 또는 문화예술작품에 따라 주어진 마케팅 예산이나 환경이 다르다. 따라서 전통적인 4P 요인(작품, 가격, 장소, 판촉)만 강조할 것인지, 아니면 새롭게 추가된 4P 요인(사람, 물적 증거, 과정, 생산성과 품질)을 더해 8P 요인 모두를 가동할 것인지 객관적으로 분석해야 한다. 그런 다음에 통합적 마케팅 커뮤니케이션 활동을 전개할 방안을 모색해야 한다.

통합적 마케팅 커뮤니케이션 전문가들은 마케팅의 4P 요인에서 4C 요인으로 인식을 바꿔야 소비자와의 호의적인 관계가 구축된다고 강조해 왔다. 소비자와 구체적인 관계 설정을 하려면 IMC 기획 과정에서 브랜드 접촉점을 고려해야 하는데, 기존 마케팅의 4P 요인에서 4C 요인으로 인식을 바꿔야 브랜드 접촉점을 고려할 수 있다는 것이다(Schultz, Tannenbaum, & Lauterborn, 1994). 이를 문화예술 마케팅에 대입해서 설명해 보면 다음과 같다.

문화예술기관이나 단체의 마케팅 기획자들은 문화예술작품 자체보다 소비자들이 원하는 '고객 가치'(Product → Consumer value)를 연구해야 하며, 가격 자체보다 소비자들이 시간을 내서 공연이나 전시를 보려고 이동할 때 치러야 하는 '고객 비용'(Price → Cost to consumer)을 이해해야 한다. 나아가 공연장이나 전시장의 단순한 위치뿐만 아니라 티켓 구매의 '편리성'(Place → Convenience)을 고려해야 하며, 일방적인 판매 촉진의 개념에서 벗어나 소비자와 상호작용하는 양방향적 '의사소통'(Promotion → Communication)을 고려해야 한다(Schultz, Tannenbaum, & Lauterborn, 1994). 통합적 마케팅 커뮤니케이션은 소비자 세분화와 데이터베이스 마케팅이 활발히 전개됨으로써 그 유용성이 입증되었다. 통합적 마케팅 커뮤니케이션(IMC)의 단계별 진화 과정

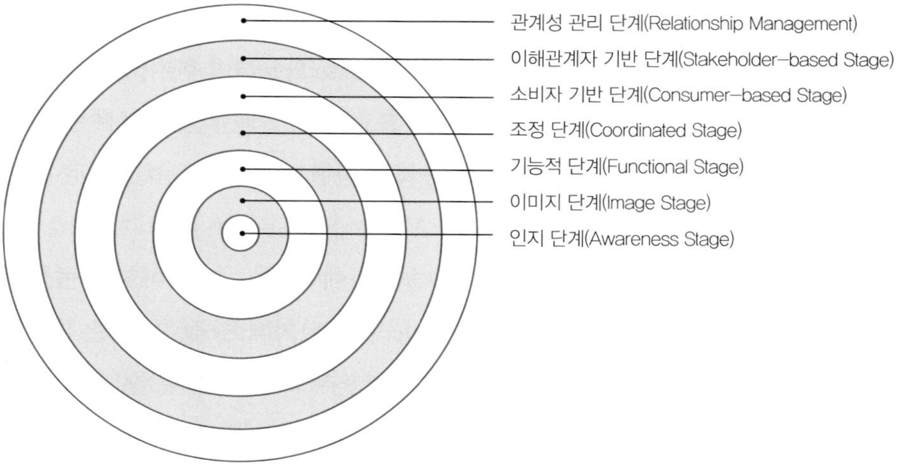

[그림 20-1] 통합적 마케팅 커뮤니케이션의 단계별 진화 과정

은 [그림 20-1]과 같다(Duncan & Caywood, 1996, p. 22).

제1단계(인지 단계)에서는 시장 환경의 변화에 따라 커뮤니케이션의 통합적 운용과 이해관계자 집단과의 좋은 관계를 모색해야 한다. 환경 변화에 대한 인식과 더불어 새로운 경영 시스템이 필요한 단계인데, 마케팅 커뮤니케이션 수단들을 통합시킬 방안을 모색해야 한다.

제2단계(이미지 단계)에서는 마케팅 커뮤니케이션 활동에 있어서 주로 외적으로 드러나는 부분들의 통합을 지향해야 한다. 일관된 메시지와 관점을 바꾸지 않고 유지함으로써 메시지와 매체의 일관성을 확보할 수 있는 합리적인 의사결정을 하도록 노력하는 단계다.

제3단계(기능적 단계)에서는 업무상 독립성을 유지하면서 커뮤니케이션 목표를 달성할 수 있도록 분야별 역할과 장단점을 비교한 다음 전략을 수립해야 한다. 광고 PR 활동의 강점과 약점을 전략적으로 분석하고, 다양한 마케팅 커뮤니케이션 프로그램을 마련해야 한다.

제4단계(조정 단계)에서는 마케팅 목표에 따라 모든 커뮤니케이션 분야를 동등하게 고려해 예산 배정, 효과 측정, 성과 보상 문제를 팀 단위로 평가해야 한다. 마케팅 활동에 기여할 수 있는 잠재력을 확인하고, 인적 판매 기능을 마케팅 커뮤니케이션 요소들과 통합시켜야 한다.

제5단계(소비자 기반 단계)에서는 현재 고객과 잠재 고객의 인구통계적 · 사회심리적 · 행동적 특성에 대한 자료를 바탕으로 소비자의 브랜드 접촉점을 관리하고 고객 만족도를 높여야 한다. 가장 효과적인 채널을 선정해 표적 소비자에게 포지셔닝 전략을 전개하는 것도 중요하다.

제6단계(이해관계자 기반 단계)에서는 종업원, 지역사회, 정부, 언론을 비롯한 이해관계자 집단을 대상으로 소통 전략을 수립해야 한다. 단순한 판촉 활동에서 벗어나 기능을 확장시키고, 표적 소비자 이외의 다양한 사람도 이해관계자의 범위에 포함시키려고 노력해야 한다.

제7단계(관계성 관리 단계)에서는 최고 의사결정자부터 소통의 기능을 중시하고 질적 향상을 모색하기 위해 여러 집단과 전략적으로 제휴해야 한다. 기획자들과 원활하게 소통함으로써 마케팅의 관리 기능을 강화하고, 다른 조직들과도 다방면에 걸쳐 직접 접촉할 필요가 있다.

통합적 마케팅 커뮤니케이션(IMC)은 전통적인 마케팅 믹스를 소비자의 관점에서 다시 살펴봐야 한다는 인식을 변화시켰다. IMC의 일관된 목표는 다양한 커뮤니케이션 계획을 통합하고 조정해 장기적이고 체계적인 관점에서 소비자 행동을 유발하고 시너지 효과를 창출하는 데 있다. 그렇지만 모든 소비자의 욕구를 충족시키는 문화예술작품이나 문화예술기관은 존재하지 않는다.

따라서 문화예술작품이나 문화예술기관에 적합한 특정 소비자 계층을 선정하는 문제를 고심해야 한다. 그것이 표적 마케팅(target marketing)을 시도하는 전략적 과정이다. 시장의 확인, 시장 세분화 전략, 시장 표적화 전략, 포지셔닝 전략의 단계를 거쳐 표적시장의 마케팅 활동이 완성된다. 문화예술기관이나 단체 또는 문화예술작품을 위한 IMC 활동에서는 다음과 같은 맥락을 고려해 실행해야 한다.

첫째, 문화예술 소비자의 행동 유발에 구체적인 영향을 미쳐야 한다. 마케팅 커뮤니케이션 활동이 단지 문화예술기관이나 단체의 인지도 향상에 영향을 미치는 데 그치거나 문화예술작품에 대한 소비자의 관심을 유도하는 데 머무르면 안 된다. 나아가 티켓 구매 행동처럼 구체적인 행동을 유발하는 IMC 활동을 전개해야 한다.

둘째, 문화예술 소비자에게 도달할 수 있는 접촉 수단을 두루 활용해야 한다. 광고를 비롯한 전통적인 커뮤니케이션 수단에만 의존하면 성과가 떨어진다. 목표하는 문화예술 소비자에게 도달할 수 있는 효과적인 수단을 두루 동원해야 한다. 디지털 미디어를 비롯한 다양한 접촉 수단을 두루 활용해서 IMC 활동을 전개해야 한다.

셋째, 문화예술 소비자의 내면적인 욕구를 파악하는 데서부터 IMC 활동을 시작해야 한다. 보통의 상품을 구매할 때와 공연 티켓을 살 때, 문화예술 소비자들이 느끼는 내면 심리에는 차이가 있다. 소비자 심리를 섬세하게 분석하는 데서부터 IMC 활동을 시작해야 하는 것도 이 때문이다. 소비자의 관점에서 출발하지 않으면 실패할 가능성이 높다.

넷째, 마케팅 커뮤니케이션 수단들의 기능을 적절하게 조정하는 활동이 필요하다. IMC의 핵심 목표는 여러 가지 마케팅 수단을 활용해 시너지 효과를 높이는 데 있다. 문화예술기관이나 단체의 브랜드 정체성을 구축하고 문화예술 소비자에게 티켓 구매를 유도하려면 시너지를 일으킬 수 있는 구체적인 IMC 전술을 구사해야 한다.

다섯째, 마케팅 커뮤니케이션의 효과를 높이기 위해 소비자들과의 관계 구축을 시도해야 한다. 문화예술기관이나 단체가 문화예술 소비자와 지속적으로 좋은 관계를 유지하려면 마케팅 커뮤니케이션 활동 전반에 걸쳐 통합적 관점을 견지해야 한다. 미디어 믹스 전략으로 메시지를 관리함으로써 소비자와의 지속적인 관계를 구축하는 전략이 필요한 것도 이 때문이다.

2. 통합적 마케팅 커뮤니케이션 관리

IMC의 효과에 대한 인식이 마케팅 기획자들 사이에서 확산되자, IMC는 기업이 고객이나 이해관계자들과 소통하고 관계를 구축하는 데 있어서 효과적으로 기여하는 업무 과정으로 인식되었다. 돈 슐츠(Don Schultz) 교수는 이런 맥락을 반영해 IMC를 "소비자, 고객, 예상 고객, 종업원, 협회, 내 · 외부의 목표 수용자를 대상으로 조화롭고, 측정 가능하며, 설득력 있는 브랜드 커뮤니케이션 프로그램을 지속적으로 계획하고 개발하고 실행하고 평가하는 전략적 업무 과정"으로 정의했다. IMC의 단기적 목표는 재정적 이익을 창출하는 데 있고, 장기적 목표는 브랜드 가치와 주주의 가치를 높이는 데 있다.

이와 같은 IMC의 정의에는 몇 가지 중요한 함의가 내포되어 있다. IMC를 다양한 커뮤니케이션 활동을 전술적으로 통합한 단순한 활동으로 간주하지 않고, 지속적으로 진행되는 전략적 업무 과정으로 인식했다는 사실이다. 그 과정에서 고객, 예상 고객, 공급업자, 투자자, 이익단체, 일반 공중 같은 외부의 수용자는 물론 종업원 같은 내부의 공중도 IMC 과정의 핵심 요소로 고려했다는 점도 매우 중요하다.

IMC의 가치와 적절성에 대한 논쟁이 계속되는 동안 비판하는 사람들보다 찬성하는 사람들이 훨씬 많았다. IMC는 고객과 이해관계자들이 관계성을 구축하고 유지하는 새로운 마케팅 접근법으로 인정받았다. 일부 학자는 IMC가 의심할 여지없이 20세기의 마지막 10년 동안 이루어진 가장 중요한 마케팅 커뮤니케이션 접근법이라고 평가하기도 했다.

문화예술기관이나 단체의 마케팅 기획자는 주어진 예산으로 문화예술 공연이나 전시의 효과를 극대화하기 위해 마케팅 커뮤니케이션 전략을 통합적으로 관리하고 실행해야 한다. 미디어의 혁신성이나 기술적 우위와는 별도로, 어떤 미디어가 마케팅 커뮤니케이션의 도구로 적합한지, 비용 효율성이 얼마나 높은지를 객관적인 자료를 바탕으로 치밀하게 분석한 다음 전략을 실행해야 하는데, 그렇게 하려면 IMC 과정을 체계적으로 관리하도록 기획해야 한다는 것이 IMC의 가치로 인식되었다.

1) 통합적 마케팅 커뮤니케이션의 기획

문화예술기관이나 단체는 IMC 전략을 기획할 때 프로그램의 효과를 높이려면 촉진 요소의 장단점을 비교해 촉진 믹스의 여러 요소를 결합시켜야 한다. IMC 기획의 핵심은 목표하는 문화예술 소비자에게 마케팅 커뮤니케이션 활동을 효과적으로 수행하기 위해 촉진 믹스의 요소들을 평가하고 통제하는 데 있다. 따라서 마케팅 커뮤니케이션 기획자들은 마케팅 목표와 커뮤니케이션 목표를 달성하기 위해 어떤 촉진 수단을 활용하고 그 수단들을 어떻게 통합할 것인지 세부적인 프로그램을 마련해야 한다.

문화예술기관이나 단체에서는 마케팅 커뮤니케이션에 관련된 전체 예산을 촉진 믹스의 여러 요소에 알맞게 배분할 방법도 결정해야 한다. 주어진 예산을 광고, PR, 판매 촉진, 인적 판매 등에 어떻게 할당할 것인지도 판단해야 한다. 그래서 마케팅 커뮤니케이션 프로그램을 개발해 효과를 높이기 위해서는 기획력이 중요할 수밖에 없다. IMC에서 기획력은 문화예술기관이나 단체의 IMC 프로그램을 개발하고 이행하게 하는 요체다. 마케팅 기획자들은 촉진 믹스의 요소들을 선택하고, 각각의 요소들을 어떻게 통합하고 실행할 것인지, 그리고 성취 결과를 어떻게 평가할 것인지 결정해야 한다.

2) 마케팅 기획의 검토

IMC 기획의 첫째 단계는 마케팅 계획과 목표를 검토하는 것이다. 촉진 계획을 세우기에 앞서 마케팅 기획자들은 문화예술기관이나 단체가 이전에 어떤 평판을 얻었고, 문화예술 시장에서의 현재 위치는 어떠하며, 앞으로 어떤 방향으로 나아갈 것인지에 대한 계획을 세워야 한다. 나아가 목표 지점에 도달할 수 있는 구체적인 실행 방안에 정보의 대부분을 포함시켜야 한다. 마케팅 기획서는 문화예술기관이나 단체에 필요한 전반적인 마케팅 전략과 프로그램을 기술해 놓은 문서다. 마케팅 기획서는 다양한 형식으로 작성되며, 보통 다음과 같은 다섯 가지 기본 요소를 포함해야 한다.

첫째, 상황 분석의 내용을 상세히 기술해야 한다. 내부적인 마케팅 자료를 검토하는 동시에 시장에서의 경쟁 상황 같은 외적 환경 요인도 분석해야 한다. 둘째, 구체적인 마케팅 목표를 설정해야 한다. 마케팅 활동의 방향과 일정은 물론 성과 측정의 기준이나 방안을 제시해야 한다. 셋째, 마케팅 전략과 프로그램을 분석한 내용을 포함시켜야 한다. 목표하는 문화예술 시장을 명시하고 문화예술 마케팅 믹스의 8P 요인을 결정해야 한다. 넷째, 마케팅 전략의 실행 프로그램을 제시해야 한다. 실행 프로그램에 수행하려는 과업의 내용과 구체적인 기능을 포함시켜야 한다. 다섯째, 성과를 평가해 피드백하려는 내용도 포함시켜야 한다. 성과를 평가해 피드백을 제공하면 문화예술 마케팅 커뮤니케이션 활동을 체계적으로 관리할 수 있고, 필요에 따라 변화를 시도할 수도 있다.

문화예술기관이나 단체에서는 마케팅 전략의 일환으로 촉진 계획을 수립한다. 따라서 촉진 계획을 수립하는 마케팅 기획자들은 마케팅 프로그램에서 광고와 그 밖의 촉진 믹스 수단의 기능과 기대 효과를 충분히 이해해야 한다. 촉진 계획은 마케팅 계획과 유사한데, 보통 마케팅 계획서에 제시된 상세한 정보를 바탕으로 촉진 계획을 수립하면 된다.

3) 촉진 프로그램의 상황 분석

마케팅 계획을 전반적으로 검토한 다음에는 촉진 프로그램의 상황 분석을 실시해야 한다. IMC 프로그램에서 상황 분석을 실시할 때는 촉진 전략을 개발하는 데 영향을 미치거나 관련되는 요인들에 초점을 맞춰야 한다. 촉진 프로그램의 상황 분석에는 내부 분석과 외부 분석이라는 두 가지가 있다.

첫째, 내부 분석에서는 문화예술기관이나 단체 또는 문화예술작품과 관련되는 분야를 평가하게 된다. 촉진 프로그램을 성공적으로 개발하고 이행할 수 있는 역량을 갖췄는지, 촉진 담당 부서의 조직 구성은 어떤지, 그리고 이전 프로그램의 성공과 실패 여부가 어떠했는지를 검토하게 된다. 내부 분석을 실시하는 과정에서 문화예술기관이나 단체에서 촉진 프로그램의 어떤 영역을 실행하는 데 문제가 있는지 현실을 인식할 수 있다. 불가능한 영역이 나타나면 광고회사나 PR 회사 같은 전문회사에 촉진 프로그램을 대행시키는 방안도 모색할 수 있다.

내부 분석을 통해 문화예술기관이나 단체의 이미지에 대한 강점과 약점을 평가할 수도 있다. 문화예술기관이나 단체의 이미지는 티켓 판매는 물론 문화예술 촉진 프로그램의 성공 여부에 결정적인 영향을 미친다. 새로운 문화예술기관이나 단체가 브랜드 이미지를 구축하려고 노력하는 것도 그 때문이다. 어떤 문화예술기관이나 단체가 사회적으로 중요하다는 이미지를 구축하는 데 성공하면, 자연스럽게 마케팅 커뮤니케이션 활동의 성과로 연결된다. 내부 분석을 실시하지 않고 문화예술기관이나 단체의 이미지를 제고하는 활동을 경시한다면 촉진 프로그램을 성공적으로 전개하기 어렵다.

둘째, 외부 분석에서는 문화예술 소비자의 특성, 문화예술 시장의 세분화, 포지셔닝 전략, 경쟁 상황 같은 외적 요인을 분석하는 데 초점을 맞춘다. 외부 분석을 통해 소비자의 특성에 따른 티켓 구매 유형, 의사결정 과정 그리고 문화예술 소비자의 구매 의사결정에 영향을 미치는 요인들을 자세히 파악할 수 있다. 설문조사를 실시해 소비자의 태도나 라이프 스타일 같은 구매 의사결정 요인을 확인할 수도 있다. 외부 분석을 실시하는 과정에서의 핵심 요소는 시장의 상황을 평가하는 활동이다. 문화예술 마케팅 기획자는 여러 세분시장의 매력을 분석한 다음 목표하는 세분시장을 결정해야 한다. 표적시장을 결정한 다음에는 문화예술기관이나 단체 또는 문화예술작품을 포지셔닝할 지점을 결정해야 한다.

촉진 프로그램에 대한 상황 분석을 실시할 때는 경쟁하는 문화예술기관이나 단체 또는 문화예술작품에 대해서도 두루 검토해야 한다. 마케팅 상황 분석에서도 경쟁사를 분석하지만, 이 단계에서는 경쟁하는 문화예술기관이나 단체 또는 문화예술작품의 촉진 활동에 분석을 집중해야 한다. 예컨대, 경쟁하는 문화예술기관이나 단체의 촉진 예산의 규모, 미디어 전략, 메시지 전략도 고려해야 한다. 나아가 외부 분석을 하는 과정에서 마케팅 환경의 흐름과 촉진 프로그램에 미치는 영향도 예측함으로써 문화예술기관이나 단체 또는 문화예술작품의 촉진 활동에 부정적인 영향을 미치는 장애 요인을 사전에 차단할 수 있는 대안도 마련해야 한다.

4) 커뮤니케이션 과정 분석과 예산 결정

이 단계에서는 표적시장에서 문화예술기관이나 단체가 문화예술 소비자들과 어떻게 효과적으로 소통할 것인지 검토해야 한다. 마케팅 기획자는 문화예술 소비자들이 마케팅 커뮤니케이션 활동에 어떻게 반응하도록 할 것인지, 그리고 정보원 요인과 메시지 요인 및 미디어 요인을 활용하는 방안도 결정해야 한다. 다양한 형태의 판촉 메시지는 문화예술 소비자에게 영향을 미친다. 따라서 그 메시지가 문화예술기관이나 단체 또는 문화예술작품에 적합한지도 판단하고, 나아가 미디어 믹스에 따른 비용의 효율성도 검토해야 한다.

커뮤니케이션 과정에서는 커뮤니케이션 목표와 마케팅 목표를 구분해야 한다. 마케팅 목표는 보통 구매 의도나 시장점유율 같은 용어를 사용해 기술하며, 마케팅 프로그램을 어떻게 전개하느냐에 따라 목표 달성 여부가 결정된다. 커뮤니케이션 목표란 문화예술기관이나 단체에서 촉진 프로그램을 가동했을 때 달성하고자 하는 효과다. 커뮤니케이션 목표는 문화예술기관이나 문화예술작품에 대한 인지도나 선호도를 얼마나 높일 것인지를 제시하는 구체적인 수치로 표현해야 한다.

커뮤니케이션 목표를 결정한 다음에는 촉진 프로그램을 가동할 예산 규모를 결정해야 한다. 이때 기본적인 질문 두 가지를 반드시 짚어 봐야 한다. 촉진 프로그램에 비용을 얼마나 투입할 것인지, 그리고 예산을 어떻게 확보할 것인지가 그것이다. 촉진 활동을 위한 예산이 넉넉한 경우는 없다. 따라서 최저 비용으로 커뮤니케이션 효과를 달성할 수 있도록 현실적으로 가능한 예산을 편성하고 비용 효율성의 문제를 따져 봐야 한다.

5) 프로그램의 개발과 평가

IMC의 촉진 프로그램은 전문가들이 함께 머리를 맞대며 개발해야 한다. 촉진 믹스의 모든 요소는 장점과 한계를 동시에 지니고 있다. 따라서 이 단계에서는 각 요소의 기능과 중요도의 우선순위를 조정해야 한다. 마케팅 기획자가 마케팅 전략을 결정한 다음에는 촉진 프로그램을 실행하게 된다. 목표하는 문화예술 소비자에게 전달할 핵심 메시지와 미디어를 결정한 다음 실행하면 된다. 이 과정에서 프로그램의 개발을 광고회사, PR 회사, 판매 촉진 회사에 의뢰할 수도 있다.

통합적 마케팅 커뮤니케이션의 기획 과정에서 마지막 단계는 촉진 프로그램을 점검하고 조정하고 평가하는 일이다. IMC 프로그램이 커뮤니케이션 목표를 어느 정도 달성했는지, 문화예술기관이나 단체가 마케팅 목표를 달성하는 데 얼마나 기여했는지도 평가해야 한다. IMC 기획자는 촉진 프로그램의 성공 여부에 관심이 더 가겠지만 성공에 영향을 미친 요인을 현실적 맥락에서 분석해야 한다.

기획 과정의 마지막 단계에서는 문화예술기관이나 단체의 마케팅 기획자에게 IMC 프로그램의 효과에 대한 정보를 계속 제공하는 것이 중요하다. 나아가 마케팅 믹스 요인을 문화예술 소비자들의 브랜드 만족도와 연결시키려고 노력해야 한다. IMC를 넘어서 통합적 브랜드 커뮤니케이션(IBC: Integrated Brand Communication)을 시도하면 장기적으로 문화예술기관이나 단체에 대한 좋은 이미지를 문화예술 소비자의 마음속에 남길 수 있다.

3. 마케팅 PR

마케팅 PR은 1990년대 초반에 토머스 해리스(Harris, 1993) 교수가 마케팅 활동을 지원하기 위해 실행되는 PR 활동을 마케팅 PR이라고 명명하면서 시작되었다. 마케팅 영역은 왜 PR(홍보)이라는 다른 영역이 필요하게 되었을까? PR 영역은 마케팅이라는 다른 영역이 왜 필요하게 되었을까? 마케팅 PR(MPR)은 브랜드를 알리기 위해 제시된 개념이지만, 소비자에게 문화예술 작품에 대한 호의적인 태도를 형성할 필요가 있는 문화예술기관이나 단체의 PR 활동에도 직접 관련된다.

마케팅 환경이 복잡해지면서 상품, 가격, 유통, 판촉 같은 마케팅 믹스의 4P만으로는 마케팅 활동을 전개하기 어렵다는 한계가 나타났다. 문화예술 마케팅에서도 기존의 4P에 새로운 4P를 추가해 작품(Product), 가격(Price), 장소(Place), 판촉(Promotion), 사람(People), 물적 증거(Physical evidence), 과정(Process), 생산성과 품질(Productivity & quality)이라는 8P 요인에 따라 마케팅 활동을 전개해야 할 필요성이 더욱 높아졌다(김병희, 2015a). PR 전문가들도 브랜드나 서비스에 대해 아무리 열심히 알려도 소비자들이 시장에서 구매하지 않는다면 무의미한 상황인데, 이때 마케팅 활동이 뒷받침된다면 PR 효과도 높아진다는 사실을 깨달았다.

세상에는 방대한 분량의 마케팅 개론서가 있지만 마케팅 교과서의 내용을 한 마디로 요약하면 '장보기'라고 할 수 있다. 간단히 말해서, 소비자들이 어떤 상품이나 브랜드에 대해 좋은 느낌을 가지고 구매하도록 시장(market)에서 계속해서(ing) 장보기를 권유하는 모든 행위가 마케팅이다. 어쨌든 마케팅과 PR이 만나 마케팅 PR이라는 새로운 용어가 탄생했는데, 마케팅 PR은 전통적인 PR의 개념과 달리 PR 기법을 마케팅에 적용한 세분되고 특화된 PR 활동이다(김병희, 2013. 1. 18.).

미디어 환경이 복잡해지고 정보가 너무 많아 메시지 효과도 계속 감소하는 상황에서 마케팅 전략에 PR 개념을 접목하면 효과적인 해결책을 찾을 수 있다. 마케팅 PR의 개념을 종합한 해리스는 '마케팅 목표를 달성하기 위해 실행하는 모든 일'이 PR 활동이라고 설명했다. 해리스는 주주 관계나 소비자 관계 같은 공중 관계에 대한 모든 것을 기업 PR로, 상품의 판촉 활동에 필요한 PR 활동을 마케팅 PR로 규정하고, 마케팅 PR을 기업 PR과 구분했다. 그는 소비자의 구매와 만족감을 자극하기 위한 기획, 실행, 평가의 과정이 마케팅 PR이라고 설명했다(Harris, 1991, 1993).

마케팅 PR(MPR) 전략에는 대변인 MPR, 관계 마케팅 MPR, 전략적 사회 공헌 MPR, 공익 연계 MPR, 사이코그래픽스 데이터베이스 MPR, 신상품 MPR, 옛 상품을 되살리는 MPR, 소비자를 친구로 만드는 MPR, 프로모션 강화 MPR, 위기를 기회로 만드는 MPR 등 여러 가지가 있을 수 있다(신호창, 2014). 그렇지만 다양한 마케팅 수단을 동원해 시너지 효과를 모색하는 모든 활동을 마케팅 PR로 보기는 어렵다. 마케팅 PR은 공익성 메시지를 바탕으로 신뢰성을 확보함으로써 궁극적으로 공중과의 장기적인 관계를 구축하는 데 그 목적이 있다. 따라서 마케팅 PR은 공공성을 추구하는 문화예술기관이나 문화예술작품에 가장 적합한 PR 활동이라고 할 수 있다.

종합하면, 마케팅 PR은 어떤 문화예술기관이나 단체에서 현재의 고객과 잠재 고객에게 기관의 이미지나 문화예술작품에 대해 호의적인 관계 설정을 유도하기 위해 공익적인 연계를 시도하는 동시에 모든 문제를 관객이나 관람객의 입장에서 출발하는 일련의 기관 커뮤니케이션 활동이다(김병희, 2015a). 공익성 개념을 강조하는 마케팅 PR은 광고에 비해 신뢰성을 확보하기 쉽고 문화예술 소비자로부터 피드백을 더 빨리 받을 수 있다. 문화예술기관이나 단체의 마케팅 PR 활동에서 가장 중요하게 고려해야 할 가치는 공익성을 바탕으로 관객이나 관람객의 신뢰를 얻는 것이다.

1) 마케팅 PR 전략

마케팅 PR 활동에서는 미디어의 뉴스 가치와 소비자의 흥미라는 2개의 축에 따라 전략의 기준을 설정한다. 이를 해리스 그리드 모형(Harris Grid Model)이라고 하며, 상품의 특성에 따라 어떤 마케팅 PR 전략을 적용할 것인지 그 기준을 정할 수 있다. 해리스 그리드 모형에 의하면 네 가지 영역에 따라 마케팅 PR의 전략을 마련하는 방법이 달라진다. 이 모형에 따라 마케팅 PR 전략을 수립하는 방법은 〈표 20-1〉과 같다(한정호, 2007).

〈표 20-1〉 마케팅 PR 전략의 수립 방법

		미디어	
		높은 뉴스 가치	낮은 뉴스 가치
소비자	높은 흥미	① 영역 컴퓨터, 자동차, 오락물	③ 영역 맥주, 음료, 운동화
	낮은 흥미	② 영역 수프, 시리얼, 아스피린	④ 영역 담배, 자동차 머플러, 쿠키

첫째, ① 영역은 미디어의 뉴스 가치와 소비자의 흥미가 모두 높은 경우다. 이때는 가시성이 높은 마케팅 PR 캠페인을 전개해야 한다. 예를 들어, 뮤지컬 〈캣츠〉의 내한 공연에 앞서 고양이 이벤트를 대대적으로 전개할 수 있다.

뉴스나 기사 거리를 제공하고, 고양이의 가면이나 망토를 활용해 판촉 활동을 전개하고, 주인공 고양이를 방송에 출연시켜 전국에 소개할 수 있다. 일반 기업에서는 신차 출고나 스마트폰의 새 모델을 소개할 때 ① 영역의 전략을 자주 활용한다.

둘째, ② 영역은 미디어의 뉴스 가치는 높지만 소비자의 흥미가 떨어지는 경우이니, 이때는 문화예술작품에 대한 새로운 뉴스거리를 만들어 제공해야 한다. 문화예술 소비자들이 어떤 문화예술 공연이나 전시의 티켓을 구매해야 할 이유를 구체적으로 제시하고 소비자 혜택을 강조하는 메시지 전략을 수립해야 한다. 부모님과 어린이가 공연을 함께 보면 좋다거나, 직장에서의 회식 대신에 단체 관람을 하면 직원들이 좋아할 것이라는 그럴듯한 이유를 언론 보도를 통해 알려야 한다.

셋째, ③ 영역은 소비자의 흥미를 끌더라도 미디어의 뉴스 가치는 떨어지는 경우다. 이때는 스폰서 전략을 통해 어떤 문화예술 공연이나 전시에 대한 관심을 높여 나가야 한다. 흥미 임차 전략(borrowed-interest strategy)을 동원하는 것도 바람직한데, 이는 목표하는 소비자들의 흥미를 끌 수 있는 이벤트나 프로그램을 개발해 흥미를 유발하는 것을 말한다.

넷째, ④ 영역에서는 미디어의 뉴스 가치도 떨어지고 소비자의 흥미도 떨어지는 경우이므로 보다 특별한 전략을 마련해야 한다. 예컨대, 어떤 문화예술기관이나 문화예술작품의 이름을 내걸고 경연대회를 개최하거나 이벤트 활동을 전개하는 경우다. 일반 기업의 사례를 보면, 법적으로 담배 광고를 하지 못하는 담배회사들은 윈스톤컵(Winston Cup) 조정 경기나 버지니아 슬림(Virginia Slim) 테니스컵 대회를 개최해 회사의 지명도나 이미지를 높이고 있다.

2) 마케팅 PR의 실행 목록

문화예술작품에 마케팅 PR 개념을 적용하면 작품의 뉴스 가치를 높이고 문화예술 소비자의 흥미를 유발함으로써 티켓 구매를 유도하는 데 기여한다. 마케팅 PR 활동을 적극적으로 전개하면 문화예술작품과 관련한 소문이나 화젯거리를 확산하기 쉽다. 적극적인 마케팅 PR 활동은 결국 문화예술기관이나 단체의 이미지를 제고하는 동시에 문화예술 소비자들의 마음을 움직이는 데 영향을 미친다. 문화예술 소비자에게 흥미를 유발함으로써 티켓을 구매하도록 영향을 미치는 마케팅 PR의 A–Z 실행 목록은 다음과 같다.

즉, 시상(Awards), 책자(Books), 공모전(Contests, competitions, and created events), 실연(Demonstrations), 전시(Exhibits), 팬클럽(Fan clubs)과 축제(Festivals), 개관식(Grand openings), 긴급전화(Hot lines), 인터뷰(Interviews), 탐방 프로그램(Junkets), 핵심 쟁점(Key issues), 점심식사(Luncheons), 회합(Meetings)과 박물관(Museums), 뉴스레터(Newsletters), 공식 인증제(Official endorsement), 제품배치(PPL)와 공공 광고(Public service announcements), 설문조사(Questionnaires), 라디오 프로그램 협찬(Radio trade-for-mention contest), 샘플 제공(Sampling)과 상징물(Symbols), 미디어 투어(Tour), 서명식(Underwriting), 매개물(Vehicles)과 비디오 보도자료(VNRs: Video News Releases), 주간 간행물(Weeklies), 전문가 칼럼(Xpert columns), 청소년 프로그램(Youth programs), 영역별 프로그램(Zone programs) 같은 실행 방안들을 활용해 마케팅 PR 활동을 전개할 수 있다(김병희, 2015a; 김병희, 서상열, 2003; Harris, 1991; Harris & Whalen, 2006).

현재는 마케팅 PR이 주로 기업의 마케팅 활동의 일환으로 전개되고 있지만 문화예술기관이나 단체의 비순수성을 소비자들이 눈치채면 마케팅 PR에 대한 신뢰가 약화될 가능성도 있다. 소비자들이 정보를 생산, 유통 및 통제하는 스마트 미디어 시대에는 마케팅 PR 활동에서 어떤 한계에 봉착할 수도 있다. 이런 문제에 대한 대안으로 '마케팅+PR(MPR)'의 조합 순서를 바꿔 'PR+마케팅(PRM)'으로 전환해야 한다는 주장도 제기되었다(오창우, 2014). 문화예술기관이나 단체에서는 공공성을 바탕으로 다양한 계층이 즐길 수 있는 문화예술작품을 전시하고 공연했을 때 우호적인 공중 관계를 구축할 수 있다. 그렇기 때문에 앞으로 문화예술기관이나 단체에서는 마케팅 PR 활동을 마케팅 목적을 달성하는 데만 활용하기보다 문화예술작품과 공공성을 연계하는 노력을 강화해야 한다.

4. 촉진 믹스의 핵심 수단

문화예술기관이나 단체의 IMC 목표를 달성하는 데 필요한 수단을 선택하는 과정을 촉진 믹스(promotional mix)라고 한다. 문화예술을 위한 IMC 활동의 대부분은 정교한 촉진 프로그램에 따라 전략적으로 이루어진다. 전통적으로 인적 판매, 광고, PR(홍보), 판매 촉진(SP), 입소문이라는 다섯 가지 수단이 촉진 믹스에 주로 활용되었다. 현대 마케팅에서는 이들 다섯 가지 수단 외에도 직접 마케팅(direct marketing)과 상호작용 미디어(interactive media)를 촉진 믹스의 주요 수단으로 추가하기도 한다(강승구, 김병희, 오창우, 2014).

촉진 믹스에 활용되는 전통적인 다섯 가지 수단에 대해서는 제7장 '촉진의 특성과 효과'에서 설명했다. 다시 앞으로 돌아가서 제7장의 내용을 살펴보기를 바란다. 여기에서는 문화예술기관이나 단체에서 활용할 수 있는 직접 마케팅과 상호작용 미디어에 대해 추가로 설명하기로 한다. 나아가 디지털 융합 시대에 접어들어 그 가치를 더욱 인정받고 있는 크로스 미디어 동영상과 다양한 PR 전술 매체에 대해 알아보기로 하자.

1) 직접 마케팅

직접 마케팅(direct marketing)이란 문화예술기관이나 단체가 문화예술작품의 티켓 판매를 유도하기 위해 목표 고객과 직접 소통하는 촉진 활동이다. 직접 마케팅은 전통적으로 촉진 믹스의 핵심 수단은 아니었지만, IMC 프로그램에서 타깃 고객과 직접 소통하는 핵심 기능 때문에 촉진 믹스의 주요 수단으로 주목받았다. 직접 마케팅과 직접 마케팅 미디어는 구분할 필요가 있다. 직접 마케팅은 마케팅 리서치, 세분화, 평가를 포함하는 총체적인 마케팅 활동의 일부이며, 텔레마케팅 같은 직접 반응 기법을 활용한다.

미국 직접마케팅협회(DMA: Direct Marketing Association)에서는 주문을 직접 유도하고, 앞서가게 하고, 고객의 규모를 확대하는 것이 직접 마케팅의 세 가지의 목적이라고 했다. 직접 마케팅 프로그램을 성공적으로 실행하려면 프로그램의 목적이 무엇인지, 어느 시장을 목표로 할 것인지, 마케팅 전략을 어떻게 구사할 것인지, 프로그램의 효과를 어떻게 평가할 것인지, 사전에 주도면밀한 계획을 세워야 한다. IMC 프로그램을 운용하는 과정에서 기대할 수 있는 직접 마케팅의 기능은 다음과 같다.

첫째는 직접 마케팅과 광고의 결합으로, 직접 마케팅 자체만으로도 광고의 기능을 수행한다. 둘째는 직접 마케팅과 PR의 결합으로, PR 활동을 직접 반응 마케팅 활동과 연계할 수 있다. 셋째는 직접 마케팅과 인적 판매의 결합으로, 문화예술기관을 비롯한 비영리 조직에서도 텔레마케팅과 직접 판매 기법을 자주 활용한다. 넷째는 직접 마케팅과 판매 촉진의 결합으로, DM을 비롯한 다양한 직접 마케팅 기법을 활용할 수 있다.

직접 마케팅 활동의 일환인 직접반응 광고는 문화예술기관이나 단체에서 작품의 공연 티켓이나 전시 티켓을 구매하도록 소비자에게 권고함으로써 문화예술의 소비를 촉진한다. 전통적으로 직접우편(DM)은 직접반응 광고의 주요 수단이었다. 라이프 스타일의 변화에 따라 가구당 소득은 늘어도 쇼핑 시간은 줄었지만, 신용카드의 사용 빈도가 늘어나면서 직접반응 광고의 영향에 따라 제품을 구매하는 사례는 증가했다. 인터넷과 모바일 미디어가 급성장함에 따라 직접 마케팅 기법도 발전에 발전을 거듭했다. 마케팅 기획자들은 제품에 대한 서비스 정보를 제공하기 위해 편지, 전단지, 브로슈어, 카탈로그, 비디오에 이르기까지 소비자에게 직접 우편물을 보내기도 한다.

직접 마케팅의 수단 중에서 특히 DM은 문화예술기관이나 단체에서 활용할 수 있는 효율적인 촉진 수단이다. DM은 문화예술기관이나 단체의 규모에 관계없이 널리 활용되고 있는 수단인데, 문화예술 소비자의 주목을 끌어들여 열어 보고 싶은 마음이 일어나도록 구성해야 한다. DM이 성공하려면 양질의 발송 목록(mailing list)이 필요하며, 발송 목록에 따라 시장을 세분화하는 판단력이 중요하다.

인터넷 DM 광고도 널리 활용되고 있다. 인터넷 DM 광고는 그동안 지나치게 남용되어 온 이메일 마케팅과는 성격이 다르다. 스팸메일 발송자들은 그동안 이메일 마케팅을 지나치게 남용했다. 인터넷 DM 광고에서는 '쓸데없는 우편물'이라는 느낌이 들지 않도록 문화예술 공연이나 전시의 혜택을 겉봉투에 제시해야 한다. 예컨대, 보낸 사람 뒤에는 독자가 신뢰할 수 있는 발송인 이름을 제시해야 하며, 제목의 줄을 봉투의 티저 카피처럼 다루어야 하며, 첫째 문단이나 둘째 문단은 전체 이메일의 축소판으로 만들어야 한다는 점을 비롯해 인터넷 DM 광고의 카피 작성법을 참조할 필요가 있다(Kay, 2014).

첫째, 이메일을 보내는 사람을 밝히는 보낸 이(From) 다음에는 받는 사람이 신뢰할 수 있는 발송인 이름을 명시해야 한다. 둘째, 이메일의 제목을 반드시 봉투의 티저 카피처럼 써야 한다. 셋째, 첫째 문단이나 둘째 문단은 전체 이메일의 내용을 축약시켜야 한다. 따라서 AIDMA(주의–흥미–욕구–기억–행동) 순서로 신중하게 접근하는 대신, 모든 요소를 미리 알려야 한다. 온라인 이용자들은 참을성이 부족하고 전체 내용을 대강만 훑어보는 경향이 있기 때문이다. 넷째, 적극적인 판매(hard-sell)를 지향하는 내용을 되도록 피해야 한다. 적극적인 판매 지향적 메시지는 나쁜 결과를 초래할 수 있다. 인터넷 이용자에게 상품의 혜택과 주문 정보를 제공하는 데 도움이 되어야 한다. 다섯째, 이메일 제목에 '무료'라는 단어를 쓰면 안 된다. 소비자들은 판촉 단어 때문에 이메일을 열어 보는 것조차 귀찮아하고, 제목에 '무료'라는 단어가 들어간 메일을 걸러 내는 스팸 필터를 쓰는 경우도 많다. 여섯째, 바이럴 마케팅(viral marketing) 기법을 인터넷 DM 광고에도 활용해야 한다. 소비자들은 자신이 흥미롭게 느끼는 것을 타인에게 전파하기 때문이다.

2) 상호작용 미디어

인터넷과 소셜미디어를 비롯한 정보의 흐름이 자유로운 상호작용 미디어의 등장은 양방향(interactive) 마케팅을 혁명적으로 변화시켰다. 지난 2000년 이후 마케팅 역사에서 가장 역동적이고 혁명적인 변화가 이루어졌다. 인터넷, 키오스크, 스마트폰은 마케팅 환경을 변화시킨 주역이었다. 문화예술 소비자들은 상호작용 미디어를 활용해 정보의 형태와 내용을 실시간으로 수정하고 전통적인 마케팅 수단의 한계였던 일방향성을 넘어섰다. 여러 문화예술기관이나 단체에서는 문화예술작품의 서비스를 촉진하기 위해 디지털 미디어를 통해 소비자들과 실시간으로 소통하고 있다.

정보의 일방적 흐름에서 벗어나는 상호작용성, 일대일 면대면 형태의 커뮤니케이션이 가능한 개인화, 송신자가 보낸 메시지를 수신자가 필요할 때 열어 볼 수 있는 비동시성은 인터넷의 세 가지 특성이다. 이런 특성을 바탕으로 인터넷은 e-메일 광고를 비롯한 다양한 마케팅 커뮤니케이션 활동에 두루 활용되었다. 촉진 믹스의 모든 요소를 실행할 수 있는 미디어인 인터넷은 그 자체로 마케팅 커뮤니케이션의 핵심 수단으로 자리 잡았다. 소셜미디어는 사람들이 자기 의견이나 경험을 공유할 수 있는 개방화된 미디어 플랫폼이다.

문화예술기관이나 단체에서도 인터넷과 소셜미디어 같은 양방향의 상호작용 미디어를 주로 활용하면서 소비자들과 실시간으로 소통한다. 문화예술기관이나 단체에서는 인터넷과 소셜미디어를 활용해 웹 광고, 쿠폰, 경연, 경품 제공을 통한 판매 촉진 활동을 전개하고 직접 마케팅, 인적 판매, PR 활동을 비롯한 IMC 캠페인을 더욱 효율적으로 실행한다. 인터넷과 소셜미디어는 판매 촉진 효과를 더욱 정확히 측정할 수 있다. 문화예술기관이나 단체에서는 소비자의 접속 자료에 근거해 투자 대비 효과를 파악한다. 나아가 문화예술기관이나 단체의 IMC 캠페인을 전개할 때 인터넷과 소셜미디어를 활용하면 마케팅 비용을 절감하고 고객과의 관계도 강화할 수 있다.

3) 크로스 미디어 동영상

소셜미디어를 활용해 동영상을 시청할 수 있게 되자 동영상 광고 시장도 확대되었다. 동영상 콘텐츠를 텔레비전이 아닌 스마트폰 화면으로 시청하는 소비자들도 급증했고, 스마트폰용 콘텐츠의 보급률도 급성장했다(김상준, 정차숙, 2018). 어떤 프로그램이나 영상에도 광고를 할 수 있게 되자 IMC 활동의 영역에서도 새로운 기회가 발생했다. 동영상 광고 시장이 급성장할 수밖에 없는 환경이 조성된 것이다.

유튜브에서 동영상을 시청하는 문화예술 소비자들이 증가하자 IMC 전략을 수립할 때도 이전과 다른 새로운 접근 방법이 필요해졌다. 페이스북의 동영상 광고도 주목을 받았다. 이용자들이 '좋아요'를 누르며 공유하는 페이스북의 동영상 광고는 동질적인 소비자 집단에 적합한 맞춤형 광고였다. 또한 인터넷에서 동영상을 볼 수 있는 온라인 동영상 제공(OTT: Over The Top) 서비스가 보편화되어 방송산업의 지형이 바뀌자 자연스럽게 판매 촉진 활동의 새로운 기회도 만들어졌다. OTT 서비스를 제공하는 넷플릭스는 연체료를 받지 않는다는 놀라운 아이디어로 1997년에 비디오 대여 사업을 시작해 당시

강자였던 '블록버스터'를 파산시켰다. 그 후 미국에서만 4,300만 명의 유료 가입자를 보유한 세계 최대의 인터넷 동영상 서비스 업체로 변신하는 데 성공했다.

그리고 웹사이트 광고 메시지가 자연스럽게 콘텐츠로 녹아드는 네이티브 광고(native advertising)도 증가했다. 동영상 네이티브 광고는 광고 접촉률, 브랜드 상기도, 브랜드 태도, 작품의 티켓 구매 의도, 정보 공유 의도에 있어서 디스플레이 광고에 비해 효과가 높다고 알려지고 있다. 동영상 광고의 증가 추세에 대해 전통적인 방송광고 시장이 온라인으로 이동한 것에 불과하다는 평가도 있다. 그렇지만 문화예술기관이나 단체에서 주류 콘텐츠와 경쟁할 수 있는 양질의 콘텐츠를 제공한다면 기관이나 단체의 IMC 활동의 성과를 높이는 데 크게 기여할 것이다.

4) 촉진 믹스의 기타 수단

앞에서 소개한 촉진 믹스의 수단 외에도 문화예술기관이나 단체 또는 문화예술작품에 적합한 IMC의 수단은 얼마든지 있을 수 있다. 예산이 부족한 소규모의 문화예술기관이나 단체에서는 촉진 믹스의 모든 수단을 동원할 수 없으며, 주어진 예산의 범위 내에서 꼭 필요한 수단만 취사선택해서 적용해야 한다. 하나하나 따로 사용할 수도 있고 여러 가지를 조합해서 시너지 효과를 유발할 수도 있다. 문화예술 분야의 IMC 활동에서 효과를 높일 수 있는 촉진 믹스의 수단에 대해 살펴보면 다음과 같다(이진우, 조재형, 2018, pp. 172-183).

첫째, 스토리텔링에 효과적인 미디어들은 다음과 같다. ① 전자책. 전자책을 활용해 문화예술기관이나 단체를 소개하고 미래의 비전을 제시함은 물론 문화예술작품의 내용에 대해 설명할 수도 있다. ② 안내 책자. 안내 책자에 작가나 배우의 이력이나 공연 작품의 줄거리를 흥미롭게 소개해 소비자들이 사전에 읽어 보고 오도록 유도할 수 있다. ③ 전문 보고서. 전시회의 도록이나 공연 작품에 대한 전문 보고서를 발행하면 공연이나 전시 내용에 대한 성과 자료가 측적된다. ⑤ e-뉴스레터. 문화예술 소비자들의 명단을 확보해 반복적으로 e-뉴스레터를 발송하면 고객을 관리할 수 있고 데이터베이스를 구축할 수 있다. ⑥ 우편물. 소비자의 인구통계적 특성을 바탕으로 우편물을 발송해 공연이나 전시를 활성화시킬 티켓 구매를 유도할 수 있다. ⑦ 영상물. 작품을 소개하는 영상물도 필요하지만 숨어 있는 이야기를 전문적으로 편집하지 않고 여과 없이 있는 그대로 담은 영상물도 효과적이다. ⑧ 비디오 보도자료. 보도자료를 영상으로 만든 비디오 보도자료(VNRs)를 방송사에 보내면 방송 프로그램에 노출될 가능성이 높다.

둘째, 브랜드 경험에 효과적인 미디어들은 다음과 같다. ① 샘플링. 문화예술 소비자에게 작품과 관련되는 기념품이나 상징물을 보내거나 현장에서 나눠 주면 소비자들이 감동한다. ② 판촉물. 휴대하기 편리한 소품이나 판촉물에 문화예술작품에 관련되는 메시지를 삽입해 판촉 메시지로 활용할 수 있다. ③ 문화예술상 제정. 문화예술상은 작품의 성과를 알리거나 문화예술인을 격려하는 효과도 있지만 시상 과정에서 문화예술기관이나 단체를 널리 알리는 효과도 기대할 수 있다. ④ 기념일 제정. 문화예술기관이나 단체에서 작품에 관련된 기념일을 제정하면 그렇지 않을 때보다 더 많은 주목을 끌 수 있다. ⑤ 경연대회 개최. 문화예술기관이나 단체에서 작품과 관련되는 경연대회(contest)를 개최하면 그렇지 않을 때보다 더 높은 인지도나 선호도를 기대할 수 있다. ⑦ 이동 전시회 개최. '대체 공간으로서의 장소'라는 성격을 지닌 이동 전시회는 더 많은 사람이 문화예술작품을 향유할 수 있는 기회를 제공한다. ⑧ 축제 기획. 흥미로운 콘텐츠로 구성된 축제를 기획해 문화예술기관이나 단체와 연계해 지역의 관광 상품으로 발전시킬 수 있다. ⑨ 오프닝 행사. 문화예술기관이나 단체의 개관 행사나 마무리 인사에 이르기까지 모든 과정이 소비자와 기자들의 관심을 끌 수 있다. ⑩ 서명식 개최. 문화예술기관이나 단체의 서명식을 개최해 비전이나 관심사를 제시함으로써 문화예술 소비자의 관심을 집중시킬 수 있다. ⑪ 오찬회 개최. 기자들을 점심시간에 초청해 작품에 대해 설명하면 언론 관계를 보다 수월하게 전개할 수 있다. 이때 「부정청탁 및 금품 등 수수의 금지에 관한 법률(김영란법)」을 준수해야 한다는 사실도 잊지 말아야 한다. ⑫ 거리 행진. 문화예술기관이나 단체에서 거리 행진을 전개하면 기자들과 많은 사람이 관심을 갖게 되어 문화예술기관이나 단체의 인지도와 호감도가 증가하게 된다. ⑬ 교통 광고의 집행. 다양한 교통수단에 광고를 하면 소비자들은 교통수단을 이용하는 동안 문화예술기관이나 단체의 광고 메시지에 집중하게 된다. ⑭ 디지털 사이니지의 활용. 옥외(OOH) 미디어인 터치스크린이나 디지털 사이니지를 활용해 공연이나 전시 정보를 실시간으로 제공하면 소비자들의 더 높은 반응을 유도할 수 있다.

셋째, 온라인 미디어를 활용하는 방법이다. ① 웹사이트. 문화예술기관이나 단체를 알릴 수 있는 웹사이트를 온라인과 모바일로 개설해 PR 활동을 전개해야 한다. 웹사이트는 내부 직원들과 외부의 고객 모두에게 정보를 제공하고 문화예술작품의 판촉 활동을 촉진할 수 있는 매개체다. ② 의견 사이트. 문화예술기관이나 단체의 입장에서가 아닌 소비자의 입장에서 주요 쟁점에 대한 의견을 두루 받으면 문화예술기관이나 단체의 이미지를 제고하는 데 도움이 된다. ③ 뉴스룸. 문화예술기관이나 단체에서 소형 뉴스룸을 설치하면 보도자료나 홍보물의 발표 창구로 활용할 수 있고, 문화예술 마케팅 PR 기획자가 문화예술 소비자들과 직접 소통하며 문화예술기관이나 단체의 의견을 개진할 수 있다. ④ 온라인 소통 창구. 홈페이지에 소비자와의 소통 창구를 개설하면 소비자의 욕구를 실시간으로 파악할 수 있고, 소비자의 불만 사항에 대해서는 신속히 대응할 수 있다. ⑤ 블로그 및 캠페인 사이트. 블로그와 미니 홈페이지를 활용해 문화예술작품에 대한 정보나 스토리를 흥미롭게 전달할 수 있다. ⑥ 소셜미디어. 카카오톡, 페이스북, 인스타그램, 트위터 같은 소셜미디어를 활용해 문화예술기관이나 단체의 공연이나 전시 내용을 공유하고 널리 확산할 수 있다.

넷째, 사람이나 캐릭터를 활용하는 방법이다. ① 문화예술기관이나 단체의 대표. 최고경영자의 언행은 그 어떤 PR 활동보다 효과적이기 때문에 문화예술기관이나 단체의 대표는 기관을 알리는 대변인의 성격을 갖는다. 이야깃거리가 많은 경영자일수록 문화예술기관이나 단체를 흥미롭게 알리는 데 효과적이다. ② 팬클럽. 유명 연예인의 팬클럽처럼 문화예술기관이나 단체에서 팬클럽을 관리하면 우호적인 소비자 집단을 장기적으로 형성하게 된다. 팬클럽에 가입한 회원에게 회원증을 발급해 주고 팬에 대한 정보를 공유하고 의견을 나눌 수도 있다. ③ 마일리지 제도. 문화예술기관이나 단체에서 마일리지 제도를 도입해 관람 횟수가 많은 사람을 선발하거나 출연 횟수가 많은 배우를 선정한다. 이런 활동은 기자들의 관심을 끌고 브랜드 자산을 구축하는 데도 도움이 된다.

다섯째, 제3의 전문가를 활용해 공신력을 얻는 방법이다. ① 세미나 개최. 문화예술기관이나 단체에서 세미나를 기획해 어떤 문화예술작품에 대해 발표하고 토론하면 그 작품을 널리 알릴 수 있다. 문화예술 전문가를 세미나의 발표자, 사회자, 토론자로 초빙하는 것도 좋다. ② 입장 발표. TV, 라디오, 신문, 잡지의 4대 매체는 물론 인터넷과 모바일을 활용해 입장을 발표하면 문화예술기관이나 단체의 방침이나 문화예술작품에 대한 의견을 개진할 수 있다. ③ 설문조사. 문화예술 소비자에 대한 실태 조사, 이용 조사, 의견 조사를 실시해 그 결과를 언론에 제공한다. 조사 결과를 문화예술기관이나 단체를 알리는 데 활용할 수 있다. ④ 고정 칼럼. 문화예술기관이나 단체의 전문가가 미디어에 고정 칼럼을 기고할 수도 있고, 제3의 전문가에게 의뢰해 문화예술 칼럼을 쓰도록 권고할 수도 있다.

여섯째, 후원과 행사를 개최해 효과를 기대하는 방법이다. ① 후원 행사. 문화예술기관이나 단체에서 공공성을 강화하기 위해 어떤 공연이나 전시를 무료로 개최할 수 있다. 공중과 문화예술 소비자에게 비상업적 측면에서 혜택을 제시한다는 점에서 긍정적 효과를 기대할 수 있다. 나아가 기관이나 단체의 브랜드 자산을 제고하는 데도 긍정적인 영향을 미친다. ② 기증 행사. 문화예술기관이나 단체에서 개발한 문화예술 교육 프로그램을 학교에 기증한다. 그렇게 하면 문화예술기관이나 단체에 대한 호의적인 평판을 성공적으로 관리할 수 있다. ③ 지역사회 문화예술 행사. 문화예술기관이나 단체가 있는 지역의 시민을 위해 문화예술 행사를 개최하면 지역사회와의 유대감을 강화할 수 있다. 따라서 어떤 지역의 특성을 살릴 수 있는 방안을 프로그램과 연계시켜야 한다.

참고문헌

강승구, 김병희, 오창우(2014). **통합 마케팅 커뮤니케이션**. 서울: 한국방송통신대학교 출판문화원.

강승구, 한정호, 김병희, 오창우(2015). 퍼블리시티(pp. 93-111). **홍보론**. 서울: 한국방송통신대학교 출판문화원.

강익희(2011. 5. 9.). 문화예술 인력의 복지현황과 개선과제. **한국콘텐츠진흥원 KOCCA 포커스**, 34, 1-23.

고문정, 윤석민(2016). 온라인 플랫폼에서의 다중채널네트워크(MCN) 비즈니스 모델 탐색. **정보통신정책연구**, 23(1), 59-94.

고상범(2006). 국내 문화예술기관의 효율적 운영방안에 대한 연구: 마케팅 전략 도입을 중심으로. 한남대학교 대학원 석사학위논문.

고완선(2005). 공연예술의 언론홍보 실태 연구: 보도자료를 중심으로. 중앙대학교 예술대학원 석사학위논문.

김경숙(2017). 인터랙티브 미디어서비스 환경에서의 1인 방송의 법적 성격: 플랫폼 역할의 관점에서. **법학연구**, 25(1), 127-152.

김경준, 이성욱, 이정우(2010). **기업의 미래를 바꾸는 모바일 빅뱅**. 서울: 원앤원북스.

김고금평(2018. 2. 12.). 한국의 가치있는 유산, '문화올림픽'으로 잇는다. 한국국제문화교류진흥원. http://kofice.or.kr/b20industry/b20_industry_03_view.asp?seq=7968

김동환, 이준환(2015). 로봇 저널리즘: 알고리즘을 통한 스포츠 기사 자동 생성에 관한 연구. **한국언론학보, 59**(5), 64-95.

김민주(2005). **컬덕 시대의 문화마케팅**. 서울: 미래의창.

김병희(2013). 광고의 새로운 정의와 범위: 혼합연구방법의 적용. **광고학연구, 24**(2), 225-254.

김병희(2013. 1. 18.). MPR: 마케팅+PR 환상의 짝꿍, 함부로 쓰면 잘못된 만남. 매일경제. https://www.mk.co.kr/news/business/view/2013/01/44638/

김병희(2015a). **문화예술 8P 마케팅**. 서울: 커뮤니케이션북스.

김병희(2015b). **문화예술 PR**. 서울: 커뮤니케이션북스.

김병희(2016). **광고로 보는 미디어 테크놀로지의 소비문화사**. 서울: 서울경제경영.

김병희(2018a). 브랜드 저널리즘: 스토리 입은 팩트, 광고·PR 핵심 전략으로 급부상. **신문과 방송, 573**, 108-113.

김병희(2018b). 다중채널네트워크(MCN)와 광고 산업: 광고주, 두 팔 벌려 환영. 언론사, 울고 싶어라. **신문과 방송, 569**, 108-111.

김병희(2019). **광고로 배우는 경영 통찰력**. 경기: 한울엠플러스.

김병희, 서상열(2003). 마케팅 PR 논의의 현황과 연구과제. **홍보학연구, 7**(1), 39-68.

김병희, 한상필(2011). 기업 커뮤니케이션에서 소셜미디어의 활용가능성: 의제설정과 소셜 프레즌스를 중심으로. **광고학연구, 22**(4), 91-113.

김상준, 정차숙(2018). 광고매체와 매체 기획(pp. 351-400). 김병희 외 공저. **디지털 융합시대 광고와 PR의 이론과 실제**. 서울: 학지사.

김성곤(2018. 7. 25.). 건축학도가 다시 한 번 살펴보는 2018 대한민국 국토대전 대통령상 수상작, 서울한방진흥센터. 국토교통부 기자단 공식블로그. http://korealand.tistory.com/7873

김소영(2010. 8.). 예술을 파트너로 기업-문화 윈윈: 문화예술경영 유형과 효과. *DBR(Dong-A Business Review), 62*(1). https://dbr.donga.com/article/view/1203/article_no/3142

김소영, 곽영식(2003). 기업 이미지와 문화예술 분야 적합도 모델을 이용한 기업 메세나 전략에 관한 연구. **문화경제연구**, 6(1), 103-128.

김소영, 곽영식, 김용준(2003). Mixture Model을 이용한 공연관람고객의 시장 세분화. **광고학연구**, 14(5), 49-73.

김소영, 주영혁(2002). **문화예술기관을 위한 마케팅 전략기획: 국립중앙극장을 중심으로**. 서울: 한국문화정책개발원.

김슬기(2010. 12. 27.). 어떤 뮤지컬의 이상한 티켓 가격. 매일경제. https://www.mk.co.kr/news/culture/view/2010/12/721717/

김영욱(2010). **비영리 커뮤니케이션: 사회적 약자와 공공 이익을 위한 커뮤니케이션 캠페인**. 서울: 이화여자대학교 출판부.

김영주, 정재민, 오세욱(2015). **로봇 저널리즘: 가능성과 한계**. 서울: 한국언론진흥재단.

김우정(2006). **문화 마케팅: 위대한 기업의 선택**. 서울: 바람.

김유나, 변혜민(2018). 광고 캠페인(pp. 287-315). 김병희 외 공저. **디지털 융합시대 광고와 PR의 이론과 실제**. 서울: 학지사.

김지혜(2017. 10. 24.). 외국인 관객을 위한 '스마트패드 자막 서비스'. 해외문화홍보원 코리아넷뉴스. http://kocis.go.kr/koreanet/view.do?seq=8884

김찬아(2014). 비영리 조직 PR(pp. 424-443). 한정호, 김병희 외 공저. **PR학 원론**. 서울: 커뮤니케이션북스.

김태완, 김문길, 김은정, 임완섭, 황도경, 최민정, 이주미, 김진희, 주찬희(2016). **예술인 맞춤형 사회복지사업 개발 연구**. 세종: 문화체육관광부.

김현정, 김운한(2017). SNS를 활용한 정책PR 콘텐츠 내용 분석: 페이스북과 블로그를 중심으로. **OOH광고학연구**, 14(2), 42-68.

김홍규, 오세정(2010). 공공디자인에 대한 수용자 태도 연구: 선호와 기능성을 중심으로. **주관성연구**, 21, 35-51.

남정미, 유소이(2015). 공연예술상품 속성과 기대혜택에 대한 공연예술 전문가와 소비자의 인식 차이 비교. **한국콘텐츠학회논문지**, 15(5), 66-77.

네이버 지식백과(2019). 구겐하임미술관. https://terms.naver.com/entry.nhn?docId=1065826&cid=40942&categoryId=33132

네이버 지식백과(2019). 루브르박물관. https://terms.naver.com/entry.nhn?docId=9

62783&cid=42864&categoryId=50859

노수연(2015). 문화마케팅 개념을 통해 본 전통예술 공연 사례 연구: 국립중앙극장 〈여우락〉, 〈정오 시리즈〉를 중심으로. 성균관대학교 대학원 석사학위논문.

문영숙, 김병희(2015). **소비자 인사이트: 심리타점의 발견과 적용**. 서울: 커뮤니케이션북스.

문화예술교육사(2019). http://acei.arte.or.kr

문화예술협력네트워크(2018). http://artnetworking.org

민병준(2009). 서비스 조우만족에 영향을 주는 서비스 전달과정 요소에 관한 연구. **유라시아연구**, 6(4), 109-131.

박노일(2014). 소셜미디어 PR(pp. 338-356). 한정호, 김병희 외 공저. **PR학 원론**. 서울: 커뮤니케이션북스.

박병성(2011. 3. 1.). 영화가 공연과 잘못 만나면 참사가 벌어진다? 뮤지컬 〈미션〉의 교훈. 이코노미조선, 77호. http://economychosun.com/client/news/view.php?boardName=C26&page=93&t_num=5254

박상준, 변지연(2007). 마케팅 믹스에 기초한 마케팅의 유형화. **한국경영과학회 · 대한산업공학회 춘계공동학술대회 논문집**. 912-919.

박상현(2018. 7. 18.). 직원 카톡 프로필까지 간섭? 국립중앙박물관 시끌. 연합뉴스. http://news.naver.com/main/read.nhn?mode=LSD&mid=sec&sid1=001&oid=001&aid=0010218554

박신의(2009). 문화예술 시설에서의 공공성과 경영효율성, 어떻게 접근할 것인가? **문화예술경영학연구**, 2(2), 28-39.

박정배(2013). **예술경영학 개론**. 서울: 커뮤니케이션북스.

박준완(2013). GS Caltex Planning Googling. https://www.slideshare.net/ssuserc8cd3b/ongoing-40846050

박현, 유경준, 김석영, 곽승준(2004). **문화 · 과학시설의 가치추정 연구**. 서울: 한국개발연구원.

배기형(2016). **MCN**. 서울: 커뮤니케이션북스.

변경희, 이성근(2011). 문화마케팅에 관한 개념과 영역에 관한 탐색. **여성과 경영**, 3(2), 71-91.

삼성경제연구소(2003). **기술과 감성의 융합시대**. 서울: 삼성경제연구소.

삼정KPMG경제연구원(2017). 소비패턴의 11가지 구조적 변화. *Samjong Insight, 43,* 1-32.

서상우(2005). **뮤지엄 건축: 도시 속의 박물관과 미술관**. 서울: 살림출판.

서원석, 조세현, 송희준(2012). **정부신뢰와 소통제고를 위한 Public Relations 시스템 구축 사업: 소셜미디어를 이용한 정부PR 체계 구축 방안**. 서울: 한국행정연구원.

서휘석, 이주연, 유지원(2008). 기초자치단체 문화예술회관 활성화 전략에 관한 연구: 익산 솜리예술회관을 중심으로. **한국자치행정학보, 22**(2), 221-233.

성은주(2018. 10. 29.). 〈나의 어린 왕자에게〉 展: 미디어 아트, 어린 왕자를 살게 하다. 데코저널. https://www.decojournal.co.kr/Design&News/Culture/1528

신호창(2013). **사내 커뮤니케이션**. 서울: 커뮤니케이션북스.

신호창(2014). **마케팅 PR전략과 사례**. 서울: 커뮤니케이션북스.

신호창(2015). **전략적 커뮤니케이션**. 서울: 커뮤니케이션북스.

신호창, 문빛, 조삼섭, 이유나, 김영욱, 차희원(2017). **공중관계 핸드북: Public Relations 바로보기**. 서울: 커뮤니케이션북스.

심보선, 강윤주, 전수환(2010). 문화사회학적 견지에서 바라본 문화예술경영의 시론적 고찰: 시민성, 지역성, 예술성 개념을 중심으로. **문화와사회, 8**, 41-82.

심상민(2002). 문화 마케팅의 부상과 성공전략. *CEO Information, 372,* 삼성경제연구소.

안길상, 심상민, 이종철, 이영두, 위정현(2008). **문화 마케팅**. 서울: 한경사.

양현미, 김상규, 류제홍, 송수현, 이재욱, 이중용(2010). **예술특구 및 창의원 조성방안 연구**. 서울: 문화체육관광부.

오드리햅번 전시회(2015). BEAUTY beyond BEAUTY. http://www.audreyhepburnexhibition.co.kr

오윤주(2018. 12. 4.). 미술관이 된 담배공장: 청주에 들어선 '한국판 테이트모던'. 한겨레. http://www.hani.co.kr/arti/society/area/873070.html

오창우(2014). 마케팅 PR(pp. 375-395). 한정호, 김병희 외 공저. **PR학 원론**. 서울: 커뮤니케이션북스.

위클리공감(2018. 4. 20.). 우리는 쇼핑하러 박물관에 간다. http://www.korea.kr/

policy/cultureView.do?newsId=148849909&call_from=naver_news

유승철(2014). 광고와 스토리의 융합: 브랜드 저널리즘과 네이티브 광고. *CHEIL Worldwide, 5,* 36-41.

유연호(2010. 7. 19.). 문화마케팅 STP 전략: 기업문화 마케팅14. 유연호 교수의 문화마케팅. http://blog.naver.com/PostView.nhn?blogId=yuyonho&logNo=20109944692

유재수(2015. 3. 28.). 브랜드 저널리즘을 떠받치는 5개의 기둥. 창업투데이. http://www.changuptoday.co.kr.news.articleView.html?idxno=8309

유재웅(2010). **정부PR**. 서울: 커뮤니케이션북스.

유재웅(2016). **한국사회의 위기사례와 커뮤니케이션 대응방법**. 서울: 커뮤니케이션북스.

윤석민(2008). 2008년 초 정권교체 시점의 방송통신 정책기구 개편을 둘러싼 논의의 혼선과 쟁점들. **언론정보연구, 45**(1), 29-66.

윤지영(2016). **오가닉 미디어**. 경기: 오가닉미디어랩.

윤희중, 신호창(2000). **PR 전략론**. 서울: 책과길.

이경렬(2016). **광고매체론**. 서울: 서울경제경영.

이동인(2017. 10. 25.). LG아트센터, 11년간 가장 신뢰받는 공연장 뽑혀: 한국서비스품질지수(KS-SQI) 우수기업. 매일경제. https://www.mk.co.kr/news/special-edition/view/2017/10/703850/

이동철, 박옥련, 김주희, 이현지(2008). **글로벌 시대의 문화 마케팅**. 서울: 법문사.

이명천, 김정현, 김요한, 김지혜(2008). 정부 정책 홍보 사업의 효율성 제고를 위한 분석 연구. **한국언론학보, 52**(3), 277-297.

이보아(2014). **박물관 경영과 마케팅**. 서울: 김영사.

이선구(2005). 문화예술기관의 마케팅 관리방안에 관한 연구: 서울시립미술관을 중심으로. 서울시립대학교 경영대학원 석사학위논문.

이수범(2016). **문화예술 PR전략**. 서울: 서울경제경영.

이수범, 신성혜(2005). 기업PR로서의 문화마케팅이 기업 및 브랜드 이미지, 구매의사에 미치는 영향. **광고연구, 66**, 137-164.

이승엽(2001). **극장경영과 공연제작**. 서울: 역사넷.

이유나(2014a). 우수 이론과 정황적 수용 이론(pp. 78-97). 한정호, 김병희 외 공저.

PR학 원론. 서울: 커뮤니케이션북스.
이유나(2014b). 사내 PR전략과 전술(pp. 359-374). 한정호, 김병희 외 공저. PR학 원론. 서울: 커뮤니케이션북스.
이유재(2005). 서비스마케팅. 서울: 학현사.
이유재, 라선아(2003). 서비스 품질의 각 차원이 CS에 미치는 상대적 영향에 관한 연구: 기존고객과 잠재 고객의 비교를 중심으로. 마케팅연구, 18(4), 67-97.
이종혁(2006). PR프로젝트 기획. 서울: 펴냄기획.
이주영(2007). 예술론 특강. 서울: 미술문화.
이지은(2018. 9. 15.). 매년 1000억 벌어 지역경제 살린 미술관의 마법. 조선일보. http://realty.chosun.com/site/data/html_dir/2018/09/14/2018091402521.html?utm_source=naver&utm_medium=original&utm_campaign=realty
이진경(2019). 호프만의 이야기. 이보경 외 공저. 클래식 백과. https://100.daum.net/encyclopedia/view/97XXXXXX1072
이진우, 조재형(2018). PR 기획(pp. 143-184). 김병희 외 공저. 디지털 융합시대 광고와 PR의 이론과 실제. 서울: 학지사.
이창형(2018. 10. 29.). 1년에 3일만 쉬는 국립박물관, 직원 피로도 극심. 프레시안 http://news.naver.com/main/read.nhn?mode=LSD&mid=sec&sid1=001&oid=002&aid=0002072072
이호영, 서우석(2011). 문화예술 교육 경험이 문화 불평등에 미치는 영향. 문화정책논총, 25(1), 91-118.
임연철(2007). 문화예술 홍보론. 서울: 커뮤니케이션북스.
임연철, 박정배(2013). 예술경영. 서울: 커뮤니케이션북스.
임학순(2011). 무용공연예술단체의 디지털미디어 기반 마케팅 실태와 향후 과제에 관한 연구. 예술경영연구, 18, 95-119.
장지영(2016. 11. 7.). 우리 그 얘기 좀 해요-문화계 팩트체크: 43만 원짜리가 3만 원에 롯데콘서트홀 '러시 티켓' 논란. 국민일보. http://news.kmib.co.kr/article/view.asp?arcid=0923638058
정재왈, 김선화, 김준기, 송한샘, 오진이, 윤동진, 이순녀(2007). 현장 문화예술 홍보: 서울문화재단 예술현장 실무매뉴얼 시리즈1(pp. 17-19). 서울: 커뮤니케이션북스.

정철현, 황소하(2010). 예술마케팅 기법을 통한 서울시민의 문화향수 확대 방안. **서울도시연구**, 11(1), 211-225.

제일월드와이드(2010). *The Korean Ways of SNS*. 서울: 제일커뮤니케이션연구소.

조남숙(2018). 웰니스 문화 체험과 지역 소통: 국내 한방문화체험과 서울한방진흥센터 사례. **한국소통학회 2018봄철정기학술대회 발표논문집**. 67-75.

주효진, 정준호, 명성준(2014). 문화복지 증진을 위한 인력양성 프로그램 개발에 관한 연구: 영국, 미국, 캐나다 사례를 중심으로. **한국자치행정학보**, 28(2), 353-370.

차종혁(2014. 11. 23.). 공연장 종합관리 '지휘자' 하우스 매니저(House Manager): 공연의 완성도 높이는 공연관리책임자. 브릿지경제. http://www.viva100.com/main/view.php?key=20141121010003184

차희원, 김영욱, 신호창(2005). 정책PR의 평가 지표 개발에 관한 연구: 국정 홍보처 실무자와 외부 전문가 의견 비교를 중심으로. **홍보학연구**, 9(1), 126-170.

최샛별, 이명진(2013). 문화자본 지수의 개념화와 측정: 디마지오의 문화자본 지수 체계를 중심으로. **한국사회학**, 47(2), 31-60.

최세정(2017a). 광고 기술(pp. 56-59). 김병희, 김찬석, 김효규, 이유나, 이희복, 최세정 공저. **100개의 키워드로 읽는 광고와 PR**. 경기: 한울엠플러스.

최세정(2017b). 다중채널 네트워크(Multi-Channel Networks: MCN)(pp. 226-228). 김병희, 김찬석, 김효규, 이유나, 이희복, 최세정 공저. **100개의 키워드로 읽는 광고와 PR**. 경기: 한울엠플러스.

최윤희(1992). **현대 PR론**. 서울: 나남출판.

최일도, 허웅(2012). **정부광고를 활용한 정책홍보 효율화 방안 연구**. 서울: 한국언론진흥재단.

최준혁(2014). PR 기획(pp. 214-233). 한정호, 김병희 외 공저. **PR학 원론**. 서울: 커뮤니케이션북스.

최준혁(2016). 한국PR학회 시대(2009−2016년)의 학회 활동(pp. 120-137). 김병희 외 공저. **한국의 PR연구 20년**. 서울: 커뮤니케이션북스.

탁재택(2014). 언론 관계와 퍼블리시티(pp. 234-250). 한정호, 김병희 외 공저. **PR학 원론**. 서울: 커뮤니케이션북스.

한국문화예술교육진흥원(2009). **2009 연차보고서**. 서울: 한국문화예술교육진흥원.

한국방송광고진흥공사(2010). **KOBACO 소비자행태 연구**. 서울: 한국방송광고진흥공사.

한국표준협회(2017). 한국서비스품질지수. http://ks-sqi.ksa.or.kr

한정호(2007. 4. 6.). 기업 마케팅 PR(MPR) 개념과 전략. http://blog.naver.com/dmz6712/50016092370

한정호(2014). PR의 정의와 유형(pp. 3-20). 한정호, 김병희 외 공저. **PR학 원론**. 서울: 커뮤니케이션북스.

허재경(2015. 7. 29.). '감정노동자의 고통은 사회 문제' 보호 법안 속도 낸다. 한국일보. https://www.hankookilbo.com/News/Read/201507290437043195

현윤경(2009. 5. 7.). 국악도 브런치 공연. 연합뉴스. https://news.naver.com/main/read.nhn?mode=LSD&mid=sec&sid1=103&oid=001&aid=0002647697

홍윤미, 이명우, 윤기웅(2015). 문화예술향유에 영향을 미치는 결정요인에 관한 연구. **GRI연구논총, 17**(1), 185-211. 경기연구원.

황병일, 박승환, 김범종, 최철재(2009). **소비자행동: 이해와 적용**. 서울: 대경.

CJ E&M MEZZOMEDIA 트렌드전략팀(2016. 9. 7.). 한국 최초의 애드텍(ad:tech), 무엇을 남겼나? ad:tech@AD STARS를 통해 살펴본 10가지 Insight. https://brunch.co.kr/@mezzomedia/11

MYER(2018. 11. 27.). 누구나 즐기는 공연 만드는 스타트업: '컬쳐커넥트' 왕경엽, 김한준 공동대표. MOBI INSIDE. http://www.mobiinside.com/kr/2018/11/27/myer-culture-connect/

Adclubjaipur (2011. 7. 27.). Konzerthaus Dortmund Concert Milk.https://www.youtube.com/watch?v=hQTF8c2zyU8

American Marketing Association (AMA, 1963). https://www.ama.org

American Marketing Association (AMA, 2013). https://www.ama.org

Andreasen, A. R. (1990). *Expanding the Audience for the Performing Arts* (Research Division Report, No 24). Cabin John, MD: Seven Locks Press.

Barker, M., Barker, D. I., Bormann, N. F., & Neher, K. E. (2013). *Social Media Marketing: A Strategic Approach*. Mason, OH: South-Western Cengage Learning.

Baumol, W. J., & Bowen, W. G. (1965). On the Performing Arts: The Anatomy of Their Economic Problems. *The American Economic Review*, 55(1 · 2), 495-502.

Baumol, W. J., & Bowen, W. G. (1966). *Performing Arts: Art and the Economic Dilemma*. Cambridge, MA: MIT Press.

Belch, G. E., & Belch, M. A. (2010). 통합 마케팅 커뮤니케이션(*Advertising and Promotion: An Integrated Marketing Communications*)(pp. 48-49). 강승구, 정걸진, 신호창 공역. 서울: 에피스테메.

Bernstein, J. S. (2007). 문화예술 마케팅(*Arts Marketing Insights: The Dynamics of Building and Retaining Perfo*). 임연철, 이구슬, 이지향, 한민호 공역. 서울: 커뮤니케이션북스.

Bernstein, J. S. (2014). *Standing Room Only: Marketing Insights for Engaging Performing Arts Audiences*. New York, NY: Palgrave Macmillan.

Bitner, M. J. (1992). Servicescapes: The Impact of Physical Surroundings on Customers and Employees. *Journal of Marketing*, 56(2), 57-71.

Booms, B. H., & Bitner, M. J. (1981). Marketing Strategies and Organizational Structures for Service Firms (pp. 47-51). In J. H. Donnelly & W. R. George (Eds.), *Marketing of Services*. Chicago, IL: American Marketing Association.

Bourdieu, P. (1986). The Forms of Capital(pp. 83-95). In J. Richardson (Ed.), *Handbook of Theory and Research for the Sociology of Education*. New York, NY: Greenwood.

Bridge, S., Murtagh, B., & O'Neill, K. (2008). *Understanding the Social Economy and the Third Sector*. London: Palgrave Macmillan Publishers.

Broom, G. (2009). *Effective Public Relations* (10th ed.). Upper Saddle River, NJ: Pearson Prentice Hall. 294-295.

Bruyn, A. D., & Lilien, G. L. (2008). A Multi-Stage Model of Word-of-Mouth Influence through Viral Marketing. *International Journal of Research in Marketing*, 25(3), 151-163.

Bull, A. (2013). *Brand Journalism*. New York, NY: Routledge.

Cutlip, S. M., Center, A. H., & Broom, G. L. (1994). *Effective Public Relations* (7th ed.). Englewood Cliffs, NJ: Prentice-Hall.

Cutlip, S. M., Center, A. H., & Broom, G. M. (2000). *Effective Public Relations* (8th ed.). Upper Saddle River, NJ: Prentice-Hall.

Daily Tous Les Jours (2016). Mesa Musical Shadows. http://www.dailytouslesjours.com/project/mesa-musical-shadows/

DiMaggio, P. (1979). Review: On Pierre Bourdieu. *American Journal of Sociology, 84*(6), 1460-1474.

DiMaggio, P. (1982). Cultural Capital and School Success: The Impact of Status Culture Participation on the Grades of U.S. High School Students. *American Sociological Review, 47*(2), 189-201.

Duncan, T., & Caywood, C. L. (1996). The Concept, Process, and Evolution of Integrated Marketing Communication (pp. 13-34). In E. Thorson & J. Moore (Eds.), *Integrated Communication: Synergy of Persuasive Voices*. Mahwah, NJ: Lawrence Erlbaum Associates.

Foremski, T. (2009. 8. 22.). Every Company is a Media Company. http://www.zdnet.com/article/every-company-is-a-media-company

Fortini-Cambell, L. (1994). Brand Contacts. In R. Kaatz (Ed.), *Integrated Marketing Communications Symposium*. Lincolnwood, IL: NTC Business Books.

Fretter, A. D. (1993). Place Marketing: A Local Authority Perspective. In G. Kearns & C. Philo (Eds.), *Selling Places: The City as Cultural Capital, Past and Present*. Oxford, NY: Pergamon Press.

Frumkin, P. (2002). *On Being Nonprofit: A Conceptual and Policy Primer.* Cambridge, MA: Harvard University Press.

Gardner, J., & Lehnert, K. (2016). What's New about New Media? How Multi-Channel Network with Content Creators. *Business Horizons, 59*(3), 293-302.

Grunig, L. A., Grunig, J. E., & Dozier, D. M. (2002). *Excellent Public Relations and Effective Organizations: A Study of Communication Management in Three Countries.* Mahwah, NJ: Lawrence Erlbaum Associates, Inc.

Hagtvedt, H., & Patrick, V. M. (2008), Art Infusion: The Influence of Visual Art on the Perception and Evaluation of Consumer Products. *Journal of Marketing Research, 45*(3), 379-389.

Hallahan, K. (2000). Inactive Publics: The Forgotten Public in Public Relations. *Public Relations Review, 26*, 499-515.

Hansen, J. F. (2012). *New Journalism and the Boer War*. Lawrence University Honors Projects, Paper 18.

Harlow, R. (1976). Building a Public Relations Definitions. *PR Review,* Winter, 40-46.

Harris, T. L. (1991). *The Marketer's Guide to Public Relations: How Today's Top Companies Arousing the New PR to Gain a Competitive Edge.* New York, NY: John Wiley & Sons.

Harris, T. L. (1993). How MPR Adds Value to Integrated Marketing Communications. *Public Relations Quarterly, 38*(2), 13-18.

Harris, T. L., & Whalen, P. T. (2006). *The Marketer's Guide to Public Relations in the 21st Century*. Mason, OH: Thomson South-Western.

Hill, L., O'Sullivan, T., & O'Sullivan, C. (2003). *Creative Arts Marketing* (2nd ed.). New York, NY: Routledge.

Hon, L. C., & Grunig, J. E. (1999). *Guidelines for Measuring Relationships.* Gainesville, FL: Institute for Public Relations.

Hsieh, C. (2014). Burnout Among Public Service Workers: The Role of Emotional Labor Requirements and Job Resources. *Review of Public Personnel Administration, 34*(4), 379-402.

Interactive Advertising Bureau (IAB, 2015). The Native Advertising Playbook. http://www.iab.net/media/file/IAB-Native-Advertising-Playbook2.pdf

Jewler, A. J., & Drewniany, B. (2001). *Creative Strategy in Advertising* (7th ed.). Belmont, CA: Wadsworth.

Kay, A. S. (2014). Internet Direct Mail is Different: 14 Things to Remember. http://www.businessknowhow.com/internet/idmdifferent.htm

Keaveney, S. M. (1995). Customer Switching Behavior in Service Industries: An

Exploratory Study. *Journal of Marketing, 59*(2), 71-82.

Kelly, K. S. (1998). ***Effective Fund-Raising Management.*** Mahwah, NJ: Lawrence Erlbaum Associates.

Kelly, K. S. (2001). ROPES: A Model of the Fund-Raising Process (pp. 96-116). In J. M. Greenfield (Ed.), ***The Nonprofit Handbook.*** New York, NY: John Wiley & Sons.

Kingman-Brundage, J. (1988). The ABC's of Service System Blueprinting. From 'Designing a winning service strategy', Papers from 7th annual service marketing conference, held in Arlington 1988. Chicago, IL: American Marketing Association.

Kingman-Brundage, J. (1991). Technology, Design and Service Quality. *International Journal of Service Industry Management, 2*(3), 47-59.

Kolb, B. M. (2004). **새로운 문화소비자를 위한 문화예술기관이나 단체의 마케팅** (*Marketing Cultural Organisations: New Strategies for Attracting Audie*). 이보아, 안성아 공역. 서울: 김영사.

Kontoghiorghes, C. (2003). Examining the Association Between Quality and Productivity Performance in a Service Organization. *Quality Management Journal, 10*(1), 32-42.

Kotler, P., & Scheff, J. (1997). ***Standing Room Only: Strategies for Marketing the Performing Arts.*** Boston, MA: Harvard Business Review Press.

Kotler, P., Haider, D. H., & Rein, I. (2002). ***Marketing Places: Attracting Investment, Industry, and Tourism to Cities, States, and Nations.*** New York, NY: The Free Press.

Lattimore, D., Baskin, O., Heiman, S., & Toth, E. (2013). ***Public Relations: The Profession and the Practice.*** New York, NY: McGraw Hill.

Light, L. (2014). Brand Journalism is a Modern Marketing Imperative: How Brand Journalism is Impacting Brand Management. *Advertising Age,* July 21, 2014.

Magnini, V. P., Ford, J. B., Markowski, E. P., & Honeycutt, E. D. Jr. (2007). The Service Recovery Paradox: Justifiable Theory or Smoldering Myth? *Journal of*

Services Marketing, 21(3), 213-225.

Marston, J. E. (1979). ***Modern Public Relations.*** New York, NY: McGraw-Hill.

McCarthy, E. J. (1964). ***Basic Marketing.*** Homewood, IL: Richard D. Irwin.

Mehrabian, A., & Russell, J. (1974). ***An Approach to Environmental Psychology.*** Cambridge, MA: MIT Press.

National Endowment for the Arts (NEA, 2012). Supplementary Materials Related to the NEA's 2012 Survey of Public Participation in the Arts. http://arts.gov/publications/additional-materials-related-to-2012-sppa

National Endowment for the Arts (NEA, 2018). The 2017 Survey of Public Participation in the Arts. https://www.arts.gov/artistic-fields/research-analysis/arts-data-profiles/arts-data-profile-18

Parasuraman, A., Berry, L. L., & Zeithaml, V. A. (1991). Refinement and Reassessment of the SERVQUAL Scale. ***Journal of Retailing, 67***(4), 420-450.

Parasuraman, A., Zeithaml, V. A., & Berry, L. L. (1988). SERVQUAL: A Multiple-Item Scale for Measuring Consumer Perceptions of Service Quality. ***Journal of Retailing, 64***(1), 12-40.

Percy, L. (1997). ***Strategies for Implementing Integrated Marketing Communication.*** Lincolnwood, IL: NTC Business Books.

Public Relations Society of America (PRSA, 2012). What is Public Relations? PRSA's Widely Accepted Definition. http://www.prsa.org/AboutPRSA/PublicRelationsDefined/

Putnam, R. D. (2002). ***Democracies in Flux: The Evolution of Social Capital in Contemporary Society.*** New York, NY: Oxford University Press.

Ries, A., & Trout, J. (1981). ***Positioning: The Battle for Your Mind.*** New York, NY: McGraw-Hill.

Ries, A., & Trout, J. (1994). **마케팅 불변의 법칙*(22 Immutable Laws of Marketing)***. 박길부 역. 서울: 십일월출판사.

Salamon, L. M. (1999). ***America's Nonprofit Sector: A Primer.*** New York, NY: The Foundation Center.

Schultz, D. E., Tannenbaum, S. I., & Lauterborn, R. F. (1994). ***Integrated Marketing Communication: Pulling it Together and Making it Work***. Lincolnwood, IL: NTC Business Books.

Shostack, G. L. (1984). Designing Services That Deliver. ***Harvard Business Review, 84115,*** 133-139.

Simon, R. (1984). ***Public Relations: Concepts and Practices*** (3rd ed.). New York, NY: John Wiley and Sons.

SRI International (2002). VALS Framework. http://www.d.umn.edu/-rvaidyan/mktg4731/VALSFramework2002-09.pdf

Swenson, R. D. (2012). ***Brand Journalism: A Cultural History of Consumers, Citizens, and Community in Ford Times.*** Unpublished Doctoral Dissertation, University of Minnesota.

TechCrunch (2010. 8. 7.). Why Online2Offline Commerce Is A Trillion Dollar Opportunity. https://techcrunch.com/2010/08/07/why-online2offline-commerce-is-a-trillion-dollar-opportunity/

Throsby, D. (1994). The Production and Consumption of the Arts: A View of Cultural Economics. ***Journal of Economic Literature, 32,*** 1-29.

Throsby, D. (2014). ***Economics and Culture.*** Cambridge, UK: Cambridge University Press.

Trout, J., & Ries, A. (1979). The Positioning Era: A View Ten Years Later. ***Advertising Age, July 16,*** 39-42.

Vargo, S. L., & Lusch, R. F. (2004). The Four Service Marketing Myths: Remnants of a Goods-Based, Manufacturing Model. ***Journal of Service Research, 6***(4), 324-335.

Wakefield, K. L., & Blodgett, J. G. (1996). The Effect of the Servicescape on Customers' Behavioral Intentions in Leisure Service Settings. ***Journal of Services Marketing, 10***(6), 45-61.

Waters, R. D. (2009). Measuring Stewardship in Public Relations: A Test Exploring Impact on the Fundraising Relationship. ***Public Relations Review, 35***(2), 113-

119.

Waterschoot, W. V., & Bulte, C. V. D. (1992). The 4P Classification of the Marketing Mix Revisited. *Journal of Marketing, 56*(October), 83-93.

Wojdynski, B. W., & Evans, N. J. (2016). Going Native: Effects of Disclosure Position and Language on the Recognition and Evaluation of Online Native Advertising. *Journal of Advertising, 45*(2), 157-168.

Wong, A. (2004). The Role of Emotional Satisfaction in Service Encounters. *Managing Service Quality, 14*(5), 365-376.

Yim, J. (2016). Models of Responding Strategy of Legacy Media to MCN in the U.S. *Journal of Broadcasting and Telecommunications Research, 95,* 35-63.

Zeithaml, V. A., Bitner, M. J., & Gremler, D. D. (2012). *Services Marketing: Integrating Customer Focus Across the Firm* (6th ed.). New York, NY: McGraw-Hill/Irwin.

Zeithaml, V. A., Parasuraman, A. & Berry, L. L. (1985). Problems and Strategies in Services Marketing. *Journal of Marketing, 49*(Spring), 33-46.

찾아보기

인명

내용

저자 소개

김병희(Kim, Byoung Hee)

현재 서원대학교 광고홍보학과 교수로 재직하고 있다. 20대 후반에 처음으로 베르디의 오페라 〈라 트라비아타(La Traviata)〉 공연을 보고 나서 충격을 받았다. 그 전까지 오페라 공연을 본 적이 없어 아무런 감동을 느끼지 못했기 때문이다. 그 후 틈만 나면 공연장과 전시회를 찾아다닌 결과 지금은 문화예술작품의 감상에 흠뻑 빠지고 향유할 수 있게 되었다. 서울대학교 국어국문학과를 졸업하고 연세대학교 석사를 거쳐 한양대학교 광고홍보학과에서 광고학박사를 받았다. 한국PR학회 제15대 회장, 한국광고학회 제24대 회장, 학술지 『광고PR실학연구』 1~2대 편집위원장, 미국 일리노이대학교 광고학과 교환교수로 활동했다. 문화체육관광부에서 위촉한 정부광고자문위원장을 비롯해 여러 정부기관의 광고PR마케팅 정책 자문을 맡고 있다. 그동안 『문화예술 8P 마케팅』(커뮤니케이션북스, 2015), 『문화예술 PR』(커뮤니케이션북스, 2015) 등 40여 권의 단독 저서를 펴냈다. 또한 「Analysis of the Interrelationships among Uses Motivation of Social Media, Social Presence, and Consumer Attitudes in Strategic Communications」(2019), 「정부광고와 공공광고의 효과 측정: 정부 · 공공광고의 수용과정을 중심으로」(2017) 등 100여 편의 논문을 발표했다. 한국갤럽학술상 대상(2011), 제1회 제일기획학술상 저술 부문 대상(2012), 교육부 · 한국연구재단의 우수 연구자 50인(2017) 등을 수상하였고, 정부의 정책 소통에 기여한 공로를 인정받아 대통령 표창(2019)을 받았다.

kimthomas@hanmail.net

문화예술 마케팅 커뮤니케이션 전략

Marketing Communication Strategies for Culture and Arts

2020년 3월 10일 1판 1쇄 인쇄
2020년 3월 20일 1판 1쇄 발행

지은이 • 김병희
펴낸이 • 김진환
펴낸곳 • ㈜학지사

04031 서울특별시 마포구 양화로 15길 20 마인드월드빌딩
대표전화 • 02-330-5114 팩스 • 02-324-2345
등록번호 • 제313-2006-000265호

홈페이지 • http://www.hakjisa.co.kr
페이스북 • https://www.facebook.com/hakjisa

ISBN 978-89-997-2071-0 93320

정가 21,000원

이 도서의 국립중앙도서관 출판시도서목록(CIP)은 서지정보유통지원시스템 홈페이지(http://seoji.nl.go.kr)와 국가자료공동목록시스템(http://www.nl.go.kr/kolisnet)에서 이용하실 수 있습니다.
(CIP 제어번호: CIP2020007457)